改革创新与转型升级研究丛书

新生代农民工城市融入的进程测度及政策创新研究

许　光◎著

图书在版编目(CIP)数据

新生代农民工城市融入的进程测度及政策创新研究 / 许光著.
—北京：中国社会科学出版社，2017.6
ISBN 978-7-5203-0380-4

Ⅰ.①新… Ⅱ.①许… Ⅲ.①民工—城市化—研究—中国
②民工—社会政策—研究—中国 Ⅳ.①D422.64②F323.6

中国版本图书馆 CIP 数据核字(2017)第 109471 号

出 版 人 赵剑英
责任编辑 冯春凤
责任校对 张爱华
责任印制 张雪娇

出　　版 中国社会科学出版社
社　　址 北京鼓楼西大街甲 158 号
邮　　编 100720
网　　址 http://www.csspw.cn
发 行 部 010-84083685
门 市 部 010-84029450
经　　销 新华书店及其他书店

印　　刷 北京君升印刷有限公司
装　　订 廊坊市广阳区广增装订厂
版　　次 2017 年 6 月第 1 版
印　　次 2017 年 6 月第 1 次印刷

开　　本 710×1000 1/16
印　　张 22.5
插　　页 2
字　　数 369 千字
定　　价 98.00 元

凡购买中国社会科学出版社图书，如有质量问题请与本社营销中心联系调换
电话：010-84083683

目　录

前　言

大规模的人口流动迁移是人类社会发展中的必然现象。无论是工业化早期的西方国家，还是改革开放后处于社会转型期的我国，乡城移民都是工业化和城市化的一种伴生现象。与西方国家不同的是，我国的乡城移民具有两个显著特点：一是随着城乡二元结构的松动，城乡、区域之间积蓄了巨大的人口流动迁移势能，乡城移民的流动方向和流动时间都非常集中；二是在特殊的“制度遗产”和渐进性改革模式的综合作用下，我国乡城人口转移呈现出与其他市场经济国家迥然不同的“中国路径”，即从农民到农民工、再从农民工到市民的“两阶段转移”现象。因此，我国乡城人口流动并非普通意义上的“农民市民化”或者“农村人口城市化”，而是更具中国特色的“农民工市民化”。

农民工作为我国乡城转移劳动力的主体，是现代化建设的一支重要力量。据国家统计局抽样调查，2014 年我国共有农民工 27395 万人，比上年增加了 501 万人，增幅为 1.9%。其中，外出农民工 16921 万人，增长了 1.3%；本地农民工 10574 万人，增长了 2.8%。从行业分布来看，农民工在第二产业的从业比重为 56.6%，在第三产业的从业比重为 42.9%，目前已成为我国现代产业工人的重要组成部分。从供给总量和发展趋势来看，“十三五”时期我国农民工的供给总量将继续增加，但结构性矛盾也更为突出，“总量过剩、结构短缺”的局面有可能向“全面短缺”转变。与农民工供求矛盾密切相关的，除了经济转型和产业结构升级的客观需求之外，农民工群体内部的代际分化（即新生代农民工问题）逐渐占据理论视野，成为各级政府部门需要密切关注的重大现实问题。

2010 年中央“一号文件”首次使用“新生代农民工”概念，明确要求“采取有针对性的措施，着力解决新生代农民工问题”。新生代农民工是指20世纪80年代以后出生，拥有农村户口，具有高中（包括中专、技校）及以下学历，基本不具有务农经验的16—30周岁在城市打工生活的青年农民工。与上一代农民工相比，新生代农民工的成长环境、外出动机、生活理念和价值诉求等均发生了显著变化，是城市融入意愿最强且最有可能实现城市融入的群体。目前，理论界有关新生代农民工的研究主要集中在群体特征、生存状况和权益保护等方面，对其城市融入进程的研究则较多探讨相关约束因素（主要是户籍制度、劳动就业制度和社会保障制度等）及破解思路，对市民化的内在动力机制研究不足，对城市融入的阻滞因素也缺乏理论解释深度。此外，从研究方法上看，国内现有研究主要基于问卷调查和实证访谈，以定性手段对新生代农民工的职业生存状况、权益保障状况和公共服务获得状况等进行客观描述。在为数不多的数理模型构建中，国内学者对新生代农民工城市融入的内涵理解不一致，特别是对模型的假设条件、指标选取和体系构建存在认识上的分歧，因而相关研究结果差异甚大。例如，面对新生代农民工城市融入的阻力，理论界对“农民工市民化成本是否可承受”这一关键问题的回答持有争议，一定程度上动摇了流入地政府强化公共产品供给的信心。

从促进新生代农民工城市融入的实践来看，近年来全国各地通过明确责任归属，对现行社会政策不断进行调整，使新生代农民工城市融入的制度环境得到极大改善。但不可否认，现行社会融入机制与新生代农民工的城市融入期望之间仍然存有差距。究其原因：第一，现有政策多是在目前体制框架基本保持不变的前提下进行的，“渐进式改革”和“碎片化”调整并未撼动城乡二元体制，户籍依然承担着社会福利和权利分配的载体功能，极大制约了新生代农民工的城市融入。第二，现有政策多为被动的应急性、补偿性政策，仅局限于解决突出的社会问题，并未上升到前瞻性、发展性的社会政策层面，因而在维护公平正义、促进社会融合等方面相对乏力。第三，现有政策多为地方政府的自主决策，带有很强的临时性、随意性和分散性，区域之间政策规定差异较大、制度关联性较差，也极大增加了新生代农民工的城市融入成本。在此情况下，“半城市化”既是新生代农民工的现实状态，也是其占优决策，会与政策实施形成悖论。

事实上，城市融入是新生代农民工作为理性“经济人”追求自身效用最大化的行为过程，是移民与市民、流出地政府与流入地政府等多方博弈的综合结果。对流入地政府而言，要积极稳妥地推进新生代农民工市民化，既要考虑其融入意愿和融入能力，也要考虑地方政府的财政能力和城市综合承载力。据此，对新生代农民工的城市融入水平（进程）和质量（效度）进行客观衡量，并科学判断市民化进程中的相关约束因素，对增强地方政府政策调适的针对性和可操作性，破解外来人口机械增长与城市融入效度偏低的“两难”困境，就具有十分重要的意义。而要实现这一目标，就有必要在借鉴传统主流分析范式的基础上，制定符合我国国情的新生代农民工城市融入“自致路径”。

基于以上思路，本书的主要研究内容及框架结构安排如下：

第一章是导论。主要阐述选题背景和研究意义、国内外研究现状综述、研究思路及研究方法、预期创新点和不足。同时，对问卷调查的实施方案和样本设定等进行必要说明，并对调查样本的个体特征进行统计性描述。

第二章是理论支撑。在对传统主流的二元结构理论、社会融合理论和社会资本理论进行文献梳理的基础上，创新性地引入成本收益理论和“第三条道路”理论。通过借鉴福利经济学的研究范式，确立了经济、政治、社会、文化“四维度”分析框架；通过将被动的“问题视角”转变为积极的“主体视角”，为构建“多元复合主体”的市民化融入机制提供了理论支撑。

第三章主要探讨新生代农民工的生存现状。经济社会发展与人口流动迁移具有密切的内在逻辑关系，农民工“双向流动”的正外部性对加快城市化、解决“三农”问题等具有重要意义。本章基于五省市的问卷调查，系统分析了新生代农民工的群体特征、生存现状和城市融入诉求，并结合市民化进程讨论了城市融入“双向循环陷阱”，从而客观把握了农民工类型分化基础上的需求差异。

第四章和第五章分别测算了新生代农民工城市融入的进程（水平）和效度（质量）。具体而言，通过构建新生代农民工城市融入“进程评价指标体系”和“效度评价指标体系”，以定量研究的方法综合把握和判断了新生代农民工的城市融入状况。其中，对城市融入进程的测算是基于“四维度”分析框架，采用层次分析法（AHP）和模糊综合评价法进行的；对城市融入效度的测算则是基于“福利多元组合”分析框架，采用多元线性回归和因子分析法进行的。两部分内容相结合，有助于客观把握新生代农民工的市民化现状，也能够有效解释乡城人口流动“中国路径”所面临的理论困境。

第六章从体制根源层面探讨了新生代农民工城市融入的相关制约因素。与新生代农民工“半城市化”、“逆城市化”和“示范性融入”并存的，是其“生存职业困境—空间地域流动—社会阶层固化”的“双向循环陷阱”。依托“四维度”分析框架，本章探讨了经济层面的融入成本约束、政治层面的制度屏蔽约束、社会层面的资本缺失约束和心理层面的认同危机约束，进而为后文构建综合性的政策体制框架提供了决策依据和现实支撑。

第七章为国内外经验借鉴。新生代农民工城市融入既具有国际乡城移民社会融合的共性，也带有显著的中国制度转型烙印，客观上需要遵从人口流动迁移的内在规律。从西方国家促进移民社会融合的实践来看，政策着力点主要集中在四个方面，分别是人力资本投资、社会资本积累、产业转移引导和强化社区支撑。在国内，广东、浙江、上海、山东等东部沿海发达省市近年来针对户籍制度改革迟滞进行了有益探索，政策着力点主要是以“准入条件”取代“指标控制”，通过降低进城落户门槛，分类分批推进新生代农民工市民化。

第八章是结论与对策建议。在此部分，首先对加快推进新生代农民工市民化的总体目标、思路和原则进行探讨，进而结合我国“十三五”时期体制改革和政策调适的有关要求，以“共享发展”理念为引导，从创新管理模式、完善公共服务、加强技能培训、消解融入成本、强化社区支撑和实施梯度转移六大层面提出相应的政策建议，以最终构建基于“政府引导、市场调节、社会参与、个人主体”原则的新生代农民工城市融入“自致路径”。

总体来看，本书致力于构建一个相对完整、视角新颖、富有逻辑的研究框架，并尝试在以下方面有所创新和突破：

1. 在研究视角上，基于传统社会学主流分析范式，创新性地引入成本收益理论和“第三条道路”理论，将分析框架由“帕累托改进”演变为“卡尔多改进”。一方面，尝试将被动的“问题视角”转变为积极的“主体视角”；另一方面，强调外部制度改革与内在能力提升相结合。进而通过将政策思路从“赋权”向“增能”转变，论证了由“补偿性社会政策”向“发展型社会政策”调适的必要性和可能性，从而使促进新生代农民工城市融入的相关政策更具针对性和可操作性。

2. 在研究方法上，改变了学术界目前较为单一的定性和静态分析方法，采用理论分析与实证调研相结合、定性分析与定量研究相结合的方法，尝试构建具有代表性和普适性的“城市融入评价指标体系”，对新生代农民工城市融入的进程（水平）和效度（质量）进行差异化研究。同时，尝试将国外与国内、宏观与微观、中央与地方等多个层面的研究相结合，实现研究方法的逻辑递推。有理由相信，这种改变对宏观把握人口流动迁移的共性规律，完善新生代农民工市民化政策的顶层设计具有积极意义。

3. 在研究内容上，统筹考虑了新生代农民工市民化进程中相关利益主体的差异性需求（如新生代农民工的融入诉求、地方政府的财政压力、流入地城市的综合承载能力等），进而依托经济、产业和法律相结合的手段，提出对各主体的利益关系进行调整，最终实现多方共赢、共享发展的实践策略。其中，提出以居住证制度为依据，构建“梯度累进”的公共服务供给机制具有较强的学术创新价值，有助于从源头上化解新生代农民工城市融入的外部压力，对提高城市的经济—人口空间分布一致性也具有积极意义。

总体而言，新生代农民工城市融入是一个长期、复杂的渐进过程，存在着大量不确定、不稳定性因素。“十三五”时期，随着我国工业化和城镇化进程的不断加快，新生代农民工城市融入将面临更多的问题和挑战。本书以党的十八届五中全会提出的“共享发展”理念为引领，在研究中尝试结合国际人口流动迁移的内在规律和我国经济社会发展的客观实际，对加快推进新生代农民工城市融入提出了一系列创新性构想。但由于目前学术界尚缺乏一个具有代表性和普适性的城市融入评价指标体系，而且受调研时间和样本数量等多方面因素的制约，本书的相关研究结论仍需深化，模型检验的方法也有待于进一步验证和加强。对此，课题组保持虚心接受的态度，恳请学术界前辈和专家批评指正。

Preface

The massive population migration is an inevitable phenomenon with the society's development. Rural – urban migration comes with the industrialization and urbanization in western early period of industrialization and China's social transitional period. China's migration has two features. Firstly, as the dualistic urban – rural structure becomes flexible, a huge potential energy of population migration exists from rural to urban, and the flowing direction and period are intensive. Secondly, limited by the institutional bequest effect and gradual reform, China's rural – urban migration with Chinese characteristics has two phases that are from peasant to peasant – worker and to citizen.

Peasant – workers are the principal part of transferring rural labor force in modernization. According to the State Statistics Bureau of China, in twenty fourteen, there are 27. 395 million peasant – workers, increased by 5. 01 million, 1. 9 percent, including 16. 921 million outgoing country workers, a growth of 1. 3 percent, and 10. 574 million local peasant – workers, going up by 2. 8 percent. From the perspective of industry distribution, the second industry and tertiary industry respectively occupies 56. 6 percent and 42. 9 percent. From the view of total supply and development trend, in the period of 13th Five Year Plan, peasant – worker supply goes up and its structural imbalance intensifies, which lead to a change from "supply surplus and structural shortage" to "overall shortage" . Besides the economy transition and industrial upgrading, the intergenerational differentiation of peasant – workers is another explanation to peasant supply and demand contradictions, which is becoming the new – age peasant – workers (or the new generation of migrant workers) issues.

The 2010 "Central First Document" uses the "new generation of migrant workers" concept firstly, and puts forward some solutions and requirements. The new generations of migrant workers are 16—30 years old who are rural registered permanent residence, have a high school education or less and have no experience in farming. Compared with their ancestors, this new generation has a different living situation, work motivation, life style, and value propositions and so on. Besides, they have a greater aspiration to live in the city. At present, study on the new generation of migrant workers focuses on group features, living situation and rights protection, institutional constraints including household registration system, employment system and social security system. However, the discussion about their internal motive mechanism of citizenization is not enough. Moreover, research methods are mainly qualitative analysis by questionnaire survey and empirical interviews. In few mathematical models, there are lots of differences, such as the connotation of the new generation of migrant workers, model's assumed conditions and indexes system. However, the key to solve constraints on integrating peasant – workers into the city lies in "whether the government is able to afford the cost of peasant – workers' citizenization".

From a practical point of view, the government is providing a better institutional environment for the peasant – workers' citizenization by defining responsibility and adjusting social policies. But there is an expectation gap between present urbanization mechanism and peasant – workers' citizenization requirements. There are three reasons for this gap. Firstly, gradually – advanced reform and fragmentation policy adjustment do not change the urban and rural binary system. Secondly, current policies are mostly passive, emergency and compensation, and just focus on the outstanding social issues. Thirdly, local governments make decisions on their own which is random and disperse, so the policies between regions are different and the institutional linkages are weak. In this case, peri – urbanization becomes peasant – workers' best choice.

In fact, the new generation of migrant workers' citizenization is not only a behavioral processes to pursue their own maximum benefits as a economic man, but also a game result between migrants and citizens, out flowing places' governments and inflowing places' governments. For governments who absorb peasant - workers, they should consider peasant - workers' will and ability of moving into the city, fiscal capacity and comprehensive carrying capacity. So, it is meaningful to have a study on the new generation of migrant workers' citizenization process and quality, and find out the restraints on urbanization, so that the government can make targeted and operable policies. Based on the above ideas, this book's research contents and frame are as follows.

The first chapter is an introduction, including topic selection background and significance, related theories and researches from home and abroad, research design and methods, and anticipated innovations and shortages. Meanwhile, it explains questionnaires' implementation plan and gives a sample's statistical description.

The second chapter is a theory basis. Firstly, it goes with a literature review on traditional major dual structure theory, social inclusion theory and social capital theory. Then, it innovatively uses cost income theory and the third way theory. By learning from welfare economics research paradigm, this paper establishes a four - dimensional analysis frame including economy, politics, society and culture. And by changing a passive "problem viewpoint" to a positive "subject viewpoint", it provides a theoretical basis for building a citizenization mechanism.

The third chapter talks about the new generation of migrant workers' current living situation. Based on a five provinces' questionnaires, this paper elaborates the new generation's group features, living situations and citizenization appeal, and analyses bi - directional circular trap in citizenization, to classify peasant - workers' needs.

The fourth and fifth chapter respectively calculates the new generation of migrant workers' citizenization process and quality. In details, the paper builds an indicator system to evaluate the process and quality. For the process of citizentization, it uses analytic hierarchy process and fuzzy comprehensive evaluation method; for the quality of citizentization, it uses multiple linear regression and factor analysis.

The sixth chapter discusses the restraints on the new generation of migrant workers' citizenization from an institutional viewpoint. The bi – directional circular trap, which is starting from living and work troubles to spatial mobility and to consolidating social hicrarchical system, coexists with peri – urbanization, counter – urbanization and demonstrative urbanization. Based on a four – dimensional analysis frame, the paper discusses citizentization's cost, institutional restraints, capital lack and identity crisis, which provide a decision basis.

The seventh chapter is experiences and enlightenments from home and abroad. Western countries' policies focus on human capital investments, social capital accumulation, industry transfer guiding and strengthening community supports. Domestic policies focus on replacing index control with entry conditions, lowering settlement requirements and undertaking citizentization in turn.

The eighth chapter is conclusions and policy suggestions. It puts forward some suggestions, which are based on the principle "government guidance, market regulation, social participating, individual dominant" to build a self – fulfilling way to peasant – workers' citizenization. The suggestions are innovate management modes, improve public services, strengthen industrial supports, improve population quality and optimize space layout.

Overall, this book tries to establish a complete, new perspective and logical analysis frame, to make some innovations and breakthrough as follows.

The first innovation is research perspectives. The book is based on traditional mainstream sociology analysis approach, and innovatively uses cost – income theory and the third way theory to change the analysis frame from "Pareto improvement" to "Kaldor efficiency". This makes a perspective shift from the passive "problem perspective" to positive "subject perspective" and combines the institutional reform with ability enhancement. Moreover, it proves the necessity and possibility to shift the social policy from compensatory to developmental.

The second innovation is research methods. The book tries to build a typical and general citizenization evaluation index system by taking theoretical analysis and empirical research, by using qualitative analysis and quantitative research. Meanwhile, it makes a logical transitive inference in many levels, like home and abroad, macroscopic and microcosmic, the central and local and so on.

The third innovation is research contents. We take into full account the related stakeholders' discrepant demand, put forward interest adjustment to gain win – win by economy, industry and law measures. Among them, we suggest to establish a progressive provision system of public services based on residence permit system to resolve external pressures.

In a word, the new generation of migrant workers' citizenization is a long, complex and progressive process. There are lots of uncertain and unstable factors. During the period of 13th Five Year, there will be more new challenges with the development of industrialization and urbanization. This book aims at proposing some innovative thoughts to integrate the peasant – workers into the city by combining international population migration's inherent law with China's objective reality. However, in academia, a typical and general citizenization evaluation index system is lack. And restrained by research time and sample size, this book's research conclusions need deepening and the model needs to be verified. So, we keep an open mind and a receptive attitude to welcome any comments from the scholar of the elder generation and colleagues.

第一章 导　论

第一节　选题背景与研究意义

一　选题背景

农民工是我国城乡二元体制结构下的一个特殊产物。自20世纪80年代以来，我国开始实行渐进性的制度改革，由于农村劳动生产率提高和农地集约化经营，农村积蓄了大量的剩余劳动力。21世纪以来，随着制约人口自由流动和公平发展的制度藩篱进一步被清除，我国乡城、区域之间积蓄了巨大的人口流动迁移势能，开始以“集中爆发”的态势进行补偿性释放。从乡城移民的国际经验来看，农村剩余劳动力转移是一国工业化和城市化进程中的必然现象，遵从一定的共性规律。但与西方国家不同的是，我国的农民工市民化并非一步到位，而是呈现出特殊的“中国路径”，即客观上被分割成两个子过程：一是从农民到农民工的转变过程，即“农村退出”和“城市进入”；二是从农民工到市民的转变过程，即“城市融入”[①]。理论界普遍认为，上述过程的第一阶段目前已基本没有障碍，改革的重点和难点主要集中在第二阶段，即如何破解依附于户籍制度之上的相关社会福利制度所构成的“隐性户籍墙”[②]，进而实现基本公共服务均等化。

新生代农民工作为当前农民工群体的主体，是在我国乡城人口流动迁移的过程中，因代际分化而产生的农民工“亚群体”。特指20世纪80年

① 刘传江、徐建玲：《中国农民工市民化进程研究》，人民出版社2008年版，第17—18页。

② 刘传江、程建林：《双重“户籍墙”对农民工市民化的影响》，《经济学家》2009年第10期，第66页。

代或90年代之后出生，拥有农村户口，具有高中及以下学历，基本不具有务农经验，在城市打工生活的农村流动人口。① 据国家统计局抽样调查，2014年我国共有农民工27395万人，其中16—20岁的占3.5%，21—30岁的占30.2%，30—40岁的占22.8%。② 与上一代农民工相比，新生代农民工具有显著的"三高一低"特征，即受教育程度高、职业期望值高、物质和精神享受要求高、职业耐受力低（陆海深，2007）。同时，由于价值取向多元、在城市长期居留的意愿明显，新生代农民工是城市融入意愿最强且最有可能实现城市融入的群体，其市民化进程对我国乡城人口流动具有导向性作用，事关我国经济发展和社会稳定的大局，对提高城镇化水平、扩大内需、解决"三农"问题等具有重要意义。2010年中央"一号文件"首次使用"新生代农民工"概念，并明确要求各地"采取有针对性的措施，着力解决农民工问题"。据此，新生代农民工市民化成为我国"十二五"时期大力推进的一项战略性任务，引起了学术界和政府部门的高度重视。

随着社会发展和我国户籍制度改革的逐步深入，理论界有关新生代农民工问题的研究也相应划分成两个层次：一是有关新生代农民工群体特征、生存现状和权益保护的研究；二是新生代农民工城市融入诉求、融入障碍及破解思路的研究。总体来看，国内现有研究既考虑到乡城人口流动的共性规律，又客观把握了中国经济结构调整和社会制度转型的现实，使党和政府对新生代农民工问题的认识更加全面和客观，从而为国家政策调整和地方法律法规的制定提供了理论依据。但遗憾的是，现有研究多为宏观层面的定性探讨，缺乏对区域经验的系统总结，科学运用经济学分析工具和方法进行定量研究的成果也相对有限。更值得商榷的是，现有研究多采用一种"问题视角"的思维方式，倾向于把新生代农民工视为结构性约束下的受动客体，改革思路强调户籍制度改革等外部"赋权"，一定程度上忽视了新生代农民工的行为理性和主观能动性，而且未考虑其类型"再分化"条件下的融入需求差异，因此，相关政策的实施效果比较有

① 张广胜、周密：《新生代农民工市民化进程的测度及其决定机制》，经济科学出版社2013年版，第28页。

② 国家统计局：《2014年全国农民工监测调查报告》，2015年4月29日，http://www.stats.gov.cn。

限，甚至形成了政策“悖论”，如广东省“积分入户制”推行中的指标空缺等问题。①

从实践探索来看，近年来国内各地通过明确责任归属，对现行社会政策不断进行调整，使新生代农民工城市融入的制度环境得以极大改善。但不可否认，相关政策的调整目前多是“碎步前进”式的，而且形式上的规定并未带来实质上的平等，致使城市融入机制与新生代农民工的城市融入期望存有差距。究其原因，一是地方政府通常遵循由易到难的原则，倾向于从公平就业、工资保障和权益保护等敏感性不高、执行成本较小的外围领域进行突破，远未触及到户籍制度改革的核心；二是为兼顾产业发展需要和城市综合承载能力，防止人口激增带来“城市病”，地方政府普遍倾向于实施“条件准入”式的户籍制度改革，对有市民化意愿的外来人口进行“逆向梯度筛选”。上述做法有其客观性，但对化解外来人口机械增长与城市融入效度偏低的“两难”困境则相对乏力。②

面对上述理论困局和政策困境，以下几个问题值得我们进一步思考：第一，饱受诟病的户籍制度改革为何长期迟滞？第二，地方政府改革动力不足的深层次原因是什么？第三，如何广泛发动社会力量参与新生代农民工的市民化进程？按照福利经济学的观点，新生代农民工城市融入本质上是其自身福利的改善和向社会上层的流动，这一过程具有正外部性，会使流入地政府和市民获益，因此，其市民化成本应由流入地政府、企业和市民等多方主体共同负担。③ 由于我国各地区经济发展水平差距较大，地方政府的财政能力和农民工市民化的阻力各不相同，对农民工市民化成本的理解和责任界定也不统一。因此，各地政府对于深入推进新生代农民工市民化普遍采取了较为保守和谨慎的态度，政策调适不可避免地带有局部性、临时性和分散性特征。

---

① 2010年12月，广东省第一批积分制入户申报结束时，东莞32个街镇中有16个乡镇未用完入户指标（舒泰峰，2011），中山市入户指标空缺851人（陈美寿，2011）。这固然与申请者未达到要求和运作机制不完善有关，但申请人数不足也是一个不争的事实。

② 许光：《新型城镇化背景下浙江省人口调控的模式转换与经验研究》，《中共浙江省委党校学报》2015年第3期，第35页。

③ 许光：《新生代农民工城市融入的成本测度及分担机制构建》，《中共浙江省委党校学报》2014年第1期，第124页。

“十三五”时期，我国社会利益主体多元化、社会结构阶层化、社会关系复杂化的趋势将更加明显，新生代农民工能否改变“半城市化”的融入状态，顺利融入所在地城市、公平公正地分享经济社会发展成果，不仅关系到未来中国经济能否实现平稳健康可持续发展，也关系到我国能否顺利跨越“中等收入陷阱”，迈入高收入国家行列。因此，本书以加快新生代农民工的市民化进程为宗旨，以构建新生代农民工城市融入的“自致路径”为目标，基于“四维度”分析框架对新生代农民工城市融入的进程、水平和效度进行测算，并结合我国国情提出有针对性和可操作性的政策建议，以期为保障和改善民生、促进社会融合提供决策依据，同时为“十三五”时期我国惠民工作的顺利开展提供有益补充。

二　研究意义

（一）理论意义

1. 在社会学传统主流分析范式的基础上，本书创新性地引入成本收益理论和“第三条道路”理论，结合我国工业化和城镇化发展的时代背景，对新生代农民工城市融入的阶段性特征进行客观描述，有助于突破发展经济学相关经典理论对农民工市民化“中国路径”缺乏解释力度的理论困境。在有关城市融入成本的研究中，本书创造性地引入“资本再造成本”和“享乐成本”两项指标，有效兼顾了新生代农民工的群体特征和差异化诉求；基于福利多元组合理论对相关利益主体的责任归属进行探讨，则有效论证了“多元复合主体”成本分担机制构建的合理性、必要性和可行性，从而使研究结论更令人信服。

2. 确立了“主体视角”的思维模式和经济、政治、社会、心理相结合的“四维度”分析框架，有助于推进研究范式从“帕累托改进”向“卡尔多改进”转变，进而促使“被动改革”模式向“主动适应”模式转变。该方法有助于整合理论界现有零散的、碎片化的研究成果，从宏观和微观两个层面探讨新生代农民工城市融入的约束因素及其破解思路；有助于直视新生代农民工个人能力与资本禀赋的“短板”，通过人力资本投资和社会资本积累提升其城市融入能力，从而有效规避“双向循环陷阱”；有助于科学确定城市融入的目标，进而为优化顶层设计、构建合理的政策体系框架提供理论支撑和决策依据。

3. 构建了符合中国国情、具有普适价值的“城市融入进程评价指标体系”和“城市融入效度评价指标体系”，尝试从水平和质量相结合的角度，客观全面地分析新生代农民工的城市融入状况。在实证研究中，本书基于调研数据，对新生代农民工城市融入的变动趋势进行了动态描述，具有一定的理论创新价值，有助于发现移民城市适应的规律性特征，也有助于适时调整政策目标，特别是对易形成政策“悖论”的举措，能够进行早期预警。此外，本书借鉴“市民抑制”概念，测算了新生代农民工市民抑制程度及其影响因素，有利于准确把握新生代农民工的行为特征和发展趋势，对加快其市民化进程具有重要意义。

4. 本书采用全球化、宏观性的分析视角，对欧美国家促进移民社会融合的成功经验进行了总结，通过阐述英国、瑞典、法国、美国等发达国家的典型做法，论证了社区发展、素质教育、产业引导和志愿服务在实现移民社会融合过程中的重要作用。同时，本书选取了国内东部沿海地区的几个人口流动大省，论述了广东省“积分入户制”、上海市“素质培训工程”、山东省“再温暖工程”和浙江省“邻里社区”的创新性做法，以寻求具有普适价值和可推广意义的成功经验。总体而言，本书力求既遵循国际乡城人口流动的共性规律，又兼顾我国新生代农民工城市融入的特殊性，进而提出符合国情的可行路径。

（二）实践价值

1. 本书高度重视农民工群体的代际分化及新生代农民工群体的“再分化”，基于对新生代农民工城市融入诉求的差异性研究，倡导社会治理模式由“被动回应”向“主动预防”转变；在充分尊重移民个体行为理性和主观能动性的基础上，建议适时将“补偿性社会政策”转变为“发展型社会政策”。

在以往的研究中，国内学者比较一致的观点是破除以户籍制度为基础的城乡二元结构，倡导构建有效的政策框架和制度安排，以实现对新生代农民工的“赋权”。本书认为，要从根本上促进新生代农民工城市融入，应注重提升其个人资本和家庭能力，即实现“增能”。在对策建议部分，本书针对新生代农民工人力资本缺失、社会关系网络同质性较强的情况，提出制定社区融入“混同模式”的发展策略，倡导通过拓展新生代农民工在城市社区的社会关系网络，强化“关系型”社会资本的有效获取，从而弥补其进入城市之后因原有乡村社会关系网络断裂所造成的社会资本损失。总体来看，本书的研究结论更加契合新生代农民工的群体特征和融入诉求，相关政策建议也更具有针对性和可操作性。

2. 本书高度重视新生代农民工、流入地政府、流入地企业和市民等相关主体的利益整合与责任分担。本书基于福利多元组合理论，提出构建“多元复合主体”成本分担机制的有关设想，有助于消解新生代农民工城市融入的成本负担。

在具体研究中，本书综合考虑了新生代农民工的城市融入诉求、流入地政府的财政负担能力和流入地城市的综合承载能力，进而根据各地新生代农民工的市民化进程，提出制定“差别化”的落户条件，实现人口有序流动和合理分布。例如，本书建议加快发展城市群和县域经济，充分发挥中小城市和小城镇拦截、疏解大城市人口压力“蓄水池”的作用，从而提高区域的经济—人口空间分布一致性。同时，建议制定“梯度累进”的公共服务供给机制，以在兼顾地方财政能力的基础上，分类、分批地实现公共服务均等化。显然，基于上述思路对新生代农民工城市融入的现有政策进行改革，对地方政府而言顾虑相对较小，有利于降低政策执行成本和户籍居民的抵触心理。

3. 本书在社会学传统分析范式的基础上，特别强调市场对劳动力资源配置的决定性作用，倡导依托产业引导等经济手段激发乡城劳动力转移的内在动力和行为理性，进而实现新生代农民工城市融入由“规模扩张”向“质量提高”转变。客观而言，这既是下一阶段我国新型城镇化发展的内在要义，也是彻底改变新生代农民工“半城市化”融入状态的根本出路。

“十三五”时期，面对日益膨胀的城市人口规模和日益高涨的市民化诉求，地方政府有必要审慎思考优化人口结构和空间分布，使之与城市经济结构、产业布局和综合承载能力相适应。实践证明，传统以户籍制度为基础、以行政手段为主导的“逆向梯度筛选”模式不仅调控效果微弱，而且易产生城市贫困和居住空间分异等现象，进而造成社会福利净损失。[①] 因

① 许光：《新型城镇化背景下浙江省人口调控的模式转换与经验研究》，《中共浙江省委党校学报》2015 年第 3 期。

此，本书提出改变“自上而下”的思维惯性，采取完善政策环境、强化产业引导、优化空间布局等多重举措，构建以权利为中心的人口集聚与扩散机制。这对提高城市化质量、兼顾农民工市民化诉求与地方可持续发展的需要，具有现实意义。

第二节 国内外研究现状述评

城市融入（City Inclusion）具有经济学、社会学和管理学等多学科属性，研究视角比较宽广、研究体系也比较庞大。理论界现有研究通常将其放在城乡二元结构的分析框架中考察，研究视角以社会结构和社会关系为主。与城市融入概念密切相关的还有社会融入（Social Inclusion）和市民化（Citizenization）概念。国内外学者对上述概念的区别关注不多，比较一致的看法是三者存在层次递推关系。其中前两者代表一种方式和过程，后者则是一个层次更高的目标或状态。[①] 在本书的研究中，我们强调新生代农民工的诉求表达和行为决策，侧重其迁移过程和路径构建，因此采用“城市融入”的概念。在部分章节，我们也会用“市民化”概念来表述一种预期目标和理想，因而并不对二者予以严格区分。

一 国外研究

在从传统农业社会向现代工业社会转型的过程中，农村劳动力大规模向城市转移并演化成市民，是各国经济社会发展中的一种普遍现象。西方学者很早就关注到这一问题，并从发展经济学、人口学和社会学等角度进行了大量研究。其中，既有以威廉·配第为代表的古典经济学家，也有以卡尔·马克思为代表的无产阶级革命家。[②] 在国外文献中，城市融入也被称为城市融合（City Integration）。西方有关城市融入的研究客观上源自对乡城移民城市适应性的探讨，详细论述农村劳动力向城市转移的研究是在20世纪中后期才开始大规模展开的。

---

① 许光：《新生代农民工城市融入进程测度及路径创新研究》，《现代商贸工业》2012年第22期。

② 张国胜：《中国农民工市民化：社会成本视角的研究》，人民出版社2008年版，第17页。

（一）二元经济结构中的农村劳动力转移

1954年，发展经济学家阿瑟·刘易斯（Lewis W. A.）在《劳动力无限供给下的经济发展》一文中，首次提出了“农业剩余劳动力”概念，认为二元经济结构（Dual－sector－model）转换的关键是农业剩余劳动力的转移。该理论最早揭示了人们由农村向城市迁移的动因，即“只要城镇工业部门一般工资水平与农村农业部门收入之间存在差异，农民就愿意离开自己的土地向城市流动以谋求新的职业”①。该模型是劳动力迁移理论的经典模型，但局限性较大，假设条件也较为苛刻，此后的模型都是在对该模型假设条件的不断放松下得到的。②

拉尼斯（Rains G.）和费景汉（Fei C. H.）在刘易斯模型的基础上，提出了二元经济发展的三阶段模型，即拉尼斯—费景汉模型（Lewis－Fei－Rain Model）。该模型从两个方面对刘易斯模型进行了补充和完善：第一，考虑了农业剩余劳动力转入现代工业部门的前提条件，即农产品的充分供给足以满足工业扩张的需要，否则转移不会出现；第二，弥补了刘易斯模型忽视技术进步的缺陷，认为农业劳动生产率提高是农业剩余劳动力转移和大规模城乡人口迁移的前提条件，而且迁移规模取决于农业生产相对于人口的水平。

乔根森（Jorgenson D. W.）在1961年依据新古典经济学的分析方法，提出了一个新二元经济结构下的劳动力转移模型，即乔根森模型。该模型放弃了农业部门边际劳动力为零、农业工资和工业工资均为固定工资的假设，认为人口增长会产生农业剩余劳动力，而转移该部分劳动力的速度取决于农业剩余的增长速度，即“农业剩余越多，农业剩余劳动力的转移规模就越大”。同时，“技术进步越快，储蓄率就越高，经济增长速度就越快，从而农业剩余劳动力的转移速度就相应增加，最终实现一元经济。”③

20世纪60年代末，许多发展中国家遭遇到始料不及的城市失业问题，而且情况十分严重。大批劳动力在城市找不到工作，但同时又有越来

① ［美］刘易斯：《二元经济论》，北京经济学院出版社1989年版，第33页。

② 张广胜、周密：《新生代农民工市民化进程的测度及其决定机制》，经济科学出版社2008年版，第9页。

③ 同上书，第9—10页。

越多的农民试图离开农村进入城市，人口流动与经济发展呈现出典型的“二律背反”。这一现象与二元经济理论下“城市不存在失业”的假设条件相矛盾，前述模型对此均难以作出合理解释。对此，发展经济学家托达罗（Todaro M. P.）指出：“农业劳动力迁入城市的动机取决于预期的城乡收入差距，而非现实的城乡收入差距。只要预期的城市工资收入超过农村工资收入，迁移就会发生。”[①] 该理论能对人口流动和城市失业并存的现象作出合理解释，因而受到西方学者的普遍赞扬，但它也存在一些不足，例如，假定农村不存在剩余劳动力，这与发展中国家的情况严重不符；暗含了“流入城市的农村劳动力如果找不到工作，宁愿待在城市的传统部门做一些临时性工作也不愿回到农村”，这也与发展中国家的实际情况相去甚远。

（二）乡城移民的内在动因及其阻滞因素

随着乡城移民研究的逐步深入，西方学者普遍意识到，迁移动机不仅来自于城乡之间的收入差距，而且来自于个人和家庭等许多方面的影响。例如，赫伯尔（R. Herberle）在1938年发表的《乡村—城市迁移的原因》一文中指出，“迁移是由一系列力量引起的，这些力量包括促使一个人离开一个地方的‘推力’和吸引他进入另一个地方的‘拉力’。”[②] 1966年，李（E. S. Lee）进一步完善了该理论，提出了一个解释人口空间流动的理论框架，即“影响迁移决策的因素分为推力和拉力，在市场经济和人口自由流动的情况下，人口迁移的原因是人们可以通过迁移改善生活条件。”达·凡佐（Da Vanzo，1982）的迁移收益理论认为，农民向城市迁移会带来较多的好处，包括收入的提高、一生额外福利的增长、非工资收入以及更好的环境。布劳（Blau，1998）的社会交换理论也指出，异质群体之间的交往，即使不亲密的交往也能促进人们之间相互理解和宽恕精神的发扬。

但是，舒尔茨（Thodore W. Schults）的“人力资本投资”理论指出，迁移是人们追求更大经济收益的行为决策过程，本质上取决于迁移收益和

---

① Todaro, M. P., *A Model of Labour Migration and Urban Unemployment in Less Development Countries*, American Economic Review, March, 1969.

② 李竞能：《现代西方人口理论》，复旦大学出版社2004年版，第67页。

迁移成本之间的比较。迁移成本包括货币成本和非货币成本（如迁移费用、收入的减少、时间成本和心理成本等）。在他看来，只有当迁移的预期收益大于迁移成本时，迁移才有可能发生。哈贝马斯（Habermas，1984）在构建交往行为理论时发现，“晚期资本主义”存在明显的交往异化现象，传统理性的分裂和人们交往行为的失范会导致行为主体之间的不理解、不信任，人与人之间的冲突和矛盾必然加剧，因此移民将遭受到来自城市的融入阻力。弗兰克·帕金（Frank Parkin，1986）非常赞同这一观点，他认为任何社会都会通过建立一整套程序或规范，形成资源和机会被社会上某些人享有而排斥其他人的“集体排他”体系。吉尔茨（Geertz，1990）、杜赞奇（Duara，1995）和韦森（Wesson，1996）等通过对农业、国家政权和社会体制等多个层面的研究，发现移民社会融入具有明显的“内卷化”（Involution）倾向，突出表现为移民社会认同度的下降。①

那么，究竟是什么原因阻碍了乡城移民的城市融入呢？围绕这一问题，西方理论界目前主要有四条研究脉络：

1. 社会资本理论。布迪厄（Borudieu，1984）、科尔曼（Coleman，1999）、林南（Nan Lin，2000）和普特南（Putnen，2001）等将社会资本（Social Capital）定义为“个体从制度中可以获得的资源以及个体层面的社会关系网络提供的资源”。其中，前者被称为契约型社会资本，后者被称为关系型社会资本。他们认为移民融入城市的困境主要源自于社会资本的缺乏。

2. 社会排斥理论。勒内·拉诺尔（Rene Lenoir，1974）在界定法国的受排斥人群时首次提出了“社会排斥”（Social Exclusion）概念，并将其界定为经济排斥（Economic Exclusion）、社会关系排斥（Social Relationship Exclusion）和制度排斥（Institutional Exclusion）。阿马蒂亚·森（Amartya Sen）进一步考察了社会排斥与贫困和能力剥夺之间的关系，指出“社会排斥所导致的不平等是移民无法融入城市的主要根源”。

---

① 许光：《新生代农民工城市融入进程测度及路径创新研究》，《现代商贸工业》2012 年第 22 期，第 34 页。

3. 社会身份理论。布莱恩·特纳（Bryan S. Turner，2001）在衡量不同群体之间的社会距离（Social distance）和融合度（Fusion degree）时提出了社会身份理论（Social Identity Theory），即通过与其他群体的对比，个体和群体需要社会身份来提高他们的自尊和内聚力。特纳认为，移民融入城市的困境很大程度上源自城市居民对既有“社会身份”的独占和自我认同的不断强化。

4. 社会标签理论。诺伯特·埃利亚斯（Nobert Elias）在研究胡格诺教徒时最早提出“污名化”（Stigmatization）的概念，即“一个群体将人性的低劣强加在另一个群体之上并加以维持的行为过程”。戈夫曼（Goffman，1963）在《污名：受损身份管理札记》一书中系统研究了污名化与社会排斥之间的关系，指出“污名”是“强加于特定社会群体之上的贬低性、侮辱性标签”，其产生的“刻板印象”会导致社会不公正待遇等一系列后果，城市融入障碍即为其中之一。

基于上述研究思路，西方学者从理论层面探讨了乡城迁移过程中移民融入城市的困境及其根源。对于普遍存在的“边缘化”（Marginalization）和“认同困惑”（Identity Confusion）现象，西方学者大多基于社会融合的理论视角开展研究。其中，社会融合的族群模式是用来分析外来群体与流入地当地居民之间社会关系的主流范式，具体包括迪尔凯姆（Durkhein，2000）的“社会团结理论”（Social Solidarity）、罗伯特·帕克（Robert Parker，1950）的“种族关系循环论”（Race relation cycle）和密尔顿·戈登（Milton Goodin，1985）的“同化过程理论”（Assimilation Process）。这些理论认为，在群体初始接触阶段，他们之间的关系是冲突和竞争性的，突出表现为马赛克般的群体分割、文化多元主义和边缘生存状态。但群体接触的过程必然导致同化，最终群体之间会达到相互渗透和融合，进而移民的城市融入得以实现。当然，城市融入是一种双向互动过程，根据各群体影响能力的差异，社会融合最终会表现出“同化”（Assimilation）或“多元化”（Pluralism）等不同的形态。

需要指出的是，西方国家的人口流动迁移与其工业化和城市化进程是相一致的。在此过程中，乡城移民的地域转移、职业转换和身份转变是同步完成的，因而能够较好地实现城市融入。这一点与改革开放之后处于经济转轨和社会转型期的我国相比，具有本质的不同。简言之，西方乡城移民社会融入可用“农民—市民”的“一步转移理论”来解释，而我国农村转移人口市民化则需要用“农民—农民工—市民”的“二步转移理论”来解释，这也是导致当前我国农村剩余劳动力向城市转移进程不顺利、市民化程度不彻底的重要原因。

二　国内研究

近年来，随着我国经济体制改革和社会政策调整的逐步深入，农民工群体的代际分化引起了国内学者的充分关注。自2010年中央“一号文件”首次使用“新生代农民工”概念并明确要求“采取有针对性的措施，着力解决新生代农民工问题”以来，国内有关新生代农民工城市融入的研究开展迅速，并取得了丰硕成果。目前，研究领域主要集中在新生代农民工的群体特征、生存状况、融入障碍和破解思路等几个方面。总体来看，与西方以理论探索为主的研究脉络不同，国内研究客观上采用了西方主流的学科视角和分析范式，但在研究内容和研究方法上则更侧重于新生代农民工城市融入的发展路径、演变规律和障碍消解，其积极之处在于结合中国国情从政策层面提出了相应的解决策略。

（一）新生代农民工的群体特征及城市融入的概念界定

1. 新生代农民工的概念与特征

“新生代农民工”是2010年中央“一号文件”的正式提法，在此之前，王春光最早于2001年首次提出了“新生代农村流动人口”的概念，并于2003年对此概念进行了修正。他认为：“新生代农村流动人口是指年龄在25岁以下，于20世纪90年代外出务工经商的农村流动人口。”[①]廖海敏（2007）认为，新生代农民工是指1980年以后出生，年龄在16周岁以上，接受过初高中和中专教育的青年农民工。[②]韩俊（2009）认为，新生代农民工是指1980年以后出生，年龄在16—28周岁，于1990年前后接受基本教育，于20世纪90年代中后期外出务工的农村青年。[③]张广

① 王春光：《新生代农村流动人口的社会认同与城乡融合的关系》，《社会学研究》2001年第3期。

② 廖海敏：《新生代农民工融入城市的诉求与推进路径》，《法治与社会》2007年第10期。

③ 韩俊：《现阶段我国农民工流动和就业的主要特点》，《发展研究》2009年第4期。

胜、周密（2013）将新生代农民工界定为“20世纪80或90年代后出生，拥有农村户口，具有高中及以下学历，基本不具有务农经验，16—30周岁具有在城市打工经历的青年农民工”①。刘传江（2014）认为，新生代农民工是“改革开放以后出生，20世纪90年代中后期开始外出务工经商的农民工”，并将其称为“第二代农民工”②。总体来看，目前国内学者对新生代农民工概念的界定通常基于三项基本要素，即年龄、文化程度和务农经验。

就群体特征而言，新生代农民工作为“农民工群体中年龄较小的亚群体”③，与上一代农民工相比在社会阅历上存在明显差异，是介于第一代和第二代之间的“过渡性”农村流动人口。④ 陆海深（2007）将新生代农民工的特征概括为“三高一低”，即受教育程度高、职业期望值高、物质和精神享受要求高、工作耐受力低。⑤ 作为“三元社会结构的重要形成力量”（陆学艺，2004）和“我国农民工群体的主体”（唐踔，2010），新生代农民工的外出动机已经发生了明显变化。他们基本不再是基于“生存理性”外出，而是更倾向于将流动视为改变生活方式和寻求更好发展机会的契机，即从以往单纯的“经济型”流动转向“经济型和生活型”并存或“发展型”的流动（郑功成，2004）。

2. 城市融入的维度与测量标准

城市融入是一个多维度概念，目前尚没有严格、统一的定义。国内学者基于经济学和社会学等不同视角，有时也会用“市民化”或“社会融合”等概念进行表述。田凯（1995）认为，新生代农民工城市融入本质上是一种“再社会化”过程，包括相对稳定的就业、与经济收入相对等的社会地位、相同的价值观三个基本条件。朱力（2002）从宏观视角将

① 张广胜、周密：《新生代农民工市民化进程的测度及其决定机制》，经济科学出版社2013年版，第28页。

② 刘传江、董延芳：《农民工的代际分化、行为选择与市民化》，科学出版社2014年版，第23页。

③ 刘传江：《新生代农民工的特点、挑战与市民化》，《人口研究》2010年第2期。

④ 王春光：《新生代农村流动人口的社会认同与城乡融合的关系》，《社会学研究》2001年第3期。

⑤ 陆海深：《融合还是分离？——值得关注的农民工问题》，《中国劳动保障》2007年第8期。

城市融入概括为经济融入、社会融入和文化心理融入。孙立平（2007）从微观视角将城市融入划分为身份转换、地域转移、职业转换、角色转换。任远（2010）认为，城市融入是“个体和个体之间、不同群体之间，或不同文化之间相互配合、互相适应的过程与结果”，一般需要经历职业转换、居住空间转移和角色转变三个阶段。① 李迎生（2013）从狭义和广义两个层面对城市融入进行了界定，认为狭义的城市融入是指农民工获得作为城市居民的身份和权利的过程，即“外在表现”；而广义的城市融入还包含市民意识的普及和居民成为城市权利主体的过程，即“实质转化”。②

需要特别指出，刘传江、徐建玲（2008）用“农民—农民工—市民”的“两步转移理论”取代了西方工业化早期人口流动迁移的“一步转移理论”，为转型期我国新生代农民工城市融入研究提供了新的范式，获得了学术界普遍认可。

（二）新生代农民工城市融入的评价指标及融入状况判断

1. 城市融入“四维度”分析框架

理论界目前较多采用经济、政治、社会、文化心理相结合的“四维度”分析框架，通过实证调研和深度访谈等手段，对特定区域的新生代农民工个案进行研究，进而对其社会融入状况进行判断。根据研究重点的不同，学者们对“四维度”框架的层次设定和指标选取也存在认识上的差异。例如，王桂新、罗恩立（2007）从经济、政治、公共权益和社会关系四个层面对上海市农民工的社会融合状况进行了调查；张文宏、雷春开（2008）从心理、文化、身份和经济四个层面对城市新移民的社会融合状况进行了判断。研究发现，当前我国新生代农民工的城市融入程度整体偏低（李强，2004；郑杭生，2007），呈现“半城市化”（王春光，2001）、“边缘化”（陆学艺，2006）和“准市民化”（李迎生，2007）状态。新生代农民工事实上成为游离于城市主流社会之外的“双重边缘人”（刘传江、程建林，2008），而且具有从“被边缘化”向“自边缘化”转

---

① 任远：《农民工收入的人力资本回报与加强对农民工的教育培训研究》，《复旦学报》2010 年第 11 期。

② 李迎生：《新型城镇化进程中社会保障制度的因应——以农民工为例》，《社会科学》2013 年第 11 期。

变的倾向。[①]

2. 城市融入状况不佳的显性表现

对于新生代农民工城市融入程度偏低的具体表现，学者们也进行了详细论述。李培林（2012）认为，新生代农民工城市融入状况不佳主要表现在四个方面，即经济融合层次低、政治融合边缘化、文化归属感缺失、社会关系网络狭隘。[②] 他认为“民工荒”、社会距离（Social Distance）增大和社会结构紧张（Social Structure Strain）是最具代表性的三种现象。[③] 周明宝（2004）认为，新生代农民工城市融入状况不佳突出表现在认同焦虑和认同困惑所导致的“身份认同危机”，以及社会认同“内卷化”（Involution）倾向。[④] 魏晨（2007）和陈占江（2007）认为，新生代农民工城市融入是一种“失范性融入”，即融入目标与实现手段之间存在差异，因此，他们更倾向于采取非合法化手段达到目的。米庆成（2004）和郭聪慧（2008）认为，新生代农民工的城市归属感具有一种矛盾和不协调的态势，即对城市社会地域上的“强归属”和群体上的“弱归属”[⑤]，具有嵌入城市结构之中，又游离于城市社会之外的“游民化”特征。[⑥]

（三）新生代农民工城市融入的影响因素及障碍消解

新生代农民工能否顺利实现城市融入，受制度环境、人力资本、社区支撑和组织化水平等多方面因素的共同制约。从福利经济学的角度来看，城市融入是新生代农民工在行为理性的原则下，与流入地政府、企业和市民等多方博弈的综合结果，其核心是各主体的利益协调与责任分担，关键是社会福利资源在各群体之间的“再分配”。因此，基于成本视角的研究近年来逐渐成为学界关注的焦点。

1. 二元制度羁绊：政策体制约束

国内学者普遍认为，以户籍制度为基础的城乡二元结构是阻碍新生代

① 刘传江、董延芳：《农民工的代际分化、行为选择与市民化》，科学出版社 2014 年版，第 65 页。

② 李培林：《中国农民工社会融入的代际比较》，《社会》2012 年第 9 期。

③ 李培林：《近年来农民工的经济地位和社会态度》，《中国社会科学》2010 年第 1 期。

④ 周明宝：《城市滞留型青年农民工的文化适应与身份认同》，《社会》2004 年第 5 期。

⑤ 米庆成：《进城农民工的城市归属感问题探析》，《青年研究》2004 年第 3 期。

⑥ 郭聪慧：《城市化进程中农民工城市归属感问题探微》，《兰州学刊》2008 年第 9 期。

农民工城市融入的最根本原因。陆学艺（2002）认为，户籍制度是一种“社会屏蔽制度”，它从根本上割裂了新生代农民工与流入地城市的链接纽带，将流动人口屏蔽在城市福利体制之外，导致其市民化进程困难重重。刘传江、程建林（2009）把户籍制度及依附于其上的相关社会福利制度定义为“双重户籍墙”，指出户籍制度改革的“遗产效应”客观上阻碍了城乡统一劳动力市场的形成，限制了农民工城市进入；养老、医疗、教育、居住等社会福利制度共同构成了“隐性户籍墙”，导致新生代农民工的现实身份与制度身份相分离，阻碍了其社会地位向上流动。[①] 更重要的是，“隐性户籍墙”对新生代农民工的阻滞作用更大。

2. 融入能力有限：个人资本约束

人力资本和社会资本是影响新生代农民工城市融入最重要的两项个体指标。李忠民（1999）认为，人力资本是“凝集在人体内，能够物化于商品或服务，增加商品或服务的效用，并以此分享收益的价值”。刘传江、徐建玲（2008）认为，新生代农民工的人力资本存量少、投资观念滞后，而且受外部制度环境的约束，不利于其城市融入。在社会资本的研究中，国内学者通常将其概括为网络、信任和规范，并较多采用网络来代替社会资本（周密、张广胜，2010）。李培林（1996）指出，农民工可以使用的社会资本主要是其社会关系网络。边燕杰、张文宏（2001）将农民工的社会关系网络分为“强关系”的初级网络和“弱关系”的次级网络。朱力（2002）认为“强关系”社会网络具有高趋同性、低异质性和高紧密性特征，可以减少移民的融入成本。李汉林（2003）则指出，“强关系”社会网络也会固化农民工生存的亚文化状态，不利于其社会认同的培养。

3. 利益表达不畅：组织程度约束

组织化程度的提高能够有效增强劳动者个人与集体谈判的资本，使其在博弈中处于相对有利的地位（胡宝华，2014）。[②] 当前，我国新生代农民工的组织化程度相对较低，还没有形成能充分代表其利益、表达其诉

① 刘传江、徐建玲：《中国农民工市民化进程研究》，人民出版社2008年版，第103页。

② 胡宝华：《组织建设与新生代农民工城市融入研究》，《广西民族大学学报》2014年第3期。

求、维护其权益的专门组织，一定程度上阻碍了市民化进程（郭开元，2012）。究其原因，一是基层组织建设滞后。周明宝（2009）和陈旭峰等（2011）指出，新生代农民工数量的规模化并没有随之形成组织化，他们缺乏可靠的权利维护机制和资源获取机制，缺少向上流动的通道。同时，工会、共青团、妇联和其他民间公益组织也没有充分发挥监督协调作用，未能很好地落实新生代农民工的知情权、参与权和表达权；[①] 二是农民工参与意识不强。据国务院发展研究中心调查，2010 年，仅 26.5% 的农民工加入了工会，73.5% 的农民工没有加入工会；12.4% 的农民工认为工会“不能代表自身利益”，29.9% 的人认为加入工会“没什么实际用处”。[②] 由于缺少组织依托，新生代农民工的想法和利益诉求往往得不到及时表达，因此，有关政府部门在制定公共政策时很少考虑到他们，更不用说政策倾斜了。[③]

4. 参与途径缺失：社区支撑约束

社区是新生代农民工城市融入的微观基础和现实载体（周斌、聂洪辉，2008），具有控制、整合、引导和扶持等多种功能（林蓉，2009），以及特定技能和基础知识的“赋权”功能。从西方国家的社区融入实践来看，社区发展的基本要素包括社会公平、参与、平等、学习与合作[④]，其核心价值是人权、平等、尊重和多元化。唐若兰（2010）指出，社区参与不足和社区功能缺失是当前导致新生代农民工角色转换和身份转换相分离，进而抑制其市民化程度的一个重要因素。刘建娥（2011）把移民的社区融入分为准社区类型、进入社区类型和未进入社区类型三种，指出“移民在社区活动、选举及社区管理中参与不足，缺乏可及的社区服务，是导致其缺乏归属感与认同感的重要因素”[⑤]。当前，基于社区视角的移

---

① 郭开元：《新生代农民工权益保障研究报告》，中国人民公安大学出版社 2012 年版，第 70 页。

② 国务院发展研究中心课题组：《农民工市民化：制度创新与顶层政策设计》，中国发展出版社 2011 年版，第 77 页。

③ 邓秀华：《农民工政治参与的主要类型分析》，《江西社会科学》2012 年第 1 期。

④ Gilchrist, A. 2003. *Community Development in the UK - Possibilities and Paradoxes'.* Community Development Journal, Vol. 38 (1), p. 22.

⑤ 刘建娥：《中国乡—城移民的城市社会融入》，社会科学文献出版社 2011 年版，第 165 页。

民城市融入研究已经日渐成熟，并取得了丰硕成果。

5. 内在动力不足：经济成本约束

城市融入是一种基于有限理性的效用最大化行为过程，必然考虑融入成本和预期收益，会受到宏观经济和微观成本两方面因素的共同约束。从宏观层面来看，乡城人口流动的规模和速度与宏观经济周期存在双向互动关系。蔡昉（2010）论证了宏观经济波动对农民工城市融入进程的暂时性影响[①]；孟颖颖、邓大松（2007）提出了农民工城市融入的“收入悖论”，即收入水平提高对市民化进程的促进作用并非呈直线型发展，政治参与、社会资本和心理认同等在城市融入的中后期将发挥更大的作用；吕晓兰、姚先国（2013）考察了农民工不同类型的职业流动及其收入效应，强调适度流动和稳定就业对农民工市民化进程具有积极影响。[②]

从微观层面来看，经济约束主要是指城市融入成本。目前，国内学者比较一致的观点有：一是应正视和深入研究新生代农民工的城市融入成本问题，在合理界定其概念内涵与指标构成的基础上，基于实证数据进行科学测算（许光，2014；姚毅，2015）[③]；二是在现行的分税制财政体制下，应当着力构建中央政府、地方政府、企业和个人相结合的“多元复合主体”成本分担机制（张国胜，2008；许光，2014）[④]，多渠道筹措所需资金，有效化解城市融入压力（申兵，2012；魏澄荣，2013）[⑤]；三是从农民工群体基数、地方政府财政支付能力与资金筹措的可能性来看，流入地政府分批渐次推进新生代农民工城市融入是可行的[⑥]，政策难点主要在于对农民工类型的合理确定，以及推进路径和实施环节等的科学

① 蔡昉：《城市化与农民工的贡献——后危机时期中国经济增长潜力的思考》，《中国人口科学》2010 年第 2 期。

② 吕晓兰、姚先国：《农民工职业流动类型与收入效应的性别差异分析》，《经济学家》2013 年第 6 期。

③ 姚毅：《我国农民工市民化成本测算及分担机制设计》，《财经科学》2015 年第 7 期。

④ 许光：《新生代农民工的城市融入成本测度及分担机制构建》，《中共浙江省委党校学报》2014 年第 1 期。

⑤ 魏澄荣：《福建省农民工市民化成本及其分担机制》，《中共福建省委党校学报》2013 年第 11 期。

⑥ 高拓：《构建农民工市民化成本分担机制的思考》，《中州学刊》2013 年第 5 期。

设置[①]，特别要注意避免“福利陷阱”（国务院发展研究中心，2011）。[②]

（四）促进新生代农民工城市融入的思路与对策建议

1. 推进制度改革，优化政策环境

李培林、李炜（2007）研究发现，农民工普遍具有积极的市民化态度，但要进一步增强其归属感和认同感，则应着力消除融入城市的体制性障碍。刘传江（2011）认为，促进农民工城市融入的体制框架包括农村退出机制（耕地流转和农地征用制度）、城市进入机制（户籍与就业制度）和城市融合机制（教育、居住和社会保障制度），他特别强调了户籍制度改革的必要性。在他看来，一方面，应按照公平公正的改革方向，消除户籍制度的利益分配功能，恢复其人口登记和社会管理的原始功能；另一方面，应当通过相应的制度改革和政策安排，逐步剥离附着在户籍之上的相关社会福利制度。[③] 具体而言，应按照由易到难的原则，渐次推进医疗、工伤、养老、教育、住房等领域的改革，赋予新生代农民工平等的生存权、发展权，使其能够公平公正地分享经济社会发展成果。[④]

2. 加快组织建设，提高参与水平

国务院发展研究中心（2011）指出，当前新生代农民工的参与意识十分强烈，希望加入合法组织维护自身权益的愿望十分突出。据调查，在16—25岁的新生代农民工中，有68.9%的人希望加入属于自己的合法组织；在26—30岁年龄段，这一比例上升到73.8%。[⑤] 夏丽霞、高君（2009）指出，应大力发展新生代农民工的自我互助组织和自我管理机构，摆脱对政府部门的“路径依赖”，实现“三自”新局面。董金秋、孟祥林（2010）认为，各类社会组织也应当积极吸纳新生代农民工成为流动成员，弥补其城市融入的“短板”，促进市民意识的形成。

---

① 杜海峰：《农民工市民化成本测算模型的改进及应用》，《当代经济科学》2015年第3期。

② 有关新生代农民工城市融入成本的研究，是本书第六章的重要研究内容，此处仅对国内学者达成共识的几个基本观点进行阐述，具体内容将在第六章详细展开。

③ 刘传江、徐建玲：《中国农民工市民化进程研究》，人民出版社2008年版，第107—110页。

④ 国务院发展研究中心课题组：《农民工市民化：制度创新与顶层政策设计》，中国发展出版社2011年版，第271页。

⑤ 同上书，第134—135页。

3. 拓展社会关系，强化资本积累

按照构成社会资本基础的社会网络性质，社会资本可以分为契约型社会资本和制度型社会资本。钱文荣、张忠明（2004）指出，在城市“新二元社会结构”下，应当积极建立社会资本的积累和形成机制，弥补农民工因离开农村、脱离原有社会关系网络而导致的社会资本损失。[①] 陈旭峰（2011）认为，新生代农民工应该努力扩展其社会网络关系，增加社会资本存量，实现由“外局群体”向“内局群体”转变。[②] 近年来，国内一些地方开始尝试建立在政府参与下，工会与企业协调利益关系的新机制，尝试通过强化农民工的社会资本积累，提高其“再社会化”能力。这种农民工组织化程度的提高，形成了一种现代关系型社会资本，即组织型社会资本（张广胜、周密，2013）。

4. 倡导社区参与，提供融入载体

刘传江、周玲（2004）认为，依托社区实现移民社会资本的转移和发展，获得更广泛的社会权利，有助于其在“增能”过程中实现城市融入。时立荣（2005）提出，应当建立具有服务功能的开放型社区，提供正式的社会服务，促进社区“新移民”社会化，使他们能够超越户籍制度的外在屏蔽而融入城市生活。[③] 刘崇俊（2007）提出，应将社区关怀进行“普惠式延伸”，让新生代农民工能够获得和城市居民一样的平等待遇。李卫东（2010）提出，可将农民工聚居区纳入城市社区建设规划，引导和吸纳新生代农民工逐步融入社区生活和社区管理，增强其归属感与责任感。在具体操作层面，刘建娥（2009）强调了社区的“行动介入”，提出应“由易到难”地推进社区服务实践，即：通过实施组织化策略建立社区移民组织和社会支持网络；通过实施专业化策略建立社区服务中心，回应移民的普遍性需求；通过实施文化策略，营造社区融入氛围。[④]

---

① 钱文荣、张忠明：《农民工在城市社会的融合度问题》，《浙江大学学报》2006 年第 7 期，第 120 页。

② 陈旭峰：《社会融入状况对农民工组织化的影响研究》，《中国人民大学学报》2011 年第 1 期。

③ 时立荣：《污名化情境及其应对策略——流动人口的城市适应及其社区变迁的个案研究》，《社会》2008 年第 4 期，第 126 页。

④ 刘建娥：《中国乡—城移民的城市社会融入》，社会科学文献出版社 2011 年版，第 186 页。

（五）加快新生代农民工城市融入的区域经验研究

2010年，广东省推行“积分入户制”，与成都市“统一城乡户籍改革”和上海市“居住证人才入户”并称为国内户籍改革“三大新政”。上述改革是地方政府针对国内户籍制度改革迟滞所进行的有益探索，具有突出的学理价值和实践意义。但因带有强烈的行政主导色彩，具有“以物易物”和“公共权力优先于公民权利”的特征①，也遭到一些国内学者的质疑。除此之外，山东省针对建筑业农民工，于2007年和2014年先后实施了“温暖工程”和“再温暖工程”，旨在通过培训提高农民工的技能水平和整体素质，进而帮助其实现稳定就业。② 周斌、聂洪辉（2008）分析了浙江省杭州市白杨街道“邻里社区”的管理经验，认为应当加强对青年农民工的规范化、人文化社区管理，帮助其提高法律法规和维权意识，增强就业创业能力，从而确保关爱农民工的政策落到实处。③

在第七章，我们将对上述地区的实践经验进行阐述和总结，此处暂略。

三　对国内外现有研究成果的简评

综观国外学者对乡城移民及城市适应性的探讨，其研究重点经历了由静态到动态、由排斥到融合再向同化演变的发展规律，客观上形成了一个多视角、多层次、多维度的研究体系。西方现有研究已经比较成熟，其漫长的研究过程伴随着城市化发展水平由低级向高级的不断演进，符合人口流动及城乡关系发展的客观规律，对国内研究具有一定的借鉴意义。特别是在迁移成本的研究中，西方学者通过将个人微观机制引入人口流动迁移的动因分析，指出迁移成本通过影响个体的行为理性对其迁移决策造成影响，从而确立了经济因素对迁移动因的基础性考量地位。当然，由于国情不同，西方现有研究并不完全符合中国国情，而且西方研究以理论探索为主，涉及具体操作的政策建议相对缺乏。如何基于中国国情对新生代农民工城市融入的进程和效度进行测算，并结合区域发展实际提出有针对性的

① 许光：《新型城镇化背景下浙江省人口调控的模式转换与经验研究》，《中共浙江省委党校学报》2015年第3期，第37页。

② 佚名：《山东实施建筑业农民工再温暖工程》，《工人日报》2014年11月6日06版。

③ 佚名：《邻里社区：“新杭州人”之家》，《浙江经济》2012年第4期。

规划构想，仍是国内学者需要深入研究的重要课题。

就国内研究而言，尽管我国关于农民工代际分化以及新生代农民工城市融入问题的研究起步较晚，但经过众多学者的共同努力，目前已经形成了一批有影响力的成果。国内研究取得的成就主要有：(1)以工业化、城市化和乡城移民为背景，深入探讨了农民工的代际分化、新生代农民工群体特征及城市融入意愿，从而为国家政策的调整和地方法规的制定提供了依据；(2)研究方法丰富多样，特别是对国外社会融合理论的借鉴，既考虑到移民问题的共性，又准确把握了中国社会转型的特殊性，使学术界对新生代农民工城市融入问题的认识更加全面、客观；(3)形成了经济、政治、社会、心理有机结合的“四维度”分析框架，依托此框架对新生代农民工的城市融入现状、融入障碍、影响因素及破解思路进行研究，具有较强的系统性和逻辑性，有利于推进该领域的研究向纵深发展。

当然，国内研究也存在一些不足，主要表现在：(1)理论分析与实践探索相割裂。现有研究多为宏观层面的政策探讨，缺乏对区域实践的系统总结，基于典型个案的实证研究更是匮乏，因而对基层促进新生代农民工城市融入的指导作用相对有限；(2)思维模式比较固化和被动。当前研究较多采用一种“问题视角”的思维方式，倾向于把新生代农民工视为结构性制约下的受动客体，强调其自身的脆弱性以及现行社会政策体制对城市融入的制约作用，破解思路也相应集中在制度改革和组织建设等方面，忽视了新生代农民工的比较优势和主观能动性；(3)缺乏对城市融入成本和城市承载力的考虑。如前所述，城市融入是一个双向互动的过程，既要考虑新生代农民工的融入意愿，也要考虑其融入能力，更需要对流入地的城市综合承载能力进行准确判断。国内现有研究大多围绕新生代农民工这一“整体对象”展开，没有考虑其类型分化和需求差异，并且对城市的基础设施建设成本、政府财政支付能力和公共产品供给能力等缺乏探讨，因而相关政策的实施效果与预期目标通常存有差距；(4)研究方法较为单一。城市融入具有经济学、社会学和管理学等多学科属性，客观上需要采用多种理论工具和分析方法进行综合测算。但受数据可获得性影响，国内学者多基于问卷调查数据进行定性探讨，缺乏经济学实证研究方法的应用。因此，通过构建科学合理的评价指标体系，运用层次分析法（AHP）和模糊综合评价法对新生代农民工的城市融入水平与效度进行测算，具有一定的学术创新价值，可在一定程度上弥补现有研究的不足。

第三节　研究思路与研究方法

一　研究方法

1. 采用文献梳理法，对理论界目前有关新生代农民工城市融入的资料进行整理，构建"四维度"分析框架。首先，在二元结构理论和社会资本理论的基础上，创造性地引入成本收益理论和"第三条道路"理论，确立"主体视角"的思维模式和经济、政治、社会、心理"四维度"分析框架；其次，将理论界零散的、碎片化的约束因素整合为经济层面的成本约束、政治层面的制度约束、社会层面的资本约束和心理层面的意识约束，从而增强问题研究的系统性和条理性。

2. 采用定性分析与定量研究相结合的方法，综合测算新生代农民工的城市融入进程。一方面，通过问卷调查获取真实、准确的第一手资料，利用 SPSS 16.0 进行数据统计分析，客观描述新生代农民工的群体特征、生存现状和利益诉求；另一方面，构建具有代表性和普适性的城市融入评价指标体系，从进程（水平）和效度（质量）两方面，准确把握新生代农民工的城市融入状况，同时结合我国国情和区域发展实际，对现行政策框架和制度安排进行适度调整。

3. 采用案例分析与比较研究相结合的方法，寻求具有普适意义和可推广价值的典型做法，供相关地区借鉴。一方面，搜集西方国家促进乡城移民社会融入的案例，如英国的社区发展、瑞典的素质教育、法国的城市群策略、美国的志愿者服务；另一方面，梳理我国东部沿海地区的先进经验，如广东省的"积分入户制度"、上海市的"素质培训工程"、山东省的"再温暖工程"。在强调区域发展差异性的基础上，尝试提炼具有共性价值的新生代农民工城市融入"自致路径"。

二　研究思路

本书的主要内容、研究思路与框架结构安排如下：

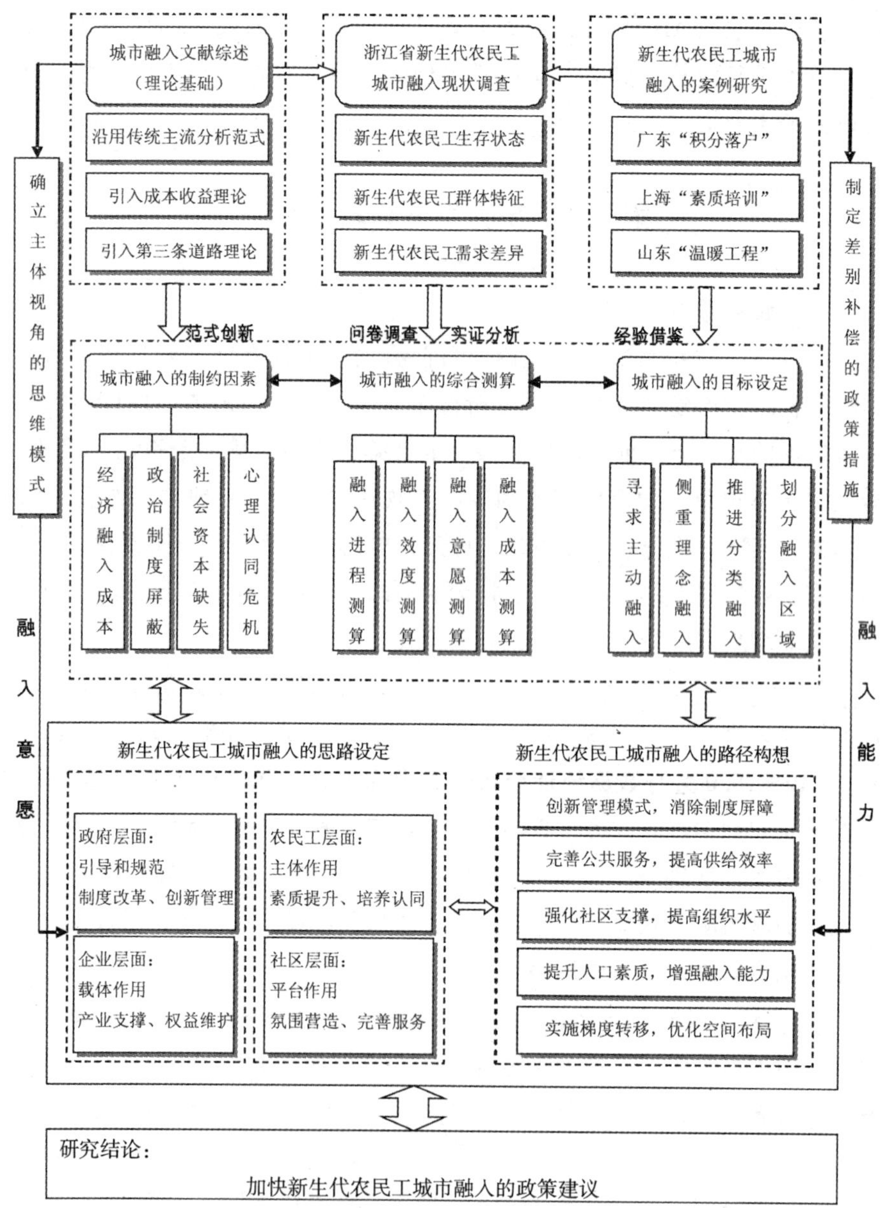

第四节　调研方案与样本信息

为了尽可能全面、准确地了解新生代农民工的群体特征、生存现状及城市融入诉求，本书采用定性分析与定量研究相结合的方法，选取国内具有代表性的5个人口流动大省（市），以问卷调查法为主、个案访谈和参与观察为辅，进行数据搜集整理。在问卷设计中，课题组依托社会学主流的“四维度”分析框架和研究需要，从经济收入、政治参与、社会交往和自我认同四个方面搜集相关数据，并通过专家论证会对问卷进行修改完善。对于居留意愿和融入满意度等无法直接量化回答的题目，采用国际通行的李克特五级量表法予以赋值。为科学判断新生代农民工城市融入的制约因素，课题组还深入企业和社区进行实地调研，通过个案访谈和参与观察了解到相关利益主体的福利诉求和政策关注点，从而为调整和完善新生代农民工城市融入的政策体系框架提供决策依据。

一 调研方案的设定

（一）调研地点

我国区域经济发展水平差距较大，各地流动人口的数量、居民收入水平、政府财政能力和公共服务供给能力等差异较大，新生代农民工城市融入面临的压力、阻力和困难各不相同。为尽可能全面、客观地把握新生代农民工的城市融入状况，兼顾数据收集的便利性和可获得性，课题组根据农民工的流向和属地来源，选取了最具代表性的广东、浙江、上海、山东四省（市）作为人口净流入地区的调研点，选择了湖南①作为人口净流出地区的调研点。在实地走访中，课题组选取了杭州、宁波、绍兴、温州、东莞、济南、长沙7个城市，作为召开座谈会和社区访谈的样本点。选取上述城市的标准是当地的经济社会发展综合水平。②

（二）调查对象

为综合考虑流入地各相关主体的利益诉求，课题组将调查对象分为三类：第一类是城市融入的实际主体（即新生代农民工），对这部分群体进

---

① 根据第六次全国人口普查数据，2011年湖南省户籍人口7078万人，比同期常住人口总数减少509.71万人，属于人口净流出大省。

② 各调研点的选择不仅考虑当地的经济发展水平（如当地的GDP和政府财政收入），同时还考虑各城市的社会发展均衡程度（如政府财政支出结构和公共服务供给能力）。其中，浙江省作为我国东部沿海地区的经济发达省份，向来是人口流入大省，面临着新生代农民工城市融入的较大压力，省内各地在推进农民工市民化的过程中，产生了一些经典案例和具有借鉴意义的做法，故选取四个市（县）作为样本调研点。

行问卷调查，重点考察其生存现状和城市融入诉求。考虑到不同地区、不同城市之间的平衡性，课题组将调查对象限定为正在从事劳动的青壮年农村劳动力，年龄主要集中在20—35周岁，进城时间在一年以上。第二类是城市融入的边缘群体（包括上一代农民工和其他流动就业的外来人口），对这部分群体进行个案访谈，重点调查其居留意愿和生存发展能力。第三类是城市融入的外围群体（包括流入地市民和当地政府部门工作人员等），对这部分群体进行个案访谈，重点调查当地政策的开放性和市民对外来人口的接纳程度等。

（三）样本数量

受调研时间和人员安排等多方面因素的制约，课题组共发放调查问卷3000份。根据平衡处理的原则，选取东莞、杭州、上海、济南和长沙作为不同地区的代表，采用判断性抽样和偶遇性抽样相结合的方法，对各调研点的加工制造业、服务业和建筑业等新生代农民工相对比较集中的行业进行调查。在问卷数量的具体分配上，东莞、杭州和上海各发放问卷700份，济南发放问卷500份，长沙发放问卷400份。为增强数据的横向可比性，各调研点采用同一套调查问卷。

为弥补样本数量不足的缺陷，课题组在研究中还参考了《中国人口和就业统计年鉴2014》《中国流动人口发展报告2014》《2014年全国农民工监测调查报告》等的有关数据。在涉及区域样本的研究中，课题组参考了《浙江省统计年鉴2014》和《浙江省国民经济和社会发展统计公报》中的历年数据。

二　调查方案的组织实施

问卷调查采用按比例分层随机抽样的方法，主要集中在2013年6月底至8月初展开。问卷发放除课题组成员亲自参加外，还委托了各调研点高校、科研院所和政府部门协助进行，特此表示感谢。问卷调查和实地调研的组织实施分为三个阶段开展：

第一阶段：2013年3月至5月，进行调查问卷和调研方案的设计。

在此阶段，课题负责人主持设计了调查问卷，并在H市外来农民工较为集中的四个城区进行试调查。根据调查结果，召开专家咨询会1次，对调查问卷的题目设置和指标选择等进行修改完善，同时拟定了赴省外开展调研的方案。[①]

第二阶段：2013 年 6 月至 8 月，开展问卷调查和赴省外实地调研。

在这一阶段，问卷调查涉及广东、浙江、上海、山东、湖南 5 个省市，共收回有效问卷 2610 份。实地调研涉及杭州、宁波、绍兴、温州、东莞、济南、长沙 7 个城市，共调查企业 32 家，召开各种类型的座谈会 4 次，充分了解了经济发展“新常态”下企业的用工需求和农民工的市民化诉求，搜集了大量真实、准确的第一手资料。同时，课题组成员还深入 Z 省 H 市的两个社区进行了为期一个月的调研，深入访谈新生代农民工和社区工作人员共 53 人。[②]

第三阶段：2013 年 9 月至 11 月，进行调查数据的录入与统计分析。

首先，由课题组成员进行频次统计分析，采用李克特量表法对连续变量进行 5 等分组，计算频次。然后，以年龄、受教育程度、婚姻状况、属地来源、行业分布等因素为解释变量，对受访者的工资收入、消费支出、居留意愿、市民化意愿和土地处置意愿等进行交叉分析。在此阶段，课题组召开专家咨询会 1 次，对书稿的框架体系和章节安排等进行了适当调整，并增设了部分评价指标。

三 调查样本的基本信息

课题组共发放调查问卷 3000 份，收回 2860 份，回收率为 95.33%。其中，有效问卷 2610 份，有效回收率为 87%。问卷全部由受访者当场填写，收回后采用社会统计软件包 SPSS 16.0 和 Excel 软件进行数据统计分析。有效调查样本的基本信息和构成状况如表 1—1 所示。[③]

第一，在个人特征方面，新生代农民工与上一代农民工明显不同。从年龄来看，农民工群体的年轻化趋势十分明显，25 岁以下年龄段的受访者比例为 20.31%，25—26 岁的为 59.77%，36 岁以上的仅有 19.92%。从性别和婚姻状况来看，男性农民工的比例（70.88%）高于女性农民工（29.12%），而且未婚者比例（50.96%）高于已婚者比例（31.8%）。但

① 详见附录 1：《新生代农民工生存现状及城市融入调查问卷》。

② 详见附录 2：《新生代农民工参与社区活动的个案访谈提纲》。

③ 由于本书第三章第二至四节将对新生代农民工的群体特征、生存现状和城市融入诉求等进行详细说明，故此处仅对调查样本的基本信息进行统计性描述。

是，二者有接近趋势，这意味着新生代农民工子女的受教育问题将成为下一阶段各流入地政府需要密切关注的重要现实问题。

第二，从外出动机来看，认为“农村无发展”和“向往城市”的受访者比例为60.34%，远高于以“打工挣钱”为目的的受访者比例(28.36%)，表明新生代农民工的外出动机已从单纯的“生存型”向“发展型”转变，他们融入打工地城市的愿望十分强烈。但从身份转换的角度来看，新生代农民工的城市融入状况却并不乐观，目前拥有城市户口的仅有13.03%，拥有长期居住证的为8.85%，86.97%的受访农民工只拥有临时居住证（61.3%）或农村户口（25.67%）。

第三，从行业分布来看，新生代农民工的就业领域十分集中，43.68%的受访者从事工业和建筑业，33.33%的受访者从事服务业。从收入水平来看，1000—3000元仍是新生代农民工的主要收入区间(50.95%)，3000元以上的仅有25.29%。此外，新生代农民工的职业稳定性有待提高，临时工作和无工作的受访者比例分别为39.08%和8.81%，表明流入地城市仍需加强构建城乡统一的劳动力市场。

第四，从人力资本来看，新生代农民工的受教育程度明显提高，高中及以上学历的受访者比例为75.09%，远高于上一代农民工的平均受教育水平。这一方面，增强了其融入城市的能力与资本；另一方面，也强化了其市民化意愿。数据显示，在流入地居住1年以上的受访者比例为77.9%，远高于短暂居住者的比例22.1%。

表1—1　　有效调查样本的基本情况　　单位：个；%

样本特征	样本量	百分比	样本特征	样本量	百分比
性别					
男	1850	70.88	年龄		
女	760	29.12	25岁以下	530	20.31
			26—35岁	1560	59.77
婚姻			36—45岁	310	11.88
已婚	830	31.80	46—55岁	130	4.98
未婚	1330	50.96	56岁以上	80	3.06
其他	450	17.24			

续表

样本特征	样本量	百分比	样本特征	样本量	百分比
身份			学历		
学生	220	8.43	初中以下	210	8.05
农民工	1730	66.29	初中	440	16.86
公务员	110	4.21	高中及中专	1130	43.29
城市工人	260	9.96	大专	360	13.79
其他	290	11.11	本科及以上	470	18.01
户籍			行业类型		
城市户口	340	13.03	农业	230	8.81
农村户口	1676	64.21	工业、建筑业	1140	43.68
临时居住证	1633	62.57	服务业	870	33.33
居住证	231	8.85	其他	370	14.18
月收入			职业稳定性		
1000 元以下	620	23.75	临时工作	1020	39.08
1000—3000 元	1330	50.96	稳定工作	1230	47.13
3000—5000 元	400	15.33	无工作	230	8.81
5000 元以上	260	9.96	其他	130	4.98
职业阶层①			外出务工目的		
务农	230	8.81	农村无发展	591	22.64
无工作	60	2.29	挣钱	740	28.36
保姆或钟点工	220	8.43	向往城市	984	37.7
餐饮服务人员	830	31.82	其他	295	11.3
产业工人	960	36.78	居住时间		
行政办事人员	100	3.83	1 年以下	577	22.1
经济业务人员	120	4.59	1—3 年	1479	56.67
企业管理人员	90	3.45	3 年以上	554	21.23

注：(1) 本表仅为样本特征的描述性分析，侧重被调查者的自身特征。与新生代农民工城市融入相关的影响因素及其指标描述，将在第三章中结合相关研究内容具体展开。

① 理论界对新生代农民工职业类型的划分种类繁多，边燕杰（2002）和周玲（2004）的文章通过对不同职业进行打分赋值来划分职业阶层，得到了较为普遍的认可。具体可参见周玲（2004）的文章。

第五节 预期创新点与局限性

本书在研究内容和研究方法上，力求在以下三个方面有所创新和突破：

第一，在研究视角上，基于社会学主流“四维度”分析框架，创造性地引入成本收益理论和“第三条道路”理论，尝试将研究范式由“帕累托改进”演变为“卡尔多改进”。通过将被动的“问题视角”转变为积极的“主体视角”，本书强调了外部制度改革与内在能力提升相结合的必要性；通过强调“赋权”与“增能”并重，论证了由“补偿性社会政策”向“发展型社会政策”转变的必要性，从而为调整和完善现有政策框架和制度安排提供了有效支撑。

第二，在研究方法上，改变了学术界目前较为单一的定性、静态分析方法，转而采用理论分析与实证调研相结合、定性分析与定量研究相结合的方法，尝试构建具有代表性和普适性的城市融入评价指标体系，对新生代农民工的城市融入问题进行差异化研究。同时，尝试从国外与国内、宏观与微观、中央与地方等多个层面相结合的角度，实现研究方法的逻辑递推，这对把握人口流动迁移的共性规律，完善农民工市民化的顶层设计具有积极意义。

第三，在研究内容上，本书尝试统筹考虑社会各相关利益主体的差异性需求，如新生代农民工的行为理性、地方政府的财政压力、流入地城市的综合承载能力等，进而依托经济、产业和法律相结合的手段，提出对各主体的利益关系进行调整与再分配，最终实现多方“共赢”。其中，以居住证制度为依据构建“梯度累进”的公共服务供给机制有助于从根源上化解新生代农民工城市融入的外部压力，对提高城市的经济—人口空间分布一致性也具有积极意义。

当然，新生代农民工城市融入是一个长期、复杂的渐进过程，存在着大量不确定、不稳定性因素。“十三五”时期，随着我国工业化和城市化进程的不断加快，新生代农民工市民化问题将面临更多的挑战。本书在研究中尝试结合国际人口流动迁移的内在规律和我国经济社会发展的客观现实，对加快推进新生代农民工城市融入提出了一系列创新性构想。但由于目前学术界尚缺乏一个具有代表性和普适性的城市融入评价指标体系，而且受调研时间和样本数量等多方面因素的制约，本书的相关研究结论仍需深化，模型检验的方法也有待于进一步验证和加强。对此，敬请学术界前辈和同仁批评指正。

第二章　新生代农民工城市融入的理论工具与分析框架

人口流动迁移具有经济学、社会学和人口学等多学科属性，国内外学者对该问题的研究客观上采用了发展经济学、行为经济学和社会心理学等多种理论工具。其中，二元结构理论、社会排斥理论和社会资本理论目前已成为乡城人口流动与移民问题研究的主流分析工具。上述理论对发展中国家的农村劳动力转移具有较强的解释力度，特别是发展经济学的“二元经济结构理论”被公认为是乡城移民研究的主流经典理论。然而，西方理论虽然能够为我国新生代农民工城市融入问题研究提供科学的方法论指导，但因中国的农民工市民化进程明显不同于西方国家，呈现出独特的“中国路径”①，因此，在参考和借鉴西方经典理论时，也应当结合我国国情，对相关理论进行创新性发展。

鉴于此，本章在传统主流分析范式的基础上，创新性地引入福利经济学和行为经济学的相关理论，尝试构建新的研究框架。一方面，引入成本收益理论和“第三条道路”理论，将传统被动的“问题视角”转变为积极的“主体视角”，以充分强调新生代农民工的行为理性和主观能动性，进而推进研究范式由“帕累托改进”向“卡尔多改进”转化；另一方面，尝试构建基于经济收入、政治参与、社会交往和心理认同的“四维度”分析框架，以整合理论界现有零散的、碎片化的学术观点，对新生代农民工的生存现状和城市融入状况进行客观、全面的把握，从而增强问题研究的系统性和条理性。

---

① 刘传江：《当代中国农民工发展及其面临的问题（一）——农村剩余劳动力及其转移之路》，《人口与计划生育》2004 年第 10 期。

第一节　二元结构理论

一　“二元经济结构”中的农村劳动力转移模型

对农村劳动力向城镇转移的详细研究是在发展经济学家那里展开的，“农村人口城市化”（Urbanization of Rural Population）和“农业剩余劳动力非农化”（Deagriculturalization of Surplus Agricultural Laborers）是发展经济学的两个传统命题。阿瑟·刘易斯（William Arthur Lewis）的“二元经济结构理论”被学术界公认为是“对农村劳动力转移最为系统、最富有应用价值的理论”[①]，至今仍是国内外经济学家探讨和研究发展中国家就业吸收和乡城劳动力迁移的主要理论依据，也是国内学者研究农民工市民化的主流经典理论之一。

1954 年，刘易斯在《劳动力无限供给下的经济发展》一文中首次提出发展中国家普遍存在“二元经济结构”（Dual - sector - model）现象，即发展中国家的国民经济通常是由两种性质不同的部门组成的：一个是以传统生产力进行生产、劳动生产率很低、收入仅能用于维持生计的传统部门，即农业部门；另一个是以现代生产方法进行生产、劳动生产率和工资水平超过传统农业部门的现代部门，即工业部门。他将发展中国家的经济发展归结为经济结构的转变，进而创立了“二元结构模型”。该模型作为最早描述乡城人口流动的模型，为发展中国家提出了一条由落后状态向先进状态发展的模式，“奇迹般地从有关不发达的简单命题中引出了典型不发达国家的全部‘运单规律’，以及一整套内容十分广泛的对内对外经济改革建议”[②]。因此，其理论价值和实践意义都十分突出。

在刘易斯看来，发展中国家一般具有资本稀缺、土地相对有限以及人口增长快速等特点，这些特点直接影响着传统农业。[③] 由于资本不足、土地有限而劳动力又十分丰富，因此，农业劳动生产率必然很低，甚至持续

① 葛正鹏等：《农民工就业问题研究》，中国水利水电出版社 2009 年版，第 7 页。

② 蔡昉：《中国的二元经济与劳动力转移》，中国人民大学出版社 1990 年版，第 40 页。

③ 刘易斯：《二元经济论》，北京经济学院出版社 1989 年版，第 1—33 页。

下降，以至于农业劳动力的边际生产率会降低到零乃至负数，这些劳动力被称为“零值劳动人口”①，也就是剩余劳动力（Surplus Laborers）。由于农业劳动力的收入水平非常低下，一般只能维持个人和家庭最低限度的生活，因此，当城市现代工业部门的工资水平高于农业部门的工资水平时，农业劳动者如果不受外力的干涉，就必然会流向城市以寻求就业，这样工业部门就从农村得到了充足的劳动力供给。同时，由于农业人口在发展中国家占有最大比重，其边际生产率低下、接近于零甚至为负数的状况在一定时期内不会消失，因此，工业部门如果要扩大生产规模，就可以按照现行的不变工资水平获得其所需要的“任何数量”的劳动力供给，即农村剩余劳动力的供给是无限的。② 因此，该模型也被称为“农村剩余劳动力无限供给模型”。

费景汉（John Fei）和拉尼斯（Gustav Ranis）指出了上述模型存在的两个明显缺陷：一是对农业生产在推动工业发展中的作用重视不够；二是农业劳动生产率提高应是农村剩余劳动力转移的前提条件。进而，他们提出了以分析农村剩余劳动力转移为核心、重视技术变化的“费景汉—拉尼斯模型”，成为古典主义框架下分析二元经济问题的经典模型。③ 1969年，托达罗（Todaro）进一步从微观经济的角度，提出了“迁移预期收入理论”，认为农村剩余劳动力的乡城迁移决策是根据进城预期收入与迁移后的实际收入的比较结果作出的：一是要考虑乡城实际收入差距（这一点和刘易斯的理论相同）；二是要考虑他们自身在城市能够找到就业岗位的概率（这是托达罗理论的独特贡献）。该理论能够有效解释发展中国家“城市高失业率与乡城劳动力转移并存”的独特现象，拓展了发展中国家产业间的劳动力流动理论，进而促使人口迁移理论取得了实质性的发展。④

① ［美］刘易斯：《经济增长理论》，周师铭等译，商务印书馆 1983 年版。

② 张国胜：《中国农民工市民化：社会成本视角的研究》，人民出版社 2008 年版，第 19—20 页。

③ 徐毅：《刘易斯二元经济增长理论的一个数理描述》，《数量经济技术经济研究》2007 年第 1 期。

④ 刘伯雅：《论新经济增长理论及其对现实经济的启示》，《商业时代》2008 年第 7 期，第 43 页。

二　“二元结构理论”的局限性及其创新发展

传统发展经济学关于乡城人口迁移的经典理论经历了一个逐步完善、相互补充的过程，能够较好地描述和解释大部分实行市场经济制度国家的乡城人口迁移现象。但是，上述理论在解释具有“中国路径”的乡城劳动力转移方面，作用却相对有限。其中，刘易斯的“二元结构模型”忽视了农民个人特征等重要变量的影响，因而对“民工荒”和“民工潮”等特殊现象缺乏解释力度。托达罗模型从一般层面抽象考察了就业概率对乡城人口迁移的影响，但忽视了影响就业及就业机会均等的深层次原因，因而无法解释中国农民工独特的“流而不迁”现象。此外，我国的农民工群体目前已经出现代际分化，新生代农民工的外出动机、利益诉求和市民化意愿等与上一代农民工显著不同，其市民化路径无法简单套用传统理论模式。近年来，国内学者基于刘传江（2004）提出的农民市民化“两阶段转移”理论（见图2—1），对发展经济学的经典理论进行了创新性发展。

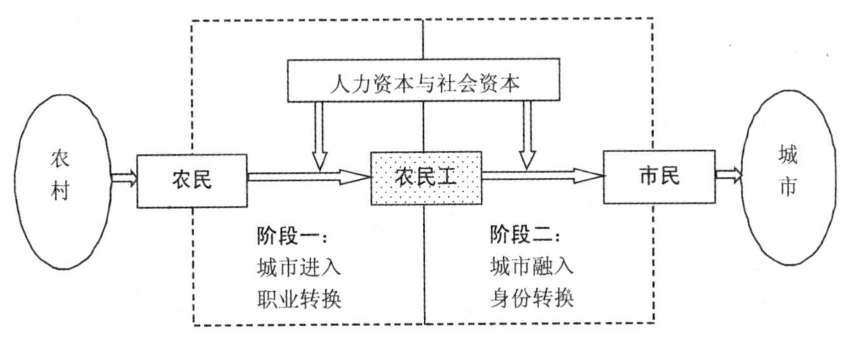

图2—1　农民工市民化的“两阶段转移理论”

资料来源：刘传江、周玲《社会资本与农民工的城市融合》，《人口研究》2005年第5期。

众所周知，在工业化早期的西方国家，乡城移民的市民化进程与其工业化和城镇化进程是同时进行的，移民的地域转移、职业转换和身份转变三个环节往往同步完成。理论界把这种农村人口向城市迁移、定居并最终融入城市生活的过程称之为“一步转移理论”。但在我国，自1958年中央政府出台二元户籍制度以来，城市和农村被人为分割成两个相对独立的经济体，全国人民也被相应划分成城市人口和农村人口两大类，人口的流动迁移被严格控制。20世纪80年代后，市场经济导向的改革逐渐放松了计划经济时代严格的乡城人口控制政策，制约人口自由流动与公平发展的制度藩篱渐趋松动，但户籍制度的"遗产效应"长期存在，"渐进性"改革模式也无法根除与户籍挂钩的福利性身份歧视（包括就业、入学、居住、社会保障等），农村人口向城市市民转变的制度性屏障不减反增，并逐渐形成了以户籍为代表的"显性户籍墙"和附于其上的相关社会福利制度共同构成的"隐性户籍墙"①。在"双重户籍墙"的影响下，我国农村劳动力向城市转移的过程被分割为三个阶段，分别是农村退出、城市进入和城市融入（王贵新，2006；刘传江，2008）。农民工虽然长期在城市工作和生活，但他们在经济权利、政治权益和社会保障等方面均无法享受与城市居民同等的待遇，逐渐成为游离于城市主流生活之外的"双重边缘人"②。

简言之，我国的乡城人口流动并不是简单地从农民到市民的职业转换和地域转移的同步、合一、彻底性转变，而是呈现出与其他市场经济国家迥然不同的"中国路径"，即我国的农村人口城市化事实上被分割成了"从农民到农民工"，再"从农民工到市民"两个子过程。刘传江（2008）指出，我国乡城人口转移当前面临的首要问题是推进"农民工市民化"（即上述过程的第二阶段），而非大多数学者所说的一般意义上的"农民市民化"或"农村人口城市化"。因此，他建议用"农民非农化理论＋农民工市民化理论"的"两步转移理论"来取代西方传统的"农村人口城市化"或"农民非农化"的"一步转移理论"。③ 这一观点有效解释了我国乡城人口转移"中国路径"所面临的理论困境，被国内大多数学者所接受和采纳，近年来逐渐成为农民工问题研究的主流分析工具。

---

① 刘传江、程建林：《双重"户籍墙"对农民工市民化的影响》，《经济学家》2009年第10期，第79页。

② 唐斌：《"双重边缘人"：城市农民工自我认同的形成及社会影响》，《中南民族大学学报》2002年第1期。

③ 刘传江、徐建玲：《中国农民工市民化进程研究》，人民出版社2008年版，第1—2页。

第二节　社会排斥理论

乡城移民能否顺利实现城市融入，不仅取决于微观层面的个体因素（如受教育程度、劳动技能和健康状况等），而且取决于宏观层面的政策框架与制度安排。从国际经验来看，一国既定的政策体制对移民城市融入具有决定性影响，会直接关系到不同社会阶层和群体之间的契合度。近年来，国际社会政策研究界对移民问题的关注已经拓展到“限制社会排斥、促进社会融合”的层面。社会排斥作为一个相对新颖的概念工具，搭建了社会政策经验观察与理论研究之间的桥梁，有助于深化对移民问题的认识，推动对移民城市融入障碍消解的研究。

一　社会排斥研究的起源与发展

法国社会学家拉诺尔（Ren Lenoir）最早于1974年提出了社会排斥（Social Exclusion）的概念，他认为“被排斥者”是指那些“没有受到社会保障的保护，同时又被贴上了‘社会问题’标签的不同类型的人”，如“精神和身体残疾者、自杀者、老年患者、受虐儿童、药物滥用者等边缘人、反社会的人和其他社会不适应者。”[①] 贝尼（David Byrne）强调了研究社会排斥的重要意义，认为“全球化背景下的资本主义投资、生产及消费模式已经削弱了过去的团结与制度体系，形成了更加充满竞争与个人主义的文化，所以社会排斥的风险越来越大。”[②] 阿特肯森（A. Atkinson）和贺尔斯（J. Hills）强调了社会排斥的三个特征，即相对性、行动性和动态性。其中，相对性是指社会排斥体现在一定的社会互动关系之中，而非单纯的个人环境；行动性是指社会排斥不仅是一种意识形态，更是一种切实排斥他人的行动及其结果；动态性是指社会排斥不仅是一个短暂的状态，更有可能伴随个体及其家庭的长期生活，并形成代际传递。[③]

---

① 黄佳豪：《西方社会排斥理论研究述略》，《理论与现代化》2008年第11期。

② Byne, David. 1999. *Social Exclusion*. UK. Open University Press.

③ Atkinson, A. and Hills, J. 1998. *Exclusion*, *Employment and Opportunity*. CASE paper 4, STICERD, LSE.

此后，鲍葛姆（S. Paugam）拓展了社会排斥对贫困问题的研究，使社会排斥的维度被欧洲委员会采纳，并发展成为英国反贫困政策的主要理论依据之一。他认为，社会排斥与以往贫困研究的最大区别在于，它不仅关注贫困本身，而且重视排斥产生的政策环境和实现过程，倾向于从更加宏观的社会经济背景探寻社会结构的整体性特征。[①] 乔丹（Bill Jordan）也强调，社会排斥的原因不仅在于弱势群体本身，而且在于国家政策等宏观因素[②]，因此，仅关注针对被排斥者的政策并不一定能取得改变现实的显著效果。伯瑞（B. Barry）也认为，社会排斥是一种更加广泛的社会关系，与社会分化和社会极化相联系，并互为因果。[③] 简言之，社会排斥作为一种状态和行动结果，不仅仅是被排斥者个人的问题，而且通常与既定的社会结构、政策框架和制度安排等密切相关。

国内学者黄佳豪（2008）概括了社会排斥的三个著名范式，即团结范式、专业化范式和垄断范式。其中，团结范式强调社会排斥是一种个人和集体之间的社会纽带断裂；专业化范式强调社会排斥是社会分化、劳动分工以及领域的分割等专门化的结果；垄断范式则强调社会排斥是社会上形成了垄断群体的结果。[④]

总体来看，社会排斥理论研究的意义在于强调政策行动要深入宏观环境和微观个体之中，也就是说，政府在重视贫困主体的个人责任的同时，要深刻检视个体与群体、公民与社会之间的关系，进而对不利于社会融合的政策进行调整。在 20 世纪 80 年代，社会排斥概念被欧洲委员会采纳，并成为其形成社会政策的核心之一。1988 年，欧洲委员会将社会排斥作为反贫困项目研究的重要维度；1989 年，将“遏制社会排斥”写进《欧洲社会宪章》的导言中[⑤]，并成立了观察部，定期对成员国对抗社会排斥

---

① 刘建娥：《中国乡城移民的城市社会融入》，社会科学文献出版社 2011 年版，第 62 页。

② Jordan, Bill 1996. *A Theory of Poverty and Social Exclusion*. Polity Press.

③ Barry, B. 2002. *Social Exclusion, Social Isolation and the Distribution of Income*. In: J Hills et al. (eds.), *Understanding Social Exclusion*. Oxford: Oxford University.

④ 黄佳豪：《西方社会排斥理论研究述略》，《理论与现代化》2008 年第 11 期。

⑤ Berghman, J. 1995. *Social Exclusion in Europe: Policy Context and Analytical Framework*. In: G. Room (ed.), *Beyond the Threshold: The Measure and Analysis of Social Exclusion*. Policy Press, p. 11.

的国家行动方案进行复审。[①]

二　社会排斥理论的政策含义

如前所述，社会排斥理论将贫困的成因归结为制度因素（结构性排斥）和个体因素（功能性排斥[②]）两个层面。将该理论应用到我国乡城流动人口问题研究，可以发现，其政策含义突出表现在两个方面：第一，结构视角强调一国既定的政策框架和制度安排对劳动者个体的影响，认为社会环境和社会权利结构（如平等的就业权、受教育权和社会保障权等）是导致贫困的决定性因素，会形成“结构性排斥”。Alcock（2005）指出，结构性排斥是一种“强排斥”，应通过政策行动削弱导致排斥的权力，创造有利于社会融入的制度环境。[③] 第二，行动视角强调劳动者个体的自我责任，认为“个人对生活机会与社会关系的选择，以及个人在自己的生活水平与社会关系管理中的责任”是决定排斥与否的重要变量，会导致“功能性排斥”。Wilsons（1998）指出，功能性排斥是一种“弱排斥”，往往容易被忽视，但它是移民社会融入的现实障碍。[④]

在上述两方面因素的共同作用下，移民群体通常会处于“边缘化”状态，遭受到来自经济、政治、社会和文化等多方面的排斥。因此，限制社会排斥的政策含义是重视“结构”与“功能”的平衡，通过制度调整和政策完善回应结构性因素，通过社会环境改变和行动主体参与回应功能性因素。[⑤] 刘建娥（2011）结合我国乡城移民的生存现状和现实需求，在既有的政策框架和制度安排下，提出了“乡—城移民的社会融入模式”（见图2—2），旨在通过外部“赋权”与内部“增能”相结合，有效应对移民遭受的社会排斥，促进其实现社会融入。

---

① Room, Graham (ed.). 1991. *Towards a European Welfare State*? Bristol: SAUS. Robins, D. et al. 1994. *Observatory on National Policies to Combat Social Exclusion*. Third Annual Report, EC.

② 此处，我们用新功能主义学家的“功能性排斥”概念取代刘建娥（2011）的“非结构性排斥”概念。

③ Alcock, P. 2006. *Understanding Poverty*. Basingstoke: Palgrave Macmillan, pp. 35—42.

④ Veit - Wilsons, J. 1998. *Setting Adequacy Standards*. Bristol: Policy Press, p. 45.

⑤ 刘建娥：《中国乡城移民的城市社会融入》，社会科学文献出版社2011年版，第64页。

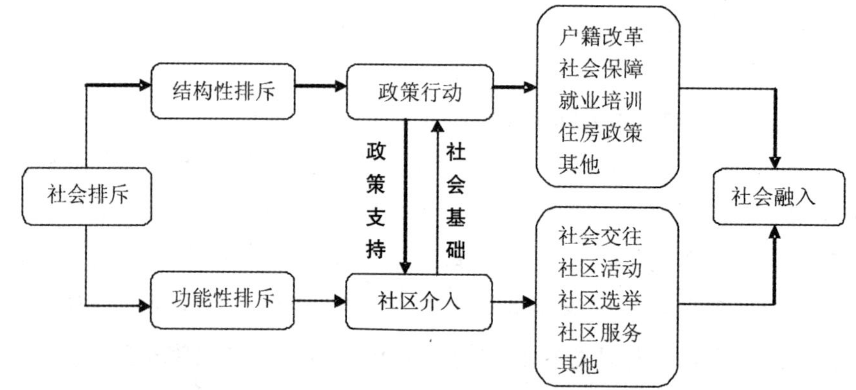

图 2—2 基于社会排斥视角的乡—城移民社会融入模式

资料来源：刘建娥《中国乡城移民的城市社会融入》，社会科学文献出版社 2011 年版，第 86 页。

上述模型的主要内容及其运作机理可以从两个方面来理解：

第一，应通过政府的政策行动来回应结构性排斥，通过改善政策环境，来消除阻碍社会融入的制度性障碍。在这一环节，工作重点是充分发挥政府在资源整合、决策制定、执行与监管等方面的主导作用，通过加快户籍制度改革、完善与移民有关的福利制度（如就业制度、居住制度、教育制度和社会保障制度等），建立移民社会融入政策体系，实现对弱势群体的“赋权”。关信平（2005）指出，应“通过对现有社会政策的改造，使之能够逐渐容纳和惠及农民工，以便最终建立长期性城乡一体化的社会政策体系”[①]，进而促进社会公平与和谐。

第二，应通过社区工作的有效介入来遏制功能性排斥，通过落实社会政策、发展服务项目、传递社会服务，逐步消除社会融入的潜在因素和现实障碍。在这一环节，工作重点是建立专业化的社区服务中心，调动个人和组织的参与，在充分发挥移民实践主体能动性的基础上，实现“增能”。具体而言，应为移民提供更多参与社区活动、社区选举以及社区管理的机会和途径，提高社区服务的专业化水平和可及性，通过在社区内发展社会资本，增强移民融入社区的能力，进而培养其对城市的认同感、归

① 关信平：《现阶段我国农村劳动力转移就业背景下社会政策的主要议题及模式选择》，《江苏社会科学》2005 年第 5 期，第 14 页。

属感和责任感。①

总体来看，社会排斥理论作为欧美发达国家乡城移民研究的主流分析范式，有助于帮助我们认识移民城市融入的基本规律和复杂影响因素。国内学者将我国乡城流动人口纳入现行社会政策体制框架下，提出了基于政府和个体层面的社会融入建议，有助于回应移民的城市融入诉求，具有一定的积极意义。但是，将移民个人能力的提升责任（即“增能”）过多地放在社区层面，在实践操作中还存在很大难度。其中一个重要原因，就是我国农民工群体因经济融入能力相对较差，在居住方面存在着明显的“空间分异”现象（主要居住在工棚、宿舍和农民房等远离城市社区的场域），在族群关系上呈现出“社会断裂”的状态。② 因此，如何将社区介入作为当前解决社会排斥的现实机制，还有待于进一步深化研究。

第三节　成本收益理论

一　引入成本收益理论的重要意义

现代西方经济学最重要、最基本的一条假设前提就是“理性人”假设，也称为“经济人”假设。所谓“理性人”是指每一个从事经济活动的人，在进行决策时都会力图以最小的经济代价去获得最大的利益回报；或在预期收益既定的条件下，尽可能地减少自己的成本开支。这是西方经济学家从市场经济角度归结出的所有行为个体的共性特征。简言之，收益大于成本的预期是人们一切行为的基本出发点，也是人类进行任何行为决策所要遵循的首要理性原则。

在西方早期有关乡—城移民的城市适应性探讨中，刘易斯（Lewis，1954）的“二元经济结构”理论最早揭示了人们由农村向城市迁移的动因，即“城镇工业部门一般工资水平与农村农业部门收入之间的差距”。托达罗（Todaro，1969）也指出，城市与农村之间的预期收入差距（而非真实收入差距）是决定农村劳动力迁移的经济动因。舒尔茨（Schults，

① 刘建娥：《中国乡城移民的城市社会融入》，社会科学文献出版社 2011 年版，第 87 页。

② 孙立平：《断裂：20 世纪 90 年代以来的中国社会》，社会科学文献出版社 2003 年版，第 87 页。

1960）的“人力资本理论”将成本因素纳入迁移决策分析，指出“迁移是人们追求经济最大化的结果，本质上取决于迁移收益和迁移成本之间的比较”。其中，迁移收益包括收入的提高、一生额外福利的增长、非工资收入以及更好的环境；迁移成本则指在迁移过程中所花费的各种直接成本、间接成本和机会成本的总和。在他看来，只有当迁移的预期收益大于迁移成本时，迁移才有可能发生。①

西方研究将个人微观机制引入人口流动分析之中，指出了成本在迁移决策中的基础考量地位，对化解我国农民工城市融入困境提供了方法论指导。长期以来，国内研究多基于被动视角，将农民工视为结构性制约下的受动客体，忽视了其融入城市的主观能动性，而且未考虑新生代农民工的比较优势和代际差异。相关对策建议多强调宏观层面的制度改革，倡导外部“赋权”，因而实施效果也相对有限。事实上，新生代农民工城市融入是追求自身效用最大化的行为过程，是综合考虑融入成本和融入净收益之后作出的理性决策。基于成本视角对该问题进行研究不仅有助于拓宽学术视野，而且能够增强地方政府政策调适的针对性和有效性，对优化社会福利资源在不同利益群体之间的配置也大有裨益。②

从实践探索方面来看，基于成本视角的研究也具有独特价值。近年来，国内各地为推进新生代农民工城市融入，普遍加大了政策调适力度，并强化了基础设施建设和功能性设施建设投资，但却未能从根本上改变外来人口机械增长与城市融入效度偏低的“两难”困境。③ 究其原因，农民工市民化的最终实现除了需要进行相关的制度改革之外，还需要加大资金投入力度，切实化解农民工市民化进程中的基本权利保障和城市公共服务享受等资金需要。④ 然而遗憾的是，理论界目前对农民工市民化成本尚未形成统一认知，对“农民工市民化成本是否可承受”

① 王黎黎：《新生代农民工市民化行为成本收益研究》，西南大学硕士论文，2012 年，第 4 页。

② 许光：《新生代农民工城市融入的成本测度及分担机制构建——基于私人成本支出的视角》，《中共浙江省委党校学报》2014 年第 1 期，第 118—119 页。

③ 同上书，第 118 页。

④ 简新华、黄锟：《中国农民工最新情况调研报告》，《中国人口资源与环境》2007 年第 6 期，第 1—6 页。

还存在争议，对市民化成本的责任分担和资金筹集渠道更缺乏深入的探讨。因此，中央政府的政策导向易与地方政府的成本压力形成冲突，地方政府对推进农民工市民化多持谨慎和保守态度，进而导致农民工市民化进程相对迟缓。

二　农民工市民化成本研究的主要内容

1. 农民工市民化成本的概念界定

理论界目前认可度最高的农民工市民化成本[①]概念是张国胜（2009）提出的，他认为“农民工市民化成本是指使现有农民工在身份、地位、价值观、社会权利以及生产、生活方式等方面全面向城市市民转化并顺利融入城市社会所必须投入的最低资金量”[②]，或“保障进城农民工的公共服务（产品）享受、基本权力保护、社会经济适应、城市生活融入等所必须投入的最低资金量”[③]。

在国内现有研究中，使用较多的概念还有农村劳动力转移成本、农民市民化成本和人口城市化成本。其中，农村劳动力转移成本是指“农民背井离乡进城找工作并顺利完成转移就业的过程中所付出的成本”[④]，包括经济成本和非经济成本。[⑤] 也有学者将其定义为“政府在放松农民工政策促进城市化的过程中，为实现农民向市民身份转换所需支付的显性成本”[⑥]。农民市民化成本是指“农民向城市转移并逐渐变为市民的

---

① 在本书第五章，我们将使用“城市融入成本”概念，以便与研究框架中的“城市融入意愿”相对应。但在学理意蕴上，我们认为两个概念的内在含义是一致的，只是称谓有所区别，故不加以严格区分。

② 张国胜：《基于社会成本考虑的农民工市民化：一个转轨中发展大国的视角与政策选择》，《中国软科学》2009 年第 4 期，第 56 页。

③ 张国胜、谭鑫：《第二代农民工市民化的社会成本、总体思路与政策组合》，《改革》2008 年第 9 期。

④ 李秉龙、李毳：《农民进城就业的成本收益与行为特征分析》，《农业经济问题》2004 年第 10 期，第 37 页。

⑤ 经济成本包括旅途成本、证卡成本、求职成本、培训成本、生活成本等；非经济成本包括心理成本、社会歧视成本等。

⑥ 范红忠：《我国农村劳动力转移过程的成本分析》，《农村经济》2006 年第 3 期，第 107 页。

这种过程和状态中，伴随着意识、行为方式和生活方式的变化所产生的经济成本。”① 人口城市化成本是指“随着城市人口增加，政府为解决相应的城市化人口所花费的经济投资数量”②③，或“在区域城市化过程中，为提高区域城市化水平而必须付出的经济代价”④。

对于上述三个概念之间的逻辑关系，曾亿武、丘银（2012）认为，农民市民化成本〈农民工市民化成本〉人口城市化成本。其理论依据是刘传江（2008）提出的“两阶段转移理论”，即农民市民化成本主要对应“从农民到农民工”的第一阶段，而农民工市民化成本则对应“从农民工到市民”的第二阶段。显然，在第二阶段政府需要承担的不仅是转移就业和生活安置成本，而且是更为庞大和复杂的管理成本、基础设施建设成本、公共服务供给成本等。至于人口城市化成本，由于农民工只是进城流动人口的一部分，因此二者关系比较明确。

2. 农民工市民化成本的指标构成

按照国内学者的共识，农民工市民化成本包括私人成本和公共成本两部分。但在成本的具体构成及评价指标选择上，国内学者表现出了较强的学术分歧。例如，陈广桂（2004）认为，农民工市民化的私人成本包括生活成本、智力成本和自我保障成本；公共成本包括基础设施成本、生态环境成本和公共管理成本。⑤ 胡渝清（2008）认为，农民工市民化的私人成本包括风险成本、机会成本、生活成本和置换成本；公共成本包括城市基础设施建设成本和就业岗位创造成本。⑥ 张国胜、杨先明（2009）认为，农民工市民化的社会成本包括公共服务（产品）享受成本、基本权

---

① 课题组：《农民市民化的趋势与国内相关理论学派的主张》，《经济研究参考》2003 年第 5 期，第 2 页。

② 一般包括城市各项设施建设的投资成本以及为了解决这些城市新增人口的就业问题必须创造的就业岗位所产生的投资成本。

③ 张国胜：《基于社会成本考虑的农民工市民化：一个转轨中发展大国的视角与政策选择》，《中国软科学》2009 年第 4 期，第 69 页。

④ 刁承泰、黄京鸿：《城市发展的经济成本分析》，《重庆建筑大学学报》2005 年第 10 期，第 2 页。

⑤ 陈广桂：《房价、农民市民化成本和我国的城市化》，《中国农村经济》2004 年第 3 期。

⑥ 胡渝清、刘今朝、孙珏霞：《重庆市农民市民化的成本—收益分析》，《安徽农业科学》2008 年第 5 期。

利保护成本、社会经济适应成本和城市生活融入成本。[①] 周向东（2012）认为，农民工市民化的个人成本包括城市生活成本、住房成本和机会成本；公共成本包括城市基础设施成本、社会保障成本和随迁子女教育成本。[②] 许光（2014）认为，农民工市民化的私人成本包括生活成本、居住成本、社会保障成本、机会成本、资本再造成本和享乐成本；公共成本包括城市基础设施成本、就业岗位投资成本、随迁子女教育成本、社会保障成本、素质培训成本、行政管理成本。[③] 显然，理论界目前对于农民工市民化成本的具体构成尚无定论，至于两部分成本可以再细化成哪些子成本，则更缺乏深入探讨。

3. 农民工市民化成本的测算结果

科学测算农民工市民化成本是各级政府十分关注的现实问题，但理论界现有研究尚处于起步探索阶段，主要测算方法是模型公式法，即先根据自己对农民工市民化成本的理解和概念界定，构建成本模型或评价指标体系，然后确定指标层权重，再引用相关数据进行分析。由于统计口径差异较大、标准难以统一，现有研究的测算结果往往相差甚远，对地方政府的实际指导意义相对有限。

具体来看，中国科学院（2005）测算出每使一个农民工转变为城市居民，需要支付的社会总成本为2.5万元。[④]《2009年中国城市发展报告》估算出的农民工市民化转型成本为9.8万元/人，其中个人成本为2.47万元/人，公共成本为7.35万元/人。杨伟民、蔡昉（2010）估算出的农民工市民化平均成本约为10万元/人。照此标准，未来每年我国为解决2000万农民工市民化，至少需要投入2万亿资金。[⑤] 从不同地区的测算结果来看，甄延临（2005）估算出甘肃天水农民工的市民化转型成本

① 张国胜、杨先明：《公共财政视角下的农民工市民化的社会成本分担机制研究》，《云南财经大学学报》2009年第1期。

② 周向东：《重庆市农民工市民化转型成本测算及分担机制研究》，重庆工商大学硕士论文，2012年。

③ 许光：《新生代农民工城市融入的成本测度及分担机制构建——基于私人成本支出的视角》，《中共浙江省委党校学报》2014年第1期，第121页。

④ 中国科学院可持续发展战略研究组：《中国城市化的成本分析》，《2005中国可持续发展战略报告》，科学出版社2005年版。

⑤ 蔡昉：《户籍制度改革与城乡社会福利制度统筹》，《经济学动态》2010年第12期。

为4.27万元/人。[①] 刁承泰、黄京鸿（2005）[②] 和周向东（2012）[③] 估算出的重庆市农民工市民化转型成本约为12万元/人。张国胜（2008）估算出沿海地区第一代农民工和第二代农民工的市民化成本分别为10万元/人和9万元/人，内陆地区则为6万元/人和5万元/人。[④] 许光（2014）测算出的浙江省新生代农民工市民化的私人总成本（均值）约为20万元/人。[⑤]

显然，测算结果的巨大差异不仅使学术界对“农民工市民化成本是否可承受”这一问题长期持有争论，而且也导致地方政府对加快推进新生代农民工市民化进程存有畏难情绪，这是今后工作中一个值得深思和密切关注的重要问题。

三 农民工市民化成本研究的政策含义

基于成本视角的农民工市民化研究是近年来新兴的一个研究领域，具有巨大的研究价值和挖掘潜力。国内学者的现有研究已经取得了一定的成果，但也存在明显不足。例如，现有研究多基于整体视角对农民工进行均衡分析，既未区分农民工群体的代际差异，也未考虑个体因素对融入需求的实际影响。而且，理论界目前缺乏一个具有代表性和普适性的城市融入成本评价指标体系，相关指标的重叠和交叉现象严重。在确定指标权重时，多采用主观赋权法，致使研究结果与经验事实出入较大。此外，现有研究的区域色彩比较明显，主要集中在西南（重庆、成都、贵阳）、西北（甘肃天水）和东北（辽宁）地区，对广东、浙江等东部沿海地区的人口流动大省却鲜有涉及，这显然与新生代农民工市民化的现实状况不符，同时也表明该研究领域存在很大的提升空间。

---

① 甄延临：《城镇化的经济成本测算——以甘肃天水为例》，《现代城市研究》2005年第10期。

② 刁承泰、黄京鸿：《城市发展的经济成本分析》，《重庆建筑大学学报》2005年第10期。

③ 周向东：《重庆市农民工市民化转型成本测算及分担机制研究》，重庆工商大学硕士论文，2012年。

④ 张国胜：《中国农民工市民化：社会成本视角的研究》，人民出版社2008年版，第164页。

⑤ 许光：《新生代农民工城市融入的成本测度及分担机制构建——基于私人成本支出的视角》，《中共浙江省委党校学报》2014年第1期，第123页。

在实践操作中，目前存疑和争论的焦点主要集中在三个方面：一是农民工市民化的具体内容可以用哪些代表性指标来衡量？二是相对于地方政府的财政能力，农民工市民化成本究竟是否可承受？三是筹集农民工市民化成本所需资金的渠道究竟有哪些？各渠道是否具有现实可操作性？

结合理论界现有研究和对上述问题的深入思考，我们认为，下一阶段深化对农民工市民化成本的研究应重点突出四个方面的政策导向：一是加强对农民工市民化成本基本概念的研究，尽快形成统一认知，改变概念界定和指标使用混乱与交织的状况；二是结合新生代农民工的群体特征，调整优化评价指标体系，引入更具代表性和数据可获得性的新增指标，凸显城市融入诉求的异质性；三是以东部沿海地区的人口流动大省为样本，形成公认度和系统性较强的成本细分体系和推算思路，从而增强研究结论的普适性、代表性和说服力；四是密切关注农民工市民化成本的资金筹集问题，明确费用来源的有效途径及其可获得性，着力构建多元复合主体的财政分担机制，加快市民化成本的有效消解。

第四节　社会资本理论

社会资本理论是经济学、社会学和人口学有关乡城移民和人口流动迁移的主流分析工具之一。作为市场和计划之外的第三种资源配置方式，社会资本对移民的城市融入和市民化状况有直接和关键的影响。西方现有研究已经比较成熟，形成了相对完整的理论体系和分析框架。国内研究主要集中在农民工社会经济地位边缘性的分析，指出了社会资本的占有和使用情况与农民工的边缘性地位具有高度相关性。[①] 我们认为，基于社会资本视角对农民工城市融入问题进行研究，有助于客观、全面地把握农民工融入能力的“短板”，消除市民化障碍。更进一步，构建农民工社会资本的积累和形成机制，有助于改善其社会资本匮乏和质量低下的状况，从而加快实现城市融入，完成市民化转型。

---

① 刘传江、周玲：《社会资本与农民工的城市融合》，《人口研究》2004 年第 5 期，第 16 页。

一 社会资本理论的主要内容

社会资本（Social Capital）的概念最早由法国社会学家皮埃尔·布尔迪厄（Pierre Bourdieu）提出。20 世纪 80 年代，布尔迪厄在《社会资本随笔》一文将社会资本定义为："实际或潜在资源的集合，这些资源与由相互默认或承认的关系所组成的持久网络有关，而且这些关系或多或少是制度化的。"① 在这里，他给出了与社会资本密切相关的三个概念，即资源、网络和制度。此后，科尔曼（James Coleman）基于理性选择理论（Rational Choice Theory of Agency），对社会资本展开了系统论述，认为："社会资本是生产性的，使得有些目的有可能实现，而没有它则不可能实现。"这一论断揭示了人们进行社会资本积累的原因，即能够为自己的未来创造收益；同时也强调了行为主体之间的双向互动，即一种"有待偿还的义务关系"。② 普特南（Putnam）综合和发展了前两者的观点，从社会结构与社会组织的层面对社会资本进行了定义，认为："社会资本指的是社会组织的特征，如信任、网络和规范，它们能够通过推进协调的行动来提高社会的效率。"③ 目前，普特南对社会资本的定义是国内外学者引用最多的。埃莉诺·奥斯特罗姆（Elinor Ostrom）进一步强调了社会资本的重要作用，她认为："以制度和因此形成的动机的形式存在的社会资本，是影响物质资本与人力资本作用以及影响生产和增长的关键因素……社会资本是物质资本和人力资本的必要补充。"④ 弗朗西斯·福山（Francis Fukuyama）强调了社会资本的几个特征，如非正式性、互惠性、潜在性和可实现性。同时，他指出社会资本不仅有正外部性，还有负外部性，而这是研究社会资本时应该注意到的一个问题。

从西方学者对社会资本的研究来看，尽管他们给出的定义各不相同，但相关研究都具有一个共同的内核，即"社会资本是一种可以带来收益

---

① 张广胜、周密：《新生代农民工市民化进程的测度及其决定机制》，经济科学出版社 2013 年版，第 17 页。

② 刘传江、徐建玲：《中国农民工市民化进程研究》，人民出版社 2008 年版，第 185 页。

③ 同上书，第 185—186 页。

④ ［美］埃莉诺·奥斯特罗姆：《社会资本：流行的狂热抑或基本概念》，世界银行 1999 年版。

和价值的资本形态”。换言之，所有关于社会资本的论述均表现出其包含的两大基本要素，即“社会关系网络”和“制度资源”。国内学者目前的研究也多是基于上述两点展开的，或者说，两大要素的提出增强了移民社会资本研究的可操作性。

二　社会资本与农民工市民化

（一）农民工社会资本的界定

社会资本与农民工城市融入密切相关。在国内现有研究中，由于网络是社会资本发挥的载体，学者们通常用“社会关系网络”来替代社会资本，对信任和规范的论述则相对较少。刘传江（2008）将农民工个体置于社会联系和关系网络中，考察这些联系和网络对农民工在城市就业的影响，将社会资本定义为“个体从社会网络和身处的社会制度中所可能获得的资源”。[①] 张广胜、周密（2013）将农民工的社会资本定义为“个人通过社会联系摄取稀缺资源并由此获益的能力”。其中，“稀缺资源”包括权力、地位、财富、资金、学识、机会和信息等。[②]

从农民工社会资本的类型划分来看，国内现有研究存在明显的范畴交叉和混同使用情况（见表2—1）。其中，刘传江、周玲（2004）基于社会资本的来源，将其划分为关系型社会资本和契约型社会资本，是理论界目前认可度最高的观点。

表2—1　国内外有关社会资本的类型划分

区域	研究者	划分标准	层次	定义	属性
国外	Brown（2000）	网络结构层次	微观层面	嵌入自我	社会网络关系
			中观层面	结构	社会网络关系
			宏观层面	规范	制度资源

① 刘传江、周玲：《社会资本与农民工的城市融合》，《人口研究》2004年第5期，第13页。

② 张广胜、周密：《新生代农民工市民化进程的测度及其决定机制》，经济科学出版社2013年版，第18页。

续表

区域	研究者	划分标准	层次	定义	属性
国内	刘传江、周玲（2004）	社会资本来源	个体层面	关系型社会资本	社会网络关系
			制度层面	契约型社会资本	制度资源
	刘传江、徐建玲(2008)	网络开放程度	内向性	内聚式社会资本	社会网络关系
			外向性	开放式社会资本	社会网络关系
	刘传江（2010）	社会资本层次	先赋性	初级社会资本	血缘、地缘关系
			后致性	次级社会资本	业缘关系
	张广胜、周密（2013）	网络关系性质	直接性	“强关系”社会资本	社会网络关系
			间接性	“弱关系”社会资本	社会网络关系

资料来源：作者根据相关文献和资料整理绘制而成。

（二）农民工社会资本的测量

国内学者对农民工社会资本的测量主要是从社会资本的占有和使用情况来进行的。农民工作为游离于城市正规组织和社会制度之外的“边缘性群体”（Marginalized Groups），通常会依靠“强关系”社会网络来寻找工作，以增加就业概率、减少搜寻过程、节约时间成本。因此，理论界对于农民工社会资本的使用情况目前并不存在争议，研究重点主要集中在社会资本的占有情况方面。

赵延东（2002）提出了研究个人社会资本的主要方法“个体中心网”，通过考察以每一个被研究者为中心延伸出去的网络情况，判断其社会资本的占有情况。具体可分为提名生成法（Name - Generator）和位置生成法（Position - Generator）。其中，提名生成法是一种比较传统的方法，通常运用讨论网（Discussion Network）和支持网（Support Network）来探求被研究者与其他社会成员之间的关系。其优点在于可以对个人网络的具体情况进行详细考察。缺陷在于边界不易确定，容易漏掉网络中的“弱关系”①。位置生成法是一种比较新颖的方法，目前，多采用边燕杰“春节拜年网”的测量指标，通过对春节期间与被调查者有过拜年交往的社会关系的考察，了解其社会资本的占有状况。刘传江、徐建玲（2008）

① 刘传江、徐建玲：《中国农民工市民化进程研究》，人民出版社2008年版，第188页。

认为，位置生成法的优点在于操作简便、不涉及个人隐私、容易得到被调查者的配合。缺陷在于只能测量社会资本，无法进一步了解社会网络的具体构成情况。

在实证检验方面，国内学者采用的测量指标略有差异。例如，刘传江（2008）从网络规模、网络密度和异质性、网络中所嵌入的资源三方面考察农民工的社会资本占有情况；张广胜、周密（2013）则从网络高度、网络宽度和网络结构三个方面来分析新生代农民工社会资本的拥有情况。因篇幅所限，此处暂不展开。

三　社会资本研究的政策含义

人力资本和社会资本是影响新生代农民工城市融入的两大关键要素，两者之间存在着一种隐秘的相互关联。布尔迪厄（Bourdieu）曾指出："不同类型的资本只有在特定的场域内才是有效的，但它们之间又是可以互相转换的。"① 林南（Nan Lin）也指出："社会资本与人力资本之间存在着正相关关系，拥有较高人力资本者更有可能扩大自己的网络范围或联系到更高地位的网络成员，从而使自己拥有更加丰富的社会资本。"② 就农民工群体而言，其在城市就业的成功往往是将人力资本与社会资本较好地结合了起来。但许多研究也表明，农民工在求职过程中是否使用了社会资本将对其收入状况产生极为显著的影响。换言之，在城市融入的初期阶段，社会资本发挥的作用将远大于人力资本。

由图 2—3 可知，一方面，农民工的就业率是人力资本的增函数，即随着人力资本积累量的增加，农民的就业率呈总体上升趋势。但是，人力资本函数存在拐点：在临界值 K_0 以下，人力资本的边际作用逐渐增大；在临界值 K_0 以上，情况则相反；另一方面，就业率是社会资本的单调增函数，但其对农民工就业的边际效用始终递减，特别是临界值 K_0 以下，社会资本的边际作用变化更快。根据国内现有研究，我们将 K_0 设定在"本科毕业生所拥有的人力资本水平"上。由于农民工的受教育程度普遍

① 刘传江、徐建玲：《中国农民工市民化进程研究》，人民出版社 2008 年版，第 191 页。

② Nan Lin. *Social Networks and Status Attainment*. Annual Review of Sociology，1999. 25（1）：467.

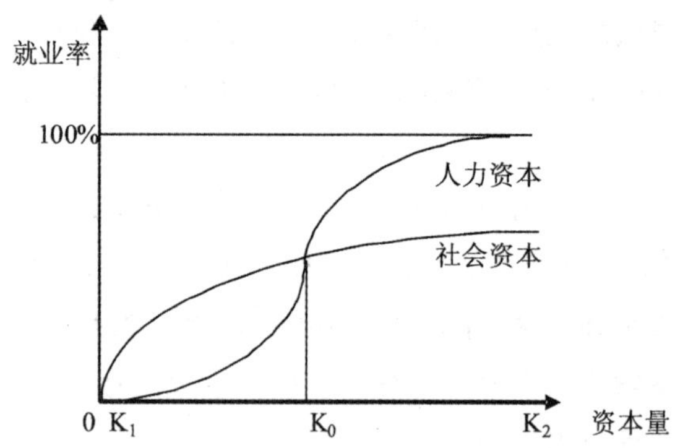

图 2—3　人力资本、社会资本对农民工就业的影响

资料来源：徐小军《当前就业过程中的双重机制：人力资本和社会资本》，《人文杂志》2002 年第 3 期。

较低，因此，在图 2—3中我们只需要关注 K_1 到 K_0 的部分即可。在该区间内，使用相同的资本量，使用社会资本就业的概率显然远高于使用人力资本就业的概率。这说明一个事实：对于农民工等人力资本存量较差的人群和社会地位较低的阶层，他们在求职过程中将更多地倾向于使用社会资本而非人力资本。因此，着重分析社会资本对农民工市民化研究具有重要意义。

由于我国农民工的社会资本质量较差、异质性较低、网络结构呈现出典型的两极分化（刘传江、周玲，2004），今后应从以下几个方面入手，着力构建农民工社会资本的积累和形成机制。首先，从农民工个体层面来看，应注重进行社会资本的自我投资。例如，尽快融入城市社区，弥补离开原有农村社区所带来的社会资本损失；在工作中不断提高自身技能，扩大社会关系网络；采取不断维护的方法，避免社会资本贬值。其次，从政府层面来看，应通过公共产品的有效供给，强化对农民工社会资本的外部投资。例如，提高农民工流动的组织化程度，建立农民工就业培训制度，建立广覆盖的社会保障体系，加大农村教育投入力度，制定保护农民工合法权益的法律法规，等等。[①] 最后，应遵循独立自愿的原则，引导社会组织积极参与农民工市民化进程，承担部分政府公共服务职能，从而为农民

① 刘传江、徐建玲：《中国农民工市民化进程研究》，人民出版社 2008 年版，第 202—207 页。

工融入城市提供现实平台和有效载体。

第五节 “第三条道路”理论

“第三条道路”（The Third Way）是20世纪80年代新兴的一种理论范式，是针对西方“福利国家”的弊端、顺应市场化改革下福利需求日益多样化的趋势而产生的。与认为“福利就是政府行为”的传统福利观念不同，“第三条道路”对福利的概念进行了澄清和拓展，强调福利来源的多元化，即有限的政府责任与广泛的社会参与相结合、完善的社会保障政策与积极的就业促进措施相结合，通过激发劳动者的独立意识和社会各方的广泛参与，建立积极的“社会投资型国家”。“第三条道路”理论的核心是寻求福利供给各主体之间的平衡，通过资源配置的“帕累托改进”来实现福利供给的效益最大化。从西方国家的实践来看，它能够跳脱出“政府失灵”的怪圈，增强劳动者的就业能力，有助于移民独立意识的培养和更好地实现城市融入，对转型期的我国而言具有重要的参考价值。

一 “第三条道路”理论的产生背景

社会福利的建构目的从本质上来说，是用一种社会认可的制度安排和运作方式去满足社会群体成员的需要。[①] 20世纪70年代后，欧洲以《贝弗里奇报告》为蓝本建立起来的“福利国家”模式暴露出日益增多的弊端，高福利、高税收的结构性缺陷使许多国家陷入经济停滞、失业增加、通货膨胀并存的困难局面，从而引发了人们对于“福利国家”合理性的质疑。[②] 为了将“福利国家”从危机中挽救出来，同时顺应经济全球化和冷战后政治多元化的发展趋势，西方中左翼党对现行社会制度和福利模式进行了重新审视，希望从中找到一种新的政策选择，以便与社会民主主义和新自由主义相区别。

---

① Taylor, R. Measuring Need in the Social Services [A]. Gilbert, N. & Specht, H. Planning for Social Welfare: Issues, Models and Tasks [C]. New Jersey: Englewood Cliffs, NJ: Prentice Hall, 1977: 297.

② 许光：《社会排斥与社会融合：城市贫困群体问题研究》，上海社会科学院博士学位论文，2008年。

1994年，安东尼·吉登斯（Anthony Giddens）在《超越左与右》一书中提出了构建一种既包含“左”又包含“右”的独特思想体系。他在坚持公平正义价值取向的基础上，批判了传统“福利国家”的弊端，强调应依托就业和教育建立“积极的福利制度”，即“在任何产生依赖、鼓励和缺乏自我实现的地方反击它们”①。这一思想后来成为了“第三条道路”的理论基础。1994年10月，托尼·布莱尔（Tony Blair）在布莱克普尔工党会议上指出：“福利应该是指在这个变化着的世界中的机会和安全。它帮助人们继续前进和奋发向上。……一个民族的自立在于工作，而不是依靠福利。”② 1997年，布莱尔任英国首相之后，“第三条道路”正式成为英国政府的口号，相关的配套政策也在这一时期被制定出来。例如，旨在帮助失业者尽快重新获得工作的“旗舰计划”规定，对于低技能的失业者，政府首先将创造一部分低收入的就业岗位。在此基础上，再由国家给予补贴，以使失业者达到相应的收入水平。但是，对于有工作能力却拒绝接受国家提供的就业岗位的失业者，政府会认为其“放弃了接受国家帮助的权利”，将不再对其发放失业救济金。③

总体来看，以“第三条道路”为指导的欧洲“福利国家”改革强调政府的有限责任，认为传统的福利模式不仅会造成政府财政的巨大压力，引发财政崩溃，而且会削弱人们自主生活的动力，形成对政府的过度依赖，最终会加剧社会的不平等。由于英国的就业促进计划有效调动了人们（特别是年轻人）参加工作的积极性，此后，法国、德国、意大利和美国等国家也相继出现了“第三条道路”思想，旨在实现经济增长的同时促进社会平等与正义。

二　“第三条道路”理论的主要内容

1998年5月，吉登斯出版了《第三条道路：社会民主主义的复兴》一书，论述了“第三条道路”的内涵，并将其作为思想框架和政策制定

① ［英］安东尼·吉登斯：《超越左与右——激进政治的未来》，社会科学文献出版社2000年版，第141页。

② 原媛：《以社会保障促进农民工就业——基于“第三条道路”福利观的思考》，《现代经济信息》2009年第6期，第76页。

③ 同上。

的依据。总体来看，“第三条道路”主张对民主社会主义和新自由主义进行折中与调和，强调有限的政府责任与有效的市场调节相结合，通过寻求国家责任、社会责任与个人责任的平衡，实现社会福利水平与经济发展水平的协调。其指导思想是变“消极福利”（Negative Welfare）为“积极福利”（Positive Welfare），变“福利国家”（Welfare State）为“社会投资型国家”（Social Investment State）。[①] 该理论的主要内容可以从三个方面来理解：

1. 改革导向上：强调政府与社会相结合

福利多元主义认为，福利供给完全依靠政府或者市场中的任何一方都是有失偏颇的，社会福利应该由多元主体“共同负担”。[②] 在西方国家，民主社会主义把社会福利仅仅理解为“国家对那些需要帮助的弱者提供符合人道尊严的生活”，而新自由主义则把社会福利的一切对象简单地推向了市场。[③] 吉登斯指出，传统福利供给模式过度依赖“自上而下”的分配制度，这在根本上是很不民主的。“国家在实现社会公正中的主导作用并不意味着它应该包办一切，福利的提供、筹集和规则应该由政府、市场、社区及民间社会共同完成。”[④] 面对“政府失灵”，吉登斯强调应该扩大福利供给主体的多元化发展，即通过合作与责任分工的方式，将政府的“全面福利提供”转变为“多部门共同提供”，即在劳动者、企业和社会的共同参与下，重现家庭、社区和其他非正式组织的作用。[⑤]

2. 改革理念上：主张责任与权利相统一

“第三条道路”最鲜明的特征就是强调责任与权利相结合，鼓励人们各尽其能，提倡建立“无责任即无权利”的福利新准则。[⑥] 吉登斯认为，责任是健全社会的基石，传统福利制度最致命的缺陷就在于滋生了

---

① 丁建定、魏科科：《社会福利思想》，华中科技大学 2005 年版，第 246 页。

② 彭华民：《从沉寂到创新：中国社会福利构建》，中国社会科学出版社 2012 年版，第 39 页。

③ 范斌：《福利社会学》，社会科学文献出版社 2006 年版，第 80—81 页。

④ ［英］安东尼·吉登斯：《第三条道路及其批评》，中共中央党校出版社 2002 年版，第 96 页。

⑤ 彭华民：《福利三角中的社会排斥：对中国城市新贫困社群的一个实证研究》，上海人民出版社 2007 年版，第 25 页。

⑥ Sullivan, M. 1994. *Modern Social Policy*. Hemel Hempstead: Harvester Wheatsheaf.

人们对政府的过度依赖。[①]“从摇篮到坟墓”的福利模式使人们丧失了自主生活的动力，国家自上而下的包办在相当程度上造成了依赖、道德风险和官僚主义，“权利和机会最终变成了自私和贪婪的动力”[②]。因此，他主张通过相应的社会投资策略，增强弱势群体参与社会整合的能力，减少贫困的产生。[③] 例如在养老金问题上，吉登斯建议逐步废除固定的退休年龄制度，把老人当作一种资源而非负担。[④] 这种福利价值观的创新之处在于它强调劳动者自我负责精神和独立意识的培养，旨在消除对政府的过度依赖和防止一部分人滥用福利，从而建立起一种新型的“契约关系”[⑤]。

3. 改革手段上：注重救济与教育相配合

为提高弱势群体的就业能力和抵抗社会风险的能力，“第三条道路”主张将原来安全网式的“生活福利”转化为“工作福利”，通过促进民众就业实现公平和效率相统一。在吉登斯看来，国家“在任何可能的情况下都应该投资于人力资本，而不是直接给予利益”。因此，他建议从转变就业机制入手，建立以提高就业能力取代就业保障为核心的福利体制，积极进行培训和教育性的社会投资，通过“可供替代的发展方案”提高公民的个人技能。[⑥] 具体来看，英国的改革措施包括重建公共领域、增加上下层对话，营造公共的生活环境，利用福利制度调节再分配，加强教育和培训促进公民就业，等等。总体而言，“第三条道路”实现了四个转变，即从消极福利向积极福利转变，从救济性福利向开发性福利转变，从恩惠式福利向进取式福利转变，从补偿性福利向预防性福利转变。

① ［英］安东尼·吉登斯：《第三条道路——社会民主主义的复兴》，北京大学出版社2000年版，第68页。

② 范斌：《福利社会学》，社会科学文献出版社2006年版，第77—78页。

③ Giddens. A. , 1998. *The Third Way.* Cambridge：Policy Press.

④ Herd, P. 2005. *Reforming A Breadwinner Welfare State：Gender, Race, Class, and Social Security Reform.* Social Forces, 83 (4).

⑤ 许光：《福利转型：城市贫困的治理实践与范式创新》，浙江大学出版社2014年版，第84页。

⑥ 尚庆飞、宋书琴：《从积极福利到社会投资型国家》，《淮阴师范学院学报》2006年第1期，第31页。

二　“第三条道路”理论的政策启示

“第三条道路”作为西方国家对既有社会福利制度的反思，具有丰富的理论内涵和价值意蕴。它打破了国家和市场的绝对主义藩篱，试图寻找一种多元供给主体共同承担福利责任的路径。通过这种制度安排，“第三条道路”改变了国家单一的福利供给模式，实现了由“福利国家”向“福利社会”的转型。其优势在于强调有限的政府责任与灵活的就业促进措施相结合，通过培养劳动者的独立意识和激发社会多元主体的积极参与，来实现福利资源配置的“帕累托改进”。尽管“第三条道路”的折中主义观点遭到了一些学者的质疑，但它毕竟有效化解了“福利国家”的危机，而且看到了现代民主政治和社会福利制度的未来发展方向。这对处于社会转型期的我国而言，具有重要的参考价值。

当前，随着我国市场化导向改革的不断深入，政府也应当逐渐改变以往单一的福利供给方式，积极纳入其他市场主体要素，以寻求福利供给的多元平衡。以农民工培训为例，2010 年，国务院办公厅发布《关于进一步做好农民工培训工作的指导意见》，指出要以“政府支持、市场运作”为基本原则，“鼓励行业、企业、院校和社会力量加强农民工培训，建立促进农民工培训的多元投入机制”。但事实上，长期以来我国农民工培训的实施主体都是政府，培训经费也多依靠财政资金来源（见表 2—2）。为适应福利需求的多样化和异质性，今后应强化企业、社会组织和个人等相关参与主体的积极性，通过各主体间的分权与协作探索一条有效的平衡路径，从而弥补政府供给的缺陷，化解“政府失灵”。

总体而言，“第三条道路”理论对我国的政策启示主要有：

1. 政府应通过制度、法律和法规等手段，明确福利供给各主体的角色定位与职能边界，树立合作治理理念，建立“一主多元”的福利供给模式。在构建城乡统一劳动力市场的基础上，应注重提供平等的受教育权和就业机会，增强劳动者的人力资本禀赋和就业竞争能力。在加快社会保障制度改革的基础上，积极探索建立符合农民工行为特点和融入需求的公共服务体系，增强其抵御社会风险的能力。同时，应实行补偿性人力资本投资政策，减少农民工的市民化成本。

表 2—2　　农民工培训实施主体与培训经费来源

时间段	培训实施主体	培训经费承担主体
1978—1991 年	政府（各级教育部门）	政府
1992—2001 年	政府（各级政府、教育和劳动部门） 市场（民办培训机构）	政府、行业企业、个人
2002 年至今	政府（各级政府、教育和劳动部门） 市场（企业、民办培训机构、行业培训机构） 社区（农民工个人） 民间社会（工会、共青团、妇联等）	政府、行业企业、个人、社会资金

资料来源：章华丽《福利多元主义视角下农民工培训供给主体的多元化》，《成人教育》2015 年第 1 期，第 6 页。

2. 应强化企业的社会责任，充分发挥企业作为福利提供主体的作用。针对当前农民工就业领域集中、收入水平较低、工作环境恶劣和劳动权益得不到保障等问题，政府应当依托《劳动合同法》进一步引导和规范企业行为，重点做好三项工作：一是加大劳动合同的签订和检查力度；二是抓好农民工居住条件、工作和生活环境建设；三是分批渐次推进农民工社会保障制度改革（特别是与农民工密切相关的工伤、医疗、失业和养老等改革应加快推进）。在条件允许的情况下，积极探索将农民工纳入最低生活保障制度和经济适用房的覆盖范围。

3. 引导社会组织以市场化方式参与农民工社会福利服务的提供。第一，整合现有教育资源，创新培训方式，根据企业用工需求和农民工职业特点，制定有针对性和可及性的培训课程，增强培训成效。第二，创新培训载体，打通向上流动的通道。依托岗位练兵和职业技能竞赛，使具有行业资格的骨干企业能够自主对农民工进行职业资格鉴定，从而承担部分服务职能。第三，对积极参加培训的企业和个人给予适当经费补贴，降低企业用工成本和农民工学习费用，从而化解农民工培训外部性较强和就业“短工化”所导致的内在动力不足。①

① 其中，一个值得深入研究的问题是如何引导非政府组织（NGO）和非营利组织（NPO）参与农民工的福利服务供给，提供多样化的选择。

第六节　新生代农民工城市融入“四维度”分析框架

一　“四维度”分析框架的缘起

我国的新生代农民工城市融入与西方乡城移民社会融合具有一定的共性，涉及内容均包括经济、政治、文化和社会等多个层面。国外学者在进行移民社会融入研究时，较多使用同化（Assimilation）、社会适应（Social Adaption）、社会吸纳（Social Inclusion）和社会并入（Social Incorporation）等概念，提出了人力资本、社会资本与政策制度等归因解释理论，具有较为成熟的分析框架。[①] 在对移民社会融入的具体状况进行分析时，西方学者主要采用多维度测量的方法，主流脉络有两个：一是按照社会学中结构与文化的“二元划分法”来建构模型；二是根据结构性融入、社会文化性融入、政治合法性融入的“三维度”方法来建构模型。按照上述逻辑，德国学者恩泽格尔（H. Entzinger）建立了移民分析的“四维度模型”，即社会经济融入、政治融入、文化融入、主体社会对移民的接纳或拒斥。[②] 该模型对我国新生代农民工城市融入研究具有一定的借鉴意义，但西方的移民概念相对比较宽泛，其社会融入进程与我国也显著不同，因此，简单套用西方现有的分析框架并不能很好地解释新生代农民工城市融入的“中国路径”，有必要在借鉴西方移民问题分析范式的基础上，结合中国国情进行创新。

在国内现有研究中，学者们基于不同理论视角尝试破解农民工城市融入的现实困境，提出了诸如文化解释视角、现代性视角、社会分层视角和社会网络视角等的分析框架，基本囊括了新生代农民工城市融入研究的理论要点。然而，受传统“城乡二元结构”思维的制约，国内现有研究通常将农民工视为结构性制约下的“整体对象”，倾向于静态分析其群体特征和“制度性身份”，这显然不合时宜。而且，国内研究多是沿袭西方原有的移民社会融入分析框架，相应的评价指标体系比较宽泛和零散，评价

---

① 梁波、王海英：《国外移民社会融入研究综述》，《甘肃行政学院学报》2010年第2期，第18页。

② 王佃利：《新生代农民工的城市融入——框架建构与调研分析》，《中国行政管理》2011年第2期，第112页。

维度和测量方法也通常差异很大。例如，王桂新、罗恩立（2007）从经济、政治、公共权益和社会关系四个层面对农民工的社会融合情况进行了调查；张文宏、雷春开（2008）从心理、文化、身份和经济四个层面对城市新移民的社会融合状况进行了判断；王佃利（2011）从经济、社会、制度、文化心理四个层面对新生代农民工的城市融入状况进行了考察。[①]显然，分析框架的不统一导致国内现有研究呈现出混乱和交织状态，不仅无法凸显新生代农民工的代际特征，而且影响了测算结果的准确性，降低了政策调适的有效性。

基于以上分析，我们认为，构建一个具有代表性和普适性、符合中国国情与区域发展实际的新生代农民工城市融入评价指标体系，能够对“两步转移理论”下农民工市民化“中国路径”所面临的理论困境进行有效回应，这比在传统框架下单纯地进行现象观察和问题描述更具学理价值和创新意义。

二 “四维度”分析框架的构建

当前，我国新生代农民工城市融入状况不佳突出表现在经济融入层次低、政治融入边缘化、社会关系网络狭隘、文化归属感缺失四个层面。本书在借鉴恩泽格尔的移民分析“四维度模型”的基础上，选取最具代表性的经济收入、政治参与、社会交往、心理认同作为分析维度，并基于可测量性，选取了最具代表性和数据可获得性的二级指标，共同构建了新生代农民工城市融入“四维度”分析框架（见图2—4）。从学理价值上看，“四维度”分析框架的应用范围十分广泛，它不仅适用于对新生代农民工群体特征的分析，而且适用于对城市融入状况和约束因素的判断。在细分层面，我们也可以用“四维度”分析框架来进行二级指标的检验和测量，这有助于准确判断新生代农民工城市融入的水平和效度，进而针对制约因素及其深层次根源，提出相应的解决策略。

在第四章第一节，我们将详细阐述新生代农民工城市融入评价指标体系的构建及其代表性指标选择，故此处仅结合新生代农民工市民化的现实

① 许光：《新生代农民工城市融入进程测度及路径创新研究》，《现代商贸工业》2012年第22期，第34页。

路径、阶段性任务和预期目标，对“四维度”分析框架的组成结构和运作机理进行探讨。具体来看，对“四维度”分析框架的理解可以从以下两个方面来进行。

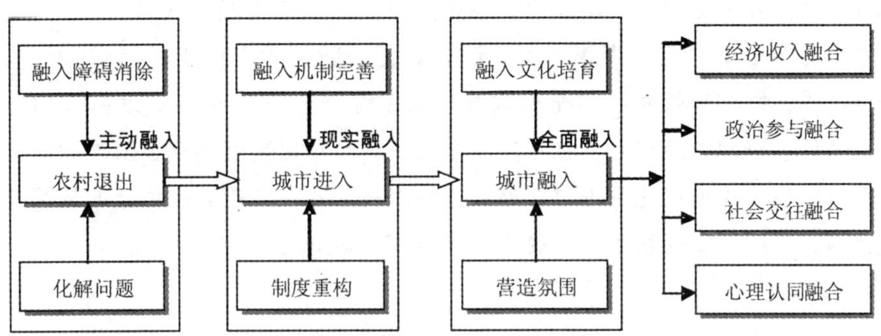

图 2—4　新生代农民工城市融入的阶段划分及“四维度”分析框架

1. 从新生代农民工城市融入的阶段划分来看，可以细分为农村退出、城市进入和城市融入三个环节。在各个阶段，政府的责任定位和工作重点都是不同的。例如，在农村退出阶段，政府的主要责任是消除农民工进入城市的制度屏障，重点完善农村土地流转制度和建立农地产权流转市场，使新生代农民工拥有进城的“先赋资本”；在城市进入阶段，政府的主要责任是建立健全农民工权益保障机制，通过对现有政策进行调整和完善，确保公共服务和福利资源公平公正地覆盖每一个社会成员；在城市融入阶段，政府的主要责任是协调和引导社会广泛参与，营造开放包容的社会氛围，促进流动人口与市民的深度融合。

2. 从“四维度”分析框架的具体构成来看，包括经济层面的收入状况、政治层面的参与程度、社会层面的交往情况和心理层面的自我认同四个部分。根据学术界目前的普遍认知，上述四个层面对新生代农民工城市融入的影响作用是递增的。但也要注意，城市进入和城市融入并不存在先后关系。通常情况下，它们是相互糅合、共同开展的。因此，在选取四个维度下的测量指标时，应当充分考虑新生代农民工的群体特征和融入诉求差异，基于代表性、前瞻性和数据可获得性原则，选取各测量维度下的细分指标，特别要注意避免不同层次指标的重叠和交叉。由于篇幅所限，此处暂不对指标选取情况进行更为详细的说明。

综上所述，“四维度”分析框架是针对理论界目前“碎片化”的研究现状，在借鉴西方乡城移民社会融合理论的基础上，所进行的探索性创新。客观来看，它能够较好地反映新生代农民工在经济、政治、社会、文化心理等层面的融入状况，能够相对准确地揭示新生代农民工城市融入的制约因素及其深层次根源，因而理论价值突出。从实践意义来看，“四维度”分析框架的四个模块事实上蕴含着促进新生代农民工城市融入的政策逻辑，能够有效回应“全面放开户籍制度”还是“渐进式改革”的理论争议。我们的观点是，在目前完全统一城乡户籍制度尚存在困难的情况下，应当采用模块化的推进策略，逐步剥离附着在户籍制度之上的相关社会福利制度，实现新生代农民工“渐进式”城市融入。

本章小结

理论分析是开展社会科学研究的首要前提和必然环节。乡城人口流动迁移是世界各国工业化、城镇化进程中的一个必然现象，西方国家在工业化早期普遍经历了大规模的农村劳动力转移，逐渐形成了二元结构理论、社会排斥理论、社会分层理论和社会资本理论等，对我国移民融入问题提供了有效的方法论指导。

西方理论虽然能够有效解释移民城市融入的内在动因，揭示乡城人口流动迁移的趋势特征和共性规律，但面对呈现独特“中国路径”的农村剩余劳动力转移，其实际应用价值却受到了很大的限制。例如，它们并不能很好地解释中国独特的“民工荒”现象和农民工“流而不迁”的现象。究其原因，一是上述理论的假设前提通常过于苛刻，并不符合大多数发展中国家的实际情况；二是上述理论通常仅从抽象层面宏观考察了乡城人口流动迁移的现象，一定程度上忽视了移民个体特征等变量的实际影响，这显然是有所欠缺的。

在我国，新生代农民工作为农村转移劳动力的一个“过渡性群体”，其外出动机、利益诉求和市民化意愿等既与国际移民有本质区别，也明显不同于上一代农民工。因此，本书基于福利经济学视角，创新性地引入成本收益理论和“第三条道路”理论，尝试在传统主流分析范式的基础上，构建具有课题研究特色、更具有针对性和可操作性的“四维度”分析框架，从而为最终构建新生代农民工城市融入良性循环模式和政策体系框架提供理论支撑与决策依据。

本章研究的重点有三个：一是通过成本收益理论，推进研究视角由被动的“问题视角”向积极的“主体视角”转化，强调新生代农民工的行为理性和主观能动性；二是通过“第三条道路”理论，明确了福利供给各主体的角色定位和职责分工，提出构建“一主多元”的福利供给新格局，实现福利资源配置的“帕累托改进”；三是构建了基于经济、政治、社会、文化心理的“四维度”分析框架，探讨了农村剩余劳动力转移的进程划分和阶段性任务，明晰了采用“模块化”推进策略实现新生代农民工“渐进式”城市融入的政策逻辑。

第三章　经济社会发展与新生代农民工城市融入

发达稳健的经济增长对提供就业岗位、改善人民生活、实现社会稳定具有重要意义。改革开放30多年来，我国依靠丰富廉价的劳动力资源，充分发挥劳动力的比较优势，取得了举世瞩目的经济成就。当前，我国经济总量稳居世界第二，以制造业为代表的实体经济不断增强，“中国制造”产品行销全球。① 在此过程中，以农民工为主体的农村剩余劳动力向城市二、三产业转移，发挥了极为重要的作用。2015年11月3日，《中共中央关于制定国民经济和社会发展第十三个五年规划的建议》指出，当前我国人均GDP已增至7800美元左右，常住人口城镇化率达到55%。② 在城市化快速发展的新阶段，继续推进农村剩余劳动力转移，加快新生代农民工城市融入，将对我国经济发展和社会进步作出更大贡献。针对当前新生代农民工较为突出的“半城市化”现象，我们认为，有必要基于经济社会发展和人口流动的内在逻辑，探究新生代农民工城市融入的客观规律和演变趋势，进而在把握其生存现状和城市融入诉求的基础上，制定更富有针对性和可操作性的政策措施，从而消解城市融入机制与农民工城市融入期望之间的差距。

第一节　经济社会发展与人口流动的内在逻辑

世界经济发展的规律证明，一个成熟的现代经济不可能是一个农业产

① 国家人口和计划生育委员会：《中国流动人口发展报告2012》，中国人口出版社2012年版，第23页。

② 《中共中央关于制定国民经济和社会发展第十三个五年规划的建议》，《人民日报》2015年11月3日。

值在国民生产总值中占很高比重、农业劳动力在劳动力构成中占很高比重、农民在人口结构中占很高比重的经济。[①] 在我国，随着统筹城乡发展战略的实施和城乡统一劳动力市场的逐步形成，大批农业劳动者将告别传统的“农民”身份，实现职业分工和社会角色的转变，最终完成市民化进程。在以往的研究中，西方学者较多关注人口流动迁移的一般规律及其影响因素，国内学者则更多关注流动人口的生存状况、社会地位及相关制度因素，现有研究较少涉及我国经济体制转轨和社会结构转型对农村劳动力转移的影响。在本节，我们将从三个方面分析两者之间的内在逻辑，探究经济社会发展对农村劳动力转移的影响及其作用机理。

一　经济社会发展为人口流动创造了现实基础

改革开放以来，随着制约人口自由流动与公平发展的制度藩篱被逐步清除，我国农村剩余劳动力开始大规模向城市转移。按照转移的区位特征，1978 年以来我国农村劳动力转移可以被划分为三个阶段，即：1978—1991年的就地转移阶段、1992—2002 年的就近异地转移阶段、2003 年至今的跨区转移阶段。[②] 按照转移的阶段性特征，则我国农村劳动力的转移进程又可被分为六个阶段：1978—1983 年的农业内部转移阶段，1984—1988 年的乡镇企业吸纳阶段，1989—1991 年的暂时停滞阶段，1992—1996 年的超常转移阶段，1996—1999 年的调整重组阶段，2000 年至今的加速转移阶段。[③] 但不论按照哪种划分方法，我国农村劳动力的转移进程都与经济社会发展紧密联系，呈现出显著的相关性。简言之，经济社会发展使我国农村劳动力向城市转移具备了现实基础和有利条件。

（一）经济持续快速增长为人口流动提供了有利条件

西方国家乡城人口流动的历史证明，农村剩余劳动力向城市迁移并融入城市是在经济快速发展的过程中实现的，劳动力转移的规模和速度通常

---

① 亨廷顿：《变革社会中的政治秩序》，华夏出版社 1988 年版。

② 张国胜：《中国农民工市民化：社会成本视角的研究》，人民出版社 2008 年版，第 33 页。

③ 葛正鹏、王宁、琚向红：《农民工就业问题研究——基于浙江省新生代农民工视角》，中国水利水电出版社 2009 年版，第 38—40 页。

与经济发展状况直接相关。① 我国自改革开放以来，生产力水平得到极大提高，逐渐形成了经济结构优化、发展动力转换、发展方式转变的良好态势，为乡城人口流动迁移创造了有利条件。具体来看：第一，工业和服务业的快速发展使城市吸纳流动人口的能力显著提高，为乡城移民跨区域流动提供了基本的非农就业保障。2009—2014 年，我国第三产业增加值由 44.4% 上升至 48.1%，第二产业增加值维持在 45% 左右，农业增加值则下降至 9.2%（见表 3—1）。这表明我国三次产业结构不断得到优化，农民工具备了进入城市的基本前提。第二，经济的快速发展为政府创造了更多的税收，使政府有能力为乡城移民提供公共服务（产品）供给和基本权益保障。2014 年我国 GDP 总量达到 63.61 万亿元，同比增长 7.27%；政府财政收入达到 14.03 万亿元，同比增长 8.62%（见表 3—1），各地普遍加快的基础设施建设投资使农民工市民化的外部环境日益趋好，人口流动速度不断加快。

表 3—1　　2009—2014 年我国经济发展状况及三次产业构成

单位：亿元；%；元

指标＼年份	2014	2013	2012	2011	2010	2009
国内生产总值	636138.73	588018.76	534123.04	484123.50	408902.95	345629.23
增长率	7.27	7.69	7.75	9.49	10.63	9.24
人均国内生产总值	46628.51	43320.13	39544.31	36017.61	30567.50	25962.56
增长率	6.73	7.15	7.22	8.96	10.10	8.69
财政收入	140349.74	129209.64	117253.52	103874.43	83101.51	68518.30
增长率	8.62	10.20	12.90	25.00	21.30	11.72
第一产业增加值	9.2	9.4	9.5	9.5	9.6	9.9
第二产业增加值	42.7	43.7	45.0	46.1	46.2	45.7
第三产业增加值	48.1	46.9	45.5	44.3	44.2	44.4

资料来源：国家统计局网站，http://data.stats.gov.cn/ks.htm?cn=C01&zb=A0501。

① 张国胜：《中国农民工市民化：社会成本视角的研究》，人民出版社 2008 年版，第 86 页。

（二）城镇化的快速发展为人口流动形成了有力支撑

城镇化是任何一个国家实现由传统农业社会向现代工业社会转变的必经阶段，是经济社会结构发生根本性变革并获得巨大发展空间的表现。我国作为世界上最大的发展中国家，长期面临着城乡二元结构制约，突出表现在内需提振不足、“三农”问题突出、基本公共服务均等化建设滞后等方面，城镇化的快速发展则为破解上述难题提供了有效路径。2001 年以来，我国进入城镇化快速发展阶段，城镇化率平均每年提高约 1.3 个百分点（见图 3—1）。2014 年 3 月 16 日，《国家新型城镇化规划（2014—2020）》提出，“到 2020 年我国常住人口城镇化率将达到 60% 左右”，这意味着从现在起至 2020 年，我国城市将新增 3 亿人口，其中 2 亿左右为进城农民工及其子女①，届时农民工将占城市人口总量的 40%—50%。显然，城镇化的快速发展为农民工城市融入提供了良好契机，因势利导地将已经具备“准市民”资格的农民工转化为市民具有较强的现实性和可能性。

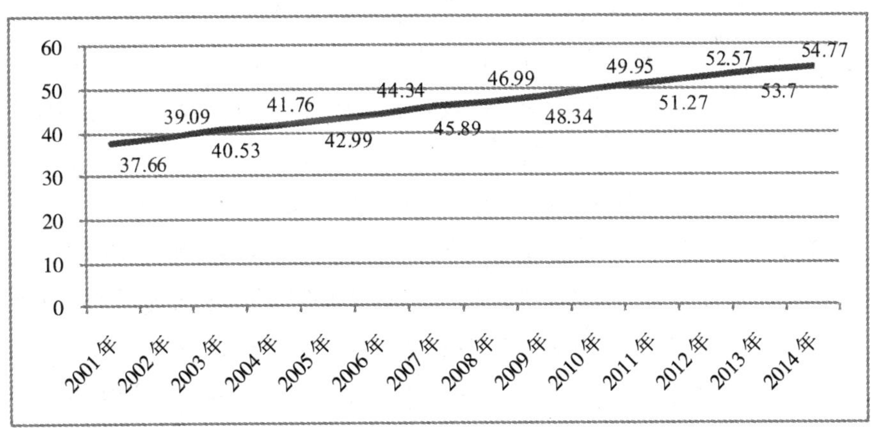

图 3—1　2001—2014 年中国城镇化率（%）

资料来源：国家统计局网站，http：//data. stats. gov. cn/easyquery. htm？cn = C01。

（三）体制改革与制度建设为人口流动营造了良好环境

当前，我国正处于全面调整城乡关系、迈向城乡一体化的关键时期，

① 简新华：《中国农民工最新情况调研报告》，《中国人口资源与环境》2007 年第 6 期。

各项制度建设和体制改革正紧锣密鼓地展开，乡城人口流动迁移的政策环境日渐趋好。特别是“十三五”规划将“推动城乡统筹发展”放在特别突出的位置，明确提出“健全城乡发展一体化体制机制，推进城乡要素平等交换、合理配置和基本公共服务均等化……促进有能力在城镇稳定就业和生活的农业转移人口举家进城落户，并与城镇居民享有同等权利”①。有理由相信，随着制约人口自由流动和公平发展的制度藩篱渐趋松动，我国城乡之间、区域之间积蓄的巨大的人口流动迁移势能将进一步释放。由于城乡社会结构转型的弹性，农民工市民化的时间将会相对充裕，新生代农民工因人力资本较高，将面临城市融入的政策利好。

二　人口流动迁移对中国实体经济发展的影响

外来人口的持续增长是城市经济活力与繁荣的重要体现，也是乡城迁移与社会结构转型的巨大推动力量。从我国流动人口的从业状况来看，目前流动人口主要集中在制造业、批发零售业、住宿餐饮业、社会服务业和建筑业五大领域，从业人员占流动人口总数的80%以上。② 总体来看，大规模的农村转移劳动力在城市稳定就业，有利于培育适应新型产业结构需求的劳动力队伍，有利于继续保持较强的劳动力成本优势，对我国实体经济的发展具有极为重要的影响。

（一）流动人口规模扩大为经济发展提供充足的劳动力供给

2014年，我国农民工总量为2.74亿（增长1.9%），超过全国总人口的1/6。③ 近三年来，农民工数量以平均每年1000万的速度递增。大规模的农村剩余劳动力向城市转移并在城市稳定就业，对保证实体产业的劳动力供给具有重要意义。尽管自2003年下半年以来，我国东部沿海地区和部分内陆省市先后出现了“民工荒”现象，农民工供给的“结构性短缺”日渐明显，但据测算，中国劳动年龄人口规模在2016年达到10.07亿的

① 《中共中央关于制定国民经济和社会发展第十三个五年规划的建议》，《人民日报》2015年11月3日。

② 国家统计局：《2014年全国农民工监测调查报告》，国家统计局网站，2015年4月29日。

③ 国家卫生和计划生育委员会：《中国流动人口发展报告2014》，中国人口出版社2014年版，第1页。

峰值之后才会下降，至2050年仍将有8.85亿存量。显然，流动人口规模的持续增长将确保我国未来劳动力总量的充分供给。

（二）劳动力素质提升为产业结构优化升级储备了人才支撑

与上一代农民工相比，新生代农民工的受教育程度普遍提高，事实上已成为我国现代产业工人的重要组成部分。研究表明，具有高中学历劳动者的生产力水平是初中学历劳动者的1.4倍；从企业角度观察，职工受教育程度每提高一年，劳动生产率会上升17%。[①] 当前，我国新生代农民工的平均受教育年限超过10年，以新生代农民工为主体的制造业等实体产业，在未来一段时期仍将处于劳动力供给丰富的阶段，国家进行大规模教育投资的收益将进一步凸显，农村转移劳动力素质提升无疑为我国产业结构优化升级提供了必要的人才支撑。

（三）工资增长率相对较低使劳动力成本优势得以继续保持

农民工的就业层次差、收入水平低、社会保障缺失是广为诟病的三大难题。近年来，随着国家保障农民工劳动权益的各项措施出台，农民工的工资收入呈现出持续上涨趋势，但因工资上涨具有补偿性和恢复性特点，而且涨幅通常低于劳动生产率涨幅，因此，我国实体产业的单位劳动成本优势依然得以保持。据《中国流动人口发展报告2012》测算，我国制造业的单位劳动成本由1997年的17.7%下降至2006年的7.3%，与世界强国相比优势反而增强了。该报告同时预测，我国劳动力成本优势至少还可以维持10年以上，“十三五”时期将是我国实现以质量取代数量、由“制造大国”向“制造强国”转变的黄金时期。

（四）中西部地区产业转移有利于实现人口红利的梯度开发

长期以来，东部沿海经济发达地区始终是我国农民工的主要流入地。随着我国城镇化进入“结构调整为主”的新阶段，传统产业开始呈现由“东部发达地区—中西部发展地区、大城市—中小城市、城市—农村”的梯度转移，农村人口外出流动、长距离流动的意愿开始减弱，中西部地区农民工的回流倾向明显。以2014年为例，东部地区农民工总量为1.64亿人，比上年增加251万人，增长1.6%；西部地区农民工总量为5105万人，比上

① 蔡昉：《中国人口与劳动问题报告NO.10》，社会科学文献出版社2009年版，第23页。

年增加 154 万人，增长 3.1%。[①] 西部地区农民工增速较快主要是由于就近就地转移加快。如表 3—2 所示，西部地区 5353 万外出农民工中有 53.9% 为跨省流动，比上年下降 0.2%；46.1% 为省内流动，比上年增长 4.1%。有理由相信，随着中西部区域经济发展战略的实施，未来中西部地区将延续我国劳动力成本的比较优势，承接人口红利的梯度开发。

表 3—2　　2014 年我国外出农民工的地区分布及其构成

单位：万人;%

按输出地分	外出农民工			构成		
	总量	跨省流动	省内流动	总量	跨省流动	省内流动
合计	16821	7867	8954	100.0	46.8	53.2
东部地区	5001	916	4085	100.0	18.3	81.7
中部地区	6467	4064	2403	100.0	62.8	37.2
西部地区	5353	2887	2466	100.0	53.9	46.1

资料来源：国家统计局《2014 年全国农民工监测调查报告》，国家统计局网站，2015 年 4 月 29 日。

三　推进新生代农民工城市融入的重大意义

新生代农民工作为我国农民工群体的主体，是城市融入意愿最强且最有可能实现城市融入的群体。加快推进新生代农民工城市融入，事关我国经济发展和社会稳定的大局，对解决“三农”问题、提高城镇化水平、扩大内需等具有重要意义，是“十三五”时期必须大力推进的一项战略性任务。

（一）新生代农民工城市融入是解决“三农”问题的根本出路

世界经济发展规律证明，农村剩余劳动力大规模向城市迁移并在城市稳定就业，是一国工业化和城镇化发展的客观要求，是一种不可抗拒的历史潮流。长期以来，受城乡二元经济结构制约，我国“三农”问题十分突出，城乡居民收入差距持续扩大，根本原因就在于农村人口多、农民转

① 国家统计局：《2014 年全国农民工监测调查报告》，国家统计局网站，2015 年 4 月 29 日。

移不彻底、农业劳动生产率水平低。近年来，国内各地为促进农民工市民化，纷纷制定了一系列政策，但实施效果却相对有限，农民工逐渐成为一种“过渡性群体”。不彻底的市民化使农民工长期游离于城市和农村主流生活之外，成为“双重边缘人”，进而形成了“城市新二元结构”。为破解这一难题，有必要以新生代农民工城市融入为突破口，通过有效的政策调整和制度安排，加快农村剩余劳动力向城市转移，进而为发展现代农业、增加农民收入、繁荣和富裕农村创造条件，最终解决“三农”问题。

（二）是统筹城乡发展，加快推进新型城镇化建设的必要条件

根据城镇化“三阶段”发展理论，当城镇化率低于50%时，主要处在“量的扩张为主”的阶段；在50%—70%之间，就进入“结构调整为主”的阶段；超过70%，则是“质的提升为主”的阶段。①2015年我国城镇化率达到56.1%②，城镇常住人口达到了7.7亿，城镇化迈入结构调整的新阶段，核心任务是促使中心城市的空间结构更加合理、产业优势更加突出、聚集效应和带动效应更加强大。由于我国城镇化率的提高目前主要得益于农民工的跨区域流动（如浙江、北京、上海、天津和广东农民工流入对当地城镇化的贡献率分别为30.7%、27.9%、24.7%、24.4%和18.6%）③，因此，加快推进新生代农民工城市融入，有助于破解工业化进程与农民工市民化进程相脱节的现象，进而实现“以人为本”的新型城镇化。

（三）是释放内需潜力，促进国民经济平稳较快发展的新要求

我国城乡居民收入差距较大，农村居民人均消费支出不到城市居民的1/3，主要耐用消费品拥有量也大大低于城市居民。要缩小城乡差距，应依托农民工市民化创造的有利条件，充分释放2.74亿农村转移劳动力的消费潜力，进而为保持国民经济平稳较快发展提供有效支撑。研究表明，与上一代农民工“生存型”和“顾家型”的消费支出结构不同，新生代

① 国家卫生和计划生育委员会：《中国流动人口发展报告2014》，中国人口出版社2014年版，第5页。

② 从第五次人口普查开始，我国将进城就业、居住半年以上的流动人口计入“城镇常住人口”。按照这一统计口径，目前每4个城镇常住人口中，就有1个是外来流动人口。

③ 国务院发展研究中心：《农民工市民化：制度创新与顶层政策设计》，中国发展出版社2011年版，第9页。

农民工的消费支出具有“发展型”和“享受型”特点。在城市安家落户之后，消费环境的改善和消费能力的提高必将促使新生代农民工的消费倾向提高、消费结构升级，从而带动城市基础设施建设投资和功能性设施投资的增长。从这个意义上说，加快推进新生代农民工城市融入，对扩大内需、释放潜在消费能力也具有重要的现实意义。

（四）是加快产业结构调整，实现向“制造强国”转变的支撑

“十三五”时期是我国经济结构优化、发展动力转换、发展方式转变的关键时期。要加快产业结构优化升级，实现由“制造大国”向“制造强国”转变，培养和造就一支相对稳定、技术过硬、经验丰富的产业大军必不可少。长期以来，我国农民工的低层次就业和高频率流动给企业人力资本积累和技术进步带来了极为不利的影响，导致劳动力资源配置的低效率和社会整体福利的净损失。当前，新生代农民工的受教育程度普遍提高，在第三产业从业的比重也有所提高①，正逐渐成为我国新型产业工人的重要组成部分。客观而言，不论是加强传统产业的技术改造，还是大力发展先进制造业，抑或加快发展战略性新兴产业，新生代农民工的作用都不可估量，促进其实现城市融入的重要意义也就不言而喻了。

（五）是弱化和谐社会的建构障碍，实现社会良性发展的基础

良性的人口流动迁移有利于社会结构的动态稳定，而无组织的输出、盲目的流动、制度体现的异化则会使流动人口与城市居民之间的关系趋于紧张。新生代农民工作为从农民向市民转变的“过渡性群体”，是在我国城市化和现代化进程中产生的特殊社会阶层，与市民一起被称为“城市新二元结构”。国内学者普遍认为，“新二元结构”客观上将增加社会的不安定因素，阻碍和谐社会的顺利构建，加大社会管理的运行成本。② 因此，应当充分发挥新生代农民工社会流动的媒介作用，依托其市民化进程着力培育“新市民”阶层的出现和壮大。通过将显性的“外在冲突”转化为隐性的“内在紧张”，逐渐改善城乡关系和社会阶层结构，是“十三五”时期我国全面建成小康社会的应有之义。

---

① 2014 年为 42.9%，比 2013 年提高 0.3 个百分点。

② 丁宪浩：《打破新二元社会结构促进农民工社会融入》，《农业现代化研究》2007 年第 9 期。

第二节　新生代农民工的群体特征

随着我国农村剩余劳动力的转移规模不断扩大，新生代农民工目前已成为农民工群体的主体和城市产业工人的新兴组成部分，在整个经济社会发展中起着非常重要的作用。与上一代农民工相比，新生代农民工呈现出一系列新的代际特征和行为特点，突出表现为聚变与裂变并存、内部分层与两极分化凸显，一定程度上增加了地方政府政策调适的难度和市民化压力。因此，准确把握新生代农民工的群体特征，是各级政府制定和完善新生代农民工城市融入政策的前提条件。根据调研结果，我们将新生代农民工的群体特征大致归纳为以下五个方面。

一　外出动机由“生存型”向“发展型”转变

新生代农民工之所以成为外出农民工群体的主体，主要是因为在进行就业选择时，年龄较轻的农民工通常选择外出就业和跨省流动，而年龄较大的农民工则倾向于选择就近就地转移。总体来看，新生代农民工的外出动机目前已由“生存型”向“发展型”转变，由“顾家型”向“享受型”转变。

首先，在就业选择方面，新生代农民工比其他农村剩余劳动力的外出意愿更加强烈。图3—2给出了不同年龄段农村剩余劳动力的就业取向。将20—29岁和40—49岁这两个年龄段的农村劳动力进行对比可以发现，20—29岁年龄段的农村劳动力选择从事本地务农、本地非农活动和外出从业的比例分别为37.6%、13.2%和49.3%，而40—49岁年龄组的农村劳动力选择从事本地务农、本地非农活动和外出从业的比例则分别为67.2%、21.1%和11.7%。显然，前者的外出意愿明显高于后者。

其次，在对“您进城打工的目的”这一问题进行回答时，8.14%的新生代农民工选择了“家庭生活困难，需要挣钱养家”；12.69%的受访者选择了“到城里见见世面，开开眼界”；37.52%的受访者打算“到城里学点本事，回家乡好发展”；33.15%的受访者选择了“换个环境，更好地发挥自己的才干”；8.5%的受访者没有明确目的，只是“跟其他人

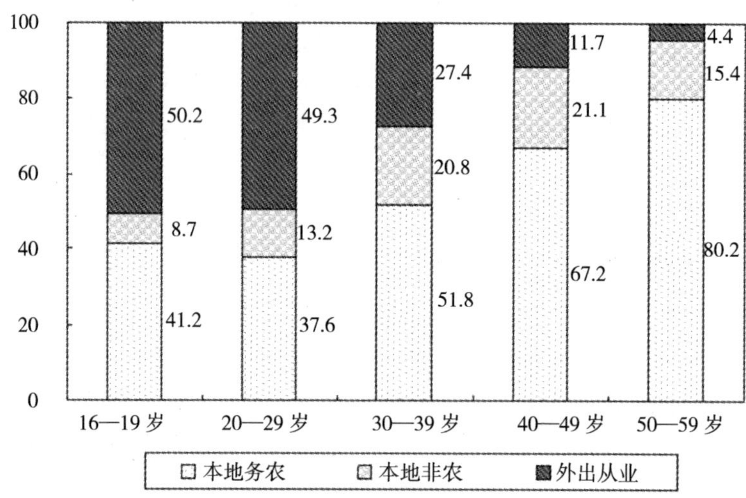

图 3—2　不同年龄段农村劳动力的外出意愿和从业选择（%）

一起出来看看”（见图 3—3）。显然，与上一代农民工相比，新生代农民工外出就业的价值导向更加明确、自我发展和自我提升的愿望更加强烈。对他们而言，进城打工的主要目的是发挥自己的才干和学习新的技能技术，“挣钱养家”已不再是其外出就业的主要动力。

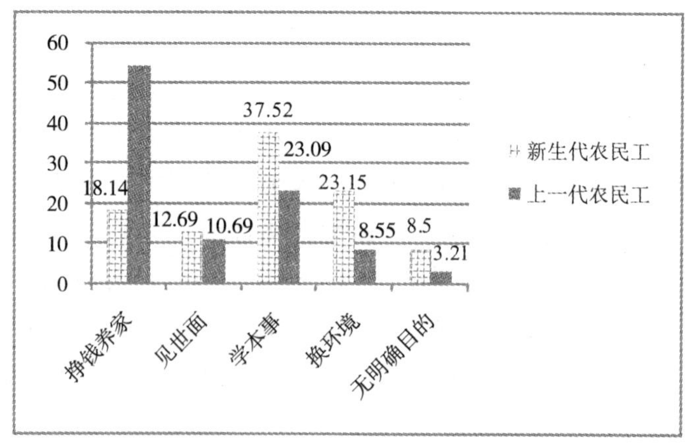

图 3—3　新生代农民工与上一代农民工的外出动机比较（%）

二　“三高一低”特征明显，市民化条件相对成熟

“三高一低”的概念最早用于对新生代农村流动人口的特征描述（王春光，2001），是指“受教育程度高、职业期望值高、物质和精神享受要

求高、工作耐受力低"①。从职业身份来看，新生代农民工目前已经完成了从"亦工亦农"向"全职非农"的转变，事实上已成为我国新时期真正的产业工人和工商业者。由于新生代农民工的年龄结构相对较轻、知识结构更加合理，因此，他们接受和学习新事物的能力十分突出，对城市现代化的生活方式和价值理念也更加容易接受和认同。因此，新生代农民工市民化的条件比上一代农民工更为成熟。②

首先，从受教育程度来看，新生代农民工的平均受教育年限为9.8年，明显高于上一代农民工的8.8年和农村从业劳动力的平均水平8.2年，而且高于外出农民工总体的平均水平9.4年（见表3—3）。其次，从学历水平来看，具有中专、大专及以上文化程度的新生代农民工比例分别为9.0%和6.4%，而上一代农民工的比例仅为2.1%和1.4%。根据国内对制造企业的研究，职工受教育年限每提高一年，劳动生产率就上升17%，个人回报率也将提高3.64%。③ 因此，新生代农民工因自身人力资本较高，面临着比上一代农民工更好的城市融入条件和能力。

表3—3　　新生代农民工的人力资本特征　　单位：年;%

人力资本特征	农村从业劳动力	外出农民工		
		合计	上一代农民工	新生代农民工
受教育年限	8.2	9.4	8.8	9.8
文化程度				
不识字或识字很少	6.6	1.1	2.2	0.4
小学	24.5	10.6	16.7	6.3
初中	52.4	64.8	65.2	64.4

① 王春光：《新生代农村流动人口的社会认同与城乡融合的关系》，《社会学研究》2001年第5期，第66—67页。

② 许光：《完善和创新"新杭州人"市民化融入机制与路径研究》，《当代社科视野》2014年第10期，第21页。

③ 佚名：《职工受教育年限每提高1年制造业劳动生产率上升17%》，《时事报告》2009年第3期，第7页。

续表

人力资本特征	农村从业劳动力	外出农民工		
		合计	上一代农民工	新生代农民工
高中	11.2	13.1	12.4	13.5
中专	3.1	6.1	2.1	9.0
大专及以上	2.2	4.3	1.4	6.4

资料来源：国家统计局《新生代农民工的数量、结构和特点》，国家统计局网站，2011年3月11日。

其次，从接受技能培训的情况来看，近年来各年龄段农民工接受技能培训的比例均有所提高。2014年同时接受过农业技能培训和非农业职业技能培训的农民工比例为6.8%，比上年提高了0.4%。由表3—4可知，2014年接受过技能培训的21—30岁年龄段的农民工比例为38.3%，比上年增加了2.4%。其中，接受过非农职业技能培训的比例为37%，比上年增加了2.4%；接受过农业技能培训的比例为6%，比上年增加了0.6%。同时，由于农民工群体的代际更替，“80后”新生代农民工目前已进入35岁年龄段，如果将31—40岁年龄段接受过技能培训的农民工囊括在内，则新生代农民工接受技能培训的情况将更加良好。

表3—4 接受过技能培训的农民工比例 单位:%

	接受过技能培训		接受过农业技能培训		接受过非农职业技能培训	
	2014年	2013年	2014年	2013年	2014年	2013年
合计	34.8	32.7	9.5	9.3	32.0	29.9
20岁及以下	32.6	31.0	6.0	5.0	31.4	29.9
21—30岁	38.3	35.9	6.0	5.5	37.0	34.6
31—40岁	36.1	34.1	8.8	9.1	34.0	31.8
41—50岁	33.7	32.1	12.6	12.7	29.9	27.8
50岁以上	28.8	25.9	12.7	12.4	24.0	21.2

资料来源：国家统计局《2014年全国农民工监测调查报告》，国家统计局网站，2015年4月29日。

三　就业领域集中，呈现出明显的集聚态势

从两代农民工就业的行业分布来看，新生代农民工的就业呈现出明显的集聚态势，目前主要集中在加工制造业、批发零售业、住宿餐饮业、社会服务行业和建筑业五大领域。其中，从事建筑业的新生代农民工比例明显低于上一代农民工，仅有9.8%，而从事建筑业的上一代农民工比例为27.8%，明显高于新生代农民工。此外，与上一代农民工在第二产业中相对均衡的就业分布不同，新生代农民工在第二产业中的就业分布呈现出明显的极化现象：从事制造业的比例明显偏高（占被调查者总数的44.4%），既高于从事建筑业的新生代农民工比例9.8%，也高于从事制造业的上一代农民工比例31.5%（见表3—5）。

表3—5　两代农民工外出就业的行业分布比较　单位：%

行业分布	外出农民工		
	合计	上一代农民工	新生代农民工
第二产业	56.4	59.3	54.2
制造业	39.1	31.5	44.4
建筑业	17.3	27.8	9.8
第三产业	43.6	40.7	45.8
交通运输、仓储和邮政业	5.9	7.1	5.0
批发和零售业	7.8	6.9	8.4
住宿和餐饮业	7.8	5.9	9.2
居民服务和其他服务业	11.8	11.0	12.4
其他行业	10.3	9.8	10.8

数据来源：国家统计局《新生代农民工的数量、结构和特点》，国家统计局网站，2011年3月11日。

表3—5同时给出了两代农民工群体在第二产业和第三产业的就业情况对比。总体来看，新生代农民工在第三产业的从业比例（45.8%）明显高于上一代农民工（40.7%），而且高于农民工群体的平均水平（43.6%）。从行业细分情况来看，除了交通运输、仓储和邮政业中新生代农民工的从业比例（5.0%）略低于上一代农民工（7.1%）之外，在

其他行业领域新生代农民工的从业比例均高于上一代农民工。特别是在住宿和餐饮业，新生代农民工的从业比例为9.2%，比上一代农民工高出3.3个百分点。这一方面与其年龄相对较轻、更符合现代性服务业的需求有关之外，还在于新生代农民工更看重单位提供的工作环境和职业前景，他们更倾向于选择较体面、较安全和更有利于自身成长的工作岗位。

四　留城意愿强烈，返乡意愿和返乡能力“双低”

在城市融入过程中，新生代农民工作为城市新兴的产业工人和工商业者，事实上已经完成了职业转换和地域转移，目前进入到身份转变的高级阶段。与上一代农民工相比，新生代农民工在流入地城市长期居留的意愿明显增强，对家乡（流出地）的情感和记忆正在逐步消解，大多数受访者仅将与农村的联系保持在“亲情维系”的层面上，他们回家的频率明显低于上一代农民工。如图3—3所示，明确表示要“留城定居”的新生代农民工比例为60.5%，远高于“返乡务农”和“返乡创业”的比例13%。明确表示要“留城定居”的上一代农民工比例为22.3%，不仅低于新生代农民工，而且低于“返乡务农”的比例33.4%。

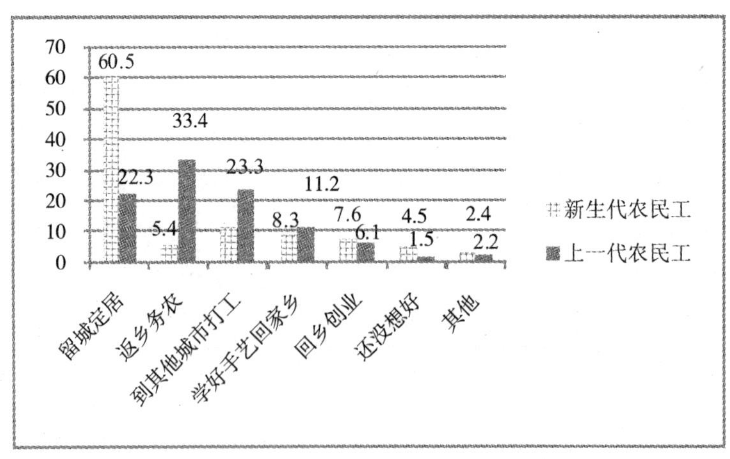

图3—3　两代农民工群体的留城意愿与未来打算（%）

再从返乡的现实可能性来看，新生代农民工“亦工亦农”兼业的比例非常低，他们基本不懂农业生产。首先，从外出从业的时间来看，新生代农民工平均外出从业时间已经达到9.9个月，明显高于上一代农民工的

7.4个月，这表明新生代农民工大部分时间都在城市工作和生活，事实上已经具备了“准市民”资格。其次，从兼业经营的情况来看，上一代农民工除了进城打工，同时还从事农业生产活动的比例为29.5%，而新生代农民工的比例仅为10%。最后，从掌握农业劳动技能的情况来看，新生代农民工大多没有从事农业生产活动的经验和技能。据调查，没有从事过农业生产的农民工16—25岁比例为84.5%，26—30岁的比例为72.5%（见图3—4）。其中，24%的新生代农民工从来没有干过农活，甚至完全不会。

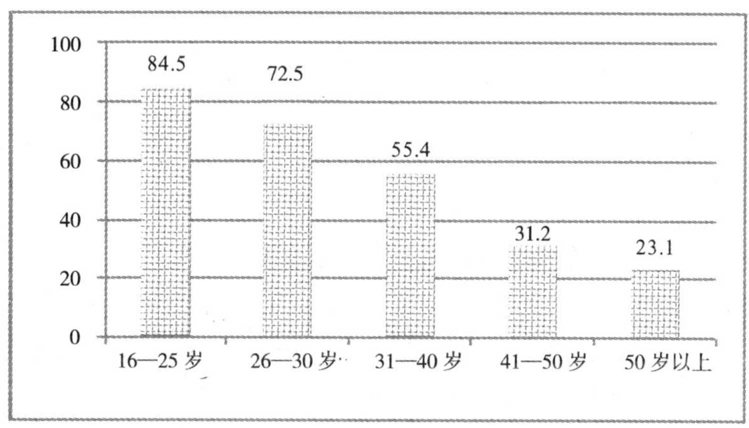

图3—4　不同年龄段农民工没有从事过农业生产的比例（%）

由上述分析可知，当前新生代农民工脱离农业生产向城市流动已是一个不容置疑的事实，在城市长期居住和生活也已成为一个不可逆转的趋势。尽管仍然存在一定的身份认同困惑，但新生代农民工的留城意愿十分强烈。特别是在“发展型”外出动机的驱使下，即使地方政府出于经济结构转型升级的需要，对城镇的产业发展规划和战略布局作出调整，新生代农民工通常也会选择留在城市继续寻找工作，而不是返乡或向其他劳务输入地转移。这在一定程度上印证了当前国内许多大城市人口调控政策的失灵和滞后效应。①

① 许光：《完善和创新“新杭州人”市民化融入机制与路径研究》，《当代社科视野》2014年第10期，第22页。

五 利益诉求多样，行为方式更加主动和现代化

从流动迁移的方式来看，新生代农民工与上一代农民工最大的不同在于他们多以举家迁移的方式进行流动，而上一代农民工则多为“候鸟式”或“钟摆式”的个体流动。一方面，这是因为“80后”新生代农民工普遍进入婚育年龄，他们必然要考虑基于个人生存需求之上的家庭发展需求；另一方面，随着新生代农民工的平等意识和维权意识不断增强，他们对城市居住、就业、子女教育和社会保障等方面的需求日益突出，利益诉求表现出明显的复杂性和多样化倾向。[①]

王佃利（2011）研究发现，改革户籍制度、获取城市户口并不是当前新生代农民工关注的政策重点，而要求政府完善社会保障体系、提供就业岗位、提供职业技能培训才是他们最为集中的利益诉求。[②] 受经济收入水平的制约，新生代农民工目前通过正规教育和职业培训途径提升自身人力资本还存在一定的困难，为弥补政府公共服务（产品）投入的不足，相当一部分新生代农民工选择了利用业余时间进行自我充电。据调查，业余时间去参加学习培训或读书看报的新生代农民工比例为10.1%，明显高于上一代农民工的比例4.6%。

此外，出于拓展自身社会关系网络的需要，新生代农民工的休闲娱乐方式也表现出明显的异质性。由表3—6可知，新生代农民工业余时间上网的比例为21.64%，明显高于上一代农民工的比例16.51%。这说明新生代农民工更加容易接受城市现代化的生活方式，能够更快地适应和掌握社会科技发展的最新成果。当然，上网对新生代农民工而言并不仅仅承担着休闲娱乐的功能，许多研究发现，网络目前已成为新生代农民工获取信息的重要渠道和有效来源。他们不仅会更加积极地利用互联网、手机等新媒体寻找就业机会，而且会主动与市民交往，因此，网络将成为影响新生代农民工思想观念和价值取向的重要领域。

---

① 本章第四节将专门讨论新生代农民工的城市融入诉求，故此处仅作简要分析，暂不展开。

② 王佃利：《新生代农民工的城市融入——框架建构与调研分析》，《中国行政管理》2011年第2期，第114页。

表 3—6 两代农民工业余生活安排 单位:%

业余生活	聊天喝酒	看电视	上网	打牌下棋	逛街	睡觉	其他
上一代农民	19.05	63.81	16.51	10.48	20.00	55.87	18.83
新生代农民工	16.04	64.18	21.64	9.70	21.27	49.63	14.55

资料来源：张广胜《新生代农民工市民化进程的测度及其决定机制》，经济科学出版社 2013 年版，第 81 页。

第三节 新生代农民工的生存现状

自 2010 年中央一号文件明确提出“要采取有针对性的措施，着力解决新生代农民工问题”以来，国内各地普遍加大了政策调整力度，积极推进新生代农民工城市融入。总体来看，近年来新生代农民工的工作和生活状况持续改善，呈现出“螺旋式上升、曲折式前进”的发展态势。然而在某些具体的行业和领域，与新生代农民工密切相关的问题仍然比较突出。新生代农民工作为介于城市和农村之间的“双重边缘人”，客观上还无法享受与城市居民同等的福利待遇和社会保障。我们认为，全面、深入、准确地把握新生代农民工的生存现状具有重要意义，是对现行社会政策进行调整，创新和完善城市融入机制的必要前提。在本节，我们将基于对理论界现有研究观点的整理，主要从职业状况、消费支出、居住条件和权益保障四个方面，系统分析新生代农民工的生存现状。

一 新生代农民工的职业状况

（一）收入增长较快，但区域差别明显

参与本次调查的新生代农民工，人均月收入 2996 元。其中，人均基本工资 2545 元，其余为奖金、津贴和补贴等。由图 3—5 可知，当前新生代农民工的月收入主要集中在 3000—5000 元之间，占被调查者总数的 43.24%；其次在 1000—3000 元之间，占被调查者总数的 32.16%。与上一代农民工相比，新生代农民工的收入水平明显提高，突出表现在低端收入者减少和高端收入者增加。具体来看，人均月收入超过 5000 元的新生代农民工比例为 11.31%，远高于上一代农民工的比例 0.6%；人均月收

入低于1000元的新生代农民工比例为9.29%，略低于上一代农民工的比例12.1%。总体而言，新生代农民工的收入分布结构相对比较均衡，高收入者增加和低收入者减少共同提高了新生代农民工的收入均值。

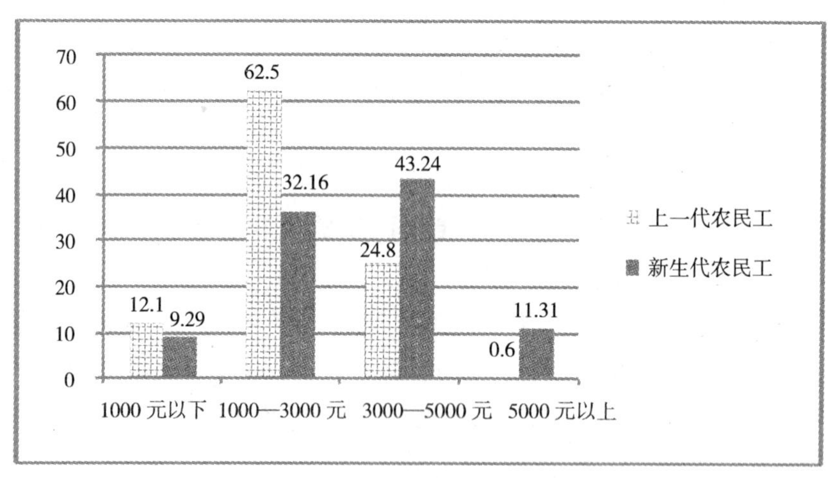

图3—5　两代农民工人均月收入情况对比（%）

从地区分布上看，新生代农民工的收入水平与地区经济发展水平呈显性正相关关系。如表3—7所示，发达地区新生代农民工的收入分布相对比较均衡，年收入主要集中在1万—2万、3万—4万和5万元以上三个区间，比例分别为21.9%、26.1%和23.6%；中等发达地区的新生代农民工收入水平主要集中在1万—2万元，比例为42.9%；欠发达地区与中等发达地区情况类似，也主要集中在1万—2万元，比例为51.2%。值得注意的是，中部地区年收入超过5万元的受访者比例为21.4%，接近发达地区的23.6%，这在一定程度上印证了我国区域均衡发展战略的实施成效。

表3—7　不同地区新生代农民工的收入分布情况　单位：%

地区类型	<1万元	1万—2万元	2万—3万元	3万—4万元	>5万元
发达地区	10.7	21.9	17.7	26.1	23.6
中等发达地区	14.3	42.9	14.3	7.1	21.4
欠发达地区	6.4	51.2	13.4	16.6	12.4
总计	9.5	36.7	15.2	24.4	21.6

（二）工作转换频繁，但职业稳定性差

职业稳定性是考察新生代农民工就业状况的一项重要指标。由表3—8可知，26—30岁年龄段农民工的工作更换频率明显高于31岁以上三个年龄段的农民工。总体来看，年纪越轻的农民工越倾向于频繁更换工作，其中，16—25岁近三年内没有更换过工作的农民工比例为50.2%，26—30岁没有更换过工作的农民工比例为55.8%，均明显低于31—40岁、41—50岁和50岁以上各年龄段的农民工比例（分别为69.8%、68.7%和64.9%）。众所周知，频繁的工作变更会给企业和劳动者自身带来许多不利影响，例如，不利于企业积累人力资本，不利于农民工拓展和维护社会关系网络，等等。理论界提出的新生代农民工"三高一低"特征也明确指出其"工作耐受力低"，这或许是导致其在不同单位和工作岗位之间频繁流动的主观原因，客观原因则可能是经济收入不符合农民工期望、无法提供发展平台、缺乏向上流动的机会，等等。我们将在后文对此作出具体分析。

表3—8　　不同年龄段农民工近三年更换工作的情况　　单位:%

年龄段	没有更换过	更换过1次	更换过2次	更换过3次	更换过4次以上
16—25岁	50.2	27.6	14.7	5.2	2.3
26—30岁	55.8	25.6	12.9	3.8	2.0
31—40岁	69.8	14.6	9.5	4.1	1.9
41—50岁	68.7	14.4	9.4	3.3	4.1
50岁以上	64.9	19.6	10.3	4.1	1.0
总计	58.0	22.8	12.5	4.4	2.3

（三）工作环境良好，但存在改进空间

改善就业环境、确保安全生产是增强新生代农民工城市融入的必要前提，是确保其享有平等劳动权的基本条件。我国《劳动合同法》明确规定："用人单位必须对劳动者进行劳动安全卫生教育，防止劳动过程中的事故，减少职业危害。"近年来，随着社会各界对农民工劳动安

全与卫生保障的关注度日益提高，各级政府普遍加大了监督检查力度，督促企业对劳动强度大、作业环境差、职业危害多的情况进行整改，新生代农民工的工作环境整体趋好。如图3—6所示，认为所在单位劳动安全与卫生保障“做得很好”的新生代农民工比例为22.4%，认为“做得较好”的比例为34.4%，认为“做得一般”的比例为33.6%，认为“做得不好”的比例为9.6%。总体来看，对当前工作环境表示认可的受访者超过一半。

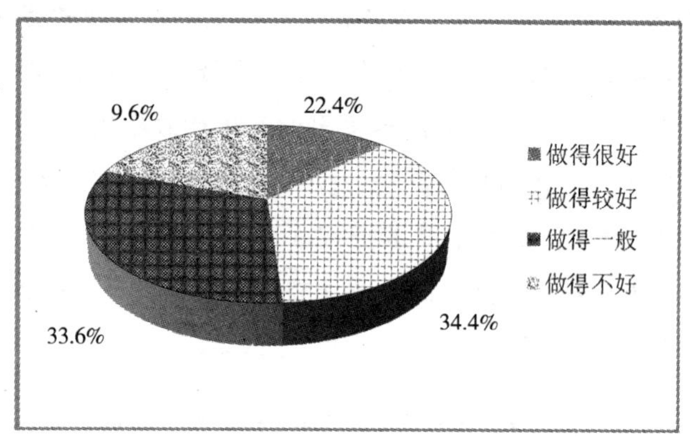

图3—6　新生代农民工对工作环境的认可程度

另外，不同地区的新生代农民工对劳动安全与卫生保障的满意度存在明显差别。如表3—9所示，发达地区的新生代农民工普遍对所在单位的工作和生产环境表示认可，认为“做得很好”和“做得较好”的受访者比例分别为18.3%和44.1%；中等发达地区的受访者感觉“做得一般”的比例最高，为40.1%；欠发达地区认为“做得一般”和“做得不好”的受访者比例最高，分别为41.1%和30.6%。总体来看，新生代农民工对工作环境的满意度与所在地区的经济发展水平呈正相关关系。究其原因，可能是由于经济发达地区劳动力供给的结构性矛盾更加突出，企业为规避员工流失带来的用工成本增加，会通过改善工作环境、提高福利待遇等预防性手段来消解员工的不满，从而提高了新生代农民工对工作环境的满意度。当然，这只是本课题的一个研究假设，后文将对此进行验证。

表 3—9　不同地区新生代农民工对工作环境的认可程度　单位:%

地　区	做得很好	做得较好	做得一般	做得不好	合计
发达地区	18.3	44.1	31.8	5.8	100.0
中等发达地区	11.5	32.8	40.1	15.6	100.0
欠发达地区	9.6	18.7	41.1	30.6	100.0
总　计	12.4	36.4	31.6	19.6	100.0

二　新生代农民工的消费支出

从调查情况来看，超过 50% 的新生代农民工携带配偶或子女外出，流动范围以跨省流动为主，在流入地工作长期化趋势比较明显，就业主要集中在加工制造业、社会服务业等劳动密集型行业，就业形式以私企或个体工商户雇员为主。上述特点对新生代农民工的消费水平、消费结构和消费特点产生了重要影响。

（一）消费水平

由于新生代农民工目前能够享受的公共服务相对有限，对未来发展的预期不稳定，因此总体来看其消费倾向①低于所在地城镇居民。据国家卫生计生委调查，2012 年农业转移人口家庭在流入地的消费倾向为 0.494，低于流入地城镇居民家庭的消费倾向 0.68。受此影响，农民工在流入地的消费水平也低于城镇居民的消费水平，其家庭年消费支出总额比城镇居民要低 1 万—2 万元。②

在本课题的调查中，新生代农民工的月均消费支出主要集中在 1000—2000 元之间，高于国家统计局抽样调查的农民工群体月均消费支出 944 元③。其中，食品和住房支出超过新生代农民工月均消费支出的 50%。如图 3—7 所示，43.1% 的新生代农民工月均消费支出在 1000—2000元之间，30.6% 的新生代农民工月均消费支出在 500—1000 元

① 消费倾向（Propensity to Consume）是指一定消费群体在不同时期对商品需求的变动趋向。通常而言，它取决于消费者的购买力水平、商品供应的种类以及社会的风尚等。

② 国家卫生计生委：《中国流动人口发展报告 2014》，中国人口出版社 2014 年版，第 52—53 页。

③ 国家统计局：《2014 年全国农民工监测调查报告》，国家统计局网站，2015 年 4 月 29 日。

之间。月均消费支出低于1000元和高于2000元的比例都相对较小，只有11.2%和10.6%。月均消费支出超过5000元的比例只有4.5%，多是私营企业主或个体工商户等自雇型就业者。

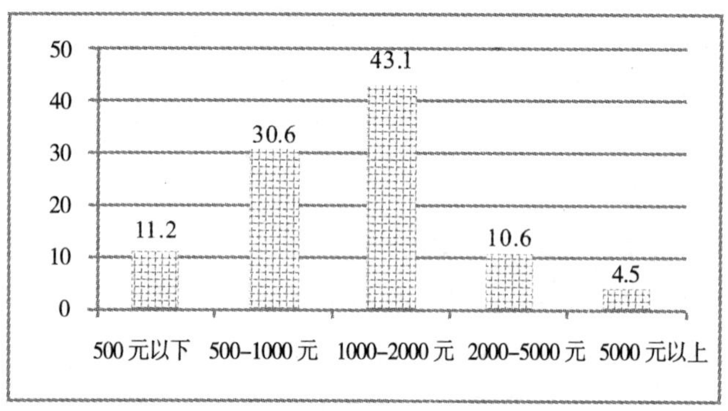

图3—7 新生代农民工在务工地月均消费支出（%）

（二）消费结构

从消费支出的结构来看，新生代农民工的消费支出具有“发展型”和“享乐型”特点，与上一点农民工表现出较大的差异。除了最基本的食品支出和居住支出以外，“80后”新生代农民工在教育（尤其是子女教育）方面的支出较多，而“90后”新生代农民工在交通、通信和娱乐等方面的支出较多。调查发现，新生代农民工寄回老家的钱物占流入地支出的比重明显下降，上一代农民工普遍超过40%，而新生代农民工只有20%左右，这很可能与其流动方式有关。如前所述，当前新生代农民工多以举家迁移的方式流动，通常携带配偶和子女外出，留在农村老家需要赡养或抚养的亲属比例减少，因而流入地消费支出比例提高。

如图3—8所示，食品和房租是目前新生代农民工在流入地的最主要支出，也是其家庭年支出的重要组成部分。其中，食品支出最大，平均为526元，占消费支出总额（扣除社保支出后）的41.03%；居住支出次之，平均为371元，占消费支出总额的28.94%。其余支出依次是社会保险个人缴费支出、日常生活开支和医疗开支。需要注意的是，与上一代农民工较为封闭的生活方式不同，新生代农民工更加适应和向往城市开放、现代化的生活，他们用于交通、通信和娱乐等方面的开支明显增加，其中交通、通信支出均值为150元，娱乐支出均值为80元，都较上一代农民

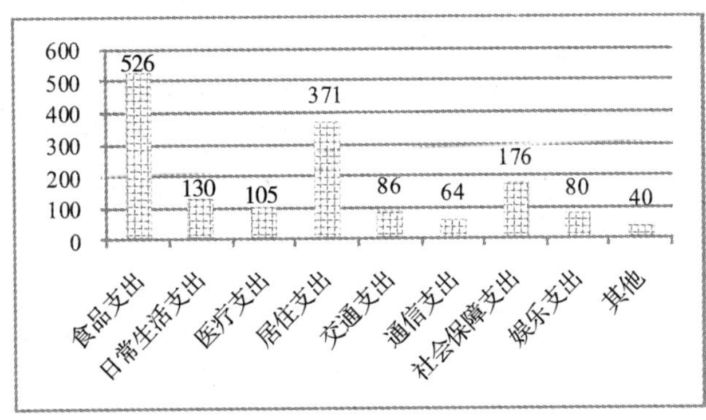

图 3—8 新生代农民工的消费结构与支出均值（元）

工有明显提高。

（三）消费特点

从调查情况来看，新生代农民工的消费支出具有三个显著特点：一是食品和居住支出占很大比重，恩格尔系数相对较高（见图 3—8）；二是消费支出的地域结构表现出一定的差异性；三是农民工家庭消费水平的分层特征明显。

第一，新生代农民工家庭总消费支出中，在流入地的消费支出普遍超过 70%，呈现出典型的跨地域收支特点，印证了新生代农民工举家迁移的流动方式和“顾家型”的消费倾向。更进一步，对不同类型的农民工在流入地的消费支出占总消费支出的比重进行对比，可发现排列次序与两个因素有关：一是农民工的代际年龄；二是在流入地收入占总收入的比重。如图 3—9 所示，举家外出农民工在流入地消费占总消费支出的比重最高，为 76.7%；“80 后”新生代农民工的比重次之，为 64.4%；“90 后”新生代农民工的比重较低，为 43.3%；上一代农民工的比重最低，为 37.6%。显然，不同群体消费支出的地域结构呈现出一定的差异性。

第二，农民工群体的消费水平具有明显的分层特征。按照总消费水平排序，举家外出农民工、上一代农民工、“80 后”农民工和“90 后”农民工呈梯度排列；按流入地消费支出水平排序，则依次为举家外出农民工、“80 后”农民工、上一代农民工、“90 后”农民工。在上述两组数据中，举家外出农民工都表现出比其他农民工群体更为强劲的消费能力，主要影响因素可能是收入水平和居留时间。这表明其家庭总消费水平已经接

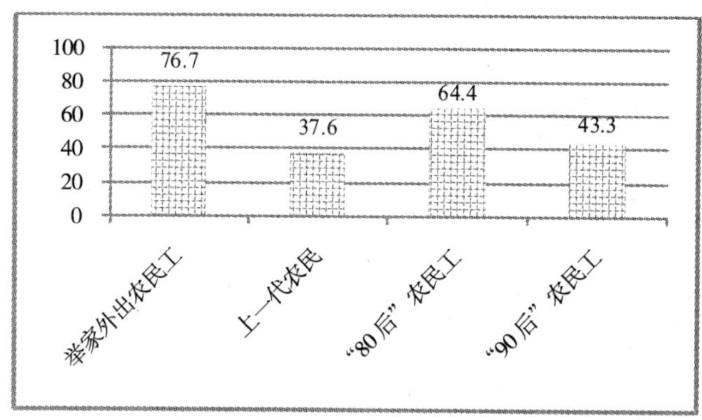

图 3—9 不同类型农民工消费支出的地域结构（%）

近流入地城镇居民家庭的总消费水平，市民化的经济能力已经比较成熟。据国家卫生计生委调查，2012 年举家外出农民工家庭的总消费倾向为 0.531，略低于流入地城镇居民家庭的消费倾向（0.68），高于农民工群体在流入地的消费倾向（0.494）。①

三 新生代农民工的居住条件

（一）居住类型

与上一代农民工主要居住在建筑工棚的情况有所不同，新生代农民工因就业领域发生了改变，对生活品质的要求有所提高，目前主要居住在单位提供的集体宿舍或自己外出租房。如图 3—10 所示，自己租房的新生代农民工比例最高（35.5%），居住在单位提供的集体宿舍的比例次之（34.2%），居住在亲戚朋友家或与人合租等“其他”居住类型的比例较高（17.9%），自购商品房、自购经济适用房、居住在政府提供的廉租房的比例非常低，分别为 7.4%、4.6% 和 0.4%。这一方面，表明新生代农民工因经济收入水平相对提高，自行负担居住成本的能力有所增强，超过 1/3 的人选择自己租房以提高生活品质；另一方面，也表明我国现行的住房保障体制并没有将新生代农民工纳入有效的覆盖范围，能够进入并享受到经济适用房、廉租房等政策保障性住房的农民工数量有限。

① 国家卫生计生委：《中国流动人口发展报告 2014》，中国人口出版社 2014 年版，第 52 页。

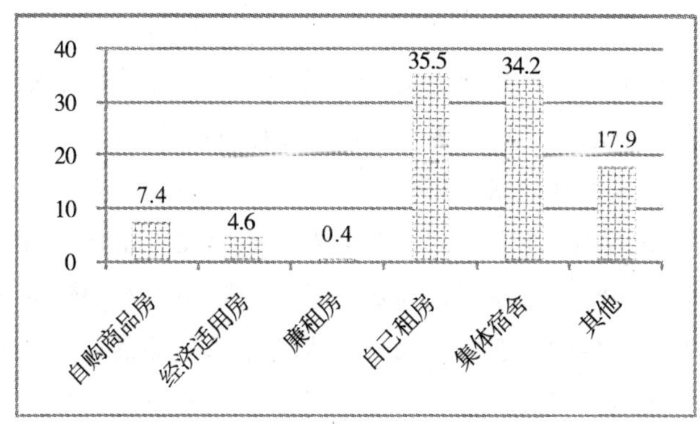

图 3—10　新生代农民工在务工地的居住情况（%）

从不同年龄段的对比情况来看，新生代农民工自购商品房的能力相对有限，更倾向于选择租房。同时，新生代农民工群体内部发生分化，16—25 岁年龄段多居住在单位提供的集体宿舍（包括建筑工棚），比例为 44.5%；26—30 岁年龄段则更多选择租房，比例为 38.3%。在自购商品房方面，后者的能力明显优于前者。

表 3—10　不同年龄段农民工的居住情况对比　单位：%

年龄段	自购商品房	经济适用房	廉租房	自己租房	集体宿舍	其他
16—25 岁	4.8	2.0	0.3	32.2	44.5	16.1
26—30 岁	9.3	4.0	0.4	38.3	27.1	20.9
31—40 岁	12.7	8.1	0.8	31.8	23.4	23.2
41—50 岁	12.2	11.6	0.2	32.1	28.3	15.7
总计	8.4	4.8	0.4	34.0	33.4	18.9

资料来源：国务院发展研究中心《农民工市民化：制度创新与顶层政策设计》，中国发展出版社 2011 年版，第 112 页。

（二）居住满意度

虽然较上一代农民工而言，新生代农民工的居住条件有所改善，但其居住满意度仍然偏低。据调查，对居住情况表示“很满意”的受访者比例很低，只有 18%；感觉“一般”的比例最高，为 65.7%；感觉“不满意”和“很不满意”的比例与表示“很满意”的比例基本持平，总计 16.3%。总体来看，新生代农民工对居住情况的满意度呈现出明显的两极分化特点。

更进一步，从新生代农民工对所在地改善住房条件的期望而言，也呈现出明显的公共诉求特点，即希望流入地政府落实相关的住房保障政策，向外来人口开放政策性住房、提供住房公积金或住房补贴、改善聚居区生活环境等。如图 3—11 所示，32.9% 的新生代农民工希望政府建设专门的农民工公寓，27.6% 的人希望政府放开政策性住房，22.3% 的人希望单位提供更舒适卫生的集体宿舍，18.6% 的人希望单位提供住房补贴，14.4% 的人希望单位缴纳住房公积金，11.2% 的人希望政府改善外来人口聚居区的生活设施和周边环境。

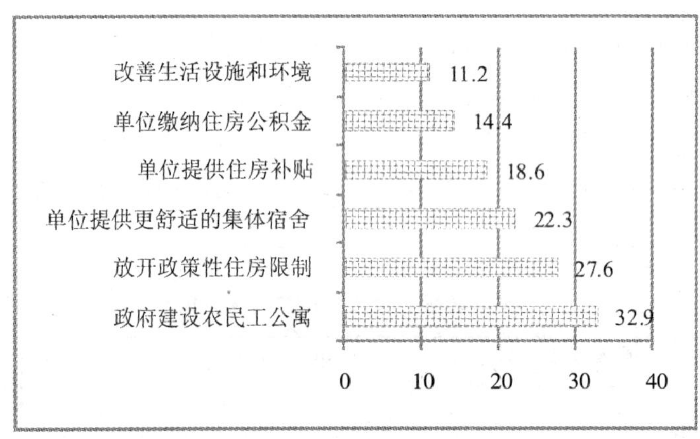

图 3—11　新生代农民工在务工地改善居住情况的期望方式（%）

（三）能承受的租金水平

拥有稳定工作与合法住所是新生代农民工实现向“市民”身份转变、彻底融入所在地城市的必要条件。据调查，想在务工地定居并成为市民的农民工，希望实现愿望的平均时限是 5.07 年。[①] 受就业层次、收入水平和家庭负担等多方面因素的制约，新生代农民工要用 5 年左右的时间在流入地城市购房，显然难度很大。因此，绝大多数理性的农民工通常选择以租房方式减轻居住成本开支，逐步积累在城市定居所需的经济资本。

为考察新生代农民工城市融入期望与社会现实之间的差距，探求政府

① 国务院发展研究中心：《农民工市民化：制度创新与顶层政策设计》，中国发展出版社 2011 年版，第 115 页。

政策调适的着力点和可行路径，我们对新生代农民工在务工地所能承受的租金水平进行了调查。如图 3—12 所示，目前绝大多数新生代农民工只能承受 200—500 元的租金水平，比例为 47.6%；能承受 500—1000 元租金的比例次之，为 26.6%；能承受 1000 元租金以上的比例最低，仅有 4.3%。显然，完全依托市场化运作方式来实现新生代农民工在流入地城市购房和定居，带有过于理想化的色彩，其实际可操作性不强。但完全依靠政府力量，将新生代农民工纳入政策性住房保障体系，又有可能过度强化城市融入诉求与公共财政能力、城市承载力之间的矛盾，导致“政策悖论”。我们认为，目前条件下最现实、最适度的方法是制定梯度累进的公共服务供给机制，逐步放开政策性住房的准入门槛，优先将符合产业发展导向和企业用工需求的高技能人才纳入保障性住房覆盖范围，分批分次地将有城市融入意愿的新生代农民工纳入政策统筹体系。

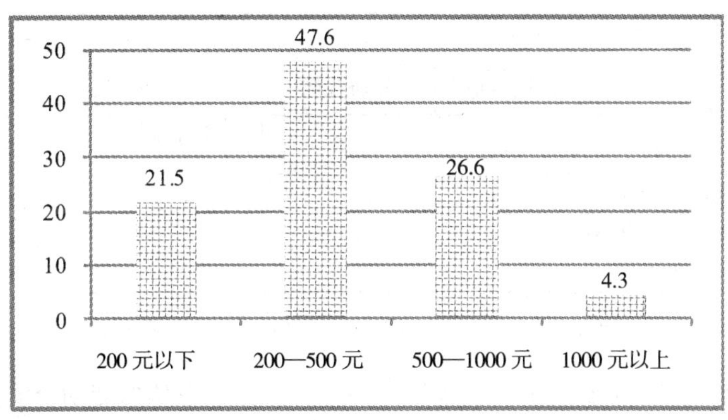

图 3—12　新生代农民工在务工地能承受的租金水平（%）

四　新生代农民工的权益保障

受城乡二元结构制约，新生代农民工目前虽已完成地域转移和职业转换，但仍处在由“城市进入”向“城市融入”过渡的中间环节，其身份尚未彻底转变为市民，通常无法享受与市民同等的福利待遇和社会保障。理论界普遍认为，劳动权益缺失是制约新生代农民工实现平等就业的核心问题，主要表现在三个方面：一是劳动合同签订率低，劳资对等的关系尚未形成；二是超时劳动和拖欠工资问题突出，农民工的疲惫感较普遍；三是社会保障缺失，抵抗风险的能力较差。

（一）劳动合同签订率

农民工就业具有短期性特征，流动性较强，企业在劳动和资本之间进行理性选择时，通常会倾向于不和农民工签订劳动合同。同时，农民工在就业时多依靠以血缘、地缘关系为主的初级社会网络，与企业之间往往达成一种松散、非正式的契约关系，不签订劳动合同可以降低双方的交易成本，从理论上来讲体现出一种行为理性。但是，签订正式、规范的劳动合同毕竟是保障劳动者基本权益的必要条件，不签订劳动合同的严重后果至少有两个：一是导致农民工与本地居民同工不同酬，将进一步拉大两者之间的收入差距；二是“临时工”的制度性身份会将农民工排斥在“正式工”群体之外，客观上将增大两者之间的社会距离，阻隔市民意识的形成。因此，劳动合同签订率是检验劳动者权益的重要条件。

表 3—11　两代农民工签订劳动合同的情况对比　单位：%

	无固定期限劳动合同	一年以下劳动合同	一年及以上劳动合同	未签订劳动合同
新生代农民工	15.5	5.2	33.1	46.2
上一代农民工	12.9	2.1	18.2	66.8
农民工总体*	13.7	3.1	21.2	62.0

*注：农民工总体数据来自于国家统计局《2014 年全国农民工监测调查报告》。

由表 3—11 可知，上一代农民工与我国农民工总体的劳动合同签订情况十分类似，在各项分指标下两者的比例都十分接近，区别在于未签订劳动合同的上一代农民工比例为 66.8%，略高于农民工总体的比例 62%。就新生代农民工而言，最明显的特征是未签订劳动合同的比例大大低于上一代农民工和农民工总体的比例，为 46.2%。相应的，在签订劳动合同的新生代农民工中，签订一年及以上劳动合同的比例为 33.1%，显著高于农民工总体的 21.2% 和上一代农民工的 18.2%；签订一年以下劳动合同和无固定期限劳动合同的比例分别为 5.2% 和 15.5%，也都明显高于上一代农民工和农民工总体的比例。

我们认为，新生代农民工劳动合同签订率相对较高的原因主要有三个：一是新生代农民工的长期居留意愿明显，在务工地就业和生活趋于长期化，职业稳定性增强；二是近年来农民工劳动供给的“结构性短缺”现象明显，企业出于用工需求会通过劳动合同等方式约束农民工的职业流动性；三是外部制度环境趋于完善，随着中央提出“采取有针对性的措施，着力解决农民工问题”，各地普遍加大了政策调整力度，探索建立以工资合理增长机制和劳动权益保护机制为重点的政策体系，以保障农民工工资和劳动生产率同步增长。

（二）超时劳动与拖欠工资情况

休息权与劳动权一样是公民最重要的基本权利之一。必要的休闲娱乐时间是衡量生活质量的重要标准，有利于劳动者放松身心、培养兴趣爱好和技能特长，对综合素质的提升具有积极作用。由于已从“亦工亦农”向“全职非农”转变，新生代农民工的平均外出从业时间已达到9.9个月，与上一代农民工基本相同。在劳动时间方面，新生代农民工平均每天工作时间为9小时，略高于上一代农民工和农民工总体的8.8小时；每天工作超过8小时的新生代农民工比例为52.4%，明显高于上一代农民工的42.2%和农民工总体的40.8%；每周工作时间超过法律规定44小时的新生代农民工比例为77.6%，略低于上一代农民工的83.3%和农民工总体的85.4%。客观来看，与上一代农民工每天工作普遍超时的情况相比，新生代农民工的劳动强度并没有得到明显缓解，这一点在住宿餐饮业和服务业中表现尤为明显，38.8%的受访者每天工作时间为9—10小时。

表3—12　　两代农民工从业时间和劳动强度

	全年外出从业时间（月）	平均每月工作时间(天)	平均每天工作时间(小时)	日工作超过8小时(%)	周工作超过44小时(%)
新生代农民工	9.9	26.0	9.0	52.4	77.6
上一代农民工	10.0	26.0	8.8	42.2	83.3
农民工总体*	10.0	25.3	8.8	40.8	85.4

*注：农民工总体数据来自于国家统计局《2014年全国农民工监测调查报告》。

再来看广为诟病的农民工工资被拖欠问题。据国家统计局调查，2014年被拖欠工资的农民工总体比例为0.8%，比上年下降0.2个百分点。其中，东部地区被拖欠工资的农民工比例为0.5%，下降0.3个百分点；中部地区被拖欠工资的农民工比例为1.2%，与上年基本持平；西部地区被拖欠工资的农民工比例为1.1%，下降0.1个百分点。① 总体来看，农民工工资被拖欠的情况有所改善，这很大程度上归因于《劳动合同法》的深入实施和社会政策的逐步完善。

从工资被拖欠的行业分布来看，当前新生代农民工工资被拖欠主要集中在建筑业领域（1.2%），这一点与上一代农民工和农民工总体的情况非常相似。在其他行业领域，新生代农民工被拖欠工资的情况相对较少，比上一代农民工显现出一定的劳动权益优势。如表3—13所示，制造业被拖欠工资的新生代农民工比例为0.6%，与农民工总体的比例持平，略低于上一代农民工的0.8%；批发零售业的比例为0.2%，与上一点农民工持平，低于农民工总体的0.3%；交通运输业的比例为0.4%，低于上一代农民工的0.6%和农民工总体的0.5%；住宿餐饮业的比例为0.4%，低于上一代农民工的0.6%，但高于农民工总体的0.3%；服务业的比例为0.3%，与农民工总体的比例持平，略低于上一代农民工的0.4%。

表3—13 **分行业农民工被拖欠工资的比例** 单位:%

	制造业	建筑业	批发零售	交通运输	住宿餐饮	服务业
新生代农民工	0.6	1.2	0.2	0.4	0.4	0.3
上一代农民工	0.8	1.8	0.2	0.6	0.6	0.4
农民工总体*	0.6	1.4	0.3	0.5	0.3	0.3

*注：农民工总体数据来自于国家统计局《2014年全国农民工监测调查报告》。

一个值得注意的现象是，新生代农民工被拖欠工资的比例虽有所下降，但工资拖欠额却有所上升。据国家统计局调查，2014年被拖欠工资的农民工人均被拖欠工资9511元，比上年增加1392元，增长17.1%。② 这应引起我们的重视。

（三）参加社会保障情况

社会保障是公民在遭受意外风险而无法通过自身能力进行抵抗时，所

① 国家统计局：《2014年全国农民工监测调查报告》，国家统计局网站，2015年4月29日。

② 同上。

能依靠的“最后一道防线”，在福利经济学中被称为“社会安全网”。新生代农民工因其向市民转化的不彻底性，事实上成为既无法融入城市，又不能回归农村的“双重边缘人”，社会保障在增强其抵抗风险的能力方面发挥着重要作用，可以有效防止新生代农民工陷入贫困，避免引起城市内部更大的两极分化。在各级政府创新和完善农民工市民化的相关政策时，社会保障制度始终是政策调适的重点。

长期以来，农民工参保率低始终是学界和政府部门关注的焦点。据国家统计局调查，2014 年农民工“五险一金”的参保率分别为：工伤保险 26.2%、医疗保险 17.6%、养老保险 16.7%、失业保险 10.5%、生育保险 7.8%、住房公积金 5.5%，比上年分别提高了 1.2、0.5、0.5、0.7、0.6 和 0.5 个百分点（见表 3—14）。从国家统计局的调查结果来看，外出农民工和本地农民工“五险一金”的参保率均有所提高，反映出我国社会保障制度改革的成效已逐渐惠及农民工。

表 3—14　　2014 年农民工参加“五险一金”的比例　　单位:%，百分点

	工伤	医疗	养老	失业	生育	住房公积金
合计	26.2	17.6	16.7	10.5	7.8	5.5
外出农民工	29.7	18.2	16.4	9.8	7.1	5.6
本地农民工	21.1	16.8	17.2	11.5	8.7	5.3
比上年增加	1.2	0.5	0.5	0.7	0.6	0.5
外出农民工	1.2	0.6	0.7	0.7	0.5	0.6
本地农民工	1.0	0.4	0.3	0.9	0.8	0.4

资料来源：国家统计局《2014 年全国农民工监测调查报告》，国家统计局网站，2015 年 4 月 29 日。

从农民工群体内部的比较来看，新生代农民工的参保情况总体上要好于上一代农民工。除了养老保险和失业保险之外，新生代农民工在工伤、医疗、生育和住房公积金四项保险的参保率均明显高于上一代农民工，这表明其对社会保险的重要性已经有了一定的认知，要求参加社会保险的主动性也相应有所提高。具体来看，新生代农民工的工伤保险参保率为 27.7%，明显高于上一代农民工的 24.4% 和农民工总体的 26.2%；医疗保险的参保率为 22.4%，明显高于上一代农民工的

18.6%和农民工总体的17.6%；生育保险的参保率为8.0%，与农民总体的7.8%基本持平，略高于上一代农民工的6.7%；享受住房公积金的比例为5.7%，略高于农民工总体的5.5%和上一代农民工的5.3%（见表3—15）。

但是，在养老保险和失业保险方面，新生代农民工的参保率均低于上一代农民工和农民工总体。其中，新生代农民工的养老保险参保率为14.3%，明显低于上一代农民工的16.1%和农民工总体的16.7%；失业保险的参保率为10.4%，与农民工总体的10.5%基本持平，但略低于上一代农民工的11.4%。理论界现有研究较多探讨农民工参保率低的整体原因，很少涉及新生代农民工参保率低的微观因素。调查发现，"意识观念不到位"等传统理由已经无法充分解释新生代农民工在养老保险和失业保险方面参保率较低的情况。我们认为，对此问题可以从两个方面来理解：一是新生代农民工总体比较年轻，目前情况下他们通常更加看重眼前的即期收益，对未来的跨期收益考虑较少；二是我国现行的社会保险制度在跨省转移接续等方面还存在较多的政策性障碍，客观上加大了农民工的流动成本，因此，他们本身对缴纳保险金也不积极。

表3—15　　不同代际农民工的"五险一金"参保率　　单位:%

	工伤	医疗	养老	失业	生育	住房公积金
新生代农民工	27.7	22.4	14.3	10.4	8.0	5.7
上一代农民工	24.4	18.6	16.1	11.4	6.7	5.3
农民工总体*	26.2	17.6	16.7	10.5	7.8	5.5

*注：农民工总体数据来自于国家统计局《2014年全国农民工监测调查报告》。

分区域来看，东部地区农民工的参保率最高，"五险一金"的参保率均高于中西部地区，但中西部地区的参保率增长较快（见表3—16）。分行业来看，制造业农民工的参保率明显高于其他行业，建筑业农民工的参保率最低。制造业"五险一金"参保率是建筑业参保率的2.3倍、4.1倍、5.5倍、6.2倍、7.9倍、5.9倍。总体而言，从事不同行业的农民工"五险一金"参保率存在明显差异。

表 3—16　分地区和分行业农民工“五险一金”参保率　单位:%

	工伤	医疗	养老	失业	生育	住房公积金
东部地区	29.8	20.4	20.0	12.4	9.1	6.0
中部地区	17.8	11.8	10.7	6.9	4.9	4.7
西部地区	21.9	13.6	11.4	7.7	5.8	4.4
制造业	34.2	22.1	21.4	13.1	9.3	5.3
建筑业	14.9	5.4	3.9	2.1	1.3	0.9
批发零售业	19.2	15.0	14.4	9.9	7.8	3.5
交通运输业	27.8	19.2	17.6	12.8	9.2	8.0
住宿餐饮业	17.2	10.8	10.0	5.4	4.0	2.6
社会服务业	16.3	12.1	11.8	6.6	5.2	3.1

资料来源：国家统计局《2014 年全国农民工监测调查报告》，国家统计局网站，2015 年 4 月 29 日。

第四节　新生代农民工的融入诉求

与生存现状相对应，融入诉求是新生代农民工在市民化过程中的各种主观愿望，反映了其在基本需求被满足的前提下，所希望达到的一种理想状态。通过对新生代农民工的城市融入诉求进行考察，有利于我们客观、全面地把握现行社会融入机制与新生代农民工城市融入期望之间的差距，进而明晰政府政策调适的重点和关键点，增强下一阶段政策调控的针对性和有效性。

根据马斯洛的需求层次理论（Hierarchy of Needs），人的需求共分为五个层次，分别为生理需求、安全需求、情感和归属需求、尊重需求、自我实现需求。它们像阶梯一样从低到高，按层次逐级增强。马斯洛（Maslow，1943）还指出，动机（Motivation）是个体成长发展的内在力量，而动机是由多种不同性质的需要组成的。各种需要之间有先后顺序与层次高低之分，每一层次的需要与满足将决定个体人格发展的境界或程度。换言之，某一层次的需要相对被满足了，就会向更高层次的需要发展，进而追求更高层次的需要就成为驱使其前进的行为动力。相应的，获得基本满足的需要就不再是一股激励力量。①

与上一代农民工相比，新生代农民工的受教育程度相对较高、年龄较轻、知识结构更加合理、更容易接受和学习新鲜事物，因此，他们在城市工作和生活的压力相对较小，城市融入诉求与上一代农民工有较大不同。通过对其生存现状进行分析，我们发现，“谋求生存”已不再是新生代农民工考虑的重点，“寻找发展”才是其社会交往的核心。总体来看，新生代农民工的融入意愿更加强烈、融入态度更加积极、融入行为也更加主动。在本节，我们主要依托“四维度”分析框架，从经济、政治、社会交往和文化心理四个层面探讨其融入诉求。

一 经济层面：自我发展和享乐型消费需求日益突出

在城市融入的初期阶段，农民工进城务工的主要目的是挣钱养家，因此，收入水平的提高有利于其城市融入意愿的增强。但研究发现，新生代农民工的城市融入意愿存在“收入拐点”，即工资水平的增长对其城市融入进程的促进作用并非呈直线型发展。在城市融入的中后期，政治参与、社会交往和心理认同等将发挥更为重要的作用。同时，由于新生代农民工的外出动机已由“生存型”向“发展型”转变，他们除了需要满足最基本的生存需求之外，更渴望广阔的发展空间、开阔的价值视野和实用的技术技能。换言之，单纯提高经济收入水平已经无法再对新生代农民工的城市融入意愿形成更为强大的激励，劳动权益保障措施通常只也能在“城市进入”环节发挥作用。近年来，我国东部沿海地区频繁出现的“民工荒”等劳动力供给短缺现象在一定程度上印证了上述观点。

一个让人疑惑的问题是：新生代农民工的就业层次低、职业稳定性差都是不争的事实（这一点我们已经在上一节讨论过），但是他们的收入水平真的已经逼近“收入拐点”了吗？理论界对这一问题的回答存在争议。大多数学者认为，新生代农民工作为“双重边缘人”具有“半城市化”的融入特征，通常无法享受与城市居民同等的福利待遇和社会保障，因此其收入水平通常低于所在地城市居民。但也有学者指出，新生代农民工

---

① Maslow, A. (1943). *A Theory of Human Motivation.* Psychological Review, 50, 370—396. Retrieved June 2001, from http://psychclassics.yorku.ca/Maslow/motivation.htm.

“双重边缘人”的身份使其能够获得“兼业收益”，收入来源通常多样化，因此他们的收入水平事实上是被低估了。例如，国家卫生计生委（2014）调查发现，农业转移人口家庭在流入地年收入虽然低于当地城镇居民家庭，但其家庭总收入已高于当地城镇居民家庭。以 2012 年为例，农业转移人口家庭在流入地年收入均值为 62450 元，比流入地城镇居民家庭年均可支配收入（72796 元）低 1 万元。但若加上其在老家的收入后，其家庭年总收入均值达到 81334 元，比流入地城镇居民家庭年均可支配收入高1 万元。①

对上述两种观点的客观性我们暂不作进一步的讨论，在这里我们需要思考的是：在最基本的“生存型”经济收入被满足的前提下，新生代农民工的消费支出结构会发生怎样的变化？或者说，若收入水平与上一代农民工大致保持相当，新生代农民工的消费支出结构具有哪些新的特点？我们认为从消费支出的角度来考察新生代农民工的行为特征，能够更加清晰、直观地判断其经济融入诉求。

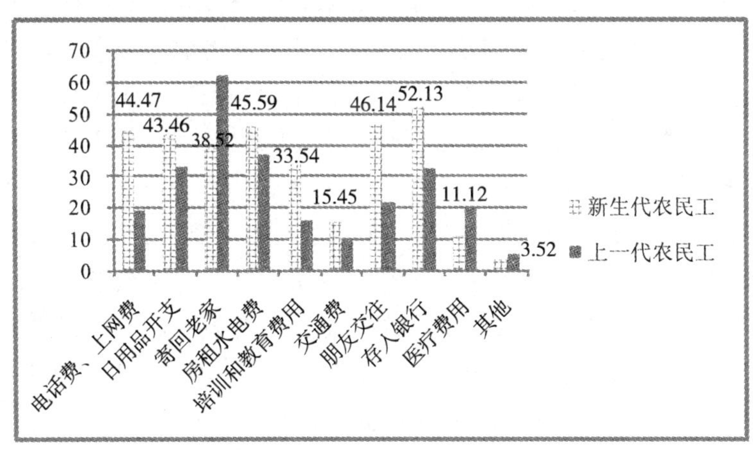

图 3—13　新生代农民工与上一代农民工的支出意向对比（%）

图 3—13 给出了两代农民工的消费支出意向对比，即在收入水平保持不变（或不考虑收入水平变动）的前提下，他们更倾向于优先确保何种

① 国家卫生计生委：《中国流动人口发展报告 2014》，中国人口出版社 2014 年版，第 52 页。

消费支出？从图中可以看出，与上一代农民工“生存型”和“顾家型”的消费特征不同，新生代农民工对自我发展和“享乐型”消费支出的倾向非常高，突出表现在培训和教育支出、朋友交往支出、电话上网费支出三个部分。具体来看，选择培训和教育支出进行自我人力资本投资的新生代农民工比例为33.54%，远高于上一代农民工的16.14%；选择朋友交往支出用于社会资本积累的新生代农民工比例为46.14%，远高于上一代农民工的比例21.65%；选择电话费和上网费等休闲娱乐支出的新生代农民工比例为44.47%，而上一代农民工的比例仅为19.26%。同时，选择将钱存入银行的新生代农民工比例为52.13%，也明显高于上一代农民工的比例32.52%。这一方面，表明新生代农民工在城市长期居留的意愿十分明显，他们对未来生活有所筹谋和预期；另一方面，也验证了新生代农民工的举家迁移特征，他们不像上一代农民工那样需要优先考虑将钱寄回老家。

此外，一个值得重点关注的问题是，新生代农民工的消费行为目前一定程度上出现了超前消费、奢侈消费和炫耀性消费等苗头，“骄子农民工”和“月光族农民工”现象层出不穷，而且在各调研城市上述情况均普遍存在。据《扬州晚报》报道，尽管新生代农民工的收入水平相对有限，但其消费能力并不亚于城里的年轻人，超过三分之一的新生代农民工拥有iPhone、三星等高档智能手机。① 这一方面，体现出新生代农民工对高端生活品质和城市现代化生活方式的强烈向往；另一方面，也表明其为了补偿在城市生活的心理落差，消除“外来人口”这一刻板印象，会通过购买iPhone等带有明显身份标识的产品，有意识地进行一些炫耀性消费。② 在第五章第四节，我们将基于对该问题的分析，引入“享乐成本”指标对新生代农民工城市融入成本评价指标体系进行完善。

二 政治层面：对社会制度的公平性和参与性需求突出

英克尔斯（Alex Inkeles）认为：“政治现代化是经济与社会现代化必

① 陈惟金：《新生代农民工借钱回家过年，1/3买了iPhone或三星》，《扬州晚报》2013年1月27日。

② 许光：《新生代农民工城市融入的成本测度及分担机制构建——基于私人成本支出的视角》，《中共浙江省委党校学报》2014年第6期。

不可少的条件，一个国家的人民是否能积极参与社会政治生活，常常被看作是现代化的一种特色。无论从客观的社会经济地位特征来判断，还是以主观的心理态度来评判，个人在获得现代性后必定会变成活跃的积极参与国家事务的公民。”①

对新生代农民工而言，积极有效的政治参与是其融入所在地城市、获得与市民同等的待遇和权利、实现向市民身份转变的必要条件。由于新生代农民工目前尚未彻底摆脱“农民”的身份束缚，因此，回到流出地参与村民自治和村委会选举是其最主要的政治参与渠道。但是，新生代农民工在城市工作和生活的长期化趋势明显，对乡土的情感和记忆正在逐步消解，他们回农村参政议政的积极性和现实可能性都不高。在城市，政治参与虽然和新生代农民工的切身利益直接相关，但受二元体制结构的制约，他们通常无法有效参与城市公共事务管理，缺乏有效的利益诉求表达渠道，许多人的政治参与事实上处于一种“悬空”状态。在上述两方面因素的共同作用下，新生代农民工目前的政治参与状况并不乐观，有学者形象地将其描述为游离于城市和农村之外的“政治边缘人”。

针对新生代农民工既无法回归农村又不能融入城市的政治参与“两难”境况，我们在调研的基础上将其政治参与的不足与当前问题的焦点归结为三个方面：第一，新生代农民工的平等意识和权利意识高涨，他们渴望加入属于自己的合法组织，但却缺乏有效的组织依托；第二，新生代农民工的群体意识增强，他们不仅要维护自身的合法权益，还要主动参与到集体利益的表达与建构之中；第三，新生代农民工的“政治边缘人”身份使其处于“整体失语”状态，容易对政治参与采取漠视或极端态度，会带来严重的社会安全隐患。

首先，缺乏有效的组织依托是制约新生代农民工政治参与的重大障碍。在参与调查的新生代农民工中，73.5%的人没有加入工会，75.6%的人没有参加任何打工地组织，参加过所在单位民主管理活动的比例仅为12.9%。我们发现，新生代农民工政治参与程度低的原因主要有两个：一是思想观念制约，29.9%的人认为工会“不能代表农民工的利益”，32.4%的人认为工会“没什么实际用处”；二是组织建设滞后，44.1%的

① ［美］英克尔斯：《人的现代化》，殷陆君译，四川人民出版社1985年版，第61页。

人所在单位或企业没有成立工会组织，专门代表农民工权益的组织基本为零。与上述情况形成鲜明对照的是，73.3%的新生代农民工表示想加入属于农民工自己的合法组织，而且年龄越大的农民工表示想加入合法组织的比例越高（见表3—17）。

表3—17　不同年龄段农民工对加入工会及自身合法组织的意愿　单位：%

年龄段	没有加入工会	想加入工会	想加入属于自己的合法组织
16—25岁	80.1	24.2	68.9
26—30岁	71.9	26.7	73.8
31—40岁	66.9	33.1	76.7
41—50岁	64.8	35.5	78.5
50岁以上	65.9	36.7	78.8

其次，群体意识增强对实现新生代农民工政治参与提出了迫切要求。在现有研究中，国内学者将新生代农民工权益维护的行为特征归结为三点：群体意识较强、极端方式突出、态度两极分化。据调查，在合法权益遭到侵害时，82.4%的新生代农民工不会向政府部门求助，而是选择“忍耐”“寻求老乡或工友帮助”甚至“自杀”等极端行为。新生代农民工的非理性维权客观上源自其利益表达渠道的不畅，缺乏能代表其利益并为之发声的合法组织。这一问题的严重后果之一是新生代农民工会因其弱势地位而出现“意识阶层化”倾向，即由个体的孤立意识向群体的趋同意识转化，导致个体维权行为往往会引发群体性、凝聚性后果，加大社会的不稳定因素。如图3—14所示，对于“其他农民工因权益被侵犯邀请你去有关部门上访”的回答中，46.4%的人表示会“积极参加”，17.4%的人表示“无所谓”，表示“同情但不参加”的比例为29.8%，明确表示“不会参加”的比例仅为6.3%。这一现象应当引起学界和政府部门的高度关注。

最后，维权途径缺失和维权方式异化要求合理疏导新生代农民工的情绪。在调查中，大部分新生代农民工都希望理性维权，对于权益遭到侵犯时的解决办法，26.9%的受访者选择了“打官司”。但因政治参与不足，新生代农民工的“集体失语”状态倒逼其采取集体行动或非理性行为，

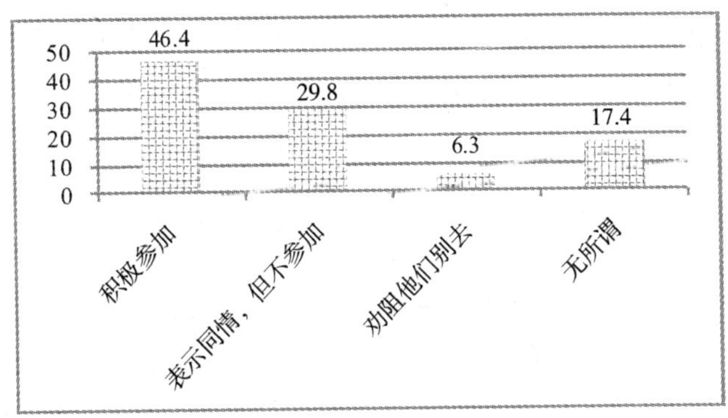

图 3—14　新生代农民工的群体参与意识（%）

以改变其在博弈中的弱势地位。如图 3—15 所示，选择“联合工友反抗”的比例为 24.6%，选择“上访”的比例为 14.5%，选择“找媒体曝光”的比例为 12.6%，选择“找亲友或同乡帮助”的比例为 8.5%，选择“其他”（包括自杀）方式的比例为 3.2%。

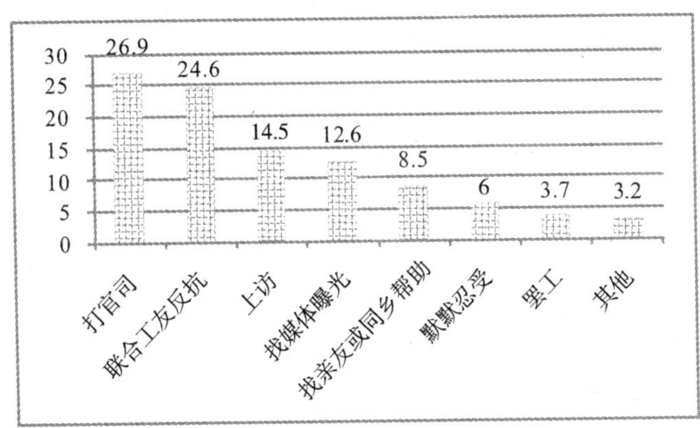

图 3—15　权益遭到侵害时新生代农民工的行为选择（%）

综上所述，政治参与和社会参与程度低会导致新生代农民产生“过客心理”，导致其被排斥感强烈，影响社会融合。那么，造成新生代农民工政治参与不足的原因究竟有哪些？针对这一问题，课题组曾赴浙江省义乌市进行调研。义乌是我国最先探索农民工参选人大代表的城市。2012 年 6 月，课题组在义乌调研时听取了义乌市就业管理服务局的报告。黄允龙局长指出，当前新生代农民工对参与权、表达权和选举权的诉求远高于上一代农民工，但其政治权利的落实在制度上还存在一些困难，主要是代表名额分配难、选民资格认定难、农民工的流动性增加了选举成本，等等。下一步，上述问题将成为政策调适的重点和改革焦点。

三　社会交往层面：对交往的异质性和平等性需求突出

国内现有研究指出，农民工可以使用的社会资本主要是其社会关系网络（李培林，1996），可分为“强关系”的初级网络和“弱关系”的次级网络（边燕杰、张文宏，2001）。目前，新生代农民工使用较多的是“强关系”社会网络，它具有高趋同性、低异质性和高紧密性特征，可以有效减少城市融入的成本（朱力，2002），但同时它也会固化农民工生存的亚文化状态，不利于社会认同的培养（李汉林，2003）。[①] 与上一代农民工相比，新生代农民工的社会交往层面表现出明显的异质性、平等性和功利性需求，具体论述如下：

首先，新生代农民工的社会交往不再局限于以亲友和老乡为主的“强关系”初级网络。相反，以同事、网友和流入地市民为主的“弱关系”次级网络成为他们社会交往的首选。如图3—15所示，在新生代农民工的社会关系构成中，同事占34.32%，流入地市民占23.23%，业缘关系（如房东、邻里和业务往来伙伴等）占17.69%，而老乡仅占13.17%。与之相对应，上一代农民工的社会关系网络仍主要由老乡和同事构成，两者的比例分别为47.14%和33.21%。这表明新生代农民工的社会关系网络比上一代农民工具有更为显著的异质性特征。

一个值得注意的现象是，随着网络等新媒体的普及以及新生代农民工电子产品拥有率的提高（这一点我们已在本节第一部分论述过），“网友”已经逐渐成为新生代农民工社会关系网络的一个重要组成部分，占其社会交往对象的11.59%。而在上一代农民工的社会网络构成中，网友仅占1.45%。这体现出新生代农民工对社会交往异质性的强烈需求，即他们不再满足于以血缘、地缘为主的初级关系网络，而表现出对业缘等次级关系网络的高度关注和浓厚兴趣。以此为出发点，新生代农民工会将相当一部分经济收入用于和朋友聚会、见网友、参加联谊活动等，其优点是有利于

① 许光：《新生代农民工城市融入进程测度及路径创新研究》，《现代商贸工业》2012年第22期。

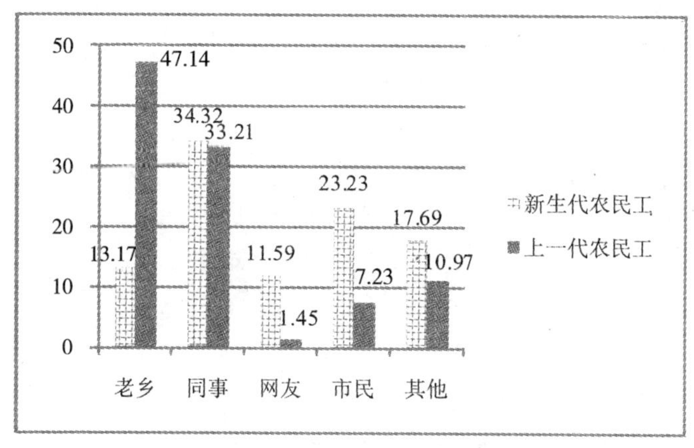

图 3—15　两代农民工的社会关系网络构成对比（%）

社会资本积累，但缺点是会削弱其经济融入能力。

其次，新生代农民工社会交往的平等性和功利性需求十分突出。随着新生代农民工自我认同的提高，他们与单位领导、工友和市民的相处更加富有尊严。一方面，他们将单位视作平等的合作伙伴，在利益受损或遭受不公正待遇时不再选择逆来顺受，在工作内容增多或负担加重的情况下会向单位提出加薪要求；另一方面，在与流入地市民交往时，新生代农民工表现出比上一代农民工更加强烈的功利意识。如图 3—16 所示，在与城市居民交往的过程中，37.47% 的新生代农民工会“寻求对自己有帮助的机会”，33.25% 的人是为了“寻找志同道合的朋友”，17.47% 的人是为了“打发时间排除寂寞”，仅有 11.81% 的人没有特定的社会交往目的。显然，新生代农民工的社会交往动机（Affiliation Motivation）表现出更多的功利性，其社会关系网络构建具有更加显著的自我中心特征。

最后，新生代农民工的社会交往体现出更多的进取意识和主动性。新生代农民工在由农村向城市转移的过程中，其原有的乡村社会关系网络断裂会造成社会资本损失，客观上会增加城市融入的成本和阻力。为强化自身社会资本的形成和积累，新生代农民工通常会比上一代农民工更加积极主动地拓展社会关系网络，以弥补血缘、地缘初级关系网络在市民身份构建中的不足。调查显示，会主动与市民交往的新生代农民工比例为 43.32%，明显高于上一代农民工（21.25%）。但同时，表示“不一定”

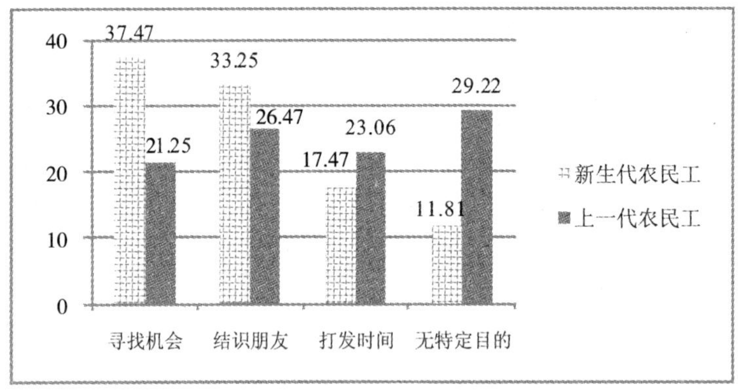

图 3—16　两代农民工的社会交往意图对比（%）

的两代农民工比例相当，这说明当前城市内部的社会关系联结并不紧密，不同阶层之间的交往仍存在试探和犹疑。

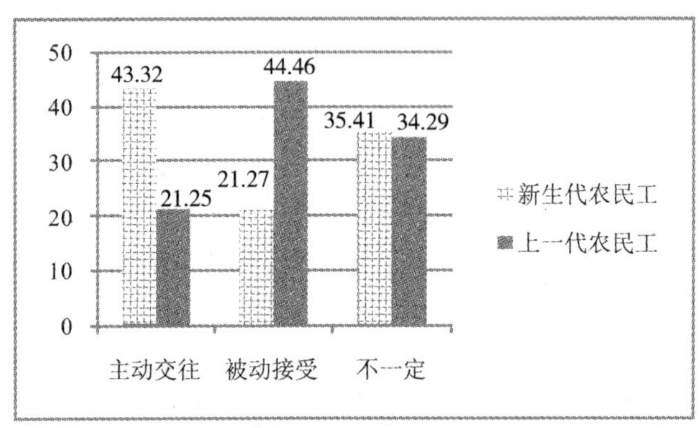

图 3—17　两代农民工的社会交往态度对比（%）

四　文化心理层面：对自我价值提升的需求更加突出

由于比上一代农民工拥有更多的生活期盼，新生代农民工在寻找工作和与人交往时也就更为谨慎和挑剔。在寻找工作时，他们不仅关注工资收入的高低，同时还关心工作环境是否良好、工作条件是否安全，以及周边生活和娱乐设施是否齐全。在这一点上，新生代农民工的选择标准与高度趋向城市主流生活理念，与流入地市民的选择标准呈现出高度一致性。在与人交往方面，新生代农民工十分注重自身的衣着、言谈和行为方式，他们会坚持用普通话与人交流，并努力学习当地的方言；他们会选择时尚靓丽的服饰和新潮前卫的发型，努力摆脱“乡下人”的刻板印象；他们会购买最新款的智能手机和笔记本电脑等，努力提高生活品质。总体来看，新生代农民工已经摒弃了上一代农民工“苦行僧”的生活方式，他们的消费理念不再是“能省则省”；他们对城市主流文化的认可度相当高，并会身体力行地融入到城市现代化的生活氛围中去。

尽管学术界将新生代农民工描述为游离于城市和农村之间的“双重边缘人”，但新生代农民工的自我认同却更多倾向于“市民”身份。他们不仅拒绝接受“农民”这一身份标签，而且对未来的规划也都是基于在城市工作和生活展开的。例如，在回答“你对未来生活的规划和打算”这一问题时，44.47%的新生代农民工选择了“接家人来城市共同生活”，33.25%的人选择了“参加培训或继续上学”，23.14%的人选择了“自己创业”，仅有17.75%的人选择了“回老家发展”（见图3—18）。显然，新生代农民工的留城发展意愿明显高于上一代农民工，返乡意愿明显低于上一代农民工，他们的自我认知体现出强烈的“市民”倾向。

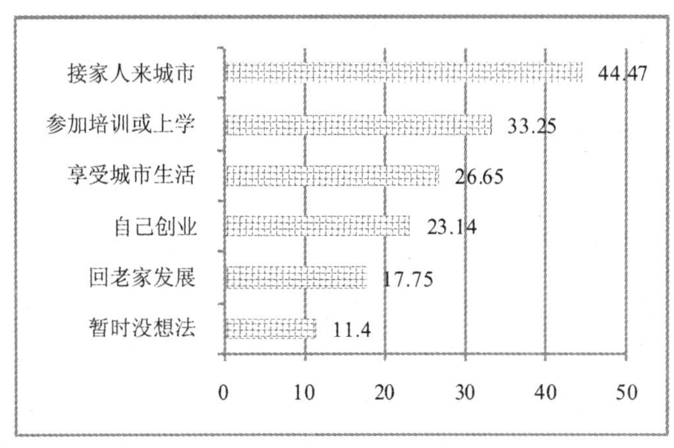

图3—18　新生代农民工对未来生活的规划（%）

由于具有较高的市民化诉求，新生代农民工的自我提升意识十分强烈，他们对知识的渴求明显高于上一代农民工，寄希望于“知识改变命运”的思想在新生代农民工中十分普遍。目前，新生代农民工的业余文化生活比较贫乏，他们所能享受到的公共文化服务相对有限，但从另一个方面来看，这也正凸显了新生代农民工在文化心理层面对自我价值提升的强烈诉求。如图 3—19 所示，上一代农民工最希望获得的文化服务依次是：免费的公园（39.6%）、定期文艺演出（36.2%）、公共电视（35.5%）、组织文化体育活动（32.1%）、免费的报纸杂志（28.4%）和免费的电影票（26.7%）。总体来看，上一代农民工更加关注基础设施的完备性和无偿性，注重生活舒适度的提高。而新生代农民工则显著不同，他们表现出对知识、文化和现代化生活方式的强烈渴望，更加注重自身人力资本的提升。

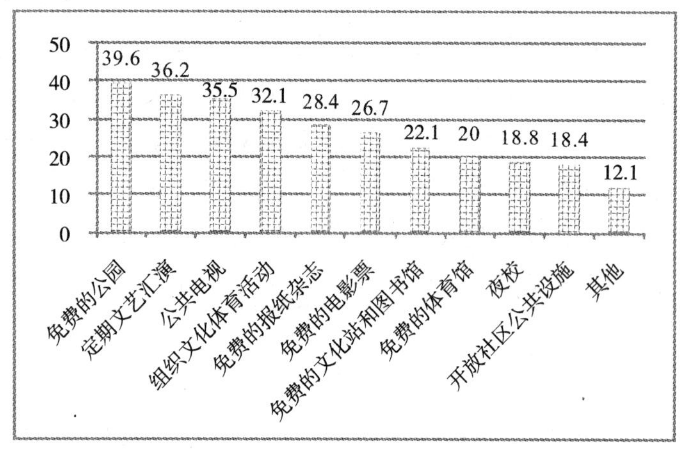

图 3—19　上一代农民工希望获得的公共文化服务（%）

如图 3—20 所示，在新生代农民工最希望获得的公共文化服务中，免费上网的比例最高，为 40.4%；免费文化站和图书馆的比例次之，为 36.6%；免费电影票的比例为 35.9%；免费报纸杂志与免费公园的比例相当，分别为 32.3% 和 31.6%；夜校的比例为 30.9%；组织文化体育活动和免费体育馆的比例分别为 30.7% 和 29.6%。相比较而言，新生代农民工对公共电视的需求不强烈，仅为 27.1%；对社区公共设施和文艺汇演的需求也一般，分别为 26.5% 和 22.1%。总体来看，新生代农民工的业余文化生活已经跳出了上一辈“睡觉、打牌、看电视”的传统模式，他们的业余时间更多用于上网、阅读和文体活动。特别是 16—25 岁年龄组的新生代农民工，有 32% 的业余时间去网吧，选择学习培训的比例也高于其他年龄组。这一结论的政策含义是政府应当切实加大教育培训类公共服务的投资。

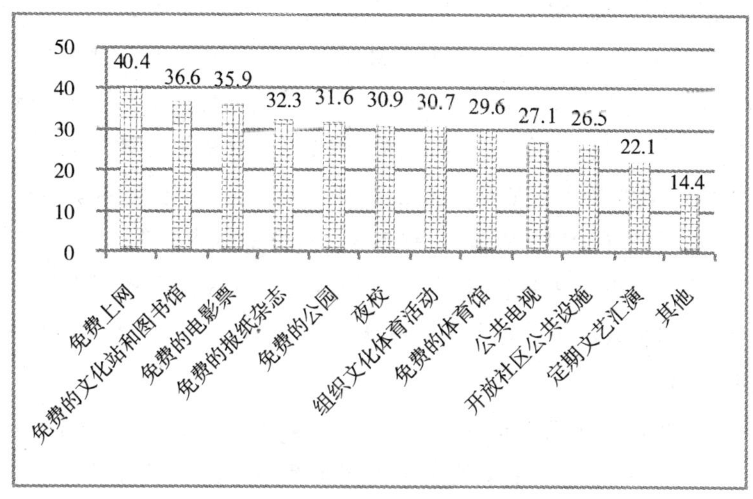

图 3—20　新生代农民工希望获得的公共文化服务（%）

第五节　新生代农民工城市融入“双向循环陷阱”

在前面两节的分析中，我们有一个直观感受，即新生代农民工的城市融入现状与其城市融入意愿之间的关系彼此交错、相互糅合。针对新生代农民工较为普遍的“半城市化”现状，理论界通常将其归因于“制度屏蔽”或“能力约束”，进而相应的解决策略有两个：一是对现有政策框架和制度安排进行调整，构建有利于新生代农民工城市融入的体制机制；二是强化新生代农民工的人力资本和社会资本，增强其融入城市的主观能力。

发展经济学理论与国际经验从宏观上揭示了乡城人口流动的客观规律和移民融入城市的必然性，但在解释中国独特的农民工“半城市化”现象方面，则显得相对乏力。国内学者基于“制度视角”和“能力视角”开展了大量研究，得出了一些具有现实指导意义的结论，但不可否认，现有研究通常是将农民工视为结构性约束下的“被动客体”，对其融入城市的主观能动性关注不够，而且基本没有涉及制度安排、身份定位和主观意愿三者之间的相互关系。在现有研究中，对农民工城市融入意愿的探讨主要集中在流向决策方面，即农民工是选择在城市定居还是选择返乡发展，至于城市融入程度则被认为与其主观意愿关系不大。

上述观点其实隐含了一个假设前提，即“农民工市民化是一种占优策略”（Dominant Strategy）。我们当然承认农民工市民化的重要意义，比如调整经济结构的需要、解决“三农”问题的需要、全面建成小康社会的需要，等等。但在城乡二元结构尚未根除、“双重户籍墙”依然存在的“制度屏蔽”大背景下，农民工返乡就一定是个“劣势策略”吗？对此，刘传江、董延芳（2014）提出了一个富有新意的观点：“农民工半市民化既是现实状态，也是占优决策。”[①] 他们认为，农民工是否选择市民化看似是其独立的个人决策，但其实在很大程度上会受到群体决策的影响，产生“同期群效应”。

这一论点的依据是农民工市民化具有典型的外部性，包括正外部性（如流入地可以获得经济发展所需要的充足劳动力）和负外部性（如外来人口规模膨胀会加大城市承载压力，引发“城市病”）。对于市民化进程中的农民工个体而言，群体中其他人市民化水平的提高能够减少个体的市民化成本，增加其效用；反之，群体中其他人市民化水平的降低也会增加个体的市民化成本，减少其效用。这种个体决策与群体决策之间的相互影响和互动关系被称为“同期群效应”。

刘传江、董延芳（2014）认为：“同期群效应是由农民工个体决策及其行为的外部性造成的。”具体而言，如果农民工选择了市民化的身份定位，那么不仅有利于他自身的就业，而且也会增加其他农民工在劳动力市场中的社会资本，进而有利于他人就业。反之，如果劳动力市场二元分割严重，农民工选择市民化并不能突破次属劳动力市场的限制，无法带来就业状况上的明显改善，那么他可能就不会耗费成本作这样的选择。当绝大多数农民工基于行为理性而拒绝作出市民化的选择时，由于同期群效应，就会出现个人市民化的成本大于收益的情况，此时农民工便开始进行逆向选择（即向农村回流）。进而，刘传江、董延芳（2014）提出了这样一个问题：“在农村土地流转制度不完善的情况下，土地是退可谋生的底线。那么在二元分割严重的城镇劳动力市场翻不了身的农民工，为什么不理性

① 刘传江、董延芳：《农民工的代际分化、行为选择与市民化》，科学出版社 2014 年版，第 80 页。

地保持半市民化状态，或者为什么不回农村去?”①

为了回答这一问题，我们提出这样一个假设命题：“农民工的城市融入意愿除了会影响其流向决策之外，还会对就业层次和身份定位产生影响。”有理由相信，在“双重户籍墙”的影响下，三者之间存在着一种双向制衡的内在逻辑关系：以任何一个为逻辑起点进行分析，正反两种方向的循环都会成立。我们将这种关系称之为农民工城市融入的“双向循环陷阱”(见图3—21)。

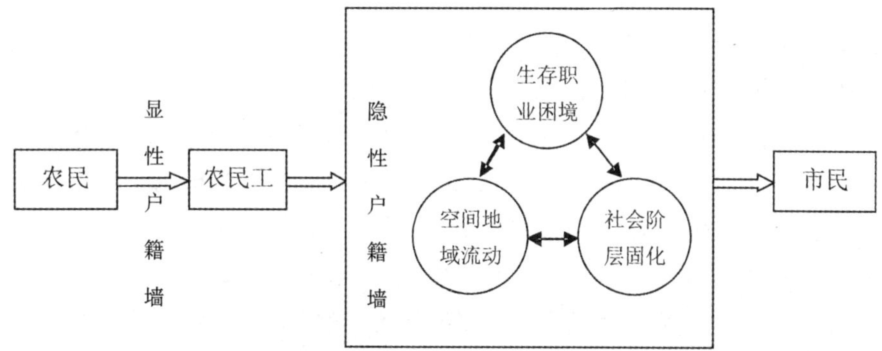

图3—21　新生代农民工城市融入“双向循环陷阱”

资料来源：刘传江、董延芳《农民工的代际分化、行为选择与市民化》，科学出版社2014年版，第81页。

第一，从“生存职业困境—社会阶层固化—空间地域流动—生存职业困境”的逻辑方向来看，生存职业困境突出表现为城市劳动力市场的二元分割，农民工通常被限制在次属劳动力市场，从事一些工资低、待遇差、劳动权益得不到保障的工作。其直接后果通常有两个：一是农民工个体难以彻底摆脱农民身份，实现向城市现代产业工人的转变；二是基于同期群效应，其他农民工也不愿意这样做。当绝大多数农民工都聚集在低层次的次属劳动力市场时，农民工整体的市民化进程就将陷入停滞状态，导致社会阶层固化。社会阶层固化意味着农民工与市民之间的良性联结纽带发生了异变或断裂，这将加剧“半城市化”的负面效应，导致农民工对

① 刘传江、董延芳：《农民工的代际分化、行为选择与市民化》，科学出版社2014年版，第80页。

流入地城市缺乏归属感和认同感，那么他们返乡或者向其他地区流动的可能性就将增大。进而，农民工的非理性流动会推动“民工荒”的升级和蔓延，加剧农村转移劳动力供给的“结构性短缺”，加快人口红利的结束。在此情况下，企业在对劳动力和资本进行理性选择时，面对劳动成本逐年上升的情况，通常会选择机械替代人工的方式来降低生产和经营成本，而这将进一步压缩农民工的就业空间。总体来看，农民工的生存职业困境不仅没有因为劳动力市场供求关系的改变而得以消除，相反，会进入更加紧张和局促的层面。

以我国东部沿海地区的人口流动大省浙江为例，2010 年以来，为加快推进产业结构转型升级，浙江省全面实施了“机器换人”战略，以推动技术红利替代人口红利，使经济保持稳定增长的动力源。从实施效果来看，“机器换人”有效减少了浙江经济发展对省外低端劳动力的过度依赖，省外劳动力回流明显。据统计，2011 年和 2012 年浙江省常住人口增量仅为 16.5 万人和 14.0 万人，增速分别为 0.3% 和 0.26%，下降明显。[①] “机器换人”使企业的劳动生产率提升加速，就业人员素质提升明显，缓解了部分企业的用工紧张状况。但同时，“机器换人”也给劳动就业带来了新的严峻挑战，比如，企业职工工资大幅提高、工业吸纳就业的能力明显下降、摩擦性失业和结构性失业压力加大，等等。一个不可否认的事实是，“机器换人”使企业对从业人员的素质要求明显提高，但浙江省内技术工人和专业技术人员却明显紧缺，从而出现了较大的用工缺口。据统计，2013 年 6 月，浙江省技术工人和专业技术人员的用人倍率均高于整体平均水平，差距最大的超过 100 个百分点，占缺工总人数的 22.22%，且呈逐年上升趋势。[②]

第二，再从“生存职业困境—空间地域流动—社会阶层固化—生存职业困境”的逻辑方向来看，这一循环的反方向同样成立。由于农民工长期滞留在次属劳动力市场，无法实现向上突破，这种生存职业困境会使现有的工作在日益高涨的城市生活成本面前变得不再有吸引力，那么农民

① 而 2005—2010 年浙江省常住人口从 4990.9 万人增加到了 5446.5 万人，年均增加 91.1 万人，年均增长率为 1.76%。

② 浙江省统计局：《“机器换人”促进浙江劳动就业结构转型升级》，浙江统计信息网，2013 年 8 月 19 日。

工必然会通过变换工作来寻找更好的出路。通常来看，工作岗位的变更往往会导致空间地域的流动，从而影响农民工社会资本的积累和维护，更加不利于其融入所在地城市。据调查，在与流入地居民通婚的意愿上，表示“不愿意”和“说不清”的农民工比例高达56.8%①，这意味着农民工原本可以通过婚姻得到社会资本，但在阶层固化的格局下将大打折扣，其社会资本积累机制面临“失灵”。更进一步，阶层固化会导致劳动力市场的二元分割状态被强化，首属劳动力市场与次属劳动力市场之间的界线将更加分明，劳动力市场的均衡受到冲击将导致农民工的生存职业困境更加恶化。

综上所述，以生存职业困境、空间地域流动和社会阶层固化中的任何一个为起点进行分析，两种方向的循环都将成立，因此将其称为“双向循环陷阱”。

本章小结

新生代农民工城市融入是一个复杂的渐进过程，其速度和效率取决于多方面因素的共同制约。其中，宏观因素包括经济体制转轨和社会结构转型，微观因素包括农民工个人禀赋以及流入地相关利益主体的博弈情况。在上述各因素的影响之下，新生代农民工城市融入的进展情况如何？融入现状与其融入期望之间是否存在差距？这是本章研究的逻辑起点与主要思路。

首先，基于经济社会发展与人口流动的内在逻辑，从经济社会发展为人口流动提供现实基础、人口流动对实体经济发展产生影响两个方面，探讨了新形势下大力推进新生代农民工市民化的重要意义。简言之，经济社会发展使制约人口自由流动和公平发展的制度藩篱被逐步清除，大规模的人口流动则成为经济社会发展的巨大推动力量，两者之间存在着紧密的双向互动关系。

其次，依托移民市民化的“农村退出—城市进入—城市融入”三环

① 刘传江、董延芳：《农民工的代际分化、行为选择与市民化》，科学出版社2014年版，第80页。

节理论，对新生代农民工的群体特征、生存现状和融入诉求进行了研究。对群体特征的研究表明，新生代农民工的外出动机、迁移方式、个人禀赋和利益诉求等均发生了显著变化，具有比上一代农民工更为成熟的市民化条件。对生存现状的研究表明，新生代农民工的城市适应性良好，总体满意度较高，但在某些细分领域仍然存在较大的改进空间。对融入诉求的研究表明，新生代农民工的利益关注点主要集中在四个方面：对家庭发展和享乐消费的需求突出；对制度的公平性和参与性需求突出；对交往的平等性和异质性需求突出；对自我价值提升的需求突出。

上述研究明确了下一步政策调适的重点和关键环节，同时揭示出一个值得深思的问题，即“半城市化”是否仅仅是一个被动结果，而非新生代农民工的占优决策？换言之，市民化意愿是否仅影响农民工的流向决策，而不影响其职业分层和身份定位？针对这一问题，参考国内学者的观点分析了新生代农民工城市融入的“双向闭循环陷阱”。研究表明，生存职业困境、空间地域流动和社会阶层固化之间存在正反两个方向的内在逻辑关系，任何一个环节都会对其他环节产生影响，进而阻滞新生代农民工的市民化进程。

本章研究的主要结论有三个：一是新生代农民工的生存现状表现出明显的地域差异性特征；二是新生代农民工的利益诉求具有明显的内部分层特征；三是新生代农民工的城市融入意愿会强劲地作用于职业定位和身份选择，因而应作为一个重要变量纳入市民化程度评价指标体系。在第五章第二节，我们将对该问题作进一步的分析。

第四章　新生代农民工城市融入的进程测算

新生代农民工能否顺利融入所在地城市，实现向市民身份地彻底转变，是反映社会是否和谐发展的重要标志之一。长期以来，新生代农民工作为既无法融入城市、又不愿回归农村的“双重边缘人”，其城市融入进程整体上比较迟缓。理论界普遍认为，制度屏障和新生代农民工的自身缺陷造成了马赛克般的“嵌入”现象①。对此，学界曾提出一个疑问：新生代农民工作为农村社会的“底层精英”，自身素质相对较高，但为何其城市融入进程依旧迟缓？换言之，在新生代农民工城市融入的进程中，究竟是哪些环节制约了其市民化的整体进程，抑或哪些因素造成了新生代农民工城市融入的“短板效应”？

为回答上述问题，有必要基于对新生代农民工城市融入状况的客观判断，科学测算其城市融入进程。简言之，即通过考察新生代农民工向“市民化”目标转变的程度，判断其向市民身份转变的彻底性和完整性。理论界目前有关农民工市民化进程测算的研究成果数量较少，国内学者因对农民工市民化的内涵存在理解上的差异，在评价指标体系构建和代表性指标的选择上意见也不统一，因此实证测算结果差异较大。从研究方法上看，几何平均数法、层次分析法（AHP）和双变量 Biprobit 模型法是目前最为成熟和具有代表性的研究方法②，它们在测算不同目标群体的市民化进程方面具有较强的针对性，但由于数据口径不一致、权重赋值的主观性

---

① 董金秋、孟祥林：《新生代农民工市民化水平及影响因素分析》，《甘肃行政学院学报》2010 年第 4 期。

② 当然，学界还有其他多种研究方法，如王桂新（2008）采用指标评价体系法，从五个维度对上海市农民工的市民化进程进行了测算。因篇幅所限，本章第一节仅对其中三种研究方法进行比较说明。

较强等原因，测算结果较为笼统且缺乏横向可比性。

为深入了解和客观把握新生代农民工城市融入的实际进程，本章在吸收和借鉴学术界现有研究成果的基础上，结合新生代农民工的群体特征及城市融入诉求的差异性，尝试构建具有创新性和普适性的城市融入进程评价指标体系。在实证测算中，我们将采用层次分析法（AHP）和模糊综合评价相结合的方法，弥补单一研究方法的不足。进而，依托“四维度”分析框架，从经济、政治、社会交往和心理文化四个层面系统分析新生代农民工在各个测量维度下的城市融入进程。最后，对新生代农民工的整体市民化进程进行评价分析，探讨其薄弱环节和主要制约因素，进而对其融入现状作出合理性解释。

本章研究的主要目的有两个：一是通过构建新的评价指标体系和运用新的实证研究方法，尝试得出更加准确和有信度的统计数值，从而对新生代农民工城市融入的实际进程有客观了解；二是通过对测算结果进行横向对比，揭示新生代农民工城市融入的薄弱环节及整体变动趋势，进而阐明本课题的研究结论及对政府部门进行政策调适的启示。

第一节　新生代农民工城市融入进程评价指标体系

一　城市融入进程评价的内涵与意义

“城市融入进程”与“市民化程度”是理论界目前最常使用的两个概念，在有关文献中，二者混同使用的情况比较普遍。作为衡量农民工由“农民”向“市民”转化程度的指标，两者具有内在一致性。但就其内涵而言，两者也存在一定的区别。其中，“城市融入进程”是指与“城市融合”这一预期目标相比，农民工在农村退出、城市进入和城市融入三个环节中的现实进展，或者说农民工作为“过渡性群体”向市民转变的完成程度。“市民化程度”则是指农民工与城市居民的同质化程度，即农民工在城市的居住、生活、工作、子女入学等方面与市民的相似程度。[①] 总体来看，“城市融入进程”既包括流入地的融合态势，

① 张广胜、周密：《新生代农民工市民化进程的测度及其决定机制》，经济科学出版社2013年版，第29页。

也包括农民工个体的转变程度，是一个更为宏观的概念；“市民化程度”则侧重于农民工个体向市民身份转变的彻底性和完整性，是一个相对微观的概念。

作为衡量农民工市民化发展阶段的重要指标，二者事实上并不矛盾。在不导致理解错误和不对测算结果造成影响的情况下，为了表述方便，我们也会在部分章节使用“市民化进程”这一概念，特此予以说明。

总体来看，对新生代农民工城市融入进程进行实证测算，其理论价值和实践意义突出表现在四个方面：

（一）有利于了解和掌握新生代农民工市民化的实际进程

新生代农民工城市融入对提高城镇化水平、扩大内需、解决“三农”问题等具有重要意义。长期以来，理论界有关新生代农民工城市融入状况的描述被高度概括为“半城市化”，这一相对抽象的结论对实践的指导意义比较有限。由于缺乏一个具有代表性和普适性的评价指标体系，学界和政府部门对新生代农民工市民化的所处阶段和进展情况了解甚少，各地推进农民工市民化的政策多为探索性的尝试，带有很大的临时性和不确定性。为了科学判断新生代农民工市民化的彻底性、完整性和稳定性，有必要深化对市民化进程的实证研究，通过提供一个可供判断和比较的量化标尺，为决策者制定政策提供有效的依据。

（二）有利于发现“半城市化”的主要影响因素及其症结

在以往研究中，理论界通常将农民工市民化的约束因素归结为“制度原因”或“能力原因”，强调通过外部制度改革或人力资本提升来破解城市融入困境。然而，新生代农民工的群体特征与上一代农民工明显不同，其城市融入存在“收入拐点”“教育过度”和“同期群效应”等现象，以往有关农民工市民化的约束因素分析并不完全适用于新生代农民工，因此相关政策的实施效果比较有限。鉴于此，构建合适的新生代农民工城市融入进程评价指标体系，通过对各个时期和各个地区的指数进行对比，或在不同农民工群体之间进行比较，可以更加准确地发现农民工市民化进程的薄弱环节和制约因素，进而增强研究结论的针对性。

（三）有利于正确评估政策实施效果，增强改革的针对性

由于我国区域经济发展不平衡，各地的经济发展水平、政府财政能

力、流动人口规模等差异较大，因而各地政府面临的新生代农民工市民化阻力和压力也各不相同。针对目前新生代农民工比较突出的“半城市化”“逆城市化”和“失范性融入”等现象，近年来，各地政府纷纷制定了一系列措施，加快推进新生代农民工市民化。为提炼具有普适意义和可推广价值的政策举措，有必要通过一种理念科学、操作简单的实证测量方法，正确评估现有政策的实施效果。在此基础上，各地政府可进一步结合新生代农民工市民化的阶段性任务和预期目标，及时对现有的政策框架和制度安排进行适度调整，以增强改革策略的有效性。

（四）有利于推进理论研究的深入，填补现有研究的空白

理论界目前有关新生代农民工城市融入的研究大多集中在现状分析、约束因素和破解思路等方面，对市民化进程的研究相对较少。从研究方法上看，现有研究较多采用定性分析方法，对农民工市民化程度进行统计性描述，相关研究结论一般比较抽象，对实践的指导意义不强。在市民化进程评价指标体系构建方面，国内学者的理解差异较大，在测量维度和代表性指标的选择上存在混同、交叉和重叠等现象。而且由于数据统计口径不一致，权重赋值的主观性较强，现有研究的测算结果通常缺乏横向可比性。显然，理论界现有研究还存在许多需要完善和创新之处，特别是有关市民化进程的实证测算，实有进一步挖掘之必要。

二　现有主流研究方法及优缺点分析

从理论上讲，新生代农民工城市融入进程可以用新生代农民工的数量转变为流入地市民的人数来测算，即以新生代农民工向市民的转化率来表征其市民化进程速度。刘传江、徐建玲（2008）提出了一个计算农民工市民化进程的公式：

农民工市民化进程速度＝一年内净增农民工变为市民的人数/农民工人数总量①

但在现实中，新生代农民工转变为市民的数量通常难以获取，因而无

① 刘传江、徐建玲：《中国农民工市民化进程研究》，人民出版社2008年版，第259页。

法直接采用上述公式来完成农民工市民化进程的测算。同时，从城市融入的内涵来看，新生代农民工至少需要在经济收入、政治参与、社会交往、文化心理四个层面实现与市民的无差别，因此，上述计算公式显然过于笼统，无法有效表征代际分化条件下不同类型农民工群体的市民化差异。此外，从新生代农民工城市融入的社会实践来看，上述四个层面的融入程度通常是有区别的，会受到诸多外生变量（如政策框架和制度安排等不可控制因素）以及内生变量（如农民工自身素质和意识行为等不可量化因素）的共同影响，因此，上述计算公式带有明显的局限性，并不能有效判断新生代农民工城市融入的薄弱环节及制约因素。

鉴于此，国内学者根据研究目的和评价对象的不同，尝试构建各有特色的评价指标体系，并采用丰富多样的研究方法，从不同层面对农民工市民化进程作了实证测算。尽管不同学者测算出的具体数值略有差异，但总体而言，它们反映出的农民工市民化进程及其变动趋势是一致的。理论界已有研究为本书的写作提供了有效参考，对具有代表性的研究方法综述如下：

（一）几何平均法

几何平均法是指利用几何平均数（Geometric Mean）求出预测目标的发展速度，进而对其变动情况和发展趋势进行预测的方法。在统计研究中，该方法主要适用于预测目标的发展过程一贯上升或者下降，且逐期环比率速度大体接近的情况。刘传江、徐建玲（2008）最早采用此方法对农民工市民化进程进行测算。具体来看，他们将评价对象划分为三种类型，通过设置三个层次的市民化进程评价指标，对相应的市民化进程进行了实证测算（见表 4—1）。

从测算结果来看，因缺乏不同年份的农民工与城市本地劳动力的相关数据，外部制度因素对农民工市民化进程的影响无法得出。就农民工群体而言，第一代农民工的市民化率为 31.3%，属于低市民化进程；第二代农民工的市民化率为 50.23%，属于中市民化进程。两者差异的主要原因在于第二代农民工的市民化意愿（46.21%）高于第一代农民工的市民化意愿（18.09%）。就农民工个体而言，在不考虑市民化意愿的情况下，对处于同样条件下的四类农民工亚群体进行测算，发现“打算留城者”的市民化率最高（74.85%），接近高市民化进程；而其余三个亚群体的市民化进程相差不大，“倾向回乡者”的市民化率最低，为62.35%。

表4—1　农民工市民化进程测度指标体系

<table>
<tr><th>一级指标</th><th>二级指标</th><th>测算公式</th><th>范围</th><th colspan="2">测算结果</th></tr>
<tr><td>外部制度因素</td><td>土地流转程度
户籍制度改革
就业市场统一
社会保障覆盖</td><td>$\ln(D+1)=\ln(W_u/W_r)-\ln(Wu/Wr)^0$①</td><td><1</td><td colspan="2">若 $\ln(D+1)>0$，存在歧视，外部制度对农民工市民化进程具有阻滞作用；
若 $\ln(D+1)<0$，逆歧视，外部制度对农民工市民化进程具有促进作用；
若 $\ln(D+1)=0$，无歧视。</td></tr>
<tr><td rowspan="2">农民工群体</td><td rowspan="2">市民化意愿与市民化能力的几何平均数</td><td rowspan="2">$\sqrt[2]{意愿*能力}$</td><td rowspan="2">0～1</td><td>新生代农民工</td><td>50.23%</td></tr>
<tr><td>上一代农民工</td><td>31.30%</td></tr>
<tr><td rowspan="4">农民工个体</td><td rowspan="4">个人素质（A）、收入水平（B）、居住情况（C）和自我认同（D）的几何平均数</td><td rowspan="4">$\sqrt[4]{A\times B\times C\times D}$</td><td rowspan="4">0～1</td><td>打算留城者</td><td>74.85%</td></tr>
<tr><td>中间不定者</td><td>65.03%</td></tr>
<tr><td>倾向回乡者</td><td>62.35%</td></tr>
<tr><td>打算回乡者</td><td>63.99%</td></tr>
</table>

资料来源：刘传江、徐建玲：《中国农民工市民化进程研究》，人民出版社2008年版，第262—266页。

总体来看，几何平均法具有操作简单、容易理解的优点。刘传江、

① D为歧视系数，即户籍制度在劳动力市场所带来的歧视程度对农民工的影响。其中，$\ln(Wu/Wr)$为农民工与城市本地劳动力工资差异的影响，$\ln(Wu/Wr)^0$为农民工个人特征差异对工资差异的影响。

徐建玲（2008）的研究突破了传统“市民”本位利益的立场，不再局限于城市自我发展需要的价值导向，具有突出的学理创新价值。就某一个时点来说，该研究方法能在一定程度上客观描述农民工市民化进程，从而为不同群体或地区之间的横向对比提供一个衡量标准。但是，该研究方法的指标赋值具有较强的主观性，而且测量指标多局限在经济层面。例如，在农民工群体市民化进程的测算中，用农民工在城市的收入水平来替代其市民化能力，这显然过于简单。此外，该方法还存在数据口径不一致的问题。张广胜、周密（2013）就曾提出：“用城镇职工工资收入与农民工月工资收入作对比，会造成市民化程度的低估。”据此，他们建议用城镇居民人均可支配收入来替代城镇职工工资收入，以提高研究的准确性。

（二）层次分析法（AHP）

层次分析法（AHP）是一种将定性分析与定量研究相结合的方法，能够系统化、数学化和模型化地分析目标的演进过程，具有思路清晰、所需定量数据少的优点，尤其适用于对多准则和多目标问题的分析。[①] 刘传江、董延芳（2014）采用该方法对农民工市民化进程进行了实证测度。他们首先构建了基于生存职业、意识行为、社会身份和自身素质四个维度的农民工市民化进程指标体系，进而绘制了判断矩阵、计算判断矩阵的特征向量、计算各分层指标的权重和特征值，并进行了一致性检验，最后得到了各个层级指标的权重（见表4—2）。

在建立了权重分配表的基础上，刘传江、董延芳（2014）采用调研数据，计算了2009年武汉市两代农民工的市民化进程指数（见表4—3）。结果显示，第二代农民工的市民化进程整体上超过第一代农民工，其优势主要体现在自身素质和社会身份两个方面；但在生存职业和意识行为方面，第二代农民工的市民化进程则低于第一代农民工。就农民工整体而言，其市民化进程指数为0.545，处于中市民化阶。其中，农民工自身素质市民化指数为0.674，拉高了农民工整体的市民化进程；社会身份市民化指数为0.415，成为市民化进程的“短板”。

---

① 刘传江、董延芳：《农民工的代际分化、行为选择与市民化》，科学出版社2014年版，第92页。

表 4—2　　**农民工市民化进程指标体系权重分配表**

一级指标	权重	二级指标	权重	三级代表性指标*	权重
生存职业市民化	0.25	社会保障	0.027	工伤保险参保率	0.010
		劳动关系	0.027	与单位签订书面合同的比率	0.018
		工作条件	0.121	农民工年均工资/市民年均工资	0.060
		就业环境	0.074	▲存在工资拖欠情况的比率	0.032
意识行为市民化	0.25	迁移行为	0.083	外出年限情况均值	0.006
		流入地评价	0.083	在流入地生活的总体适应程度	0.083
		未来打算	0.083	在流入地长期居留的意愿均值	0.042
社会身份市民化	0.25	制度环境	0.083	▲流入地的入户门槛	0.083
		社会接纳	0.083	▲流入地对农民工的排斥程度	0.083
		主观心理	0.083	身份认同均值	0.033
自身素质市民化	0.25	人力资本	0.140	农民工平均受教育年限	0.047
		社会资本	0.080	工作交往状况均值	0.047
		权力资本	0.030	权利实现资本	0.047

*注：(1) 因篇幅所限，各测量维度下的三级指标仅选取了权重较大，且在统计意义上具有代表性的指标。

(2) 带▲标记的指标为逆指标，即会对农民工市民化进程形成阻滞作用的指标。

资料来源：刘传江、董延芳：《农民工的代际分化、行为选择与市民化》，科学出版社，第 105 页。

表 4—3　　**2009 年武汉市农民工市民化进程指数**

指　标	第一代农民工	第二代农民工	混合样本
生存职业市民化	0.580	0.565	0.574
意识行为市民化	0.522	0.512	0.519
社会身份市民化	0.410	0.422	0.415
自身素质市民化	0.637	0.714	0.674
整体进程	0.537	0.553	0.545

资料来源：刘传江、董延芳：《农民工的代际分化、行为选择与市民化》，科学出版社，第 109—115 页。

从测算结果来看，采用层次分析法（AHP）与几何平均法得出的新生代农民工市民化进程基本一致，都位于50%—55%的中市民化阶段。但就上一代农民工而言，两种测算方法得出的结果差异较大。其中，采用层次分析法（AHP）得出的上一代农民工市民化率为31.3%，属于低市民化进程；而采用几何平均法得出的测算结果为55.3%，属于中市民化进程。究其原因，可能是由于指标选择和样本差异造成的。就直观感受而言，采用层次分析法（AHP）得出的测算结果似乎与上一代农民工城市融入的社会现实更加贴切，这从一个侧面印证了在对多准则和多目标问题进行分析时，层次分析法（AHP）比几何平均法更有优势。

总体而言，刘传江、董延芳（2014）采用层次分析法（AHP）对农民工市民化进程进行实证测算，取得了较大的理论突破：一是引入了大量新的分层指标（如“权利实现资本”等），对农民工市民化进程指标体系进行了扩充和完善，使指标体系能够更加全面、准确地反映农民工市民化的进展情况；二是不仅测算了代际差异对农民工市民化进程的影响（即新生代农民工和上一代农民工的市民化进程差异），而且独立测算了四个维度下的市民化进程指数，从而清晰、直观地揭示出了两代农民工市民化进程的“短板”。但遗憾的是，层次分析法（AHP）在各测量维度下得出的测算结果（绝对值）都非常接近，因此仅能用于判断不同样本之间市民化进程的差异程度。此外，层次分析法（AHP）在确定指标权重时，依然采用了专家打分的方法，未能克服指标权重主观性较强的弊端。从权重分配表来看（见表4—2），4个一级指标的权重均为0.25，这显然与学术界对农民工市民化的经验认知不符，一定程度上影响了测算结果的准确性。

（三）Biprobit模型法

农民工市民化涉及农民工和流入地政府两个主体，他们的二元选择共同决定了市民化的进程，即农民工是否选择市民化（记为市民需求 y_d）以及流入地政府是否准许其成为市民（记为市民供给 y_s）。在现实生活中，农民工市民化应当是 y_d 和 y_s 同时存在并处于均衡状态的一种结果。根据 y_d 和 y_s 的可观察程度，Probit模型①可分为单变量Probit模型（y_d 和 y_s 同时完全可观察）、局部可观察Biprobit模型（y_d 部分可观察）、需求

① Probit模型是一种广义的线性模型，服从正态分布。

可识别 Biprobit 模型（y_d 完全可观察）三种。其中，后两者在形式上具有一致性，可表示为：

$$P_r(y_d=1)=P_r(y_d^*>0)=P_r(\varepsilon_d>-X_d\beta_d)$$
$$P_r(y_d=1 \mid y_s=1)=P_r(y_s>0)=P_r(\varepsilon_s>-X_s\beta_s)$$

其中，y_d^* 为是市民需求的隐藏变量；X_d 和 X_s 分别为影响市民需求和市民供给的外生变量；β_d 和 β_s 是待估计参数；ε_d 和 ε_s 为误差项，服从联合正态分布。

张广胜、周密（2013）采用需求可识别的 Biprobit 模型，从市民需求（y_d）和市民供给（y_s）两个角度测算了沈阳、余姚两地新生代农民工的市民化进程。在构建模型时，由于被解释变量均为 0—1 的分布变量，因此经典形式的联立方程并不适用于农民工市民化进程分析。为解决这一问题，他们估计了一个供需均衡的联立方程模型，以测度新生代农民工市民抑制程度①及其影响因素：

$$\begin{cases} y_d^*=\beta_1'X_1+\varepsilon_1，若 y_d^*>0，y_d=1；否则 y_d=0 \\ y_s^*=\beta_2'X_2+\varepsilon_2，若 y_s^*>0，y_s=1；否则 y_s=0 \end{cases}$$
$$E(\varepsilon_1)=E(\varepsilon_2)=0, var(\varepsilon_1)=var(\varepsilon_2)=1, cov(\varepsilon_1,\varepsilon_1)=\rho$$

其中，y_d^* 和 y_s^* 分别为市民需求和市民供给的隐藏变量，y_d 和 y_s 分别为市民需求和市民供给的决策变量，X_1 和 X_2 分别为影响市民需求和市民供给的解释变量，ε_1 和 ε_2 为误差项，服从联合正态分布。

由于农民工市民化的成立条件是有市民需求（$y_d=1$）且有市民供给（$y_s=1$），因此若将市民身份记作 y，则有：

$$y=\begin{cases} 1, 若 y_d=1, y_s=1 \\ 0, otherwise \end{cases} \qquad (4—1)$$

式（4—1）是一个典型的 Biprobit 模型，且观察值具有部分可观察性的特征。在这里，可用 $p(y_d=1 \mid y_s=1)$ 表示新生代农民工的市民化程度，即同时具有市民需求和市民供给的概率；用 $p(y_s=0 \mid y_d=1)$ 表示

① 所谓市民抑制程度，即新生代农民工具有市民需求但缺乏市民供给的情况，记为 $p=(y_s=0, y_d=1)$。

新生代农民工的市民抑制程度，即有市民需求但缺少市民供给的概率。

在自变量的选择中，张广胜、周密（2013）首先选取了最具代表性的市民需求影响因素和市民供给影响因素，进而考虑到联立方程的可估计性，选择了居住的地理位置作为需求方程的识别变量，选择了新生代农民工的职业阶层和社会网络高度作为供给方程的识别变量。Biprobit 模型构成及其回归结果见表 4—4。

表 4—4　需求可识别的 Biprobit 模型回归结果

变　量	需求方程			供给方程		
	估计系数	标准差	P 值	估计系数	标准差	P 值
外出务工目的①						
1 = 农村无发展	0.397747	0.284384	0.162	0.024733	0.283381	0.930
2 = 挣钱	0.176357	0.279009	0.527	-0.303940	0.282665	0.282
3 = 向往城市生活	0.501533	0.291786	0.086	0.216658	0.286923	0.450
社会网络高度	0.146625	0.177513	0.409	0.386324	0.187571	0.039
受教育年限	-0.398910	0.217424	0.067	-0.300060	0.235137	0.202
社会网络结构②						
2 = 农村老家	-0.90077	0.198077	0.000	-0.260870	0.205946	0.205
3 = 其他	-0.37070	0.233612	0.113	0.002247	0.252267	0.993
收入满意度	0.150123	0.098137	0.126	-0.449430	0.110341	0.000
是否与市民为邻	0.384486	0.169991	0.024			
在城市工作时间				0.103291	0.041396	0.013
职业阶层				0.008971	0.004765	0.060
逆米尔斯比	0.730504	0.138278	0.000			
最大似然函数	-262.2672					
观测值	260					

资料来源：张广胜：《新生代农民工市民化进程的测度及其决定机制》，经济科学出版社 2013 年版，第 152 页。

① 4 = 其他，为参照组。

② 1 = 打工地所在城市，为参照组。

从测算结果来看，有四个变量对农民工的市民需求具有显著影响：外出务工目的、受教育年限、社会网络结构、与市民的距离（即是否与市民聚居在一起）。其中，“外出务工目的”和“与市民的距离”对市民需求具有显著的正向影响，“受教育年限”和“社会网络结构”则对市民需求具有显著的反向影响。张广胜、周密（2013）指出，文化程度越高的新生代农民工越倾向于返乡而不是留城，原因主要有三个：一是农民工自身的人力资本很难在短时间内转换为城市生活必须的实际生产能力和社会网络关系；二是现行的城市融入机制尚不健全，留住优秀农民工的激励机制还不完善；三是城乡二元分割的户籍制度会导致优秀新生代农民工的“逆向选择”。上述观点回应了理论界目前有关新生代农民工“教育过度”问题的争论，并给出了合理性解释，比较具有说服力。

就市民供给而言，社会网络高度、收入满意度、在城市工作的时间和职业阶层是四个最主要的影响因素，它们对市民供给均具有显著的正向影响。需要注意的是，市民需求方程作为市民供给方程的一个额外回归元，逆米尔斯比显著，这表明需求方程影响供给方程，主要原因是实际市民供给能力是建立在新生代农民工的有效市民需求（而非潜在市民需求）基础之上的。

总体来看，Biprobit 模型法的主要优点在于分离了农民工市民化的需求和供给效应，能够真正有效地识别实际市民需求，从而避免了有偏估计。同时，在联立方程中增加了市民供给条件，强化了流入地政府在农民工市民化进程中的作用，也更加符合社会现实。但是，该研究方法也存在两个缺陷：第一，假定新生代农民工对市民身份的偏好具有稳定性，即他们不会因为在城市生活时间的长短和职业阶层的变化而改变对市民身份的偏好，这显然与我们的经验认知不符；第二，Biprobit 模型法的指标设置过于简单，特别是没有将外部制度因素纳入考虑范围，忽视了政策框架和制度安排对新生代农民工市民化进程的影响，这显然有失偏颇。在研究结论方面，张广胜、周密（2013）认为“当新生代农民工平均年工资水平高于流入地城市的人均年可支配收入时，流入地政府会给予其市民身份”，这一论断的客观性也值得商榷。毕竟，从目前国内户籍制度改革的政策导向来看，农民工落户城镇的条件通常为“有合法稳定职业并有合法稳定住所”，单纯以收入水平的高低作为判断市民供给的条件，似乎并不具备充分的现实可操作性。

三　城市融入进程评价的原则与方法

（一）构建指标体系时应遵循的原则

为科学判断新生代农民工的城市融入进程及其影响因素，本书拟在理论界现有研究成果的基础上，尝试构建具有创新性和普适性的城市融入进程评价指标体系。在设定测量维度和选择代表性指标时，课题组将严格遵循以下原则：

1. 系统性和客观性原则

评价指标体系最主要的功能是综合测算新生代农民工的市民化进程，根据研究目标和市民化的含义，课题组拟从经济融入、政治参与、社会交往和心理认同四个层面，选取各测量维度下最具代表性的指标，共同构建城市融入进程评价指标体系。为客观、全面地反映新生代农民工的市民化进程及其影响因素，评价指标体系应当是一个层次分明的整体，各代表性指标的选择也应具有充分的理论和实践意义，并尽可能选取具有学界共识的指标。

2. 科学性和前瞻性原则

城市融入进程评价的最终目标是为调整和完善城市融入机制提供决策依据，增强政府政策调适的针对性和有效性。因此，应尽可能避免无关指标和过多定性指标的列入，使评价指标体系在结构层次上保持适度规模，防止结果失真。此外，新生代农民工城市融入是一个动态的演化过程，相关指标的设置应该能够有效反映市民化进程的变动情况和发展趋势。此外，各测量维度下的指标选择应当具有前瞻性和动态性，以增强不同群体和地区之间的横向可比性。

3. 独立性和可操作性原则

城市融入进程的影响因素数量庞大、种类繁多，在构建评价指标体系时，应当优先选取与研究目标具有重大联系、可被感知、资料容易获取的关键指标，从而使数据的获取、分析和评价等技术问题变得相对容易。同时，在进行多准则、多层次问题分析时，应尽可能确保各测量维度下指标的独立性，避免重叠、交叉和指标冗余。由于农民工市民化研究不可避免地带有价值判断色彩，还应注意搭配好客观指标和主观指标之间的比例，使主观因素的影响维持在合理区间。

（二）城市融入进程评价的方法步骤

如前所述，几何平均法、层次分析法、Biprobit 模型法在对农民工城市融入进程进行测算时，都有其优势所在，但也存在明显不足。为克服单一研究方法的局限，本课题拟采用层次分析法（AHP）与模糊综合评价相结合的方法，按三个步骤分别测算新生代农民工的城市融入进程：首先，采用层次分析法（AHP）逐次对四个测量维度下的新生代农民工城市融入进程进行测算，主要包括权重计算、数据处理和指数测算，从而得到各测量维度下的城市融入进程指数。其次，采用模糊综合评价法对前述结果做进一步的检验，主要是参照成功度评价方法，将城市融入四个测量维度的进程划分为优、良、中、低、差五个等级，并进行横向对比。最后，对混合样本的农民工市民化总体进程进行分析，探讨其薄弱环节及相关制约因素，并对城市融入的“短板效应”作出合理性解释。

上述研究方法的逻辑思路和具体操作步骤说明如下：

1. 层次分析法（AHP）的主要步骤

第一，为使问题清晰化和条理化，根据对研究目标的认知和初步分析，将所涉及的指标按性质分层排列，建立一个递阶层次的结构模型，包括目标层（指研究所要达到的预定目标）、准则层（指为实现预定目标所涉及的中间环节）和方案层（指为实现预定目标可供选择的各种措施）。第二，为判断各层次下代表性指标的权重，采用两两比较的方法构造各层次的判断矩阵，以克服主观赋值法所带来的指标权重主观性较强的弊端。第三，进行层次单排序，得到同层次相关指标对于上层某个指标的权重向量，并进行一致性检验。若一致性检验无法通过，则应对判断矩阵进行修正。第四，进行层次总排序，自上而下地将单准则下的权重进行合成，逐次得到各分层指标（特别是方案层中的各指标）对总目标的排序权重，并进行一致性检验。第五，对原始数据进行正向处理和无量纲化处理，根据处理数据测算城市融入进程总指数及各测量维度下的分层指数。

2. 模糊综合评价法的主要步骤

模糊综合评价是基于模糊数学，将模糊集合概念和运算应用于对事物的综合评价方法，其主要作用是弥补精确数学和随机数学在对现实世界中大量存在的模糊现象进行解释时力度不足的问题。其中，单因素模糊综合评价的具体步骤包括：(1)根据研究目标确定评价指标集合；(2)给出评价等级集合；(3)确定各评价指标的权重；(4)确定评价矩阵；(5)进行综合评价。在最后一个环节，可根据研究目标选用最大隶属原则、加权平均原则或模糊向量单值化。对于多级模糊综合评价而言，因为有时需要考虑的指标太多而权重难以细分，可根据因素集中各指标之间的关系将因素集分类，先在二级因素集中进行综合评价，再对综合评价的结果进行类之间的高层次评价，以此类推。①

本课题采用层次分析法（AHP）与模糊综合评价相结合的方法，对新生代农民工城市融入进程进行分析，主要是基于以下考虑：(1)新生代农民工城市融入的研究内容非常丰富，涉及到的影响因素和代表性指标十分庞杂，层次分析法具有系统化、条理化和所需定量数据少的优点，尤其适用于对多准则、多目标问题的分析；(2)新生代农民工城市融入是一个动态过程，具有较多的不确定性和不稳定性，各种影响因素的作用、方向和程度等存在明显差异。采用模糊综合评价法可以有效处理上述问题，有助于获得对研究对象的正确认知。

四　指标体系构建及代表性指标选择

城市融入（City Inclusion）是一个多维度概念，是指个体和个体之间、不同群体之间、不同文化之间相互配合、互相适应的过程，并以构筑良性、和谐的社会运作机制为目标。② 就概念而言，新生代农民工城市融入是指迁移到城市的新生代农民工克服种种困难和障碍，逐步转变为城市居民的过程，包括狭义和广义两个层面。其中，狭义的城市融入是指新生代农民工获得作为城市居民的身份和权利，即市民权（citizenship）；广义的城市融入还包括市民意识的普及和新生代农民工成为城市权利主体的实现过程。

由于缺乏一个规范、标准的定义，国内学者对新生代农民工城市融入的内涵理解不一，因而理论界目前对于“城市融入进程评价指标体系”

---

① 刘传江、董延芳：《农民工的代际分化、行为选择与市民化》，科学出版社 2014 年版，第 93 页。

② 任远、邬民乐：《城市流动人口的社会融合：文献述评》，《人口研究》2006 年第 5 期，第 87—94 页。

的构建存在较大的分歧和争议，突出表现在两个方面：一是指标体系的框架设定和维度设置难以统一；二是代表性指标的选择及量化方法存在分歧。具体来看，刘传江、徐建玲（2008）构建的“农民工市民化进程测度指标体系”涵盖了外部制度因素、农民工群体、农民工个体三个测量维度下的10项指标；王桂新（2008）构建的“城市农民工市民化程度评价指标体系”涵盖了居住条件、经济生活、社会关系、政治参与、心理认同五个测量维度下的19项指标；张广胜、周密（2013）构建的“需求可识别 Biprobit 模型”涵盖了市民需求和市民供给两个测量维度下的11项指标；刘传江、董延芳（2014）构建的“农民工市民化进程指标体系”涵盖了生存职业、意识行为、社会身份、自身素质四个测量维度下的32项指标。

上述各评价指标体系为本课题的研究提供了很好的参考和借鉴，但也存在很大的完善和改进空间，突出表现在指标体系的框架设计、维度设置和指标选择等方面存在较大的差异，特别是代表性指标的重叠、交叉和混同现象比较严重，既影响了研究结果的准确性，也制约了测算数据的横向可比性，不利于地方政府深入了解和客观把握新生代农民工的城市融入进程，进而影响了农民工市民化政策的有效制定和实施效果。

鉴于此，本课题依托“四维度”分析框架，在听取专家建议的基础上，结合现有文献资料进行了创新性研究，构建了“新生代农民工城市融入进程评价指标体系”，具体包括经济融入、政治参与、社会交往和心理认同四个测量维度。为使评价指标体系更加具体和便于实证检验，课题组进一步设置了下属的11个一级指标和38个二级指标。其中，工作超时比率、工资拖欠比率、工伤比率、消费支出结构、单位侵权比率、流入地入户门槛、流入地市民对农民工的排斥程度为七项逆向指标，其余指标均为正向指标。

在表4—5中，经济融入层面的指标主要用于反映新生代农民工的基本生存状况和职业转换情况，包括就业环境、工资福利、生活负担3个一级指标和下设的12个二级指标；政治参与层面的指标主要用于反映新生代农民工的政治权利拥有情况、政治活动参与情况和组织建设情况，下设3个一级指标和9个二级指标；社会交往层面的指标主要用于反映新生代

表 4—5　**新生代农民工城市融入进程评价指标体系**

目标层	准则层	指标层		
		一级指标	二级指标/指标描述	数据来源
城市融入进程	经济融入	就业环境（4个）	就业稳定程度的均值	调查数据
			工作环境安全良好的比率	
			▲存在工作超时情况的比率	
			▲存在拖欠工资情况的比率	
		工资福利（4个）	农民工年均工资/流入地市民年均工资	年鉴数据 调查数据
			享受过津贴或补贴的比率	
			单位缴纳社会保险的比率	
			▲受过工伤或患过职业病的比率	
		生活负担（4个）	▲消费支出结构（恩格尔系数）	调查数据
			在流入地购房的比率	
			在流入地的家庭成员人数均值	
			子女在流入地接受教育的比率	
	政治参与	政治权利（3个）	参加家乡选举活动的比率	统计公报
			拥有相关政治权利的比率	
			拥有获得政治权利的意愿	
		维权方式（3个）	▲遭遇单位侵权行为的比率	调查数据
			依靠法律手段维权的比率	
			获得社会团体帮助的比率	
		组织建设（3个）	参加工会组织的比率	统计公报 调查数据
			参加社会团体的比率	
			参加团体组织的意愿	
	社会交往	制度性指标（4个）	▲流入地的入户门槛	专家评价
			劳动就业制度满意度均值	调查数据
			社会保障制度满意度均值	
			公共服务供给制度满意度均值	

续表

目标层	准则层	指标层		
		一级指标	二级指标/指标描述	数据来源
城市融入进程	社会交往	结构性指标（4个）	平均受教育年限	年鉴数据
			社交网络的类型	调查数据
			工作交往状况均值	
			▲流入地市民对农民工的排斥程度	
	心理认同	文化特质（3个）	外出年限情况均值	统计公报
			语言文化状况均值	专家评价
			对城市现代文化的兴趣	
		心理适应（3个）	在城市长期居留的意愿	调查数据
			对城市生活的适应程度	
			与市民通婚的态度均值	
		自我认同（3个）	身份认同均值	专家评价
			身份转变意愿均值	
			对老家土地流转的态度均值	

注：带▲的为逆向指标，会对城市融入进程形成阻滞作用，测算中要通过差式逆变换进行正向处理。

农民工在身份、社会地位和基本权益保障等方面与流入地市民的差异，包括2个一级指标和8个二级指标；心理认同层面的指标用于反映新生代农民工在价值观和意识行为等方面向市民的转化情况，包括3个一级指标和9个二级指标。因篇幅所限，上述各项指标的选取原则、数据来源和指标赋值等情况，将在后文的实证分析中根据需要予以说明。

在指标体系的设计过程中，课题组严格遵循前文提到的各项原则，根据研究目标和学界共识选取了各测量维度下最具代表性的38项指标，并根据新生代农民工的群体特征、行为特点和融入诉求差异引入了消费支出结构、社交网络类型等新的量化指标，以对理论界现有研究成果形成有益补充。但受理论水平和人力、物力、时间等多方面因素的制约，该评价指标体系也存在需要改进之处。

此外，由于评价指标体系中的主观指标占有一定的比例，为将主观随意性可能对评价结果造成的不良影响降至最低，课题组将采用模糊综合评价法对层次分析法（AHP）的测算结果做进一步的检验，以最终实现城市融入进程的整体性分析和差异化研究。

第二节　新生代农民工的经济融入状况

一　权重分配表的获得

权重确定采用层次分析法（AHP），对各层指标的重要性进行两两比较与综合计算，最后确定指标体系中各指标的权重。判断矩阵以及重要度计算和一致性检验的公式如下：

$$W_i = \frac{1}{n}\sum_{j=1}^{n}\left(\frac{a_{ij}}{\sum_{k=1}^{n} a_{kj}}\right),\ (i=1,\ 2,\ 3,\ \cdots,\ n) \qquad (4—2)$$

$$\lambda_i = (AW)_i/W_i,\ (i=1,\ 2,\ 3,\ \cdots,\ n) \qquad (4—3)$$

其中，W_i 表示归一化后的权重，n 表示要素的个数，i 和 j 分别表示行和列，λ_i 表示第 i 个特征根，$(AW)_i$ 表示向量 AW 的第 i 个分量。

表 4—6 为“就业环境”下级指标的重要程度判断矩阵（记为 A），以该指标为例，对分层指标的权重计算过程进行说明。

首先，以几何平均法计算判断矩阵 A 的特征向量 W 的分量 W_i：

表 4—6　　“就业环境”下级指标重要程度判断矩阵

就业环境	就业稳定程度	工作环境安全性	工作超时比率	拖欠工资比率
就业稳定程度	1	6	7	4
工作环境安全性	1/6	1	2	1/5
工作超时比率	1/7	1/2	1	6
拖欠工资比率	1/4	5	1/6	1

注：(1) 标度含义分别为：“1”表示两个因素相比，具有相同的重要性；“3”表示两个因素相比，前者比后者稍重要；“5”表示两个因素相比，前者比后者明显重要；“9”表示两个因素相比，前者比后者极为重要。“2”、“4”、“6”表示上述相邻判断的中间值。

(2) 若因素 i 与因素 j 的重要性之比为 a_{ij}，则因素 j 与因素 i 的重要性之比为 $1/a_{ij}$。

$$W_1 = \sqrt[4]{(1 \times 6 \times 7 \times 4)} = 3.600$$

$$W_2 = \sqrt[4]{(\frac{1}{6} \times 1 \times 2 \times \frac{1}{5})} = 0.508$$

$$W_3 = \sqrt[4]{(\frac{1}{7} \times \frac{1}{2} \times 1 \times 6)} = 0.809$$

$$W_4 = \sqrt[4]{(\frac{1}{4} \times 5 \times \frac{1}{6} \times 1)} = 0.675$$

则：

$$W_A = \sum_{i=1}^{n4} W_i = 5.592$$

进而得到各指标关于 A 的权重，分别为：

$$W_1^0 = \frac{W_1}{WA} = 0.644$$

$$W_2^0 = \frac{W_2}{WA} = 0.091$$

$$W_3^0 = \frac{W_3}{WA} = 0.145$$

$$W_4^0 = \frac{W_4}{WA} = 0.121$$

即得到特征向量 $W = [0.6440.0910.1450.121]^T$

接下来进行一致性检验：

$$AW = \begin{bmatrix} 1 & 6 & 7 & 4 \\ 1/6 & 1 & 2 & 1/5 \\ 1/7 & 1/2 & 1 & 6 \\ 1/4 & 5 & 1/6 & 1 \end{bmatrix} \cdot \begin{bmatrix} 0.644 \\ 0.091 \\ 0.145 \\ 0.121 \end{bmatrix} = \begin{bmatrix} (AW)_1 \\ (AW)_2 \\ (AW)_3 \end{bmatrix} = \begin{bmatrix} 2.689 \\ 0.512 \\ 1.009 \\ 0.761 \end{bmatrix}$$

$$\lambda_{max} = \sum_{i=1}^{4} \frac{(AW)_i}{4 \times W_i^0} = 7.683$$

$$CI = \frac{\lambda_{max} - n}{n - 1} = \frac{7.683 - 4}{4 - 1} = 1.228$$

查表可知，一致性检验通过，可以认为“就业环境”下级指标重要程度判断矩阵具有可以接受的满意一致性。所以“就业环境”下级指标的权重分配如表4—7所示：

表4—7　“就业环境”下级指标权重分配表

就业环境	就业稳定程度	工作环境安全性	工作超时比率	拖欠工资比率
指标权重	0.644	0.091	0.145	0.121

进而，依据该方法可以得到“经济融入”测量维度下所有指标的权重分配，并计算就业环境、工资福利、生活负担三项指标相对于上级指标（经济融入）的权重（见表4—8）。需要说明的是，表4—7为二级指标相对于一级指标的权重，表4—8是二级指标相对于“经济融入”测量维度的权重，以便于计算分层指数。

表4—8　“经济融入”测量维度下的权重分配表

<table>
<tr><td rowspan="13">经济融入</td><td>一级指标</td><td>权重</td><td>二级指标</td><td>权重</td></tr>
<tr><td rowspan="4">就业环境</td><td rowspan="4">0.635</td><td>就业稳定程度的均值</td><td>0.409</td></tr>
<tr><td>工作环境安全良好的比率</td><td>0.058</td></tr>
<tr><td>▲存在工作超时情况的比率</td><td>0.092</td></tr>
<tr><td>▲存在拖欠工资情况的比率</td><td>0.077</td></tr>
<tr><td rowspan="4">工资福利</td><td rowspan="4">0.272</td><td>农民工年均工资/流入地市民年均工资</td><td>0.118</td></tr>
<tr><td>享受过津贴或补贴的比率</td><td>0.066</td></tr>
<tr><td>单位缴纳社会保险的比率</td><td>0.081</td></tr>
<tr><td>▲受过工伤或患过职业病的比率</td><td>0.007</td></tr>
<tr><td rowspan="4">生活负担</td><td rowspan="4">0.093</td><td>▲消费支出结构（恩格尔系数）</td><td>0.030</td></tr>
<tr><td>在流入地购房的比率</td><td>0.029</td></tr>
<tr><td>在流入地的家庭成员人数均值</td><td>0.023</td></tr>
<tr><td>子女在流入地接受教育的比率</td><td>0.011</td></tr>
</table>

注：表中有几处二级指标权重的加和不等于相应一级指标的权重，是因为计算原始数据保留至小数点后三位四舍五入的结果。

二　数据处理与指数计算

建立了权重分配表后，“经济融入”维度的城市融入进程评价指标体系已经相对完整。[①] 可根据各分层指标的数据及其权重测算“经济融入”层面的城市融入进程指数。表4—9为混合样本的新生代农民工“经济融入”层面的原始数据。

表4—9　新生代农民工经济融入进程原始数据（混合样本）

	一级指标	二级指标	原始数据
经济融入	就业环境	就业稳定程度的均值	1.256
		工作环境安全良好的比率	53.3%
		▲存在工作超时情况的比率	36.6%
		▲存在拖欠工资情况的比率	15.2%
	工资福利	农民工年均工资/流入地市民年均工资	0.741
		享受过津贴或补贴的比率	17.6%
		单位缴纳社会保险的比率	21.3%
		▲受过工伤或患过职业病的比率	11.2%
	生活负担	▲消费支出结构（恩格尔系数）	41.03%
		在流入地购房的比率	5.13%
		在流入地的家庭成员人数均值	1.752
		子女在流入地接受教育的比率	26.6%

注：带▲的为逆向指标，会对城市融入进程形成阻滞作用。

对表4—9中部分指标的数据情况说明如下：

（1）“就业环境”指标中，“就业稳定程度”的赋值为1分、2分、3分，分别对应在体制外单位工作、自我雇佣、在体制内单位工作三种情况。其中，“体制内单位”指国有企业、事业单位和政府机关，“在体制外单位工作”是指除去“自我雇佣”和“在体制内单位工作”两种情况后的全部。

（2）“工资福利”指标中，“农民工年均工资/流入地市民年均工资”的最大值为1。其中，“农民工年均工资”针对“拿工资”的样本计算，包括按月发放和一次性发放的工资、奖金、津贴、补贴和实物折现等；

① 对新生代农民工城市融入进程总指数的测算将在第六节汇总展开。届时权重将按层级重新调整。

“流入地市民年均工资”数据无法直接获得，以《中国劳动统计年鉴2013》中表3—2“各地区分行业就业人员和工资总额（2012年）”中的平均工资数据代替。

（3）“生活负担”指标中，“在流入地的家庭成员人数”包括1个、2个、3个、4个、5个及以上五种情况，分别对应1分、2分、3分、4分、5分；“在流入地购房”包括“购买或继承产权房”“购买非产权房”“自建私房”三种情况。

接下来，对表4—9中的原始数据进行处理。首先，将逆向指标转化为正向指标，即指标的正向化处理。采用的方法是差式逆变换，即用该指标的最大值减去原始数据。其次，对各分层指标进行无量纲化处理，以消除不同单位带来的指标间的不可比性。采用的方法是离差相对化，即用该指标的原始数据和最小值的差比上该指标的最大值和最小值的差。处理后的数据如表4—10所示：

表4—10　新生代农民工经济融入进程处理数据（混合样本）

	一级指标	二级指标	处理数据
经济融入	就业环境	就业稳定程度的均值	0.128
		工作环境安全良好的比率	0.533
		▲存在工作超时情况的比率	0.634
		▲存在拖欠工资情况的比率	0.848
	工资福利	农民工年均工资/流入地市民年均工资	0.741
		享受过津贴或补贴的比率	0.176
		单位缴纳社会保险的比率	0.213
		▲受过工伤或患过职业病的比率	0.888
	生活负担	▲消费支出结构（恩格尔系数）	0.589
		在流入地购房的比率	0.051
		在流入地的家庭成员人数均值	0.188
		子女在流入地接受教育的比率	0.266

根据表4—8和表4—10，可计算“经济融入”维度下新生代农民工的城市融入进程指数（记为E）：

$$E = \sum_{i=1}^{12} (A_i \cdot B_i) = 0.354$$

其中，A_i 为各二级指标的权重，B_i 为各二级指标的处理数据（i = 1…12）。

根据学术界目前认可度较高的“农民工市民化进程评价标准”：0—25%为极低市民化率，25%—50%为低市民化率，50%—75%为中市民化率，75%以上为高市民化率。① 显然，就“经济融入”这一测量维度而言，新生代农民工在该层面的城市融入进程处于低市民化率阶段。

三 模糊综合评价与分析

为降低权重计算和指标赋值过程中主观随意性过强可能对测量结果造成的不良影响，再采用模糊综合评价法对“经济融入”层面的新生代农民工城市融入进程作进一步的分析。总体思路是参照成功度评价方法，先将新生代农民工“经济融入”层面的市民化进程分为高、较高、中等、较低、低五个等级，并用评判集 V = {优、良、中、低、差}来表示，然后由专家进行独立打分，再结合各分层指标的权重作出综合评价。

具体操作步骤如下：

因素集 X = {就业环境工资福利生活负担}

评判集 V = {优良中低差}

由专家组 7 名成员对每个因素进行独立打分，得到：

R_X = {优良中低差}

$$R_T = \begin{bmatrix} 0 & 0 & 2/7 & 3/7 & 2/7 \\ 0 & 0 & 2/7 & 4/7 & 1/7 \\ 0 & 0 & 4/7 & 2/7 & 1/7 \end{bmatrix}$$

结合表4—8，可得出 3 个一级指标相对于城市融入总目标的权重矩阵：

$$W_X = [0.3130.1340.046]$$

---

① 刘传江、徐建玲：《中国农民工市民化进程研究》，人民出版社 2008 年版，第 262 页。

则：

$$B_X = W_X \cdot R_T = [0.313\ 0.134\ 0.046] \cdot \begin{bmatrix} 0 & 0 & 2/7 & 3/7 & 2/7 \\ 0 & 0 & 2/7 & 4/7 & 1/7 \\ 0 & 0 & 4/7 & 2/7 & 1/7 \end{bmatrix}$$

$$= [0.000\ 0.000\ 0.153\ 0.224\ 0.115]$$

上述判断矩阵说明：从经济融入层面来看，新生代农民工城市融入进程指标中，“优”的隶属度为0.000，“良”的隶属度为0.000，“中”的隶属度为0.153，“低”的隶属度为0.224，“差”的隶属度为0.115。依据隶属度最大原则，我们认为新生代农民工在经济融入层面，其市民化进程的总体评价为“低”。

四　综合判断

由前述分析可知，采用层次分析法（AHP）对新生代农民工城市融入进程进行测算，可得出经济融入层面的城市融入进程指数为0.354，属于低市民化率阶段。再采用模糊综合评价法进行检验，可发现新生代农民工在经济融入层面的城市融入指数中，“低”的隶属度为0.224。根据隶属度最大原则，接受该评价。

综合来看，采用层次分析法（AHP）和模糊综合评价法得出的结论一致。因此，可接受对经济融入层面的市民化进程指数测算，即“低市民化阶段”。

第三节　新生代农民工的政治参与状况

一　权重分配表的获得

首先，采用层次分析法（AHP）计算政治权利、维权方式、组织建设3个一级指标相对于“政治参与”指标的权重。其次，计算各二级指标相对于上一级指标的权重。最后，可得到“政治参与”维度下的权重分配表（见表4—11）。

因各分层指标的权重计算过程与“经济融入”层面的权重计算过程相同，此处将具体的计算步骤略去。

表 4—11　“政治参与”测量维度下的权重分配表

	一级指标	权重	二级指标	权重
政治参与	政治权利	0.323	参加家乡选举活动的比率	0.040
			拥有相关政治权利的比率	0.166
			拥有获得政治权利的意愿	0.117
	维权方式	0.242	▲遭遇单位侵权行为的比率	0.080
			依靠法律手段维权的比率	0.103
			获得社会团体帮助的比率	0.059
	组织建设	0.435	参加工会组织的比率	0.202
			参加社会团体的比率	0.101
			参加团体组织的意愿	0.131

注：表中有几处二级指标权重的加和不等于相应一级指标的权重，是因为计算原始数据保留至小数点后三位四舍五入的结果。

二　数据处理与指数计算

表 4—12 为混合样本的新生代农民工“政治参与”层面的原始数据。

表 4—12　新生代农民工政治融入进程原始数据（混合样本）

	一级指标	二级指标	原始数据
政治参与	政治权利	参加家乡选举活动的比率	17.6%
		拥有相关政治权利的比率	15.4%
		拥有获得政治权利的意愿	32.3%
	维权方式	▲遭遇单位侵权行为的比率	15.2%
		依靠法律手段维权的比率	17.6%
		获得社会团体帮助的比率	7.52%
	组织建设	参加工会组织的比率	18.3%
		参加社会团体的比率	13.1%
		参加团体组织的意愿	33.6%

注：带▲的为逆向指标，会对城市融入进程形成阻滞作用。

为消除逆向指标带来的负面影响，首先，采用差式逆变换对“遭遇单位侵权行为的比率”的指标数据进行正向化处理，即用该指标的最大值100%减去原始数据15.2%，得到84.8%。然后，采用离差相对化，对其他指标进行无量纲化处理，以使多指标综合评价中的各项指标数据同趋势化。

处理后的数据见表4—13：

表4—13　　新生代农民工政治融入进程处理数据（混合样本）

	一级指标	二级指标	处理数据
政治参与	政治权利	参加家乡选举活动的比率	0.176
		拥有相关政治权利的比率	0.154
		拥有获得政治权利的意愿	0.323
	维权方式	▲遭遇单位侵权行为的比率	0.848
		依靠法律手段维权的比率	0.176
		获得社会团体帮助的比率	0.752
	组织建设	参加工会组织的比率	0.183
		参加社会团体的比率	0.131
		参加团体组织的意愿	0.336

根据表4—11和表4—13，可计算出“政治参与”维度下新生代农民工的城市融入进程指数（记为P）：

$$P = \sum_{i=1}^{9} (A_i \cdot B_i) = 0.295$$

其中，A_i 为各二级指标的权重，B_i 为各二级指标的处理数据（$i = 1 \cdots 9$）。

根据“农民工市民化进程评价标准”，“政治参与”维度下新生代农民工的城市融入进程指数为0.295，落在25%—50%的低市民化率区间（甚至接近该区间的下限），因而对其的整体判断为“低”。

三　模糊综合评价与分析

参照成功度评价方法，设：

因素集 X = {政治权利维权方式组织建设}

评判集 V = {优良中低差}

由专家组 7 名成员对每个因素进行独立打分，得到：

$$R_X = \{优良中低差\}$$

$$R_T = \begin{bmatrix} 0 & 0 & 0/7 & 3/7 & 4/7 \\ 0 & 0 & 1/7 & 3/7 & 3/7 \\ 0 & 0 & 0/7 & 4/7 & 3/7 \end{bmatrix}$$

结合表 4—11，可得出 3 个一级指标相对于城市融入总目标的权重矩阵：①

$$W_X = [0.0530.0400.072]$$

则：

$$B_X = W_X \cdot R_T = [0.0530.0400.072] \cdot \begin{bmatrix} 0 & 0 & 0/7 & 3/7 & 4/7 \\ 0 & 0 & 1/7 & 3/7 & 3/7 \\ 0 & 0 & 0/7 & 4/7 & 3/7 \end{bmatrix}$$

$$= [0.0000.0000.0400.0810.078]$$

上述判断矩阵说明：从政治参与层面来看，新生代农民工城市融入进程指标中，“优”的隶属度为 0.000，“良”的隶属度为 0.000，“中”的隶属度为 0.040，“低”的隶属度为 0.081，“差”的隶属度为 0.078。

依据隶属度最大原则，我们认为新生代农民工在政治参与层面，其市民化进程的总体评价为“低”。

四 综合判断

由前述分析可知，采用层次分析法（AHP）对新生代农民工城市融入进程进行测算，可得出政治参与层面的城市融入进程指数为 0.295，属于低市民化率阶段。再采用模糊综合评价法进行检验，可发现新生代农民工在政治参与层面的城市融入指数中，“低”的隶属度为 0.224。根据隶属度最大原则，接受该评价。

---

① 表 4—11 中 3 个一级指标的权重是相对于“政治参与”准则层而言的。在此处的计算中，应将其折算成 3 个一级指标相对于“城市融入”目标层的权重。

综合来看，采用层次分析法（AHP）和模糊综合评价法得出的结论一致。因此，可接受对政治参与层面的市民化进程指数测算，即“低市民化阶段”。

第四节　新生代农民工的社会交往状况

一　权重分配表的获得

与前面两节相同，先采用层次分析法（AHP）计算“制度性指标”和“结构性指标”相对于“社会交往”的权重，然后计算8个二级指标相对于2个一级指标的权重，最后可得到“社会交往”测量维度下的权重分配表（见表4—14）。

表4—14　“社会交往”测量维度下的权重分配表

	一级指标	权重	二级指标	权重
社会交往	制度性指标	0.641	▲流入地的入户门槛	0.135
			劳动就业制度满意度均值	0.144
			社会保障制度满意度均值	0.184
			公共服务供给制度满意度均值	0.178
	结构性指标	0.359	平均受教育年限	0.117
			社交网络的类型	0.113
			工作交往状况均值	0.081
			▲流入地市民对农民工的排斥程度	0.047

二　数据处理与指数计算

表4—15为混合样本的新生代农民工“社会交往”层面的原始数据。

对表4—15中有关指标的赋值情况说明如下：

（1）“制度性指标”中：“流入地的入户门槛”由低到高分别赋值1—5分，分数越高代表流入地的入户门槛越高，意味着新生代农民工社会交往市民化的制度环境越差，因而该指标是一个逆向指标。“劳动就业制度满意度均值”“社会保障制度满意度均值”和“公共服务供给制度满意度均值”三项指标按照制度的公平性、覆盖面和受惠群体满意度，由低到高分别赋值1—5分，由专家进行独立打分，分数越高代表新生代农民工市民化的制度环境越好。

表4—15　　新生代农民工社会交往进程原始数据（混合样本）

	一级指标	二级指标	原始数据
社会交往	制度性指标	▲流入地的入户门槛	3
		劳动就业制度满意度均值	3
		社会保障制度满意度均值	2
		公共服务供给制度满意度均值	2
	结构性指标	平均受教育年限	0.745
		社交网络的类型	2
		工作交往状况均值	2
		▲流入地市民对农民工的排斥程度	3

注：带▲的为逆向指标，会对城市融入进程形成阻滞作用。

（2）“结构性指标”中：“平均受教育年限”用新生代农民工的平均受教育年限比上流入地市民的平均受教育年限来衡量，后者数据来源于各地统计年鉴，最大值取1。“社交网络类型”用新生代农民工社会交往的主要群体来衡量，包括亲戚老乡、同事工友、流入地市民三类，分别赋值1分、2分、3分。“工作交往状况”用新生代农民工在单位工作的情况是否良好来衡量，分为“差”“一般”“比较好”和“很好”四类，分别赋值0分、1分、2分、3分。“社会排斥程度”是一项逆指标，代表流入地市民对新生代农民工的接纳程度，从低到高分别赋值1—5分，专家评分越高代表新生代城市融入的社会接纳度越差。

在此基础上，对表4—15的数据进行处理。首先，对“流入地的入户门槛”和“流入地市民对农民工的排斥程度”两项逆向指标进行正向化处理，采用差式逆变换将其转化为正向指标。其次，对其他指标进行无量纲化处理，采用离差相对化的方法，消除因衡量单位不同带来的指标间的不可比性，使其同趋势化。

处理后的数据如表4—16所示：

表 4—16　　新生代农民工社会交往进程处理数据（混合样本）

	一级指标	二级指标	处理数据
社会交往	制度性指标	▲流入地的入户门槛	0.400
		劳动就业制度满意度均值	0.500
		社会保障制度满意度均值	0.250
		公共服务供给制度满意度均值	0.250
	结构性指标	平均受教育年限	0.745
		社交网络的类型	0.500
		工作交往状况均值	0.667
		▲流入地市民对农民工的排斥程度	0.400

根据表 4—14 和表 4—16，可计算出“社会交往”维度下新生代农民工的城市融入进程指数（记为 S）：

$$S = \sum_{i=1}^{8} (A_i \cdot B_i) = 0.434$$

其中，A_i 为各二级指标的权重，B_i 为各二级指标的处理数据（i = 1 …8）。

根据“农民工市民化进程评价标准”，“社会交往”维度下新生代农民工的城市融入进程指数为 0.434，落在 25%—50% 的低市民化率区间（接近该区间的上限），因而对其的整体判断为“低”。

三　模糊综合评价与分析

参照成功度评价方法，设：

因素集 X = {制度性指标结构性指标}

评判集 V = {优良中低差}

由专家组 7 名成员对每个因素进行独立打分，得到：

$$R_X = \{优良中低差\}$$

$$R_T = \begin{bmatrix} 0 & 1/7 & 4/7 & 2/7 & 0 \\ 0 & 2/7 & 3/7 & 2/7 & 0 \end{bmatrix}$$

结合表4—14，可得出2个一级指标相对于城市融入总目标的权重矩阵：

$$W_X = [0.1780.099]$$

则：

$$B_X = W_X \cdot R_T = [0.1780.099] \cdot \begin{bmatrix} 0 & 1/7 & 4/7 & 2/7 & 0 \\ 0 & 2/7 & 3/7 & 2/7 & 0 \end{bmatrix}$$

$$= [0.0000.0530.1440.0790.000]$$

上述判断矩阵说明：从社会交往层面来看，新生代农民工城市融入进程指标中，“优”的隶属度为0.000，“良”的隶属度为0.053，“中”的隶属度为0.144，“低”的隶属度为0.079，“差”的隶属度为0.000。

依据隶属度最大原则，我们认为新生代农民工在社会交往层面，其市民化进程的总体评价为“中”。

四 综合判断

由前述分析可知，采用层次分析法（AHP）对新生代农民工城市融入进程进行测算，可得出社会交往层面的城市融入进程指数为0.434，属于低市民化率阶段。再采用模糊综合评价法进行检验，可发现新生代农民工在社会交往层面的城市融入指数中，“中”的隶属度为0.144。根据隶属度最大原则，接受该评价。

综合来看，采用层次分析法（AHP）和模糊综合评价法对社会交往层面的新生代农民工城市融入进程进行测算，得出的测算结果表现出一定的差异性（但并不显著）。其中，层次分析法（AHP）的判断结果虽然为“低市民化阶段”，但测算指数0.434接近该区间的上限0.5，因此与模糊综合评价法得出的“中市民化阶段”的结论基本上还是吻合的。差异原因可能是由于层次分析法（AHP）采用了混同样本，无法准确反映出新生代农民工独立样本的代际差异和区域差别。

第五节 新生代农民工的心理认同状况

一 权重分配表的获得

首先，采用层次分析法（AHP）计算文化特质、心理适应、自我认同3个一级指标相对于“心理认同”指标的权重。其次，计算各二级指标相对于上一级指标的权重。最后，可得到“心理认同”维度下的权重分配表（见表4—17）。

表4—17 “心理认同”测量维度下的权重分配表

	一级指标	权重	二级指标	权重
心理认同	文化特质	0.332	外出年限情况均值	0.108
			语言文化状况均值	0.111
			对城市现代文化的兴趣	0.113
	心理适应	0.389	在城市长期居留的意愿	0.173
			对城市生活的适应程度	0.135
			与市民通婚的态度均值	0.081
	自我认同	0.279	身份认同均值	0.124
			身份转变意愿均值	0.090
			对老家土地流转的态度均值	0.065

二 数据处理与指数计算

表4—18为混合样本的新生代农民工“心理认同”层面的原始数据。

表4—18 新生代农民工心理认同进程原始数据（混合样本）

	一级指标	二级指标	原始数据
心理认同	文化特质	外出年限情况均值	3.126
		语言文化状况均值	1.447
		对城市现代文化的兴趣	1.789

续表

	一级指标	二级指标	原始数据
心理认同	心理适应	在城市长期居留的意愿	1.687
		对城市生活的适应程度	1.226
		与市民通婚的态度均值	0.379
	自我认同	身份认同均值	0.233
		身份转变意愿均值	0.645
		对老家土地流转的态度均值	0.217

对上表中有关指标的赋值情况说明如下：

(1)“文化特质”指标中：“外出年限均值”包括外出1—5年、6—10年、11—15年、16—20年、21年以上五种情况，分别对应1分、2分、3分、4分、5分。“语言文化状况均值”用新生代农民与流入地市民交流沟通方面的难易程度来表示，包括“完全听不懂”“能听懂但有些困难”“完全可以听懂”三种情况，分别赋值0分、1分、2分。“对城市现代文化的兴趣”根据新生代农民工对现代化生活方式和价值理念的认同与向往情况，分为“不认同也不感兴趣”“认同，但兴趣程度一般”“非常认同和感兴趣”，分别赋值0分、1分、2分。

(2)“心理适应”指标中：“在城市长期居留的意愿”包括“永久居留”、“尽可能居留”和“有具体年限”三种情况，分别对应2分、1分、0分。“对城市生活的适应程度”包括“很不适应”“不太适应”“说不清楚”“比较适应”“非常适应”五种情况，分别对应-2分、-1分、0分、1分、2分。“与市民通婚的态度”包括“不愿意”“无所谓”“愿意”三种情况，分别赋值-1分、0分、1分。

(3)“自我认同”指标中：“身份认同均值”包括“认为自己是市民”、“说不清楚”和“认为自己是农民”三种情况，分别赋值1分、0分、-1分。“身份转变意愿均值”包括“愿意转变为市民身份”“无所谓”“不愿意转变为市民身份”三种情况，分别赋值1分、0分、-1分。“对老家土地流转的态度均值”包括“不希望流转”“希望维持原状”和“希望能够流转”三种情况，分别赋值-1分、0分、1分。

在“心理认同”维度，9个二级指标均为赋值指标，不存在逆向指标，因此，只需采用离差相对化方法，对上述指标的原始数据进行无量纲化处理，使各指标同趋势化即可。处理后的数据如表4—19所示：

表4—19　　新生代农民工心理认同进程处理数据（混合样本）

	一级指标	二级指标	处理数据
心理认同	文化特质	外出年限情况均值	0.532
		语言文化状况均值	0.724
		对城市现代文化的兴趣	0.895
	心理适应	在城市长期居留的意愿	0.844
		对城市生活的适应程度	0.807
		与市民通婚的态度均值	0.690
	自我认同	身份认同均值	0.617
		身份转变意愿均值	0.823
		对老家土地流转的态度均值	0.609

根据表4—17和表4—19，可计算出“心理认同”层面的新生代农民工城市融入进程指数（记为I）：

$$I = \sum_{i=1}^{9} (A_i \cdot B_i) = 0.740$$

其中，A_i 为各二级指标的权重，B_i 为各二级指标的处理数据（i = 1 …9）。

根据“农民工市民化进程评价标准”，“心理认同”维度下新生代农民工的城市融入进程指数为0.740，落在50%—75%的中市民化率区间（而且接近该区间的上限），因此，对其的整体判断为“中”。

三　模糊综合评价与分析

参照成功度评价方法，设：

因素集 X = {文化特质心理适应自我认同}

评判集 V = {优良中低差}

由专家组7名成员对每个因素进行独立打分，得到：

$$R_X = \{优良中低差\}$$

$$R_T = \begin{bmatrix} 1/7 & 3/7 & 3/7 & 0 & 0 \\ 1/7 & 3/7 & 3/7 & 0 & 0 \\ 0 & 1/7 & 3/7 & 3/7 & 0 \end{bmatrix}$$

结合表4—17，可得出3个一级指标相对于城市融入总目标的权重矩阵：①

$$W_X = [0.0220.0250.018]$$

则：

$$B_X = W_X \cdot R_T = [0.0220.0250.018] \cdot \begin{bmatrix} 1/7 & 3/7 & 3/7 & 0 & 0 \\ 1/7 & 3/7 & 3/7 & 0 & 0 \\ 0 & 1/7 & 3/7 & 3/7 & 0 \end{bmatrix}$$

$$= [0.0070.0230.0280.0080.000]$$

上述判断矩阵说明：从心理认同层面来看，新生代农民工城市融入进程指标中，“优”的隶属度为0.007，“良”的隶属度为0.023，“中”的隶属度为0.028，“低”的隶属度为0.008，“差”的隶属度为0.000。

依据隶属度最大原则，我们认为新生代农民工在心理认同层面，其市民化进程的总体评价为“中”。

四 综合判断

由前述分析可知，采用层次分析法（AHP）对新生代农民工城市融入进程进行测算，可得出心理认同层面的城市融入进程指数为0.74，属于中市民化率阶段。再采用模糊综合评价法进行检验，可发现新生代农民工在心理认同层面的城市融入指数中，“中”的隶属度为0.028。根据隶属度最大原则，接受该评价。

综合来看，采用层次分析法（AHP）和模糊综合评价法得出的结论一致。因此，可接受对心理认同层面的市民化进程指数测算，即“中市

① 表4—17中3个一级指标的权重是相对于“心理认同”准则层而言的。在此处的计算中，应将其折算成3个一级指标相对于“城市融入”目标层的权重。

民化阶段”。

第六节　新生代农民工城市融入进程综合评价

本章第二节至第五节依托“四维度”分析框架，从经济融入、政治参与、社会交往、心理认同四个层面系统分析了新生代农民工城市融入进程指数。为使问题系统化、条理化，首先采用层次分析法（AHP）对各个维度进行独立测算，分别得出新生代农民工在4个准则层中的市民化进程指数。同时，考虑到评价指标体系中主观指标占有一定的比例，为消除在指标选择、权重赋值和专家评价中主观性因素过强所可能导致的结果失真，课题组再采用模糊综合评价法对各个维度的市民化进程进行测算，以检验两种方法得出的测算结果是否一致。

总体来看，除了“社会交往”维度的两种测算结果略有差异之外，其他三个维度的测算结果都保持了较高的一致性（见表4—20）。其中，“经济融入”维度和“政治参与”维度的测算结果为“低市民化阶段”，“心理认同”维度的测算结果为“中市民化阶段”，“社会交往”维度的测算结果为“低（接近中）市民化阶段”。

表4—20　新生代农民工城市融入进程测算结果比较

目标层	准则层	权重	指数		测算结果
			层次分析法	模糊综合评价法	
城市融入	经济融入	0.493	0.354	0.224	低
	政治参与	0.165	0.295	0.081	低
	社会交往	0.277	0.434	0.144	低（接近中）①
	心理认同	0.065	0.74	0.028	中

接下来，为了对新生代农民工城市融入进程的总体状况进行判断，我们首先，采用层次分析法（AHP）对“城市融入”总目标进行实证测度，

① 课题组认为，两种测算结果的差异可能是由于采用了混同样本数据，无法有效反映新生代农民工的代际差异、内部分化和地域差异。但总体来看，两个测算结果还是非常接近的，并不会影响最终结论。

然后，采用模糊综合评价法对其进行检验，最后，得出研究结论，并对制约新生代农民工城市融入的薄弱环节进行合理性解释。

一 层次分析法（AHP）测算

表4—20给出了经济融入、政治参与、社会交往、心理认同四个测量维度相对于“城市融入”总目标的权重，分别为0.493、0.165、0.277、0.065。[①] 同时，给出了4个测量维度下采用层次分析法（AHP）进行独立测算得出的新生代农民工城市融入进程指数，分别为0.354、0.295、0.434、0.74。设城市融入进程总指数为CI，则：

$$
\begin{aligned}
\mathrm{CI} &= \sum_{i=1}^{n} A_i B_i = C \cdot B_1 + P \cdot B_2 + S \cdot B_3 + I \cdot B_4 \\
&= 0.493 \cdot 0.354 + 0.165 \cdot 0.295 + 0.277 \cdot 0.434 + 0.065 \cdot 0.74 \\
&= 0.392 \qquad (4\text{—}4)
\end{aligned}
$$

其中，A_i 为各测量维度下独立计算的城市融入进程指数（在前面四节的分析中，我们分别将其记为C、P、S、I），Bi为各测量维度相对应于“城市融入”总目标的权重（$\sum_{i=1}^{4} B_i = 1$，$i = 1 \cdots 4$）。

由式（4—4）可知，新生代农民工城市融入进程的总指数为0.392。参照“农民工市民化进程评价标准”，当市民化指数处在0—25%区间时，为极低市民化率；处在25%—50%区间为低市民化率；处在50%—75%区间为中市民化率；市民化指数高于75%则为高市民化率。[②]

显然，就本课题而言，混同样本的新生代农民工城市融入进程处在“低市民化率阶段”，这意味着当前新生代农民工的市民化程度整体偏低。

二 模糊综合评价法检验

为消除采用层次分析法（AHP）进行实证测算时主观因素过强所可能导致的结果失真，接下来再采用模糊综合评价法，对新生代农民工城市

① 准则层权重的确定同样采用层次分析法，计算步骤已在第二节予以说明，此处将计算步骤略去。

② 刘传江、徐建玲：《中国农民工市民化进程研究》，人民出版社2008年版，第262页。

融入进程总体情况进行判断。

参照成功度评价方法，设：

因素集 X = {经济融入政治参与社会交往心理认同}

评判集 V = {优良中低差}

由专家组 7 名成员对每个因素进行独立打分，可得到：

$$R_X = \{优良中低差\}$$

$$R_T = \begin{bmatrix} 0 & 1/7 & 3/7 & 2/7 & 1/7 \\ 0 & 0 & 2/7 & 3/7 & 2/7 \\ 0 & 0 & 2/7 & 3/7 & 2/7 \\ 0 & 1/7 & 2/7 & 3/7 & 1/7 \end{bmatrix}$$

由表 4—20 可知 4 个测量维度相对于城市融入总目标的权重矩阵为：

$$W_X = [0.4930.1650.2770.065]$$

则：

$$B_X = W_X \cdot R_T$$

$$= [0.4930.1650.2770.065] \cdot \begin{bmatrix} 0 & 1/7 & 3/7 & 2/7 & 1/7 \\ 0 & 0 & 2/7 & 3/7 & 2/7 \\ 0 & 0 & 2/7 & 3/7 & 2/7 \\ 0 & 1/7 & 2/7 & 3/7 & 1/7 \end{bmatrix}$$

$$= [0.0000.0800.3560.3580.206]$$

上述判断矩阵说明：在新生代农民工城市融入总体进程的判断中，“优”的隶属度为 0.000，“良”的隶属度为 0.080，“中”的隶属度为 0.356，“低”的隶属度为 0.358，“差”的隶属度为 0.206。

依据隶属度最大原则，我们认为新生代农民工城市融入进程的总体评价为“低”。该结论与采用层次分析法（AHP）得出的测算结果一致，故认为可以接受该判断，即“新生代农民工城市融入进程总体上处于低市民化阶段”。

三　综合判断与评价分析

由前述分析可知，新生代农民工城市融入进程总体偏低。其中，“经济融入”层面的市民化进程相对较低，“政治参与”层面的市民化进程明显偏低，“社会交往”层面的市民化进程处于由“低”向“中”的发展阶段，“心理认同”层面的市民化进程处于中等水平。受前两个方面的制约，当前新生代农民工城市融入进程总体上处于“低市民化阶段”，这与理论界和政府部门的经验认知相符，意味着今后加快推进新生代农民工市民化的工作任务十分艰巨。

为发现新生代农民工城市融入进程的薄弱环节，探究制约其市民化进程的“短板”要素，下面从三个方面对前述研究结论进行分析，尝试提炼具有政策导向意义的研究结论，从而对政府部门的政策调适形成有益支撑。

（一）四个测量维度对城市融入进程的作用

采用层次分析法（AHP）确定各分层指标的权重可知，经济融入、政治参与、社会交往、心理认同四个维度相对于“城市融入”总目标的权重分别为0.493、0.165、0.277、0.065，这意味着在加快推进新生代农民工城市融入的进程中，四个维度的影响力是不同的。其中，“经济融入”的影响力最大，明显高于“社会交往”；“政治参与”的影响力略低于“社会交往”，但又明显高于“心理认同”。因此，在制定新生代农民工的市民化政策时，应当按照“经济融入 > 社会交往 > 政治参与 > 心理认同”的逻辑思路，渐次强化各个环节的政策措施。

1. “经济融入”作为新生代农民工市民化的首要环节和前提基础，其重要性无可置疑。根据农民工市民化的内涵，农村转移劳动力首先要在经济层面获得安身立命的资本，才有可能考虑权益获得和身份转变。因此，流入地政府首先应当充分关注新生代农民工的经济融入能力，具体包括就业环境、工资福利、生活负担。从权重来看，上述3个一级指标中尤以就业环境的影响力最为显著（0.635），其次是工资福利（0.272），最后是生活负担（0.093）。该结论的政策含义是：流入地政府应当着力构建开放、公平、城乡统一的劳动力市场，以消除新生代农民工在劳动力市场中遭受的城乡二元结构制约。

2. 就“社会交往”而言，制度性指标的影响力（0.641）显著高于结构性指标的影响力（0.359）。其中，社会保障制度和公共服务供给制度作为制度性指标的两大核心要素，对新生代农民工的城市融入进程具有积极的促进作用。相反，随着近年来我国户籍制度改革的不断深入，流入地户籍门槛的影响力已经显著下降。在结构性指标中，以“平均受教育年限”为代表的人力资本仍然是制约新生代农民工城市融入的关键要素。尽管“过度教育”的悖论会在一定程度上引起“民工回流”等逆向选择，但各级政府（特别是流入地政府）仍应当切实承担起对新生代农民工进行教育培训的职责。此外，“流入地市民对农民工的排斥”影响力不显著，表明我国人口流动和社会融合的整体环境趋好，但“社交网络的类型”仍然是一个重要变量，各级政府应当深入思考如何构建有效的社会资本积累和形成机制，强化新生代农民工“弱关系”型社会资本的获取能力。

3. 在“政治参与”层面，政治权利、维权方式、组织建设3个一级指标的贡献度差别不大，各地政府在进行政策统筹时可结合地方实际，按照由易到难的原则渐次推进。相比较而言，组织建设的影响力最为显著（0.435），而且具备现实抓手和组织载体，各单位可依托现有的工会组织和党团组织，提高新生代农民工的入会率，同时尝试建立符合流动人口特点的农民工自有组织，实现“自我教育、自我管理、自我服务”的新局面。此外，“政治诉求表达渠道不畅”和“依靠法律手段维权的比率较低”是两个比较严峻的社会现实问题，各级政府应当进一步增强忧患意识、完善政策设计，抓紧构建符合新生代农民工行为特点和利益诉求的政治权利实现机制和监管机制，从而有效疏解日益积累的社会压力。

4. 在“心理认同”层面，“长期居留意愿”和“自我身份认同”是最为核心的两大影响要素，影响因子分别为0.173和0.124。从当前农民工市民化的社会现实来看，在流入地长期居留已不再是新生代农民工的必然选择，频繁流动和“返乡创业”既是其现实选择也是“占优决策”，这一新的动态应当引起我们足够的重视。同时，新生代农民工的自我认同困惑也未能很好地消除，并呈现出由“被边缘化”向“自边缘化”演变的现象，这也是一个值得深入研究的新问题。对流入地政府而言，新生代农民工意识形态和行为特征等方面表现出的一些不稳定、不确定性新现象，其实在很大程度上都源自于“心理认同”方面的危机，如何有效予以引导和疏解，将成为下一阶段各级政府工作的重要内容。

（二）四个测量维度对城市融入进程的贡献

除了制约因素之外，我们还要深入思考的一个问题是：在促进新生代农民工城市融入进程的诸多要素中，究竟哪些因素发挥了更为切实有效的作用？

从层析分析法（AHP）对四个维度的测算结果来看，“心理认同”对城市融入进程的促进作用最大（0.74），其次是“社会交往”（0.434），再次是“经济融入”（0.354），最后是“政治参与”（0.295）。一个有趣的现象是，上述四个测量维度对新生代农民工城市融入进程的实际促进作用，与其权重分布呈现出明显的不一致，也就是说：政策设计的逻辑思路并没有与社会生活的实际推进相吻合，政府的政策导向与农民工的行为选择事实上出现了分离，“政策悖论”已然存在。

在课题组的前期研究成果中，我们曾经提出过一个基于“经济人”假说的研究前提，即“新生代农民工城市融入是其追求利益最大化的行为过程，是综合考虑城市融入成本和融入净收益之后做出的理性决策。”本章的研究结论进一步证实了上述观点。事实上，基于层次分析法（AHP）得出的四个测量维度对新生代农民工城市融入进程的实际促进作用与理论假设不符，只是从另一个侧面印证了当前的城市融入机制与新生代农民工的城市融入期望存有差距。这一方面，凸显了新生代农民工的逐利本性、行为理性和主观能动性；另一方面，也说明新生代农民工的“心理认同”目前已经超越了城市融入的总体进程，隐含了其对各级政府强化后续政策调整的强烈诉求和现实紧迫性。

从分层次的 AHP 测算结果来看，新生代农民工的城市融入进程具有三个显著特点：（1）流动迁移不再盲目，具有明确的目标和价值导向；（2）外出动机明显转型，由“生存型”向“发展型”转变；（3）利益诉求复杂多样，对家庭照顾和自我价值提升的诉求尤为强烈。因此，对各流入地政府而言，依靠以行政手段为主的人口调控政策对新生代农民工的城市融入进行干预，既不合理也没有必要。国内各大城市的实践已经充分证明，行政调控政策的实施效果往往并不理想，甚至会引发“政策悖论”。对此，我们将在后文的分析中予以论述。

（三）城市融入进程的趋势判断及政策含义

新生代农民工城市融入是一个动态过程，客观上将经历一个由低级向高级的发展演化。从本课题的研究结果来看，新生代农民工城市融入的总体进程处于“低市民化阶段”，但就各维度下的独立测算而言，“心理认同”层面的市民化进程为“中”，“社会交往”层面的市民化进程为“低偏中”，这两个维度不仅超前于其他维度的发展，而且对新生代农民工城市融入总体进程起到了明显的拉动作用，使其处于由“低市民化阶段”向“中市民化阶段”过渡的临界点。

理论研究和实践认知已经证明，近年来，随着制约人口自由流动和公平发展的制度藩篱被逐步清除，新生代农民工城市融入的制度环境整体趋好，我国农民工市民化进程由低级向高级演化的态势不仅可以预期，而且不可逆转，并将与我国工业化、城镇化和现代化进程密切联系、协调推进。当然，受社会结构转型、社会阶层分化和利益格局调整等多方面因素的制约，新生代农民工城市融入进程也不可能一帆风顺，各级政府不仅将继续面对城市融入机制与城市融入期望之间的落差，还将遭遇一些新的矛盾和问题。因此，对于新生代农民工市民化问题，应持谨慎和乐观的态度，予以仔细区分和认真对待，增强政策实施的成效。

本章研究给我们的启示是：(1)结构性指标（包括农民工受教育程度、社会关系网络异质性、开放包容的社会氛围等）是促进新生代农民工城市融入最直接、最有效的手段。对各级政府而言，一方面，应当继续加强农村的基础教育投入，强化新生代农民工的人力资本；另一方面，应着力构建新生代农民工的社会资本积累和形成机制，弥补其离开原有农村社区所导致的社会资本损失。(2)提升新生代农民工的心理适应性是下一阶段各级政府应当充分关注的重大现实问题。研究表明，新生代农民工留城意愿的长期化趋势与其自我认同的困惑相矛盾，并在行为特征、价值理念和未来预期等方面均有所表现，是加剧社会摩擦和冲突、诱发新的社会不安定因素的重要原因。(3)除了与上一代农民工群体之间的代际分化，新生代农民工群体内部已经出现了新的“再分化”，特别是“倾向回乡者”和“中间不定者”等“亚群体”的行为选择不仅直接影响了农民工市民化进程，而且将进一步影响我国城镇化质量和“三农”问题的解决，应当引起足够的重视。

本章小结

本章的主要研究目的有两个：一是对新生代农民工城市融入进程进行总体判断，全面了解市民化水平及其所处的发展阶段；二是对城市融入进程进行分解研究，科学判断各环节的市民化状况，进而探讨新生代农民工城市融入的约束因素及其“短板”。

首先，依托“四维度”分析框架构建了“新生代农民工城市融入进程评价指标体系”，由经济融入、政治参与、社会交往、心理认同四个维度构成，下设 11 个一级指标和 38 个二级指标。与学术界已有研究成果相比，该指标体系在三个方面有所创新：一是整合了零散、碎片化的学术观点，将其纳入经济、政治、社会、心理四个维度，使研究得以系统化、条理化；二是引入“流入地户籍门槛”等 7 项逆向指标，客观反映了市民化进程的阻滞因素；三是引入了“流入地家庭成员人数均值”等生活负担指标，可以客观考察融入意愿基础上的市民化成本。总体来看，评价指标体系通过了一致性检验，表明其具有较高的信度，因而是可以接受的。

本章第二节至第五节采用层次分析法（AHP）与模糊综合评价相结合的方法，对四个测量维度下的新生代农民工城市融入进程进行了独立测算。结果表明：“经济融入”和“政治参与”维度的市民化进程为“低”，“社会交往”维度的市民化进程为“低偏中”，“心理认同”维度的市民化进程为“中”。除了“社会交往”维度的两种测算结果略有差异之外，其他三个维度的测算结果都保持了高度一致性。这表明当前我国新生代农民工在不同维度下的市民化进程是不均等的，特别是“心理认同”层面的发展明显快于其他三个环节，因而各地政府在制定政策时应当充分关注市民化进程的迟滞环节，重视其“短板”效应。

在第六节，我们进一步分析了新生代农民工城市融入的总体进程，以及各测量维度下分层指标的贡献度。研究发现，新生代农民工城市融入进程的总体判断为“低市民化阶段”。在分解研究中，发现四个测量维度的理论贡献与其实际促进作用并不相符，这表明农民工市民化的政策设计并没有与社会现实相吻合，政府的政策导向在一定程度上与新生代农民工的行为选择出现了分离。进而，结合城市融入进程的动态演化和发展趋势，探讨了新时期、新形势下政府工作的关键环节和着力点，以便为增强政策实施成效提供有益支撑。

本章的创新之处在于构建了一个具有代表性和普适性的评价指标体系，并引入了新的变量对理论界现有研究成果进行丰富。基于层次分析法（AHP）和模糊综合评价相结合的研究方法，有利于克服单一测量手段的局限和不足，使得研究结论更加客观、更有说服力。不足之处在于调研样本较多集中在东部沿海地区的经济发达省市，对中西部地区涉及不多，这在今后的研究中是需要加强的。

第五章　新生代农民工城市融入的效度测算

在本课题的研究中，城市融入效度即新生代农民工的市民化质量，是指在城市融入进程中，与市民化水平（速度与数量）相对应的反映市民化优劣程度（质量和效率）的一个综合性指标。该指标的核心要义是统筹兼顾城市融入进程中各组成要素的发展质量、协调程度和推进效率，平衡新生代农民工市民化的需求与供给、理想和现实，最终实现各利益主体的态势均衡。简言之，城市融入效度可被理解为市民化程度的差异，即农民工与市民的同质化程度。

在第三章，我们论述了人口流动迁移与经济社会发展的内在逻辑，指出二者相辅相成、相互促进。不难理解，合理有序的人口流动将推动经济社会发展，加快工业化、城镇化和现代化进程；盲目无序的人口流动则会带来严重后果，不仅加大城市承载压力，引发“城市病”，而且会使移民长期无法实现向上流动而陷入贫困，成为“城市贫民”。在这一点上，拉美国家的“城市贫民窟”和法国的“敏感城市地带”等即是明证。在我国，各大城市目前普遍存在外来人口机械增长与城市融入效度偏低的两难困境，“民工荒”和“民工回流”等现象又进一步加大了城市融入的矛盾和压力。因此，我们不仅需要关注城市融入的速度和水平，更要关注城市融入的效率和质量，避免不合理流动带来的社会福利损失。

发展经济学经典理论关于乡城移民问题的研究较多侧重迁移动因与社会融合策略，对移民社会融入的质量涉猎不多，而且西方研究中的许多理论假设也值得商榷。比如“二元结构理论”认为农村剩余劳动力的供给是无限的，这显然与大多数发展中国家的实际情况不符。在国内，理论界现有研究通常是从农民工的主体视角展开的，以其向市民身份的转变作为衡量市民化程度的标准。从更加理性和更为宏观的层面来看，还应当统筹考虑城市融入进程中各相关参与者的利益诉求，实现多元主体的利益均衡和社会福利资源配置的“帕累托改进”。在推动城乡协调发展的论述中，党的十八大和十八届三中全会提出“城镇化质量明显提高”，党的十八届五中全会提出“推进以人为核心的城镇化”，这都意味着我国开始进入以质量提高为核心的新型城镇化阶段。高度关注流动人口的市民化诉求、提高城市融入的质量和效率，必将成为下一阶段各级政府的工作重点。

鉴于此，本章首先基于对城市融入效度内涵的理解，尝试构建具有代表性和普适性的评价指标体系，进而从市民需求、市民供给、融入成本、抑制程度四个层面进行分解研究，重点测算新生代农民工的城市融入意愿与能力、流入地的政府负担与城市承载压力，进而探究新生代农民工城市融入的阻滞因素及其影响程度。最后，结合前述研究结论，利用模糊综合评价法对新生代农民工的城市融入效度进行总体测算，并引申出相应的政策含义。

第一节 新生代农民工城市融入效度评价指标体系

一 城市融入效度的内涵

“城市融入效度”（City Inclusion Vilidity）也可被称为“城市融入质量”（City Inclusion Quality），它包含两个层面的含义：一是对新生代农民工而言，其在城市融入进程向“市民”身份转变的有效程度，即新生代农民工在身份、地位、价值观、社会权利以及生产、生活方式等各个方面向市民转化的程度①；二是对流入地各相关主体而言，城市政府能够为新生代农民工市民化创造良好的制度环境，并在公共服务供给等方面给予足够的支撑。同时，流入地城市在自然资源、基础设施和经济条件等方面能够负担因流动人口规模扩张所带来的承载压力，避免“城市病”导致的社会福利净损失。②

① 张国胜：《中国农民工市民化：社会成本视角的研究》，人民出版社 2008 年版，第 82 页。

② 许光：《城市承载力、适度人口规模与农民工城市融入》，《桂海论丛》2014 年第 6 期，第 55 页。

城市融入效度旨在研究新生代农民工与市民的同质化程度，明晰其市民化进程中的相关制约因素及影响作用，进而探求一种能够有效兼顾新生代农民工城市融入诉求与城市可持续发展需要的“双赢”策略。在研究中，至少应当考虑和涉及以下三个方面的内容：(1)新生代农民工的市民化意愿及其被满足的程度，重点判断有效市民需求及其影响因素；(2)流入地的城市综合承载能力，重点判断流动人口规模与资源环境、经济水平、公共服务、社会保障等要素的协调程度；(3)城市融入效度提升的阻滞因素及其影响程度，重点判断外生变量（如制度环境和居住类型等）和内生变量（如人力资本和社会资本等）对新生代农民工市民化的作用方向，进而尝试对“半城市化”的成因作出合理性解释。

在研究方法上，首先，通过构建评价指标体系，使问题得以条理化、系统化和层次化；其次，通过实证检验，明确各个测量维度下相关代表性指标的影响程度和作用方向；最后，采用模糊综合评价法，对新生代农民工城市融入效度的整体情况作出判断，进而得出相关研究结论及其政策含义。

二　评价指标体系的构建

在新生代农民工问题研究中，国内学者较少涉及城市融入的效度及其影响因素。在为数不多的实证测算中，也没有形成关于评价指标体系构建的统一思路和细节性设想。理论界现有研究的不足使地方政府缺乏促进新生代农民工城市融入的明确导向，长期存在而又难以化解的“融入困境”进一步制约了政策调适的内在动力。鉴于此，本课题结合新型城镇化发展的内在要求和新生代农民工城市融入的预期目标，采用UML建模语言，通过需求分析、初始构架模型构建、系统结构类图构建，选取了最能衡量城市融入效度的4项一级指标：市民需求、市民供给、市民成本、市民抑制。同时，为使评价指标体系更加具体和便于实证检验，课题组进一步选取了各测量维度下最具代表性且得到学界公认的22个二级指标，共同构建了“新生代农民工城市融入效度评价指标体系”，见表5—1。

表 5—1　　新生代农民工城市融入效度评价指标体系

目标层	准则层（一级指标）	指标层（二级指标）	编码	指标含义/计算方法
城市融入效度	市民需求（城市融入意愿）5个	流向决策	D_1	留城 =1，回乡 = -1，不确定 =0
		收入水平	D_2	月均工资收入
		人力资本	D_3	平均受教育年限
		社会资本	D_4	是否有在政府、医院、学校工作的朋友
		个体特征	D_5	性别/年龄/婚否
	市民供给（城市综合承载力）5个	自然资源	S_1	土地资源/水资源/能源矿产
		生态环境	S_2	公园绿地/环境污染/环境卫生
		经济水平	S_3	经济规模/产业结构/财政能力
		社会进步	S_4	养老/医疗/交通/生活水平
		人口发展	S_5	就业/教育/住房/生活质量
	市民成本（城市融入成本）6个	生活成本	C_1	在城市工作和生活的最低必需支出
		居住成本	C_2	在城市安居必须支付的最低资金量
		社会保障成本	C_3	获取城镇基本社会保险必须支付的资金
		机会成本	C_4	放弃农村土地经营所可能获得的净收益
		资本再造成本	C_5	强化自身资本禀赋所必须支付的资金量
		享乐成本	C_6	受补偿心理影响进行的非理性消费支出
	市民抑制（城市融入阻滞作用）6个	居留时间	R_1	在城市工作和生活的时间
		职业阶层	R_2	首属劳动力市场/次属劳动力市场
		居住类型	R_3	是否与市民为邻
		人力资本	R_4	平均受教育年限
		社会资本	R_5	社会网络宽度
		收入满意度	R_6	新生代农民工对收入水平的满意度

注：“市民需求”中的“个体特征”指标根据研究需要，选择婚姻状况为例进行实证检验；“市民供给”中各二级指标可进一步细分为若干个分层评价指标，在本章第三节中将予以展开，此处暂略。

上述评价指标体系包含 4 个测量维度（一级指标），分别为市民需求、市民供给、市民成本、市民抑制。根据城市融入效度的内涵及本章的研究目标，我们将 4 个一级指标进一步细分为 22 个二级指标，以全面反映城市融入效度的影响因素及其作用程度。对各分层指标的选取理由和研究目标说明如下：

（一）“市民需求”（Citizenship Demand）是指新生代农民工的城市融入意愿，主要研究“两阶段博弈”下的个人最优选择。通过区分“有效市民需求”与“潜在市民需求”，将政府政策重心集中于“有想成为市民的意愿且有能力在流入地城市定居”的特定人群，从而增强政策针对性和福利供给效率。

（二）“市民供给”（Citizenship Supply）是指流入地城市的综合承载力，即一个地区在保证符合社会文化准则的物质生活水平条件下，利用本地能源、自然资源、智力和技术等条件所能持续供养的人口数量。① 重点研究流入地城市的适度人口规模，以及生态环境、自然资源、经济水平、社会进步、人口发展 6 个子系统对新生代农民工的吸附力和约束力，从而探求一种能够优化人口规模与空间分布、兼顾农民工融入诉求与城市可持续发展的“双赢”路径。

（三）“市民成本”（Citizenship Cost）是指新生代农民工的城市融入成本，即新生代农民工为实现向市民身份的转变，在日常生活、居住、就业、社会保障和资本再造等方面要达到城市中等收入家庭所必须支付的最低资金量。② 主要研究城市融入成本的构成及其对新生代农民工市民化的影响，进而探求建立一种多元复合主体的财政分担机制，以加快新生代农民工城市融入成本的有效消解。

（四）“市民抑制”（Citizenship Inhibition）是指具有市民需求但缺乏市民供给的情况，即流入地城市因综合承载力的制约，导致市民供给能力不足、新生代农民工无法获得市民身份的情况。主要研究外生变量（职业阶层和居住类型等）和内生变量（人力资本和收入满意度等）对市民

① 许光：《城市承载力、适度人口规模与农民工城市融入》，《桂海论丛》2014 年第 6 期，第 55 页。

② 许光：《新生代农民工城市融入的成本测度及分担机制构建》，《中共浙江省委党校学报》2014 年第 1 期，第 120 页。

抑制程度的影响，从而对“一刀切”的城市融入政策提出调整和完善的建议，增强政府政策调适的有效性。

三　指标体系的权重确定

为客观评价新生代农民工的城市融入效度，同时便于各测量维度之间和分层指标之间影响程度的横向对比性，课题组将评价指标体系中各分层指标的数值都设定在0—100的范围内，采用层次分析法（AHP）确定下级指标对上一级指标的权重。由于权重分配表的获得步骤已经在第四章第二节中进行了详细说明，此处仅给出准则层4个一级指标的权重确定方法。22个二级指标的权重确定将在本章第二节至第五节的研究中独立说明，此处直接给出最终计算结果。

判断矩阵及重要度计算和一致性检验的公式如下：

$$W_i = \frac{1}{n}\sum_{i=1}^{n}\left(\frac{a_{ij}}{\sum_{k=1}^{n} a_{kj}}\right), \ (i=1, 2, 3\cdots n)$$

$$\lambda_i = \frac{(AW)_i}{W_i}, \ (i=1, 2, 3\cdots n)$$

其中，W_i 表示归一化后的权重，n 表示要素的个数，i 和 j 分别表示行和列，λ_i 表示第 i 个特征根，$(AW)_i$ 表示向量 A_W 的第 i 个分量。

据此计算，可得到准则层4个一级指标相对于“城市融入效度”总目标的权重分布（见表5—2）：

表5—2　　新生代农民工城市融入效度评价指标体系权重分配表

目标层	准则层		指标层	
	一级指标	权重	二级指标	权重
城市融入效度	市民需求 CD	0.224	流向决策	0.054
			收入水平	0.047
			人力资本	0.040
			社会资本	0.036
			个体特征	0.047

续表

目标层	准则层		指标层	
	一级指标	权重	二级指标	权重
城市融入效度	市民供给 CS	0.306	自然资源	0.043
			生态环境	0.052
			经济水平	0.079
			社会进步	0.067
			人口发展	0.064
	市民成本 CC	0.336	生活成本	0.067
			居住成本	0.077
			社会保障成本	0.060
			机会成本	0.044
			资本再造成本	0.050
			享乐成本	0.037
	市民抑制 CI	0.134	居留时间	0.020
			职业阶层	0.021
			居住类型	0.015
			人力资本	0.025
			社会资本	0.024
			收入满意度	0.028

注：表中有几处二级指标权重的加和不等于相应一级指标的权重，是因为计算原始数据保留至小数点后三位四舍五入的结果。

据此，可通过加权平均得到新生代农民工城市融入效度（CIV）的计算公式：

$$CIV = 0.224 * CD + 0.306 * CS + 0.336 * CC + 0.134 * CI$$

第二节　城市融入效度中的市民需求

在以往研究中，新生代农民工城市融入通常被默认为一种“占优决策”，暗含了一种定向思维，即新生代农民工通过市民化可以实现自身境况的改善和向社会上层的流动。这种论断有其客观性，能够有效解释农村剩余劳动力向城市迁移的内在动因。但近年来也有学者指出，日益普遍的“半市民化”不仅是新生代农民工的现实状态，也成为部分农民工“业群体”的自主选择。[①] 据国务院发展研究中心（2011）调查，在对农村承包地的处置意愿上，26—30岁年龄组的新生代农民工中选择“保留承包地，自家耕种”的比例为45.1%，选择“保留承包地，有偿流转”的比例为31%，选择“给城镇户口，无偿放弃”和“给城镇户口，有偿放弃”的比例仅为2.7%和7.1%。[②] 对此，我们提出一个研究设想，即新生代农民工的市民化事实上存在两种不同类型的需求：一种是“潜在市民需求”，即新生代农民工根据自身条件和当前的政策规定而表达出是否具有成为市民的意愿，与现实可能性的关联或许并不大；另一种是“有效市民需求”，即新生代农民工既有成为市民的意愿，也有在流入地长期工作和生活的能力。本节研究的主要目的是将二者相区别，并通过实证分析探究“有效市民需求”的影响因素及其作用程度，从而为增强政府政策的针对性提供理论支撑。

一　研究假设的提出

由于“市民需求”较多涉及新生代农民工的主观意愿和行为倾向，带有明显的价值判断色彩，因此，通过传统研究方法很难进行量化分析。学术界对该问题的研究主要有两种思路：一种是根据新生代农民工“身份定位”[③] 的不同，将其划分为“完全市民化”“完全农民化”和“半市民化”三种状态，研究身份定位对流向决策的影响（刘传江、董延芳，2014）；另一种是将市民需求简化为工资率（w）和劳动供给（h）之间的关系，探讨新生代农民工的收入在达到何种水平时会有购买“市民身

① 刘传江、董延芳：《农民工的代际分化、行为选择与市民化》，科学出版社2014年版，第80页。

② 国务院发展研究中心：《农民工市民化：制度创新与顶层政策设计》，中国发展出版社2011年版，第124页。

③ “身份定位”与“身份认定”不同：前者是新生代农民工有关身份的决策，是“完全市民化”，还是“完全农民化”，抑或“半市民化”？后者是新生代农民工有关身份的判断，是市民和群体中的其他人如何看待自己这一信息在其内心的映射，是一种客观评价与主观感受的综合。

份”这种商品的意愿（张广胜、周密，2013）。因为第二种方法更符合新生代农民工的行为特征且便于实证检验，我们主要参考该方法。

张广胜、周密（2013）认为，新生代农民工的市民需求是指在一定收入水平上的劳动供给曲线，这个水平是生活必需支出水平，包括新生代农民工在城市的基本生活支出、往返城市与家乡的交通支出、通讯娱乐支出等。[①] 基于对劳动供给的分析，他们系统论述了经典劳动供给模型、改进的劳动供给模型和新生代农民工的劳动供给模型之间的关系，讨论了模型演化过程和新生代农民工的行为选择（即在预算约束条件下根据自身需求进行劳动和闲暇的配置），并以劳动供给曲线的方式直观表达了研究结论（见图 5—1）。

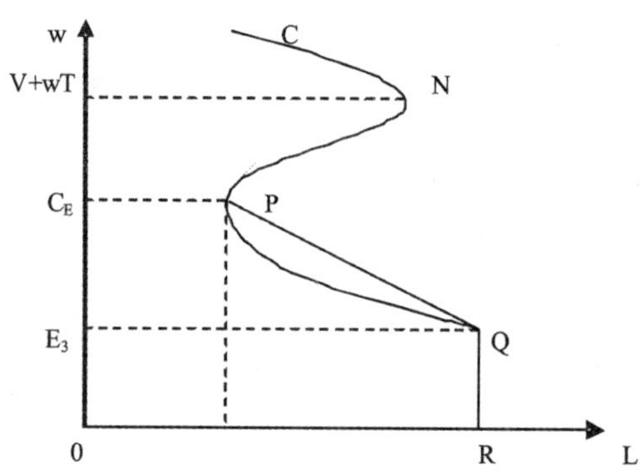

图 5—1　新生代农民工劳动供给曲线与市民需求

在上图中，曲线 CNPQR 为新生代农民工的劳动供给曲线，C_E 是流入地城市的平均工资水平。根据定义，市民需求是指新生代农民工的收入水平达到一定程度后，同时拥有在城市定居的意愿和能力。因此，市民需求曲线就是 C_E 以上的部分，即曲线 CNP。在这里，C_E 被定义为拐点工资率，是劳动供给的替代效应和收入效应相互作用的结果，代表新生代农民工欲望层次发生变换的转折点。张广胜、周密（2013）认为，只有当新生代农民工的总收入 $V + wT$ 超过拐点工资率 C_E 时，理性的新生代农民工才会具有对市民身份的有效需求。更进一步，若将 C_E 界定为划分有效市

① 张广胜、周密：《新生代农民工市民化进程的测度及其决定机制》，经济科学出版社 2013 年版，第 87 页。

民需求与潜在市民需求的“阈值”，那么有如下结论：当新生代农民工的总收入 $V + wT$ 低于阈值 C_E 时，他们追求收入最大化，此时的市民需求是无效的（即潜在市民需求）；当新生代农民工的总收入 $V + wT$ 高于阈值 C_E 时，他们追求效用最大化，此时的市民需求是有效的（即真实市民需求）。

通过将市民需求简化为工资率（w）和劳动时间（h）之间的关系，张广胜、周密（2013）为抽象的“身份决策”研究提供了一种新的思路，并使量化分析具备了现实抓手。但客观而言，上述研究的假设条件过于苛刻（例如假定劳动者同质、物价水平不变、工资率 w 与劳动者素质呈正相关关系等），而且较多局限在理论层面的推导和演绎。在研究结论上，阈值 C_E 关于收入水平与市民需求之间关系的论断符合经验认知，但忽略了其他因素对新生代农民工身份决策的影响，这使得其在现实生活中的解释力度被削弱了。因此，本课题尝试结合市民需求的内涵及城市融入效度判断的研究目标，将得到学界共识的相关变量（如流向决策、人力资本、社会资本、个体特征等）纳入分析框架，以更加全面地考察和分析有效市民需求的影响因素及其作用程度，从而对现有研究形成有益补充。

二　模型构建与回归分析

根据学术界的普遍认知，影响新生代农民工市民需求的因素主要有6种，分别为流向决策、收入水平、人力资本、社会资本、机会成本和个体特征。通常而言，流向决策中越是倾向于在城市长期居留的新生代农民工，其向市民身份转化的意愿和动力也就越强；收入水平越高的人，越有能力在流入地定居和生活，其市民化意愿也就越强；人力资本[①]越高的人，越能适应城市经济发展和产业结构调整的需要，因而具备更为强大的城市融入能力；社会资本[②]越丰富的人，越能享受城市人口密集所带来的规模经济效益，能在城市融入中发挥比较优势，因而市民化能力也就越突

---

① 通常用平均受教育年限来代表。

② 包括社会网络宽度和社会网络高度，被公认为新生代农民工减少城市融入成本的最有利工具。

出；机会成本①越高，说明其在农村老家所可能获得的经济收益和地位阶层越高，因而对市民化的需求也就越低；特体特征（如性别、年龄、婚否等）直接导致融入诉求的差异性，因而也是影响市民需求的重要变量。

为了进一步分析新生代农民工市民需求的影响因素及其作用程度，我们选择 Logit 模型（分类评定模型）进行研究。根据 Logit 模型的 IIA 特性，选择枝的减少或增加不影响其他各选择之间被选概率比值的大小，可以直接将需要去掉的选择枝从模型中剔除。因此，我们在模型构建时剔除了身份认定、迁移成本和个体特征中的部分变量，理由如下：

1. 新生代农民工的身份认定具有较高的一致性，他们普遍排斥自己的农民身份，更多倾向于市民身份；

2. 城市融入成本将在本章第四节专门论述，此处暂略；

3. 在个体特种中，新生代农民工的年龄主要集中 26—35 岁年龄段，而且现有研究并未证明城市融入意愿的性别差异，因此将“年龄”和“性别”变量剔除。同时，考虑到新生代农民工目前普遍处于婚育年龄，而且流动方式中举家迁移的比例逐渐提高，因此用“婚姻”作为个体特征的替代变量。

对各变量的定义和描述见表 5—3：

表 5—3 变量描述：新生代农民工市民需求的主要影响因素

影响因素	指标	变量	注释
流向决策	选择留城还是回乡	fdd	留城 =1，回乡 =2，不确定 =3
收入水平	月均工资收入水平	wage	/
人力资本	接受正规教育年限	edu	/
社会资本	是否有在政府、医院、学校工作的朋友	sc	有 =1，没有 =0
个体特征	婚姻状况	marr	已婚 =1，未婚 =0

用 Prob（D）代表新生代农民工需要市民化的概率（即有效市民需求），将流向决策、收入水平、人力资本、社会资本、个体特征作为自变

① 是指新生代农民工在家乡务农所可能获得的经济收益，可被看作是“市民化”的替代品。

量，可构建被估计的 Logit 模型如下：

$$\ln\frac{Prob(D)}{1-Prob(D)} = \mu + \beta_1 fdd + \beta_2 wage + \beta_3 edu + \beta_4 sc + \beta_5 marr$$

上述模型的似然比检验结果 P = 0.000。Cox 和 Snell、Nagelkerke、McFadden 的 R2 分别为 0.169、0.200、0.099，说明模型的拟合优度较好。对各自变量的作用进行似然比检验的结果显示，其对模型的作用都有统计意义。

为验证之前提到的各变量与市民需求之间的关系及其影响程度，利用调研数据对模型进行回归检验。其中，根据新生代农民工的收入水平是否超过阈值 CE①，可将调查样本分为两个子样本：在低于阈值水平的样本中，认为工资收入对新生代农民工的市民需求具有显著影响，此时他们追求收入最大化；在高于阈值水平的样本中，认为工资收入对新生代农民工的市民需求不具有显著影响，此时他们追求效用最大化。模型回归的具体结果如表 5—4 所示：

表 5—4　　估计系数：新生代农民工市民需求的 Logit 模型回归

变量		模型（1）	模型（2）	模型（3）
μ		-3.464*	3.175	-22.26***
fdd	1 = 留城	1.743**	0.315	17.26***
	2 = 回乡	-1.134	-0.86*	-15.24
	3 = 不确定	1.223	-0.329	18.33
wage		0.000715**	0.000688*	-0.00021
Edu		0.413*	-0.679	0.522**
sc		0.0725*	0.0384**	0.495*
marr		0.0522*	-0.0239**	0.076*

注：* 表示在 10% 的显著性水平下显著，** 表示在 5% 的显著性水平下显著，*** 表示在 1% 的显著性水平下显著。

① 根据学界比较一致的看法，将新生代农民工收入水平的阈值界定为城市居民的平均月工资收入。

三 研究结论与政策含义

在表5—4中，模型(1)的被解释变量为新生代农民工的有效市民需求，模型(2)的被解释变量为阈值水平之下新生代农民工的市民化意愿，模型(3)的被解释变量为阈值水平之上新生代农民工的市民化意愿。从回归结果可以看出：

1. 流向决策对新生代农民工的市民需求具有显著影响。其中，“留城”决策具有同期群效应，对新生代农民工（特别是收入水平高于阈值的群体）的市民需求具有显著影响。“回乡”决策仅对收入水平低于阈值的群体具有显著影响，对新生代农民工整体和收入水平高于阈值的群体影响并不显著。“不确定”决策对三个样本的影响均不显著。这与我们的研究假设相一致，即越是倾向于在城市长期居留的新生代农民工，其向市民转化的意愿和动力也就越强。因此，各地政府在加快推进新生代农民工城市融入的过程中，首先应当设定对市民化对象的初步甄别机制，重点强化留城意愿较强、市民化诉求较为突出的目标群体。在当前的政策环境下，一个比较现实的抓手是依托居住证制度的实施，设定“梯度累进”的公共服务供给机制，实现社会福利资源配置的“帕累托改进”。

2. 新生代农民工的市民需求存在“收入拐点”，即阈值CE（可被看作城市平均工资水平）。在阈值之下，收入对市民需求具有显著的正影响，收入水平提高有利于增强新生代农民工的城市融入意愿；在阈值之上，收入对市民需求的影响并不显著，此时新生代农民工追求效用最大化，收入水平的提高无益于市民化意愿的增强。换言之，新生代农民工的市民需求具有“刚性”，收入增长对城市融入意愿的促进作用并非呈直线型发展。这一结论的政策启示是：依靠单一的经济手段来激励新生代农民工市民化的效果有限，各地应结合自身实际制定“差别补偿机制”，满足新生代农民工多样化的城市融入诉求。就目前来看，应针对新生代农民工反响比较强烈的几个问题，通过强化社区支撑、提高组织化水平、拓展社会关系等手段，加快实现新生代农民工的“主动融入”。

3. 教育回报率对新生代农民工市民需求的影响具有不确定性。对新生代农民工整体和收入水平高于阈值的群体而言，受教育程度的提高对市民需求具有显著的正影响；但对收入水平低丁阈值的新生代农民工群体，受教育程度对市民需求的影响并不显著，而且为负值，这与我们的经验认知是不一致的。究其原因，一方面，可能与样本的选择有关；另一方面，是因为在次属劳动力市场，新生代农民工所从事的职业和岗位通常对人力资本的要求不高，因而教育回报率对市民需求的影响也并不显著。结合学界已有研究，我们认为，加强对新生代农民工人力资本的投资可以促使其市民化水平的提高，但并不能期望市民化效度同步增强。对此，各地政府应根据自身所处的市民化阶段，制定更加富有针对性和差别性的新生代农民工教育培训机制，而非单纯提高其义务教育水平。

4. 社会资本对所有样本均显示出显著的正影响，表明社会关系网络是增强新生代农民工市民需求、消除城市融入障碍的重要因素。当前，随着我国民生建设的逐步深入，新生代农民工的契约型社会资本已经相对丰沛，其社会资本的匮乏主要集中在个体层面，即关系型社会资本的有效获取。根据学界共识，关系型社会资本是一种非正式资本，获取途径主要集中在工作、社区和闲暇三大领域，因此，各地要增强新生代农民工的市民需求，应当以拓展社会关系网络为目标，制定符合实际的城市融入“混同模式”，加快社会资本的积累和形成。

5. 以婚姻为代表的个体特征对市民需求具有显著影响，但对收入水平不同的新生代农民工，其影响程度和作用方向存在差异。其中，对收入水平低于阈值的新生代农民工，婚姻状况具有显著的负影响，未婚者往往更倾向于选择市民化；对收入水平高于阈值的群体，婚姻状况具有显著的正影响，已婚者更倾向于选择市民化。究其原因，收入水平较低的新生代农民工生活压力往往很大，他们以收入最大化为追求目标，流向决策以预期净收益作为衡量标准，通常流动性较强且不愿在某个打工地长期居留。对收入水平超过阈值的新生代农民工而言，他们以追求效用最大化为目标，更希望家庭和子女享受流入地城市现代化的生活方式和丰富完善的公共服务，因此，已婚者更倾向于选择市民化。

第三节 城市融入效度中的市民供给

在以往研究中，流入地政府通常被看作是新生代农民工市民化进程中的供给主体，因而“市民供给”被相应定义为“政府会给予新生代农民工市民身份”[①]。那么，政府进行市民供给的政策依据是什么？衡量原则和执行标准又是什么？这些都是需要我们在推进新生代农民工市民化进程中认真思考的。

城市经济学指出，人口规模扩张与城市承载力（City Carrying Capacity）存在“二律背反”，农民工数量的增加能够为城市发展提供丰富的劳动力，但也会加大人口集聚与城市承载力之间的矛盾，突出表现为资源短缺、环境污染、交通拥堵、房价高企等“城市病”的出现和加剧。鉴于此，国内各地普遍实施了“条件准入”式的户籍制度改革（如广东省的积分入户制），对有市民化意愿的外来人口进行“逆向梯度筛选”，通过行政手段对人口流动进行干预和调控。目前来看，上述做法的实施效果相对微弱[②]，甚至在局部领域引发了“政策悖论”[③]，因而遭到了一些学者的质疑（张国胜，2008；许光，2014；等等）。

在本节，我们所要思考和回答的几个问题是：(1)外来人口规模扩张是否是“城市病”的主要诱因？农民工对城市承载力的影响程度到底有多大？(2)大城市当前的人口规模是否已经超载？(3)影响政府市民供给的主要因素有哪些？怎样通过城市各子系统之间的动态平衡来提高农民工城市融入效率？

在实证研究中，我们以东部沿海地区的人口流入大省浙江为例，分析其城市承载力、适度人口规模与农民工城市融入之间的关系，进而探求一

---

① 张广胜、周密：《新生代农民工市民化进程的测度及其决定机制》，经济科学出版社2013年版，第117页。

② 以北京市为例，其在1983年确定的“2000年人口规模控制在1000万以内”的目标提前七年被突破，1993年确定的“2010年1250万人”的目标提前十年被突破，2005年确定的“到2020年常住人口不超过1800万人”的目标也提前十年被突破。因此，以行政手段为主对人口流动进行调控是低效率的。

③ 如广东省“积分入户制”推行中出现的指标空缺问题（详见本书导论部分）。

种能够有效兼顾新生代农民工市民需求与城市可持续发展需要的“双赢”策略。

一 城市人口承载力研究概述

人口承载力（Population Carrying Capacity）属于跨学科概念，总体上经历了生物学、人口学、经济学和社会学的演进脉络①。马尔萨斯（1798）最早提出了保持人口适度规模的理念，Allen W.（1949）最早提出了规范化的人口承载力概念，即“一个地区在一定的技术条件和消费习惯下，在不引起环境退化的前提下，可以永久支持的最大人口数量”。理论界目前认可度最高的人口承载力概念由联合国教科文组织提出，是指“在可以预见的时期，利用本地能源、自然资源、智力、技术等条件，在保证符合社会文化准则的物质生活水平条件下，一个国家或地区所能持续供养的人口数量”（UNESCO & FAO，1985）。国内现有的城市人口承载力概念均是以此为基础推广和演绎而来，通常包含五个要点：时空界定、自然环境界定、经济社会要素支撑、承载目标和容量上限。张燕、张喜玲（2013）认为，合理的城市人口承载力要求在特定的时期内，城市中的人口、资源、经济、社会等各要素相互协调，进而实现城市的可持续发展。

根据支撑要素的不同，城市人口承载力可分为资源、环境、经济、社会四个子系统。理论界早期的研究重点是资源系统中的土地和水对人口的制约，主要依据“短板理论”分析特定区域所能承载的人口数量，带有“极限”的含义，研究方法以封闭条件下的单要素分析为主。此后，城市“自然——人工二元结构”非线性系统的属性得到学界关注，基于多要素视角的城市综合承载力研究成为主流，重点是确定城市适度人口规模，研究方法有指标体系法、系统模型法、多目标决策法、情景分析法和系统动力法。张子珩（2009）和童玉芬（2010）分别运用多目标决策下的“可能—满意度法”和系统动力学法构建了城市人口承载力指标体系，对城市人口容量和适度人口规模进行预测，实现了由静态描述向动态分析的转

① 相近的概念有人口容量（Population Capacity）和人口规模（Population Size）等，暂不予以区分。

变。总体来看，理论界目前已经形成了从概念内涵到实证分析的综合性框架。

国内学者普遍认为，当前各大城市发展均是以牺牲环境质量和降低生活标准为代价的，要实现可持续发展，必须对人口总量特别是外来人口规模进行干预和调控。这一论断有其客观性，但也存在不足：(1)研究对象以户籍人口为主，忽视了流动人口对城市承载力的影响。张利华（2008）指出，目前大城市的自然增长率持续降低，人口总量增长主要源自外来人口的机械增长，仅以户籍人口作为研究对象难以真实反映人口变动对城市承载力的影响。(2)将城市假设为孤立封闭的系统，侧重各子系统下单要素的约束分析，缺乏对人类需求多样性和区域资源交互性的考虑，因此对更高层面的区域发展规划缺乏现实指导意义。(3)相关政策建议偏重治理而非优化，“条件准入”式的行政调控固然可以减少城市人口总量，但却无法兼顾社会各阶层的利益诉求，因此长远来看也不利于社会稳定。

鉴于此，本节基于理论界现有研究成果，尝试引入福利经济学的理论工具和分析方法，通过对城市人口总量和适度人口规模进行合理预测，寻求一种能够兼顾市民化进程中各相关主体利益，进而实现社会整体福利提升的策略。

二　指标体系构建与权重确定

受学科视角和研究方法的制约，理论界目前尚缺乏一个具有代表性和普适性的城市人口承载力指标体系。在现有的研究中，指标重叠和交叉现象严重。在确定权重时，多数学者采用德尔菲法（Delphi Method），致使权重赋值的主观性过强，一定程度上影响了结论的真实性。为综合测算各要素对城市人口承载力的影响，本节结合农民工市民化诉求和流入地城市可持续发展的需要，尝试构建开放条件下的城市动态人口承载力模型，采用层次分析法（AHP）确定各指标的权重，进而对城市融入进程中的市民供给情况作出合理性探讨。

（一）指标体系构建

从现有研究成果来看，尽管在构建思路和指标选择上存在较大差异，但多数学者公认城市人口承载力包含五个子系统，即自然资源、生态环境、经济发展、社会水平和人口状况。在具体测算过程中，不同学者根据研究目标对各子系统进行了整合，如蔡莉、穆光宗（2008）将其整合为资源环境、社会经济、区域人口三个子系统；张利华（2008）将其整合为资源环境、经济发展、社会发展、人口发展四个子系统；童玉芬、刘广俊（2011）在资源、环境、经济、社会子系统的基础上，单独设置了城市基础设施子系统。本课题借鉴理论界现有研究成果，基于学界公认的自然资源、生态环境、经济水平、社会进步四个子系统，进一步增设了“人口发展”子系统，以全面反映农民工市民化进程中人文社科发展对城市融入效度的影响。最终构建的城市人口承载力评价指标体系如表5—5所示。

其中，“自然资源”子系统主要反映土地、水和能源等外生变量对城市承载力的制约，以各测量维度下的人均耗费量来表示；“生态环境”子系统主要反映城市生态存量和基础设施建设对人口承载力的约束；“经济水平”子系统反映城市经济总量、产业结构和居民收入等对人口容量的支撑作用；“社会进步”子系统反映城市公共服务（产品）供给的有效性及对人口容量的制约；“人口发展”子系统反映人文社科发展和城市事业进步对外来人口增量的支撑作用。

各指标的设置和选取主要是基于以下四点考虑：(1)运用理论分析法选取最具代表性和得到学界公认的指标。(2)剔除不具有规律性、数据难以获取或趋势无法预测的指标，例如城市犯罪率和国防战略需求等。(3)根据前瞻性和数据可获得性原则，增设恩格尔系数、人均教育投资和人均公用服务支出等能反映居民福利需求和主观满意度的指标。(4)按照指标属性，将P1—P18分为总量指标、强度指标和结构指标三类，首选能体现社会公平和资源配置效率的强度指标。

表5—5 城市人口承载力评价指标体系

准则层	指标层	分指标层	
		代表性指标	编码
自然资源	土地资源	人均城市建设用地面积	P1
	水资源	人均生活用水量	P2
	能源矿产	人均生活用电量	P3

续表

准则层	指标层	分指标层	
		代表性指标	编码
生态环境	公园绿地	人均绿地面积	P4
	环境污染	城镇生活废水	P5
	环境卫生	污水处理率	P6
经济水平	经济规模	人均 GDP	P7
	产业结构	三产增加值占比	P8
	财政能力	财政总收入	P9
	居民收入	人均可支配收入	P10
社会进步	养老	人均养老金	P11
	医疗	千人床位数	P12
	交通	万人拥有公交车量	P13
	生活水平	恩格尔系数	P14
人口发展	就业	从业人员总数	P15
	教育	人均教育投资	P16
	住房	人均居住面积	P17
	生活质量	人均公用服务支出	P18

（二）指标权重确定

指标权重是多目标决策条件下系统综合分析的关键，理论界通常采用的方法是等分法或德尔菲法。罗凤金（2012）采用等分法，假设各分指标层对上一级的贡献是均等的，然后通过加权求和得到各指标层及准则层的影响因子。苟延农（2012）和罗恩立（2012）采用德尔菲法，邀请各领域的专家和实践工作者，以问卷或座谈会的方式对各分指标层进行打分，取均值作为权重，然后加权求和得到各指标层及准则层的影响因子。上述方法操作简便，但带有较大的主观性和不确定性，可能会在一定程度上影响研究结果的准确性。

为真实反映城市各子系统对人口承载力的制约，同时体现各指标层和准则层对新生代农民工城市融入效度的差异性影响，我们将指标体系中各分层指标的数值都设定在 0—100 的范围内，采用层次分析法（AHP）逐层构建下级指标对上一级指标的权重。因为层次分析法（AHP）的计算方法和具体步骤已在之前有所论述，此处仅对准则层中各指标的权重确定方法进行说明，指标层中各代表性指标的权重可同理获得（见表5—6）。[①]

判断矩阵及重要度计算和一致性检验的公式如下：

$$W_i = \frac{1}{n}\sum_{i=1}^{n}\left(\frac{a_{ij}}{\sum_{k=1}^{n} a_{kj}}\right),\ (i=1,\ 2,\ 3\cdots n)$$

$$\lambda_i = \frac{(AW)_i}{W_i},\ (i=1,\ 2,\ 3\cdots n)$$

其中，W_i 表示归一化后的权重，n 表示要素的个数，i 和 j 分别表示行和列，λ_i 表示第 i 个特征根，$(AW)_i$ 表示向量 AW 的第 i 个分量。

逐层计算，可得到城市人口承载力评价指标体系的权重分配表（见表5—6）：

表5—6　　城市人口承载力评价指标体系的权重分配表

准则层		指标层		指标含义/计算方法		
名称	权重	名称	权重	名称	编码	权重
自然资源	0.14	土地资源	0.39	人均城市建设用地面积	P1	0.39
		水资源	0.35	人均生活用水量	P2	0.35
		能源矿产	0.26	人均生活用电量	P3	0.26
生态环境	0.17	公园绿地	0.32	人均绿地面积	P4	0.32
		环境污染	0.37	城镇生活废水	P5	0.37
		环境卫生	0.31	污水处理率	P6	0.31
经济水平	0.26	经济规模	0.29	人均 GDP	P7	0.29
		产业结构	0.28	三产增加值占比	P8	0.28
		财政能力	0.22	财政总收入	P9	0.22
		居民收入	0.21	人均可支配收入	P10	0.21

① 为简化运算，选取最能体现指标层特征的变量作为分指标层的近似替代。在确定权重时，为确保研究的一致性，同样以指标层权重对分指标层权重进行替代。此种方法会缩小影响因素的样本量，但并不会影响样本的总体趋势和走向，因而不会对研究结果造成偏差。

续表

准则层		指标层		指标含义/计算方法		
名称	权重	名称	权重	名称	编码	权重
社会进步	0.22	养老	0.26	人均养老金	P11	0.26
		医疗	0.28	千人床位数	P12	0.28
		交通	0.24	万人拥有公交车量	P13	0.24
		生活水平	0.22	恩格尔系数	P14	0.22
人口发展	0.21	就业	0.28	从业人员总数	P15	0.28
		教育	0.25	人均教育投资	P16	0.25
		住房	0.21	人均居住面积	P17	0.21
		生活质量	0.26	人均公用服务支出	P18	0.26

三 实证测算——以浙江省为例

（一）数据来源

为减少长周期随机干扰对研究信度的不良影响，我们以2005—2020年作为考察期，并将其划分为两个阶段，其中：2005—2012年为样本期，重点考察浙江省城市人口数量与比例，通过人口结构的变动分析城市人口规模扩张的主要原因，研究数据主要来自《浙江统计年鉴2013》《中国人口和就业统计年鉴2012》和《中国劳动统计年鉴2012》。2013—2020年为预测期，重点考察2015年和2020年的城市人口容量及适度人口规模，数据采用时间序列法和多项式法进行推算，然后用功效系数法进行无量纲化处理，以消除计量单位不同带来的不可比性。

（二）城市人口承载力现状判断

通常而言，人口增长对城市承载力的影响主要来自于三个方面：人口自然增长、户籍人口机械增长、外来人口迁入。张利华（2008）指出，当前各大城市人口总量的快速增长主要来自于后两者，形成了低生育率和高机械增长并存的状况。为考察外来人口增长对城市人口承载力的影响，我们重点分析常住人口、城镇人口和农民工数量三项指标。由于农民工的数据相对欠缺，我们采用浙江省委宣传部课题组《浙江省农民工素质状况调研报告》的研究方法，以常住人口的1/3进行估算。① 据此，可得到2005—2012年浙江省人口增长及变动情况（见表5—7）。

表5—7　　浙江省2005—2012年人口统计数据及人口结构

单位：万人；%

年份	2005	2006	2007	2008	2009	2010	2011	2012
统计数据								
常住人口	4990.9	5071.8	5154.9	5212.4	5275.5	5446.51	5463	5477
城镇人口	2795.9	2865.6	2948.6	3002.3	3054.5	3355.1	3403.4	3461.5
农民工②	1663.6	1690.6	1718.3	1737.5	1758.5	1815.5	1821	1825.6
占比								
城镇人口	56.02	56.5	57.2	57.6	57.9	61.6	62.3	63.2
农民工	59.5	58.9	58.3	57.8	57.6	54.1	53.5	52.7

数据来源：《浙江统计年鉴2013》《中国劳动统计年鉴2012》。农民工数据按照当年常住人口的1/3进行估算，农民工占比为农民工数量占城镇人口的比重。

由表5—7可知，样本期内浙江省常住人口增加了486.1万人，增幅为9.74%；城镇人口增加了665.6万人，增幅为23.8%。城镇人口增幅快于常住人口增幅，印证了近年来浙江省城市化进程的加快，同时也说明流动人口较多集聚在城市而非农村。那么，农民工就一定是城市人口规模扩张的主要原因吗？从表5—7中我们似乎很难得出这个结论。考察历年农民工占城镇人口的比重，可以发现，该指标由2005年的59.5%持续降低至2012年的52.7%，这至少在直观上说明城市对农民工的吸附能力近年来是逐渐下降的。究其原因，主要是因为浙江省近年来调整和优化产业结构的步伐不断加快，特别是2010年底“机器换人”战略部署实施以来，浙江省企业对低端劳动力的过度依赖明显减少，省外劳动力回流明显。因此我们认为，浙江省城镇人口规模的扩张更可能是由于户籍人口的机械增长。

① 中共浙江省委宣传部课题组：《浙江省农民工素质状况调研报告》，百度文库，http：//wenku.baidu.com，2011年6月15日。

② 潘家华、魏厚凯（2013）在《农业转移人口的市民化》一书中提到农民工占城镇人口的1/3左右。浙江是流动人口大省，以城镇人口为基数进行测算可能会被低估，因此我们以常住人口为基数进行测算。

为验证上述结论，我们进一步考察样本期内浙江省经济规模与人口规模的空间分布一致性。设 G 和 P 分别为浙江省 GDP 和城镇人口总数，G_i 为第 i 个城市的 GDP，P_i 为该城市的城镇人口总数，用 $g_i = G_i/G$ 和 $p_i = P_i/P$ 分别代表该市 GDP 和城镇人口占浙江省的比重，则 $GPR_i = g_i/p_i$ 可作为衡量该城市经济集聚和人口分布一致性的简单指标（肖周燕、苏扬，2010）①。以 GPR 为基础，可进一步构建该城市经济—人口空间分布一致性的“协调偏离度指数”（记为 HD）：

$$HD = \sqrt{\sum_{i=1}^{n} p_i (GPR_i - 1)^2}$$

运用 2005—2012 年的统计数据进行计算，可发现近年来浙江省 HD 严重偏离均衡线（横轴）且波动剧烈（见图 5—2）。由于浙江省属于典型的块状经济，杭州、宁波和温州等核心城市对 GDP 总量的贡献十分明显，HD 偏高说明 162 万新增农民工并未同步融入核心城市，原因可能有两点：一是 2008 年爆发的金融危机对以民营中小企业为主的浙江省冲击巨大，“民工回流”直接抬高了当年的 HD 指数；二是 2010 年 10 月 1 日起浙江省全面实施居住证制度，制约人口自由流动和公平发展的制度藩篱被进一步清除，义乌、余姚、诸暨、海宁等县级市因为生活成本较低、环境和基础设施状况良好，更加符合农民工城市融入的意愿，因此农民工普遍倾向于向二线城市流动。“郊迁扩散”效应大于城市“规模集聚”效应，致使 2010 年以来浙江省的 HD 指数持续升高。

这表明，农民工并非大城市人口承载力的主要影响因素，至少从浙江省的测算数据来看，农民工规模扩张并非“城市病”的直接诱因。因此，通过行政手段对农民工进行“条件准入”式的逆向梯度筛选，将无益于缓解大城市人口规模持续扩张的压力，反而会提高经济—人口空间分布的不一致，造成社会福利净损失。

（三）城市人口容量与适度人口规模测算

首先，采用一元线性回归法，预测浙江省未来时期的人口数量及增长

---

① 根据测算结果，$GPR_i > 1$ 表明该城市的经济集聚度高于人口集聚度，$GPR_i < 1$ 表明其经济集聚度低于人口集聚度。总体而言，GPR_i 越偏离 1，从全省范围来看该城市的经济—人口分布协调度就越差。

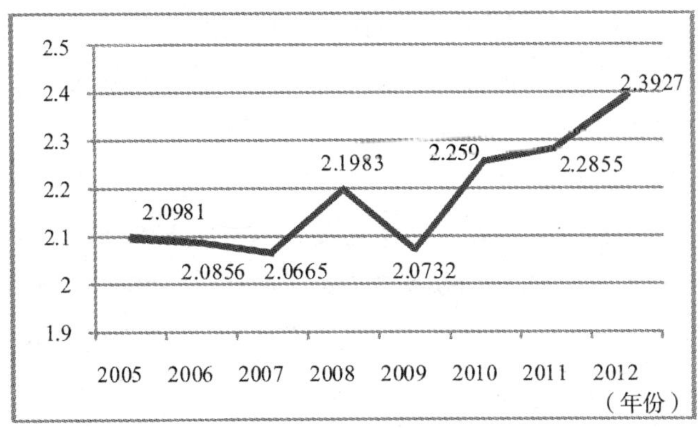

图5—2 浙江省2005—2012年经济—人口分布协调偏离度指数

趋势。

设 Y = α + βX，其中 X 为年份，Y 为常住人口数量，α、β 为参数。根据2005—2012年浙江省人口统计数据，可得到估计模型 Y = 4915.79 + 80.9X（R2 = 0.9910）。由 R2 值及相对误差值比较可以看出，模型的拟合度较好。因2015年预测值与《浙江省人口发展“十二五”规划》相一致，故而可接受2020年的预测值。更进一步，按照63%和65%两个比率，可分别估算2013—2015年和2016—2020年两个时间段的城镇人口总数（见表5—8）①。

表5—8 浙江省2005—2020年人口统计数据及预测值 单位：万人

年份	2005	2006	2007	2008	2009	2010	2011	2012
统计值	4990.9	5071.8	5154.9	5212.4	5275.5	5446.51	5463	5477
预测值	4915.79	4996.69	5077.59	5158.49	5239.39	5320.29	5401.19	5482.09
相对误差	-1.50	-1.48	-1.49	-1.03	-0.68	-2.31	-1.13	0.09
年份	2013	2014	2015	2016	2017	2018	2019	2020
预测值	5562.99	5643.89	5724.79	5805.69	5886.59	5967.49	6048.39	6129.29
城镇人口	3504.68	3555.65	3606.62	3773.70	3826.28	3878.87	3931.45	3984.04

① 63%为浙江省到2015年全面建成小康社会时的城镇化目标；65%为2030年中国城市化率的预测值。引自魏厚凯：《加速转型中的中国城镇化与城市发展》，社会科学文献出版社2010年版。

其次，计算城市各子系统及综合人口承载力。

为了预测在高低两种不同的方案下，18 个分层指标的变动趋势及其对城市人口承载力的影响，我们建立 Logistic 模型进行回归。以“人口发展”维度下的“人均居住面积”（指标 P17）为例，若浙江省保持现有的固定资产投资增速不变，则 2015 年和 2020 年住宅建筑总面积将分别达到 37376.86 万平方米和 45474.66 万平方米。据统计，2012 年浙江省城镇居民人均住房面积为 37.1 平方米①，以此作为高方案下人口容量的下限；再以 20 世纪 90 年代初美国的人均住房面积 60 平方米为标准②，计算低方案下的适度人口规模。结合表 5—6 中各分层指标的权重，可逐层加权得到城市各子系统的人口承载力及城市综合人口承载力（见表 5—9）。

由表 5—9 可知，当前浙江省城镇人口总量已超过适度人口规模，并逼近人口总量阈值。其中，城市人口承载压力主要来自于“生态环境”和“人口发展”两个子系统，分别超载 505.08 万人和 480.95 万人；“自然资源”和“社会进步”两个子系统的承载能力较弱，“经济水平”子系统的承载能力最强。

表 5—9　　高低两种方案下城市各子系统的人口承载力　　单位：万人

指标＼年份	2015			2020		
	适度人口	人口容量	增长空间	适度人口	人口容量	增长空间
自然资源	3214.19	3625.42	-392.43/18.8	3146.46	3528.82	-837.58/-455.22
生态环境	3101.54	3725.79	-505.08/119.17	2923.15	3548.81	-1060.89/-435.23
经济水平	3423.67	3848.84	-182.95/242.22	3667.83	3995.80	-316.21/11.76
社会进步	3319.78	3642.56	-286.84/35.94	3647.71	3886.69	-336.33/-97.35
人口发展	3125.67	3614.69	-480.95/8.07	3414.52	3779.69	-569.52/-204.35
综合	3254.14	3702.09	-352.48 / 95.47	3410.62	3776.68	-573.42 / -207.36

注：低方案下的城市人口承载力为“适度人口规模”，高方案下的城市人口承载力为“人口容量”。

从人口容量来看，短期内浙江省仍留有较大的人口增长空间，特别是

① 数据来源：《浙江统计年鉴 2013》。

② 建设部：《2005 年城镇房屋概况统计公报》，《城市规划通讯》2006 年第 13 期。

“经济水平”子系统的贡献度最高，可继续容纳 242.22 万人；“生态环境”子系统的潜力也比较突出，可继续容纳 119.17 万人；城市人口承载力的“短板”主要集中在“人口发展”子系统，仅可继续容纳 8.07 万人，突出表现为就业、教育、住房等方面公共服务（产品）的供给不足且效率低下。就农民工城市融入而言，由于目前绝大多数农民工还难以享受到均等化、同质化的公共产品和服务供给，因此，我们虽然认为农民工数量的增长会在客观上加大城市人口承载压力，但却很难得出“农民工的进入影响了城市适度人口规模”这一结论。

长期来看，浙江省人口承载压力不降反升。在高低两个方案下，2020 年浙江省城市适度人口规模均表现出明显的超载。其中，“生态环境”子系统的承载压力最明显，超载 1060.89 万人；“自然资源”子系统取代“人口发展”子系统成为第二大制约因素，前者超载 837.58 万人，后者超载 569.52 万人；“经济水平”和“社会发展”子系统的承载压力基本持平，分别超载 316.21 万人和 336.33 万人。在人口容量上，除了“经济水平”子系统依然保持了 11.76 万人的增长空间之外，其余四个子系统则一致表现出对城市人口承载力的硬性约束，特别是“生态环境”和“自然资源”两个子系统成为人口规模扩张的双重“短板”，分别超载 1060.89 万人和 837.58 万人。

总体而言，城市五大子系统的人口承载能力和约束作用是动态的、不均衡的。鉴于以农民工为主体的流动人口客观上加大了城市人口承载压力，因此依托行政手段对人口流动进行调控和干预，以控制大城市人口规模是必要的、可行的。但也要注意，城市各子系统是一个有机整体，它们之间应保持适度的动态均衡。特别是“经济水平”子系统的人口承载力具有“先上升后下降”的倒“U”形曲线特点，在进行人口调控时应注意其拐点的出现，以最大程度释放人口红利。

四　研究结论与政策启示

（一）研究结论

1. 以浙江为代表的东部沿海地区各大城市，目前城镇人口总量已超过适度人口规模，而且逼近人口容量阈值，突出表现为城市的经济—人口空间分布不一致，协调偏离度指数（HD）逐年走高。因此，为缓解大城市人口压力，应适度控制总量、减少增量、优化结构、调整布局，以促进城市可持续发展。

2. 城市五大子系统的人口承载能力和对人口容量的约束作用差异显著。其中，“生态环境”子系统和“自然资源”子系统是双重“短板”，“人口发展”子系统是明显的“瓶颈”，“经济水平”子系统的承载能力强劲但存在“拐点”，“社会发展”子系统则是人口规模扩张的潜在增长空间。

3. 农民工的持续流入会增大城市承载压力，但并非城市适度人口规模的主要影响因素，更非“城市病”的直接诱因。事实上，农民工数量增长与城市人口承载力的争论焦点在于其“郊迁扩散”效应大于“规模集聚”效应，会加大流入地的经济—人口空间分布的非均衡。因此，相应的解决策略应是通过优化城市人口结构和空间分布，合理疏解人口增量压力。

4. 以行政手段为主对外来人口进行“逆向梯度筛选”无益于缓解大城市的人口压力，反而有可能造成社会福利净损失。从城市承载力的系统构成来看，要使城市人口保持在适度人口规模和人口总量之间的合理区域，应通过“经济水平”和“社会发展”两个子系统的调节，加快产业结构优化和公用服务均等化建设，进而促进各子系统之间的动态平衡。

（二）研究启示

农民工数量增长与城市人口承载压力之间的矛盾并非不可协调，国内现有人口调控政策的实施效果欠佳主要是因为没有准确把握城市各子系统之间的动态平衡，致使其“短板效应”突出。要消除流入地政府对农民工市民化带来的城市人口承载压力的不良预期，可基于福利经济学视角，探求一种能够兼顾有关各方利益诉求，进而实现社会福利资源配置效率提高的新型人口调控策略。

1. 转变人口调控理念，变“限入”为“疏导”，优化人口空间布局。客观而言，户籍制度的主要作用应是控制户籍人口数量的机械增长，而非调控外来人口规模（彭小浑、史清华，2013）。据国务院发展研究中心统计，目前进城就业农民工实现迁移落户的只有1.7%[①]，因此依托“条件

---

① 徐伟：《“九成自有住房率”？两亿农民工住哪里》［EB/OL］时代在线，2012年5月17日，http：//www. time - weekly. com/html/20120517/17319_ 1. html.

准人”式的户籍制度改革来控制外来人口规模既的效果值得商榷。以浙江省为例，近年来各大城市的经济—人口协调偏离度指数（HD）逐年升高，要改变人口分布与城市功能的非对称性，应将人口发展作为城市区域规划、产业规划和建设规划的重点，坚持市场引导与政策调控相结合，加快大城市人口向中小城市和小城镇扩散，加速城市中心区人口向郊区和新建城区疏散，避免主城区人口过度聚集导致的低效率。

2. 调整和优化产业结构，间接引导人口流动。与“自然资源”和“生态环境”子系统的“硬约束”不同，“经济水平”子系统是人口承载力最强、增强空间最大的子系统，是城市人口调控的关键。今后，应在保持经济平稳健康增长的基础上，进一步提高第三产业比重，大力发展现代服务业和战略性新兴产业，引导人口根据产业需求有序流动，进而实现人口规模、人口结构、人口质量和产业发展需求相匹配。以浙江省为例，为降低经济增长对低素质劳动力的过度依赖，2010 年底以来浙江省部署实施了“机器换人”战略，积极推动技术红利替代人口红利。据统计，2011—2012 年浙江省常住人口增速由 1.76% 下降到 0.26%①，企业低端人员减少，外省劳动力回流明显，极大缓解了城市人口膨胀的压力。

3. 强化政府公共服务职能，提高公共产品（服务）的供给质量和配置效率。陆自荣（2013）认为，更高的经济收入和更好的公共服务是诱使农民工持续向大城市集聚的两大动因。发达地区在形成对低端劳动力“选择性淘汰”经济机制的同时，也应当着力构建确保各阶层人民平等参与现代化进程、公平分享现代化成果的支撑机制，着力改善农民工的“半城市化”融入状态。特别是在“社会发展”子系统这一人口承载力提升的潜在空间，政府职能的有效发挥是关键。各地应以建设“服务型政府”为目标，通过购买服务等方式实现“自我松绑”，重点做好政策制定、市场监督和公共服务提供三项工作。为避免新增人口向发达城市和主城区过度集中，可尝试建立“梯度累进”的公共服务供给机制，通过公共产品配置效率的提高减少区域间的福利差距，从而对人口流向进行合理引导。

① 浙江省统计局：《“机器换人”促进浙江劳动就业结构转型升级》，浙江统计局网站，2013 年 8 月 19 日。

第四节 城市融入效度中的成本测算

城市融入是新生代农民工作为理性“经济人”追求自身效用最大化的行为过程，是综合考虑融入成本（City Inclusion Cost）和融入净收益（City Inclusion Benefit）之后作出的理性决策。理论界现有研究倾向于从整体视角对农民工城市融入进行均衡分析，既未区分新生代农民工的代际特征，又忽视了成本因素对城市融入效度的现实制约。本节在对城市融入成本进行概念界定的基础上，创造性地引入“资本再造成本”和“享乐成本”两项指标，以丰富城市融入成本评价指标体系。进而基于对浙江省的实证分析，探讨了新生代农民工城市融入效度提升的约束因素。最后，提出构建“多元复合主体”财政分担机制的思路和对策，以破解外来人口机械增长与城市融入效度偏低的“两难”困境。

一 现有研究成果概述

在西方早期有关乡—城移民城市适应性的探讨中，刘易斯（Lewis）的“二元经济理论”最早揭示了人们由农村向城市迁移的动因，即“只要城镇工业部门一般工资水平与农村农业部门收入之间存在差异，农民就愿意离开自己的土地向城市流动以谋求新的职业”。托达罗（Todaro）也指出，城镇与农村之间的预期收入差距（而非实际收入差距）是决定农村劳动力迁移的经济动因。舒尔茨（Schultz）的人力资本模型将成本因素纳入迁移决策分析中，指出“迁移是人们追求经济最大化的结果，本质上取决于迁移收益和迁移成本之间的比较”。其中，迁移收益（Transfer Income）包括收入的提高、一生额外福利的增长、非工资收入以及更好的环境；迁移成本（Transfer Cost）则是指在迁移过程中所花费的各种直接成本、间接成本和机会成本的总和。[①] 在他看来，只有当迁移的预期收益大于迁移成本时，迁移才有可能发生。上述研究将个人微观机制引入人口

① 王黎黎：《新生代农民工市民化行为成本收益研究》，西南大学硕士学位论文，2012 年，第 4 页。

流动分析之中，指出了成本因素在迁移决策中的基础考量地位①。但在中国，由于农民工向市民的“职业转化”和“身份转换”并非是同步进行的，这就导致西方经典理论对我国的农民工市民化问题缺乏解释力度。

国内有关城市融入成本（City Inclusion Cost）的研究数量较少，与其相近的概念主要有三个，即农村劳动力转移成本、城市化成本、农民工市民化成本。其中，农村劳动力转移成本（Rural Labor Transfer Cost）是指政府在放松农民工政策促进城市化的过程中，为实现农民向市民身份转换所需支付的显性成本。② 城市化成本（Urbanization Cost）是指在区域城市化过程中，为提高区域城市化水平而必须付出的经济代价。③ 农民工市民化成本（Migrant Workers' Citizenizaiton Cost）是指农民工在身份、地位、价值观、社会权利以及生产、生活方式等方面全面向市民转化并顺利融入城市社会所必须投入的最低资金量，即保障进城农民工的公共服务（产品）享受、基本权力保护、社会经济适应、城市生活融入等所必须投入的最低资金量。④ 显然，第三个概念更加符合当前新生代农民工城市融入的研究需要，本文的概念也是以此为依据进行界定的。

关于城市融入成本的构成，国内学者的意见存在较大的分歧。例如，陈广桂（2004）将农民市民化成本划分为私人成本和公共成本两部分。其中，前者包括生活成本、智力成本和自我保障成本，后者包括基础设施成本、生态环境成本和公共管理成本。⑤ 胡渝清（2008）认为，农民工市民化的私人成本包括风险成本、机会成本、生活成本和置换成本，公共成本包括城市基础设施建设成本和就业岗位创造成本。⑥ 张国胜、杨先明

① 例如，哈贝马斯的“交往行为理论”指出，晚期资本主义存在明显的交往异化现象，传统理性的分裂和人们交往行为的失范会导致各行为主体之间的不理解、不信任，移民将遭受来自城市的诸多融入阻力。

② 范红忠：《我国农村劳动力转移过程的成本分析》，《农村经济》2006 年第 3 期，第 107 页。

③ 刁承泰、黄京鸿：《城市发展的经济成本分析》，《重庆建筑大学学报》2005 年第 10 期，第 2 页。

④ 张国胜、谭鑫：《第二代农民工市民化的社会成本、总体思路与政策组合》，《改革》2008 年第 9 期，第 43 页。

⑤ 陈广桂：《房价、农民市民化成本和我国的城市化》，《中国农村经济》2004 年第 3 期。

⑥ 胡渝清、刘今朝、孙珏霞：《重庆市农民市民化的成本—收益分析》，《安徽农业科学》2008 年第 5 期。

(2009) 认为，农民工市民化的社会成本包括公共服务（产品）享受成本、基本权利保护成本、社会经济适应成本和城市生活融入成本。[①] 周向东（2012）认为农民工市民化的个人成本包括城市生活成本、住房成本和机会成本，公共成本包括城市基础设施成本、社会保障成本和随迁子女教育成本。[②]

总体来看，国内有关农民工市民化成本的研究多为定性分析，而且统计口径差异较大，标准难以统一。在为数不多的定量研究中，测算结果也比较粗略。例如，甄延临（2005）估算出的甘肃天水农民工市民化成本为 4.27 万元/人；[③] 刁承泰、黄京鸿（2005）估算出的重庆市农民工市民化成本约为 12 万元/人；[④]《2009 年中国城市发展报告》估算出的农民工市民化成本为 9.8 万元/人，其中个人成本为 2.47 万元/人，公共成本为 7.35 万元/人；周向东（2012）估算出每使一个重庆市农民工转化为市民，成本约在 11 万元左右；[⑤] 张国胜、杨先明（2009）估算出的沿海地区第一代农民工和第二代农民工的市民化成本分别为 10 万元/人和 9 万元/人，内陆地区则为 6 万元/人和 5 万元/人；[⑥] 杨伟民、蔡昉（2010）估算出我国农民工市民化的平均成本约为 10 万元/人。照此标准，则未来每年我国为解决 2000 万农民工市民化至少需投入 2 万亿资金。[⑦]

城市融入成本作为近年来的一个新兴研究领域，具有巨大的研究价值和挖掘潜力。但客观来看，现有研究成果多基于整体视角对农民工进行均衡分析，既未区分新生代农民工的代际特征，也未考量个体因素在市民需

① 张国胜、杨先明：《公共财政视角下的农民工市民化的社会成本分担机制研究》，《云南财经大学学报》2009 年第 1 期。

② 周向东：《重庆市农民工市民化转型成本测算及分担机制研究》，重庆工商大学硕士学位论文，2012 年。

③ 甄延临：《城镇化的经济成本测算——以甘肃天水为例》，《现代城市研究》2005 年第 10 期。

④ 刁承泰、黄京鸿：《城市发展的经济成本分析》，《重庆建筑大学学报》2005 年第 10 期；

⑤ 周向东：《重庆市农民工市民化转型成本测算及分担机制研究》，重庆工商大学硕士学位论文，2012 年。

⑥ 张国胜、杨先明：《基于社会成本考虑的农民工市民化》，《中国软科学》2009 年第 4 期。

⑦ 蔡昉：《户籍制度改革与城乡社会福利制度统筹》，《经济学动态》2010 年第 2 期。

求中的影响程度。此外，理论界目前缺乏一个具有代表性和普适性的城市融入成本评价指标体系。在现有的研究成果中，相关指标的重叠和交叉现象严重，在确定指标权重时多采用主观赋权法，致使研究结果与经验事实出入较大。同时，现有研究成果的区域色彩比较明显，主要集中在西南（重庆、成都、贵阳）、西北（甘肃天水）和东北（辽宁）等地区，对东部沿海地区鲜有涉及。鉴于此，本节以浙江省为例，在对新生代农民工城市融入成本进行概念界定的基础上，创造性地将“资本再造成本”和“享乐成本”引入评价指标体系，以凸显新生代农民工的群体特征和代际差异。进而，尝试提出构建“多元复合主体”财政分担机制的对策建议，以加快新生代农民工城市融入成本的有效消解。

二　评价指标体系构建

（一）城市融入成本的概念与内涵

成本（Cost）是指为达到某种特定目的而发生或应发生的价值牺牲。当前新生代农民工的城市融入具有显著的政府主导色彩，根据承担主体的不同，可分为私人成本（Private Cost）和公共成本（Public Cost）。其中，私人成本是指新生代农民工为实现向市民身份的转变，在日常生活、居住、就业、社会保障和资本再造等方面要达到城市中等收入家庭[①]所必须支付的最低资金量；公共成本是指流入地政府为保障新生代农民工与城市居民同等的福利待遇，保障其在城市正常工作和生活、维持城市正常运转和健康发展等所必须支付的最低资金量。具体而言，城市融入的私人成本应当包括城市生活成本、居住成本、社会保障成本、机会成本、资本再造成本和享乐成本。

在私人成本的六项构成指标中，前四项指标是理论界目前认可度较高的通用指标，可以直接采用。“资本再造成本”和“享乐成本”是本文的创新性引入。其中，资本再造成本（Capital Rebuild Cost）是指新生代农民工为强化自身人力资本和构建关系型社会资本，有意识地在教育培训及

① 受社会比较心理和收入补偿心理的共同作用，新生代农民工“收入拐点”的极限水平远高于同期城镇职工的平均工资水平，而与城镇较高收入户家庭的人均收入水平接近。为提高研究信度，我们在测算新生代农民工城市融入成本时，有关指标以同期城镇中等收入户家庭为基准，而不采用中低收入户家庭标准。

社交娱乐等方面增加支出而产生的经济成本；享乐成本（Enjoyment Cost）是指新生代农民工为了补偿在城市生活的心理落差、改变固有身份标签而进行炫耀性消费或非理性消费所产生的经济成本（如跟风购买 iPhone 及其他高档奢侈品等）①。

城市融入的公共成本主要包括城市基础设施建设成本、就业岗位投资成本、社会保障成本、素质培训成本、随迁子女教育成本和行政管理成本。因本章主要基于新生代农民工的个体视角进行讨论，而且各流入地政府的财政支付能力差异较大，一定程度上缺乏横向可比性，故本节仅从私人成本支出的角度进行论证。

（二）城市融入成本评价指标体系构建

课题组基于系统性、科学性、前瞻性、可操作性和数据可获得性五大原则，尝试构建了新生代农民工城市融入成本评价指标体系（见表5—10）。由于前四项指标在国内学者的研究中已有所涉及，我们将基于新生代农民工的代际特征，对现有的测算方法进行优化。对于“资本再造成本”和“享乐成本”两项指标，因其难以通过常规渠道获取数据，课题组将选取最具代表性的要素作为其替代指标，以可量化的方式体现新生代农民工的城市融入诉求。

私人成本下辖各指标的具体含义及其计算方法如下：

1. 城市生活成本（Living Cost）：是指新生代农民工在城市日常生活的开支，包括水、电、气、交通、通信、食品等开支的总和（不包括住房支出）。由于城市生活成本衡量的是新生代农民工与市民的消费差距，故采用周向东（2012）的研究方法，用农民消费水平代替农民工消费水平。② 设 P 和 Q 分别为扣除住房支出后的城镇居民人均消费性支出和农村居民人均生活消费支出，则 $C_1 = P - Q$。

① 与上一代农民工“苦行僧”式的生活方式不同，新生代农民工的日常开支中教育培训、社交娱乐和炫耀性消费占了相当比重。在休闲方式的调查中，上一代农民工普遍偏好“睡觉”和“看电视”，新生代农民工则偏好“上网”、“玩网游”和“聚会”；在消费类型上，上一代农民工倾向于购买生活必需品，新生代农民工则以购买 iPhone 等带有明显身份标识的产品为荣，体现出其对高端生活方式和市民身份的渴求。

② 周向东：《重庆市农民工市民化转型成本测算及分担机制研究》，重庆工商大学硕士学位论文，2012 年。

表 5—10 新生代农民工城市融入成本评价指标体系

目标层	一级指标	编码	含义/计算方法
私人成本	城市生活成本	C_1	在城市正常工作和生活的最低个人支出 $C_1 = P - Q$
	居住成本	C_2	为在城市安居而必须支付的最低资金量 $C_2 = R\ (U/V)$
	社会保障成本	C_3	为获取城镇基本社会保险而必须支付的资金 $C_3 = S * D$
	机会成本	C_4	放弃农村土地经营所可能获取的经济净收益 $C_4 = L - L'$
	资本再造成本	C_5	强化人力资本，拓展社会关系网络所需的资金量 $C_5 = Hr - Hu$
	享乐成本	C_6	受补偿心理影响而进行非理性消费所产生的支出 $C_6 = 0.14 * J$
公共成本	城市基础设施成本	C_7	能源、给排水、道路交通、邮电、环境和防灾六大系统的投资
	就业岗位投资成本	C_8	城市提供一个劳动就业岗位所必须投入的最低资金量
	随迁子女教育成本	C_9	政府为保障农民工子女基本受教育权而必须投入的最低资金量
	社会保障成本	C_{10}	政府为保障农民工获取基本社会保险而必须支付的最低资金量
	素质培训成本	C_{11}	政府对新生代农民工进行教育和培训所必须投入的资金量
	行政管理成本	C_{12}	政府进行城市管理活动所必须发生的各种费用的总和

注：C_7、C_8 参考刁承泰、黄京鸿：《城市发展的经济成本分析》，《重庆建筑大学学报》2005 年第 5 期；C_9 参考周向东：《重庆市农民工市民化转型成本测算及分担机制研究》，重庆工商大学硕士论文（2012）；C_{12} 参考高红艳：《贵阳市城市化经济成本分析》，西南大学博士论文（2010）。

2. 居住成本（Residence Cost）：是指新生代农民工为在城市安居所必须支付的最低资金量。理论界对该成本的测算主要有两种方法：第一种是新生代农民工为获得所在城市平均标准住房面积而需支付的人均房租[①]；第二种是新生代农民工所在城市的人均住房成本[②]。我们采用第二种方法，设 R 为流入地城市人均住房面积；U 为住宅投资总额；V 为住宅竣工面积，则 $C_2 = R * (U/V)$，即人均住房面积与单位住房面积平均造价的乘积。

3. 社会保障成本（Social Security Cost）：是指新生代农民工为获取城镇基本养老、失业、医疗、工伤等社会保险而必须支付的最低资金量。设 S 为所在城市的平均保险支出；D 为新生代农民工的进城工作年限[③]，则社会保障成本 $C_3 = S * D$。

4. 机会成本（Opportunity Cost）：是指新生代农民工由于进城而放弃了农村土地产权，从而放弃了土地经营可能带来的年收益（即在农村承包土地所可能获得的经济净收益，包括农业生产收益和兼业经营收益）。为了便于计算，假设新生代农民工均为本地流转人口，设 L 为同期农村居民人均纯收入，L' 为转移性收入，则 $C_4 = L - L'$[④]。

5. 资本再造成本（Capital Rebuild Cost）：是指新生代农民工为增强自身人力资本、弥补前期受教育的不足、拓展城市社会关系网络等而需要投入的最低资金量。在实际测算中，选取最能代表新生代农民工技能获取的人均教育支出，设 H_r 和 H_u 分别为同期城镇居民人均教育支出和农村居民人均教育支出（后者扣除旅游休闲娱乐费），则 $C_5 = H_r - H_u$。

6. 享乐成本（Enjoyment Cost）：是指新生代农民工为了补偿在城市生活的心理落差，消除“外来人口”这一固化身份标签和刻板印象，有

---

① 陈广桂：《房价、农民市民化成本和我国的城市化》，《中国农村经济》2004 年第 3 期。

② 张国胜、陈瑛：《社会成本、分摊机制与我国农民工市民化》，《经济学家》2013 年第 1 期。

③ 新生代农民工流动性较强，从政府角度逐一统计其工作年限难度较大。为便于计算，此处根据《浙江省流动人口居住登记条例》的相关规定，以“临时居住证”和“居住证”有效期的均值六年为时间单位，估算新生代农民工城市融入的社会保障成本。

④ 以农村居民人均纯收入来估算新生代农民工城市融入的机会成本是理论界目前比较普遍的做法。但转移性收入中既包括国家补助等二次分配收入，也包括农村家庭外出打工的人寄回家的货币资金。为避免重复计算，我们在 C_4 中将其剔除。

意识地进行一些炫耀性消费和非理性消费所产生的经济成本。测算该指标时需要考虑两个因素：一是享乐成本在新生代农民工消费性支出中所占的比重；二是所在城市中等收入家庭的消费水平。根据当前各省设定的小康目标，城市居民娱乐服务支出占家庭消费支出的比重为18%，此处根据经验事实，选取14%作为标准①。设J为城镇中等收入户家庭的人均消费水平，则 $C_6 = 0.14 * J$。

（三）评价指标体系的权重确定

将评价指标体系中各一级指标的数值都设定在0—100的范围内，采用层次分析法（AHP）构建下级指标对上一级指标的权重（计算方法和具体步骤已在第四章中说明，此处暂略）。判断矩阵及重要度计算和一致性检验的公式如下：

$$W_i = \frac{1}{n}\sum_{i=1}^{n}\left(\frac{a_{ij}}{\sum_{k=1}^{n} a_{kj}}\right),\ (i=1,\ 2,\ 3\cdots n)$$

$$\lambda_i = \frac{(AW)_i}{W_i},\ (i=1,\ 2,\ 3\cdots n)$$

其中，W_i 表示归一化后的权重，n表示要素的个数，i和j分别表示行和列，λ_i 表示第i个特征根，$(AW)_i$ 表示向量AW的第i个分量。

据此，可计算私人成本测量维度下6个一级指标的权重（见表5—11）。公共成本测量维度下各指标的权重暂略。

表5—11　城市融入私人成本各指标权重

指标	生活成本	居住成本	社保成本	机会成本	资本再造	享乐成本
权重	0.20	0.23	0.18	0.13	0.15	0.11

根据表5—11，可得新生代农民工城市融入私人成本（CIPC）的计算公式：

$$CIPC = 0.2 * C_1 + 0.23 * C_2 + 0.18 * C_3 + 0.13 * C_4 + 0.15 * C_5 + 0.11 * C_6$$

① 18%为当前各省设定的娱乐服务支出占家庭消费支出的“小康”比重。根据经验事实，城镇中等收入户家庭中该比重为13%—15%，此处取均值14%作为测算标准。

三 实证测算——以浙江省为例

如前所述，理论界目前有关农民工市民化成本的研究主要集中在西北、西南和东北等地，涉及东南沿海地区的研究成果相对较少。本课题以浙江省作为研究样本，主要是考虑到浙江省作为我国东部沿海地区的人口流入大省，新生代农民工的数量众多，而且城市融入意愿强烈，因此，以浙江省为样本进行实证分析具有很强的代表性，而且研究结论的现实指导意义比较突出。但由于浙江省区域经济发展不平衡，各地的财政能力、市民需求和城市融入阻力各不同，为保证研究结果的客观公正性，课题组选取了2009—2011年三个自然年份作为考察期，进行无差异化均衡处理。实证测算中所使用的数据主要来源于2010—2013年《浙江统计年鉴》以及课题组在实证调研中所获取的资料。

结合表5—10中私人成本各指标的计算公式，可分别计算出 C_1 至 C_6 在不同年份的数值（见表5—12）。其中，为平衡不同年份的数值差异并剔除偶发性因素的不良影响，取各年度测算结果的算术平均数，最终得出城市融入私人总成本。

四 研究结论与政策启示

由表5—12可知，考察期内浙江省新生代农民工的城市融入私人总成本约为20万元，即一个新生代农民工要实现向市民身份的转变，获得与市民在身份、地位、社会权利及生产、生活等方面的平等待遇，其个人至少需要支付20万元的经济成本。相对于其低廉的收入水平而言，这一数值明显过高。从浙江省区域经济发展的实践来看，高昂的城市融入成本极大制约了新生代农民工的居留意愿，许多新生代农民工在习得一技之长以后，开始向周边地区的中小城市和小城镇转移，这在一定程度上解释了近年来浙江省频繁出现的“民工荒”及“民工回流”现象，同时也对浙江省目前高技能人才短缺的情况作出了合理性解释。

更进一步，从城市融入私人成本的具体构成来看，各项指标对新生代农民工城市融入意愿和效度的影响是不均衡的，充分体现出两代农民工的行为特征和代际差异。首先，居住成本占新生代农民工城市融入私人总成本的80.17%，成为制约城市融入效度的最核心因素，而这一点在上一代

表5—12　浙江省新生代农民工的城市融入私人成本（2009—2011年） 单位：元

指　标	2009年	2010年	2011年	均值	占比（%）
城市生活成本①	9694	10375	11476	10515	5.23
居住成本②	87696	107116	287834	160882	80.17
社会保障成本③	12510	13638	16602	14250	7.10
机会成本④	9501	10701	12304	10835	5.40
资本再造成本⑤	1585	1892	2110	1862	0.94
享乐成本⑥	2047	2256	2672	2325	1.16
成本总值	123033	145978	332998	200669	—

农民工中并未得到体现。究其原因，可能是由于上一代农民工较多居住在单位提供的免费宿舍或集体工棚，他们无须为此支付额外的费用。其次，社会保障成本占新生代农民工城市融入私人总成本的7.1%，明显高于生活成本的5.23%和机会成本的5.40%，说明社会保障支出也是影响新生代农民工城市融入效度的关键因素。最后，资本再造成本占城市融入私人总成本的0.94%，略低于享乐成本的1.16%，说明目前新生代农民工的休闲娱乐开支还处于相对盲目的阶段，与炫耀性消费和攀比性消费相比，他们用于个人能力提升的教育和培训支出略有不足。

再将浙江省的数据与国内其他地区进行横向对比，可以发现：当前浙江省新生代农民工的城市融入私人成本明显偏高。以2010年为例，浙江省新生代农民工城市融入的私人成本为145978元，明显高于重庆市的112227元、河南省的95508元、江苏省的136168元和辽

① 城镇居民人均消费性支出及农村居民人均生活支出来源于《2012浙江统计年鉴》表5—22和表5—37。

② 住宅投资总额及竣工面积来源于《2012浙江统计年鉴》表3—2，城镇居民人均住房面积来源于表5—1。

③ 城镇居民家庭人均社会保障支出数据来源于《2012浙江统计年鉴》表5—20。

④ 农村居民人均纯收入及转移性收入数据来源于《2012年浙江统计年鉴》表5—35。

⑤ 城镇居民和农村居民人均教育支出数据分别来源于《2012年浙江统计年鉴》表5—18和表5—37。

⑥ 城镇中等收入户家庭人均消费性支出数据来源于《2012年浙江统计年鉴》表5—23。

宁省的 112985 元。[①]

与国内其他学者的研究结果相比，本课题的测算数值之所以相对较高，可能是由于三个原因：(1)浙江省经济发达，城市居住成本和生活成本明显高于国内其他地区，而且近年来浙江省 CPI 涨幅较大，直接增加了城市融入的经济成本。(2)考虑到新生代农民工外出动机由“生存型”向“发展型”转变的事实，课题组在评价指标体系中创造性地引入了“资本再造成本”和“享乐成本”两项指标，进一步提高了城市融入私人成本的总值。(3)在对各测量维度下的代表性指标进行选取时，课题组考虑到新生代农民工城市融入存在“收入拐点”，因此放弃了学界惯常采用的“城镇低收入户家庭”准则，转而采用“城镇中等收入户家庭”准则，这也在一定程度上增加了城市融入的私人总成本。

第五节 城市融入效度中的抑制程度

在前面三节的分析中，我们探讨了影响新生代农民工城市融入效度的三大核心要素，即市民需求、市民供给、城市融入成本。上述三要素分别从市民化的不同主体进行了有针对性的分析，其中，市民需求是以新生代农民工为主体，分析了影响城市融入意愿的相关因素及其作用程度；市民供给是以流入地城市为主体，分析了城市五大子系统的人口承载力及其对农民工市民化形成有效支撑的可能性；城市融入成本是以流入地政府为主体，分析了新生代农民工城市融入效度提升的经济约束，进而提出了相应的解决策略。总体来看，前述分析从一个较为宏观和系统的层面探讨了城市融入效度提升的综合框架，点明了各主体的职能定位与行为边界。但从微观层面来看，对制约新生代农民工城市融入效度提升的各要素，还未进行更为细致和深入的分析。以此为目标，本节基于对市民抑制程度的探讨，致力于分析各要素对城市融入效度提升的作用方向和影响程度。

① 周向东：《重庆市农民工市民化转型成本测算及分担机制研究》，重庆工商大学硕士学位论文，2012 年。

一　市民抑制的概念与内涵

简单来说，所谓“市民抑制”是指新生代农民工具有市民需求但却缺乏市民供给的情况。[①] 对这一概念可从两个方面进行理解：第一，新生代农民工的市民需求是真实市民需求（同时拥有城市融入意愿和城市融入能力），而非潜在市民需求；第二，流入地政府因城市承载力和其他因素的制约，以政策规定等手段拒绝给予农民工市民身份。[②] 若用 y_d 表示市民需求，用 y_s 表示市民供给，则 $p(y_s=0 \mid y_d=1)$ 即可表示新生代农民工个体的市民抑制程度，即单个新生代农民工具有市民需求但缺乏市民供给的概率。更进一步，可用所有新生代农民工个体的市民抑制程度的均值表示新生代农民工群体的市民抑制程度。

市民抑制程度能够直观表现不同样本新生代农民工的市民化程度差异，也可使跨区域的数据具有横向可比性，但要进一步探讨造成市民化程度差异的来源，则需要对市民抑制程度进行分解研究。通常而言，造成市民化程度差异的原因主要有三种：一是个体特征差异（称为特征差异）；二是外生变量制约（称为变量差异）；三是抽样分布影响（称为系数差异）。特别是对特征差异而言，当前新生代农民工不仅与上一代农民工有显著区别，而且其群体内部也出现了明显的“再分化”现象，产生了具有不同行为特征和利益诉求的新生代农民工“亚群体”，从而进一步增加了城市融入效度提升的难度。

鉴于此，我们以市民抑制程度为分析工具，基于对市民化程度差异的细分研究，尝试回答以下几个问题：(1)市民化程度差异的主要来源和影响因素有哪些？(2)各相关要素对市民抑制程度的作用方向和影响程度如何？(3)在不同的市民抑制程度下，上述各因素的影响作用是否发生了变化？在对上述三个问题进行回答的基础上，我们尝试分析新生代农民工城市融入效度偏低的原因，以及各要素对市民抑制程度的影响作用，进而得出相应的政策启示。

---

① 张广胜、周密：《新生代农民工市民化进程的测度及其决定机制》，经济科学出版社2013年版，第177页。

② 政策制定往往是新生代农民工自身特征变化的诱致性结果，因此根源上仍取决于个体特征要素。

二 分位数回归的主要方法

新生代农民工城市融入效度研究通常涉及两种类型的测算：一是不同样本区域之间市民抑制程度的差异性研究；二是在不同的市民抑制程度下（即针对不同的分位数），相关变量的作用方式和影响程度。由于传统的普通最小二乘法（OLS）回归只能得到对样本均值的影响，无法有效区别不同市民抑制程度的差异来源及各影响因素的作用程度，因此，本节我们拟采用分位数回归法来解决这一问题。下面分别对分位数回归、分位数分解及其修正方法进行说明。

（一）分位数回归方法

分位数回归（Quantile Regression，简记为 QR）最早由凯恩克（Koenker Roger）和巴塞特（Bassett Gilbert）于1978年提出，它是估计一组回归变量 X 与被解释变量 Y 的分位数之间线性关系的建模方法。该方法强调条件分位数的变化，目前主要采用 Stata 软件进行分析。与线性回归一样，分位数回归（QR）也是因变量在给定自变量基础上的条件分布，只是它估计的是条件分布的某个分位点的样本如何受到各个自变量的影响。简单来理解，如果我们考虑的不是因变量的条件均值，而是条件中位数，那么这种回归就是50%分位点的分位数回归。

由于分位数回归并未对误差项的分布作出假定，因而属于半参数估计方法。设 y_i 为因变量，x_i 为相关的影响因素（自变量），X 为自变量的向量集，θ 为分位数的取值（$0<\theta<1$），则 $Q_\theta(y_i \mid x_i)$ 可以表示给定 X 时 y_i 的 θ 条件分位数，它是因变量条件累计分布函数的反函数。例如，假设 $\theta=0.1$，则 $Q_{0.1}(y_i \mid x_i)$ 就表示因变量 y 关于自变量 x 条件分布的10%分位数，即在给定自变量的集合 X 时，y 中有10%的值小于或等于 $Q_\theta(y_i \mid x_i)$。

进而，可建立分位数回归模型（Quantile Regression Model）如下：

$$Q_\theta(y \mid x) = \beta_0(\theta)x_0 + \beta_1(\theta)x_1 + \beta_2(\theta)x_2 + \cdots + \beta_n(\theta)x_n$$

其中，$\beta_i(\theta)$ 表示分位数为 θ 时相对应的参数（$i=1, 2, 3, \cdots, n$）。

由于在不同的分位数 θ，误差项的影响会跟随 θ 的变化而变化，因此上述模型中的参数也会发生相应的变化。与一般的线性回归模型（OLS）

相比，上述模型中的参数含义并没有发生根本改变，只是分位数回归模型（ORM）不仅局限于条件均值下的回归分析，而且会考虑在不同分位数 θ 下，各自变量 x_i 对因变量 y 的影响程度及其作用方向，因此适用于多条件和多准则分析。

（二）分位数回归的分解

分位数回归的分解方法主要有三种，分别为 Blinder - Oaxaca 分解方法、Machado - Mata（2005）分解方法和 Machado - Mata（2007）分解方法。后两者可分别简记为 MM（2005）和 MM（2007）分解方法。

1. Blinder - Oaxaca 分解方法

Oaxaca（1973）最早对工资差异进行了分解研究，通过构建分位数回归方程，他分析了工作中的歧视因素和劳动者个体特征所导致的工资差异。首先，Oaxaca 将男性和女性劳动力所具有的相同个体特征记为 x_f，设 $x_m - x_f$ 为个体特征差异引起的工资差异，设 $\beta_m - \beta_f$ 为相同特征下的不同劳动报酬，则有：

$$\ln w_m - \ln w_f = (x_m - x_f)\beta_m + x_f(\beta_m - \beta_f)$$

在上式中，等式右边第一部分为劳动者个体特征差异所导致的工资差异，即能由个人差异所解释的合理部分；等式右边第二部分代表无法用个体特征差异进行解释的工资差异，即歧视所导致的工资差异部分。在实证测算过程中，用工资差异的实际数值减去劳动者个体特征差异引起的工资差异部分，即可得到歧视引起的工资差异部分，从而得出歧视对工资差异的影响（即歧视系数）。

2. Machado - Mata（2005）分解方法

MM（2005）分解方法的关键是构建反事实分析（Counter - facutal A-nalysis），具体步骤如下：

首先，从均匀分布 U［0，1］中随机抽取一个样本容量为 L 的样本，记为 U_1，U_2，…，U_L。其次，在样本 A 中分别以 $n = U_1, U_2, \cdots, U_L$ 作分位数回归，得到 k 个分位数回归的影响因素向量 β_n。再次，从样本 B 中有放回地重复随机抽取一个样本容量为 k 的子样本，记为 Z^y。最后，把第二步中得到的分位数回归参数和第三步中得到的 B 子样本数据相结合，可得到一个新的样本，即反事实分布样本：$y_n^* = Z^y\beta_n$。

运用 MM（2005）分解方法对新生代农民工的市民抑制程度进行分析，假设分位数为 n，A 样本的市民化程度为 y_n^s，B 样本的市民抑制程度为 y_n^y，反事实的市民抑制程度为 y_n^*。则在不同分位数下的市民化差异程度可表示为：

$$y_n^y - y_n^s = (y_n^y - y_n^*) + (y_n^* - y_n^s)$$

在上式中，等式右边第一项为市民抑制程度的“特征差异”，它表示在不同的分位数下，因新生代农民工个体特征不同所导致的市民化程度差异；等式右边第二项为“系数差异”，即在不同的分位数下，在不同地区进行抽样调查时，因样本变量的分布不同所导致的市民化程度差异。若将市民抑制程度的影响因素进一步扩大至收入、教育和居住等其他变量，也可采用同样的方法进行处理。

3. Machado – Mata（2007）分解方法

MM（2007）应用概率积分转换理论（Probability Transformation Theorem），将分位数回归和重复抽样的技术相结合，通过样本匹配，运用 Blinder – Oaxaca 分解方法，更进一步将两个组别的不均等程度进行比较。该方法借由条件均数下或条件分量下的分解，进一步推广到还原非条件分布下的分解，从而实现最一般化的组别间差异的分解。该方法目前主要运用于任意两个组别之间工资差异的分解（如性别、年龄、婚姻状况等），具体步骤包括两个层次：一是在 Blinder – Oaxaca 分解框架下，将两个年度的工资分布差异分别归因于特征分布和报酬率分布；二是将年度分布差异的成因按照每个变量的报酬率，再作更细致的分解。

与 MM（2005）相比，MM（2007）的优点在于可以应用到不同年份之间的差异比较。但因本课题并没有更多的数据来支撑跨年分析，因此，并不打算采用此种分解方法，对其具体的演算步骤也就不作过多的说明。

三　模型构建与分位数回归

根据分位数回归的分解方法，市民抑制程度在不同分位点的差异可以被分解为两个部分：一是新生代农民工因个体特征不同所导致的差异，即特征差异；二是在抽样调查中，因样本变量分布不同所导致的差异，即系数差异。进而，尝试对不同分位点下各相关变量对市民抑制程度的影响作用进行解释。就现有研究方法而言，Blinder - Oaxaca 分解方法是基于 OLS 性质的，它以条件均值作为分解技术的基础，适用于目标样本差异的均值分析。但是，新生代农民工的样本特征显然是非均质的，因而难以估计不同分位点的市民抑制程度及其差异来源。MM（2005）分解方法通过构建不同分位点的反事实分析，可以得到不同分位点的差异来源，但却只能针对总体样本进行分析，无法研究不同样本之间市民抑制程度的差异。鉴于此，本节参考张广胜、周密（2013）的研究方法，对 MM（2005）分解方法进行适度修正，以分析不同分位点市民抑制程度的差异来源。

基于以上思路，建立分位数回归模型（Quantile Regression Model）如下：

$$Y_i = \beta_0 + \beta_1 X_1 + \beta_2 X_2 + \cdots + \beta_k X_k + \mu_i \qquad (5—1)$$

$$Q_\theta(y_i \mid x_i) = X_i \beta_\theta \qquad (5—2)$$

其中，X_i 为影响市民抑制程度的一系列外生变量，主要包括收入水平、职业阶层、居住类型、人力资本、社会资本五大类。$Q_\theta(y_i \mid x_i)$ 表示给定 X 时 y_i 的 θ 条件分位数（$0 < \theta < 1$）。β_θ 为不同分位点对应的参数向量，是通过最小化回归模型（5—2）得到的：

$$\min\left\{ \sum_{i, y_i \geq x_i\beta} \theta \left| y_i - x_i\beta \right| + \sum_{i, y_i < x_i\beta} (1-\theta) \left| y_i - x_i\beta \right| \right\}$$

分位数回归的结果如表 5—13 所示：

表 5—13　　新生代农民工市民抑制程度分位数回归

市民抑制程度	分位数				
	0.05	0.25	0.50	0.75	0.95
收入水平	-0.06434***	-0.07269***	-0.08441***	-0.14460***	-0.17290***
	(0.0091)	(0.0123)	(0.0231)	(0.0103)	(0.0147)
职业阶层	-0.00069**	-0.00075*	-0.00052	-0.00033	-0.00041
	(0.0002)	(0.0005)	(0.00065)	(0.0009)	(0.0008)
居住类型	-0.06770***	-0.10344***	-0.16863***	-0.13685***	-0.10226***
	(0.0116)	(0.0236)	(0.0294)	(0.0223)	(0.0416)
人力资本	-0.00825**	0.00617	0.01429**	0.01215**	0.01521
	(0.0026)	(0.0053)	(0.0052)	(0.0050)	(0.0088)

续表

市民抑制程度	分位数				
	0.05	0.25	0.50	0.75	0.95
社会资本	0.00816*** (0.0023)	0.00723* (0.0037)	0.00365 (0.0056)	-0.00077 (0.0100)	0.02787** (0.0137)
常数项	0.36677*** (0.0326)	0.54495*** (0.0277)	0.68774*** (0.0691)	0.83266*** (0.0772)	1.08790*** (0.1179)

注：* 表示在10%的显著性水平下显著；** 表示在5%的显著性水平下显著；*** 表示在1%的显著性水平下显著。括号中为估计量标准误差。

四 研究结论与政策启示

由分位数回归结果（表5—13），我们可以得出如下结论：

（一）收入水平与市民抑制程度成负相关关系

在0.05—0.95五个分位点，收入水平对市民抑制程度均具有显著影响，且影响程度单调递减。总体来看，可以将收入水平理解为市民抑制程度的单调减函数，即收入水平越高越能促进市民抑制程度的降低。不难理解，在收入水平较低时，新生代农民工的生存压力通常较大，他们被限制在次属劳动力市场，以追求收入最大化为目标，此时市民需求相对较低，因而市民抑制程度就比较高。当收入水平较高时，意味着新生代农民工已经获得一技之长，或者已经转变为城市发展所需的现代产业工人，此时市民供给会优先向这部分人倾斜。再加上他们已经享受到部分市民待遇，对城市生活充满憧憬和向往，相应的市民需求会比较强烈，进而会促使市民抑制程度进一步降低。该结论的政策含义有两点：一是应加快构建开放、公平的城乡统一劳动力市场，确保劳动者平等就业权；二是应着力构建农民工工资与劳动生产率提高同步增长的机制①，强化其经济资本。

（二）职业阶层对市民抑制程度具有显著的负影响

从分位数回归结果可以看出，新生代农民工职业阶层的提高会显著降低市民抑制程度，特别是在0.50分位点之后，职业阶层变动的影响效果

① 徐博、刘奕湛：《中国农民工工资收入增长放缓》，新华网，2015年2月28日。

尤为明显。在不同分位点，职业阶层对市民抑制程度的“边际贡献”大致相当，这说明该变量并不存在“外溢效应”。相应的政策启示有两点：一是在次属劳动力市场应加强企业用工信息系统建设，使初次进入劳动力市场的新生代农民工能够较快寻找到适合自己的职业定位；二是应促进劳动力市场信息公开化，逐步打通次属劳动力市场向首属劳动力市场的转化通道，避免频繁流动刺激低端劳动力市场。

（三）居住类型对市民抑制程度具有不确定性影响

在不同分位点，居住类型（是否与城市居民聚居）对市民抑制程度的影响效果是不一致的。总体来看，两者之间呈倒“U”形曲线关系：在 0.50 分位点以下，与市民聚居会提高市民抑制程度；在 0.50 分位点以上，与市民聚居则会降低市民抑制程度。对于该现象，可以这样理解：在市民抑制程度高的地区，新生代农民工为减少城市融入成本，会依托亲缘、地缘等“弱关系”社会网络来弥补自身抗风险能力的不足，更加倾向于抱团聚居而非与市民融合，近年来各大城市出现的“广州村”、“温州村”等即是证明。该结论的政策含义是：促进外来人口与市民融合应根据当地的市民化程度进行区别对待。在市民抑制程度高的地区，政策重点应是确保新生代农民工有地方住，而非居住在哪里；在市民抑制程度低的地区，政策重点应是通过社区融入等方式，促进新生代农民工与市民融合。

（四）人力资本与市民抑制程度的关系呈“U”形

在本章第二节，我们论证了受教育程度与市民需求之间的非线性关系。在市民抑制方面，由表 5—13 可知，人力资本对市民抑制的影响呈“U”形：在 0.50 分位点以下，新生代农民受教育程度的提高会显著降低市民抑制程度；在 0.50 分位点以上，受教育程度的提高反而促进了市民抑制程度的增长。究其原因，一方面，样本分布相对集中，新生代农民工受教育程度的特征差异较小；另一方面，在市民抑制程度较高的地区，居民受教育程度也普遍较高，新生代农民工必须面对大学生的就业替代和产业结构转型带来的劳动力替代。该结论的政策含义是：应以促进新生代农民工向高技能人才和高端产业工人转化为目标，加大有针对性的职业技能培训和岗位培训力度，提高其就业竞争能力。

（五）社会资本对市民抑制程度具有显著的负影响

在0.90分位点以下，社会关系网络的改善能够持续降低市民抑制程度，因此，可以认为它是市民抑制程度的单调减函数。由于许多社会资本是外生的（如制度变量等），新生代农民工个体往往无法对其加以控制，因此，可通过提高其组织化水平，加快社会资本的积累和形成，从而提高城市融入效度。

第六节　新生代农民工城市融入效度综合评价

城市融入效度不同于城市融入水平，它侧重研究新生代农民工与流入地市民是否存有“差异”，即新生代农民工与市民的“同质化”程度。由于城市融入是多方利益主体综合博弈的结果，因此，在进行效度测算时就不宜再采用以往单一的农民工主体视角，而应将其放在更为宏观和系统的层面进行探讨。

为此，我们首先依托“四维度”分析框架构建了“新生代农民工城市融入效度评价指标体系”，并在接下来的四节中对市民需求、市民供给、融入成本和抑制程度进行了独立测算。研究表明，城市融入效度的影响因素可大体分为两类：一类是以新生代农民工个体特征为代表的“内生变量”，如婚姻状况、受教育程度、社会关系网络等；另一类是以城市承载力为代表的“外生变量”，如职业阶层、融入成本、市民抑制程度等。在细分研究的基础上，本节将采用模糊综合评价法，对城市融入效度进行综合评价，进而论述相关因素的影响作用。

一　模糊综合评价法检验

在第四章有关新生代农民工城市融入进程的实证测算中，我们已经对模糊综合评价法的工作原理和操作步骤进行了详细介绍，此处不再赘述。

参照成功度评价方法，设：

因素集 X = {市民需求市民供给融入成本市民抑制}

评判集 V = {优良中低差}

由专家组7名成员对每个因素进行独立打分，可得到：

$$R_X = \{优良中低差\}$$

$$R_T = \begin{bmatrix} 1/7 & 2/7 & 3/7 & 1/7 & 0 \\ 0 & 3/7 & 2/7 & 2/7 & 0 \\ 0 & 0 & 2/7 & 3/7 & 2/7 \\ 0 & 0 & 2/7 & 3/7 & 2/7 \end{bmatrix}$$

由表5—2可知4个测量维度相对于城市融入效度的权重矩阵为：

$$W_X = [0.2240.3060.3360.134]$$

则：

$$B_X = W_X \cdot R_T$$

$$= [0.2240.3060.3360.134] \cdot \begin{bmatrix} 1/7 & 2/7 & 3/7 & 1/7 & 0 \\ 0 & 3/7 & 2/7 & 2/7 & 0 \\ 0 & 0 & 2/7 & 3/7 & 2/7 \\ 0 & 0 & 2/7 & 3/7 & 2/7 \end{bmatrix}$$

$$= [0.0320.1950.3170.3980.134]$$

由上述判断矩阵可知：在新生代农民工城市融入效度的判断中，“优”的隶属度为0.032，“良”的隶属度为0.195，“中”的隶属度为0.317，“低”的隶属度为0.398，“差”的隶属度为0.134。

根据隶属度最大原则，我们认为新生代农民工城市融入效度的总体评价为“低”，即新生代农民工与流入地市民在身份特征上仍存有较大差异，两者的“同质化”程度相对较低。

二　综合判断与评价

前述有关新生代农民工城市融入效度偏低的论述与学界的经验认知是一致的。那么，城市融入效度偏低的根源在哪里？各影响因素的作用程度究竟如何？接下来根据第二至五节的实证测算结果，对上述问题进行回答和解释。

（一）市民需求层面

本课题研究的“市民需求”是指新生代农民工既有城市融入意愿，又有在城市长期居住和生活的能力。换言之，市民需求是有效的，而非潜在的，它不等同于“市民意愿”。课题组运用 Logit 模型，对影响市民需求的流向决策、收入水平、人力资本、社会资本、个体特征五大要素进行回归分析，发现新生代农民工市民需求存在“收入拐点”，即以阈值 CE（城市平均工资水平）为界可将新生代农民工划分为两个子样本。在不同的样本中，各影响因素的作用明显不同。其中，在收入水平低于阈值的区间，“回乡”决策、受教育程度、婚姻状况对市民需求具有负影响；在收入水平高于阈值的区间，“留城”决策、受教育程度、社会关系网络和婚姻状况对市民需求具有正影响。总体来看，当前新生代农民工城市融入效度偏低主要是受“收入拐点”的制约，这说明单纯增加工资收入无益于城市融入效度的提高，各级政府应当考虑更为妥帖的“混同模式”。

（二）市民供给层面

市民供给是流入地政府基于城市综合承载力，对流动人口规模进行干预和调控，进而根据新生代农民工自身条件决定是否给予其“市民身份”的行为。这一概念包含了两个层面的含义：一是流动人口规模扩张会给流入地带来人口承载压力，应检验城市适度人口规模及对外来人口的支撑能力，避免人口过度集聚带来的低效率；二是政府根据城市发展和产业结构调整的需要，通常会设置相应门槛，对有市民化意愿的外来人口进行“逆向梯度筛选”。研究表明，当前东部沿海地区的大城市人口数量普遍超过适度人口规模，突出表现为经济—人口协调偏离度指数（HD）逐年升高。短期来看，“社会进步”和“人口发展”是制约城市人口承载力的短板；长期来看，“自然资源”和“生态环境”将成为制约人口增长空间的“瓶颈”。相应的破解思路是依托“经济水平”子系统的强劲拉动力，协调五大子系统之间的平衡，通过优化人口结构和空间分布来提高人口容量阈值。

（三）融入成本层面

城市融入成本是指新生代农民工为实现向“市民身份”的转变，获得与市民同等的权利和待遇，所必须支付的最低资金量。研究发现，以浙江省为代表的东部沿海省市，其新生代农民工市民化的私人成本约为 20 万元/人，这一数值明显高于同期国内其他地区（重庆 11.2 万元/人，河南 9.5 万元/人，江苏 13.6 万元/人，辽宁 11.3 万元/人）。从城市融入成本的具体构来看，居住成本占新生代农民工私人总成本的 80% 左右

(以获得流入地城市人均标准住房面积计算),成为制约城市融入效度提升的最主要因素。社会保障成本和机会成本的比例相当,反映出新生代农民工市民化的社会保障功能相对缺失,普遍存在对城市未来生活的不良预期,因此其对农村土地流转的意愿也相对保守和谨慎。与用于个人能力提升的“资本再造成本”相比,新生代农民工的“享乐成本”占比较高,反映出其消费支出结构还不甚合理,存在一定程度的攀比消费和炫耀性消费等消费异化现象,与上一代农民工以“生活成本”支出为主的消费结构存在明显差异。

(四)市民抑制层面

市民抑制是指新生代农民工具有市民需求但却缺乏市民供给的情况,可表示为对城市融入效度提升的阻滞作用。采用分位数回归法进行实证分析,可发现收入水平、职业阶层、居住类型、人力资本、社会资本是市民抑制程度的五大影响因素,而且在不同分位点其影响作用显著不同。其中,收入水平、职业阶层和社会资本与市民抑制程度呈显著的负相关关系,上述指标的提高会显著降低市民抑制程度,进而促进城市融入效度的提升。居住类型和人力资本与市民抑制程度的关系具有明显的不确定性,前者的作用形式表现为倒“U”形曲线,后者的作用形式表现为“U”形曲线,两者作用改变的分位点分别为0.60和0.40。总体来看,新生代农民工较低的职业阶层、放缓的收入增速和有限的社会资本导致其市民抑制程度相对较高;在居住类型上,为增强抵抗社会风险的能力,新生代农民工往往倾向于族群内部聚居,因而其对城市融入效度提升的效果并不明显;人力资本存在“教育过度”悖论,与大学生的就业竞争和劳动力市场的结构性替代决定了新生代农民工城市融入效度的提升面临较大的不确定性。

(五)总体评价

采用模糊综合评价法进行检验,可发现新生代农民工的城市融入效度整体偏低,主要制约因素在于市民供给和融入成本。其中,大城市人口规模扩张带来的城市承载压力对人口增量的支撑作用日益有限,高昂的城市融入成本则极大制约了新生代农民工的城市融入意愿,从而影响了有效市民需求。与相对偏低的城市融入进程相比,当前新生代农民工的城市融入状况呈现出“双低”困局,相应的破解思路应是以突破“收入拐点”为先导，逐步构建城市融入的“混同模式”。

本章小结

本章与第四章相呼应，侧重城市融入效度研究，即新生代农民工的市民化程度，或与市民的“同质化”程度。由于理论界目前缺乏城市融入效度的研究成果，本章第一节首先基于“四维度”分析框架，从市民需求、市民供给、融入成本和市民抑制四个层面构建了城市融入效度评价指标体系，下设22个二级指标。采用层次分析法（AHP）确定指标层权重，得出市民需求的影响效果为0.336，市民供给为0.306，融入成本为0.224，市民抑制为0.134。随后，以实证研究方法对上述四个层面进行了独立测算，详细分析相关约束因素及其影响程度。

在市民需求的研究中，改变了以往将新生代农民工市民化默认为“占优决策”的惯性思维，从更加能动的视角实证测算了流向决策、收入水平、人力资本、社会资本、机会成本和个体特征六大因素的影响作用。采用Logit模型进行回归分析，发现前四项指标对市民需求具有正向影响，机会成本具有负向影响，个体特征的影响效果不确定。更重要的是，发现了新生代农民工城市融入存在“收入拐点”，即以阈值CE（城市平均工资水平）为界，可将研究样本划分为两个区间：在阈值以下的区间，收入水平提高对市民需求具有抑制作用；在阈值以上的区间，收入水平提高对市民需求具有促进作用。这论证了在市民化初期阶段，单纯通过增加新生代农民工的收入来提高其城市融入效度，效果相对有限。

将城市承载力作为市民供给的替代变量进行研究，可发现当前东部沿海地区各大城市的人口总量普遍超过适度人口规模，且经济—人口空间分布的协调偏离度指数（HD）逐年走高。这表明：(1)流动人口大量向中心城市和主城区集聚并未带来相应的经济增长，反而导致资源配置的低效率。(2)新生代农民工的“郊迁扩散”效应大于“规模集聚”效应，各地应加快发展县域经济，将其培养成截留和疏解大城市人口压力“蓄水池”的作用。在城市承载力五大子系统的分解研究中，发现除了经济子系统之外，其余四个子系统均表现出对城市融入效度的强约束。其中，短期内“社会进步”和“人口发展”是短板，长期内“自然资源”和“生态环境”是瓶颈。破解思路是注重各子系统之间的动态平衡。

在城市融入成本方面，课题组主要研究了私人成本部分。通过引入“资本再造成本”和“享乐成本”，对评价指标体系进行了创新，进而对各项成本要素进行了实证测算。研究发现，居住成本对城市融入效度的制约作用最为明显，其次是社会保障成本和机会成本，最后是享乐成本和资本再造成本。研究结论主要有三点：一是新生代农民工城市融入的私人总成本约为20万元/人，明显偏高，极大制约了其城市融入的积极性；二是短期内应着重解决新生代农民工的安居问题，消解居住成本带来的压力；三是长期内应注重社会保障制度和农村土地流转制度的改革，消除新生代农民工对未来生活的不良预期，增强其城市融入的信心。

更进一步，采用分位数回归法对市民抑制进行实证检验，可发现职业阶层、收入水平、人力资本、社会资本、居住类型五大要素对城市融入效度的约束作用明显不同。其中，居住类型对市民抑制程度的影响作用呈倒“U”形曲线，人力资本对市民抑制程度的作用呈“U”形曲线，其他三项指标是市民抑制程度的单调减函数（即指标提高将显著降低市民抑制程度）。结合当前国内各地促进新生代农民工市民化的政策举措，有两点建议：(1)在居住方面，市民抑制程度相对较高的地区应注重保障政策的“全覆盖”，确保新生代农民工“居有其所”；市民抑制程度相对较低的地区，则可尝试依托社区融入等手段，加快新生代农民工与市民融合居住，从而提高其城市融入效度。(2)在人力资本方面，单纯增加对新生代农民工的义务教育投入，对提高其城市融入效度而言效果并不显著。对此，一方面，应充分发挥企业的主体作用，强化职业技能培训和岗位培训；另一方面，应尝试打通次属劳动力市场向首属劳动力市场转化的通道，加快推进新生代农民工由低端劳动力向高端技术型人才的转变，着力培养农民工就业“新形态”。

最后，采用模糊综合评价法对城市融入效度进行总体判断，发现其与城市融入进程相一致，均处于“低市民化”状态。针对新生代农民工市民化的“双低”困境，结合本章第二节至第五节的分析，建议充分关注收入水平的“拐点”效应，逐步构建城市融入的“混同模式”。对此，我们将在第八章予以详细说明。

第六章　新生代农民工城市融入的制约因素

在前面两章的分析中，我们实证测算了新生代农民工城市融入进程和城市融入效度。结果表明，与新生代农民工日益高涨的城市融入诉求相比，其城市融入进程（水平）和城市融入效度（质量）呈现出明显的“双低”困境，具有“半城市化”、“逆城市化”和“失范性融入”等特征，部分新生代农民工成为游离于城市和农村主流生活之外的“双重边缘人”。在失业增生与老龄化并存、人口分布与经济结构不协调、人口增长与城市承载力不相适应的现实条件下，规模庞大且呈集中爆发态势的人口流动迁移与不断加速的城镇化进程呈现出明显的“二律背反”（Antinomies），新生代农民工城市融入的不充分、不彻底引发了一系列经济社会问题，极大增加了社会改革成本、阻滞了农民工市民化的实现，进而制约了我国工业化、城镇化和现代化的顺利推进。

21世纪以来，人口流动迁移逐渐成为我国经济发展和社会转型的主旋律，新生代农民工城市融入也开始由“人文关怀”走向“制度设计”。党的十八大报告明确提出“加快形成新型城乡关系，让广大农民平等参与现代化进程、共享现代化成果”①；党的十八届三中全会提出“促进社会公平正义，实现发展成果更多更公平惠及全体人民”②；党的十八届五中全会提出创新、协调、绿色、开放、共享五大发展理念，其中特别强调了“共享是中国特色社会主义的本质要求，是社会主义制度优越性的集中体现……使全体人民在共建共享发展中有更多获得感，朝着共同

① 胡锦涛：《坚定不移沿着中国特色社会主义道路前进，为全面建成小康社会而奋斗——在中国共产党第十八次全国代表大会上的报告》，新华网，2012年11月8日。

② 《中共中央关于全面深化改革若干重大问题的决定》，新华网，2013年11月12日。

富裕方向稳步前进。”[①] 照此目标，各级政府应当高度重视共享发展与新生代农民工城市融入的内在关系，对制约城市融入水平和效度的相关因素进行全面、深入分析，通过有效的制度安排和政策设计逐步破解城市融入“双低”困境。

理论界目前有关新生代农民工城市融入困境及其约束因素的研究十分丰富，但由于学科视角不同、分析方法各异，学者们得出的结论通常较为细碎和零散，相关成果带有明显的“碎片化”特征。鉴于此，本章依托“四维度”分析框架，重点研究两个方面的内容：一是新生代农民工城市融入困境引发的经济社会矛盾及其显性表现；二是对城市融入困境的根源进行探析，并对经济、政治、社会、心理四大测量维度下的代表性因素进行分解研究。在研究方法上，按照“总—分—总”的逻辑思路，采用定性分析与定量研究相结合的方法，尝试对理论界现有研究成果进行整合，以增强问题研究的层次性、条理性和针对性，进而为构建城乡居民共享发展的体制机制提供理论支撑和决策依据。

第一节　城市融入困境引发的经济社会矛盾

流动人口规模的急剧膨胀是21世纪以来我国工业化、城镇化进程中最为显著的人口现象。2015年，我国城镇化率已达到55%[②]，2.74亿农民工在为城市提供丰富劳动力的同时，也在客观上加大了流入地城市的承载压力和政府管理难度。根据新型城镇化“以人为本”的内在要求，要实现由“规模扩张”向“质量提高”转变，各级政府必须审慎思考优化人口结构和空间分布，使之与地方经济发展和城市承载力相适应。新生代农民工的“半城市化”和“失范性融入”特征使外来人口机械增长与城市融入效度偏低的“两难”困境长期难以改变，地方政府以行政手段为主对农民工进行“逆向梯度筛选”的人口调控模式则进一步压缩了新生代农民工市民化的可能空间，从而形成恶性循环。目前来看，新生代农民

① 《中共中央关于制定国民经济和社会发展第十三个五年规划的建议》，新华网，2015年10月29日。

② 《中共中央关于制定国民经济和社会发展第十三个五年规划的建议》，《人民日报》2015年11月3日。

工城市融入困难、融入效度偏低引发的经济社会矛盾突出表现在三个方面：

（一）导致空间分异，制约经济转型和产业结构优化升级

人口结构与产业需要相协调、人口分布与资源环境承载力相适应是《国家人口发展“十二五”规划》确定的重要目标。在第五章第三节，我们论述了当前新生代农民工城市融入效度偏低的一个直接后果是经济—人口空间分布的不一致，即流动人口在中心城市和主城区集聚并未带来相应的经济增长，反而导致中心城市从“极化效应”向“涓滴效应”过渡的进程十分缓慢，影响了资源配置效率的提高。以浙江省为例，2005—2010年浙江省常住人口由4894万增加到5443万，增幅为11.22%；城镇人口由2742万增加到3354万，增幅为22.32%[①]。后者增幅高于前者印证了近年来浙江省城镇化进程的不断加快。但更进一步，以协调偏离度指数（Harmonization Index，HD）[②]考察同期浙江省的经济—人口空间分布一致性，则会发现近年来浙江省HD严重偏离均衡线（横轴）且波动剧烈（见图6—1）。这说明，中心城市流动人口的规模扩张并未对当地GDP起到显著的拉动作用，反而导致经济—人口的空间分异，制约了经济转型和产业结构优化升级。究其原因，一是大城市的“规模集聚”效应大于“郊迁扩散”效应，收入差距和福利差别持续诱使流动人口向中心城市和主城区集中；二是大城市长期依赖的劳动密集型产业以往吸纳了过多的省外低端劳动力，不仅无益于缓解结构性就业矛盾，反而会进一步阻滞经济转型和产业结构优化升级。

（二）产生融入悖论，“半城市化”与“民工回流”现象并存

正如刘传江、董延芳（2014）指出的，当前新生代农民工市民化的一个独特现象是：“半城市化”不仅是现实状态，也是“占优决策”。近年来，我国东部沿海地区频繁出现的“民工荒”和技工短缺现象导致企业用工缺口始终较大，这一方面，反映出我国日益严重的结构性就业矛

① 数据来源：《2013年浙江省国民经济和社会发展统计公报》。

② 设G和P分别为某区域的GDP和城镇人口总数，G_i为第i个城市的GDP，P_i为该城市的城镇人口数，用$g_i = G_i/G$和$p_i = P_i/P$分别代表城市GDP和城镇人口数占区域的比重，则$HD = \sqrt{p_i\,(GPR_i - 1)^2}$，其中$GPR_i = g_i/p_i$。

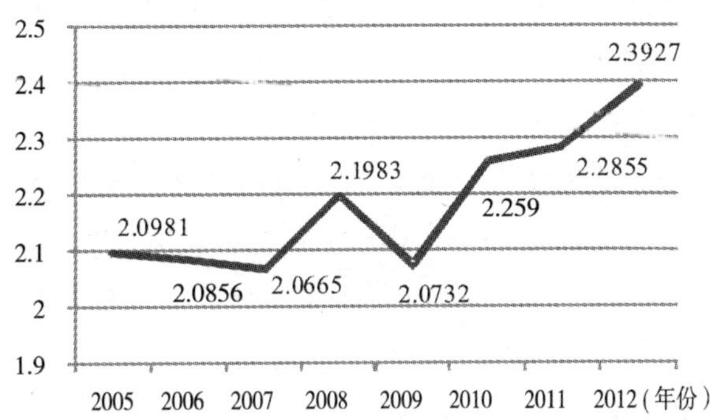

图6—1　浙江省经济—人口分布协调偏离度指数（2005—2012年）

盾并未得到有效缓解；另一方面，也印证了新生代农民工流向决策的多元化，即相当一部分人开始向中小城市和小城镇进行转移。究其原因，主要在于我国农民工市民化进程与西方国家乡城移民的社会融合过程具有本质区别：第一，西方国家的乡城迁移较多遵循行为自主原则，移民的行为决策主要受农村“推力”和城市“拉力”两种因素的影响（D. G. Bagne，1954），而我国的农民工市民化则较多受到行政因素的干扰，政府决策与规制手段往往会成为城市融入的重要影响变量。第二，我国的农民工市民化客观上需要经历农村退出、城市进入和城市融入三个阶段，在此过程中，农民工的现实身份与制度身份相分离，具有“两步转移”的特点。

农民工市民化进程的不顺利、不彻底使流入地政府在政策调控等方面拥有了较多的行为自主权和可操作空间。面对巨大的人口流动迁移势能，地方政府普遍倾向于以行政手段为主对有市民化意愿的外来人口进行“逆向梯度筛选”，从而兼顾农民工市民化诉求与城市可持续发展的现实需要。从我国现有的人口调控模式来看，不论是重庆和成都的“就地市民化”模式还是广东省的“积分入户制”，都带有典型的“以物易物”和“条件准入”特征。一定程度上，“公共权力优先于公民权利”的人口调控模式有助于增强流入地的市民化经济资本、兼顾城市承载力与产业发展的实际需要，但不可否认，它对流动人口的市民化意愿和平等权利客观上有所忽视，会导致“半城市化”与“民工回流”现象并存[①]。据国务院发展研究中心（2012）统计，目前我国进城农民工真正能实现迁移落户的比例只有1.7%[②]，绝大多数农民工成为“两栖人”或“城乡边缘人”，长期游离于城市体制之外。地方政府出于利益导向漠视农民合法权益与迁移意愿，致使失地农民“被上楼”和“被进城”的现象也屡见不鲜，这将进一步加剧外来人口机械增长与城市融入效度偏低的“两难”困境。近年来，国内各大城市普遍出现的社区隔离、自我排斥、认同“内卷化”倾向等即是明证。

（三）降低政策效率，人口调控政策失灵与城市化率虚高

在我国20多年的城市化高速发展时期，不同等级城市的人口增长率有规律性差别。通常而言，城市规模越大，人口增速就越快。据统计，1990—2012年我国300万以上人口特大城市的人口增长率高达5.3%，100万以上人口大城市的人口增长率达到2.6%，外来人口规模扩张成为大城市人口增长速度过快的重要原因之一。[③] 有学者指出，外来人口规模持续扩张极大增加了城市管理难度和承载压力，“城市病”在一线城市愈发突出和严重（童玉芬，2010）。对此，北京、上海和深圳等特大城市纷纷采取了一系列控制外来人口规模的措施，并将其作为城市发展规划的一项重要内容。

遗憾的是，通过行政手段对人口规模和流向进行调控被证明是低效率的，政策实施效果通常与政策预期出入较大。以北京市为例，其在1983年确定的“2000年人口规模控制在1000万以内”的目标提前七年被突破，1993年确定的“到2010年常住人口不超过1250万人”的目标提前十年被突破，2005年确定的“到2020年常住人口不超过1800万人”的目标也提前十年被突破。那么，除了政策设计上可能存在的不合理之外，导致人口调控政策失灵的深层次原因有哪些？

我们认为，对以农民工为主体的流动人口进行调控，政策失灵的主要原因在于漠视了行为主体的逐利性、行为理性和主观能动性。拉文斯坦

① 拉文斯坦（Ravenstien，1885）在《人口迁移之规律》中提道，“每一次大的人口迁移也带来了作为补偿的反向流动”。但是，中国的民工回流现象显然已经超出了这种所谓“反向补偿”的合理界限。

② 舒泰峰、左林：《户改十字路口》，《财经》2012年第7期。

③ 罗源昆：《大城市的人口只能主要靠行政手段调控吗?》，《人口与经济》2013年第1期。

（E. G. Ravenstein，1885）和达·凡佐（Da Vanzo，1982）认为，乡—城人口迁移事实上遵循“人口迁移法则”，即只要迁移的预期收益（并不一定是真实收益）大于迁移成本，农村剩余劳动力就会选择源源不断地进入城市以寻找更好的工作和更高的收入。放眼当下的中国，在大城市预期高收入和趋利动机的共同作用下，以行政手段为主对流动人口进行调控与乡城移民的“经济人”行为理性相冲突，因而注定是低效率的。人口调控的“政策悖论”不仅影响了农民工市民化的实现，同时也带来一个严重问题，即城镇化率的虚高。2013 年 7 月，中国社会科学院发布了《中国城市发展报告 NO. 6》，提出“国家统计局公布的 2012 年 52.57% 的城镇化率被高估了 10 个百分点左右”，认为“我国真实的城镇化率仅有 42.2%”。

第二节　新生代农民工城市融入困境的根源

在上一节，我们探讨了新生代农民工城市融入困境引发的经济社会矛盾，并分析了导致城市融入困境的相关原因。理论界已有研究多基于社会结构的视角，将城乡二元体制视为制约新生代农民工城市融入的首要根源，提出户籍制度及依附于其上的相关社会福利制度（如就业制度、居住制度、教育制度、社会保障制度等）共同构成了“双重户籍墙”，将新生代农民工排斥在城市主流体制之外。随着我国城镇化进程的加快以及农民工群体的代际分化，新生代农民工的外出动机、行为特征和融入诉求等均与上一代农民工呈现出显著差别，因此对城市融入困境的分析就不应当再局限于户籍制度改革。从更加宏观的层面来看，新生代农民工城市融入的影响因素可分为外生变量和内生变量。其中，城乡二元结构下的户籍制度是典型的外生变量，社会资本、组织水平和社区参与则是最具代表性的三个内生变量，它们一起被认为是导致“半城市化”的四大主要根源。

（一）城乡二元结构下的户籍制度

在农民工市民化研究中，城乡二元分割的户籍制度向来广受诟病，被公认为是制约人口自由流动与公平发展的制度藩篱。陆学艺（2002）指出，户籍制度本质上是一种以个人为本位的人口管理方式，主要用于国家依法收集、确认、登记公民出生、死亡、亲属关系、法定地址等公民人口基本信息。而如今，户籍制度事实上已成为一种“社会屏蔽制度”，成为对居民进行身份划分和福利认定的手段，过多地与公民在就业、教育、社会福利等方面的权益相挂钩。更为严重的是，户籍制度及依附于其上的相关社会福利制度共同构成“双重户籍墙”（刘传江、程建林，2009），极大地阻碍了人民平等参与现代化进程和公平分享现代化发展成果。近年来，国内各地普遍对户籍制度改革进行了有益探索，如重庆市的“就地市民化”模式、广东省的“积分入户制”和浙江省的居住证制度（2010 年10 月 1 日起全面实施）。但从户籍制度改革的核心内容来看，目前还停留在主要依靠地方政府进行局部调整的阶段，只重点解决了三类人员的进城落户问题：一是符合“投靠”政策规定但没有指标的人员进城落户；二是“城中村”农民的就地身份转换；三是鼓励各类投资、购房和人才的引进。[①] 此外，长期黏附在户籍制度之上的相关社会福利制度剥离难度大、速度慢、阻碍多，与户籍相挂钩的福利供给方式还未根本改变，户籍制度的“遗产效应”和“隐性户籍墙”导致农民工的现实身份与制度身份相分离[②]，顽固阻碍其社会地位的向上流动。因此说，城乡二元结构下的户籍制度是阻碍新生代农民工城市融入的首要根源。

（二）社会资本匮乏和同质性过高

简单理解，社会资本（Social Capital）是指人们在社会结构中所处的位置能给他们带来的资源，其最核心的价值体现在三个方面，即社会网络（Network）、互惠性规范（Norm）和由此产生的信任（Trust）。相对于有限的人力资本和较低的组织水平，新生代农民工依托社会资本能够有效减少城市融入阻力、降低城市融入成本、缩短工作搜寻时间，因而被学术界公认为是实现市民化的重要手段。李培林（1996）指出，农民工可以使用的社会资本主要是其社会关系网络。边燕杰、张文宏（2001）则进一步将农民工的社会关系网络划分为“强关系”的初级网络和“弱关系”的次级网络。目前来看，新生代农民工城市融入进程中社会资本作用的发挥主要受两方面因素的制约：一是基于血缘、地缘的“强关系”社会网

---

① 张国胜：《中国农民工市民化：社会成本视角的研究》，北京：人民出版社 2008 年版，第 165 页。

② 刘传江、程建林：《双重“户籍墙”对农民工市民化的影响》，《经济学家》2009 年第 10 期。

络具有高趋同性、低异质性和高紧密性特征，无法有效满足新生代农民工多样化、功利性的城市融入需求，而且会固化其生存的亚文化状态；二是在从“农村退出”向“城市进入”转换的过程中，新生代农民工较多面临原有农村社会关系网络断裂所造成的社会资本损失，不利于其社会认同的培养。简言之，社会资本匮乏和同质性过高成为新生代农民工城市融入困境的另一个重要因素。

（三）社区参与的不足和功能缺失

业余文化生活贫乏和精神空虚是新生代农民工城市融入效度低的一个重要表现，说明他们并未在流入地城市获得基本的认同感、归属感和幸福感。在强化对新生代农民工公共文化服务的供给上，国内学者提出了许多建议和方案，但普遍面临两个难点：一是农民工群体基数较大，对公共产品和服务的需求量大，政府面临一定的财政支出压力；二是农民工群体的流动性强，在不同企业和地域之间频繁转移，政府进行公共服务供给的内在动力不足。依托社区参与破解上述难题是近年来的一个创新性思路。林蓉（2009）和唐若兰（2010）认为，社区具有控制、整合、引导和扶持等功能，良好的社区参与是新生代农民工日常生活和社会交往的现实基础，也是城市融入的社会化载体（周斌、聂洪辉，2008）。然而，社区参与是一个相对抽象和宽泛的概念，需要与就业、社保、教育、文化宣传和公共服务等制度相联系，才能在推动新生代农民工城市融入的过程中发挥切实作用。目前来看，根据社区参与的有效性，可将新生代农民工划分为准社区类型、进入社区类型和未进入社区类型三种，后两种事实上都是不充分的社区参与，无法解决新生代农民工角色转换和身份转化相分离的难题。此外，从社区目前承担的功能来看，仍较多集中在政策宣讲、事务通知和基础服务等方面，高层次的活动组织、社区选举和文化传播等还远未涉及。总体而言，社区参与不足和功能缺失使新生代农民工缺乏城市融入的有效平台和现实载体。

（四）组织建设滞后和组织化水平低

在过去很长的一段时间内，我国的农民工体制都是以“拆分型的劳动力再生产模式”为主要特征，农民工通常只能作为廉价的劳动力要素而存在，并逐渐演化出“短工化”的就业趋势和“原子化”的生存状态。但是，无论何种生产体制都不可能根本泯灭劳动者寻求社会交往和集体归属的需求。[①] 当前城市中普遍存在制度性和非制度性社会排斥，进一步刺激和强化了农民工群体内部的“抱团倾向”，他们会利用各种非正式纽带联结起来，以寻求人脉资源、情感支持、社会交往和文化认同。与上一代农民工“散兵游勇”式的生存和抗争状况不同，新生代农民工开始愈发积极地向政府和企业要求制度化的组织资源，并开始注重组织能力提升、构建内部互助网络、培育集体团结意识。

但是，上述转变并不能掩盖新生代农民工组织建设滞后和组织化水平较低的事实：(1)从人数规模上看，企业工会和劳工 NGO 的覆盖范围非常有限。据国务院发展研究中心（2011）统计，73.5% 的农民工没有加入工会，其中 44.1% 的人所在企业或单位没有工会组织。[②] (2)从地域范围来看，东部沿海地区企业工会和劳工 NGO 的作用较为明显，中西部地区劳工的正式组织渠道与以往相比则几乎没有变化。(3)从参与意愿来看，许多新生代农民工对企业工会和劳工 NGO 仍然抱持实用性、工具性态度。在绝大多数的集体维权案例中，新生代农民工通常只对争取眼前利益感兴趣，对长远的组织建设则缺乏热情。(4)从制度环境来看，新生代农民工组织化所面临的制度环境仍未发生根本改变，权力部门和有关机构仍试图将基层工会和劳工 NGO 纳入严密监管之下。[③]

简言之，新生代农民工数量的规模化并未随之形成组织化，致使他们缺乏可靠的权利维护机制和资源获取机制，进而影响了城市融入的有效实现。

（五）其他相关影响因素

除上述四大核心影响因素之外，也有学者从其他学科视角对城市融入困境进行了合理性解释。例如，蔡昉（2006）论证了宏观经济波动对农民工城市融入进程的暂时性影响；孟颖颖、邓大松（2007）和张广胜、周密（2013）提出了农民工城市融入的“收入悖论”，即收入水平提高对

① 汪建华、郑广怀、孟泉、沈原：《在制度化与激进化之间：中国新生代农民工的组织化趋势》，《二十一世纪》2015 年第 8 期。

② 国务院发展研究中心课题组：《农民工市民化：制度创新与顶层政策设计》，北京：中国发展出版社 2011 年版，第 164 页。

③ 汪建华、郑广怀、孟泉、沈原：《在制度化与激进化之间：中国新生代农民工的组织化趋势》，《二十一世纪》2015 年第 8 期。

其市民化进程的促进作用并非呈直线型发展；姚先国（2006）分析了农民工就业非稳定性对城市融入的制约作用，等等。由于上述因素多为现行政策框架和制度安排下的衍生，因此课题组将其安排在随后四个层面的分解研究之中进行论述，此处暂不予以展开。

第三节　经济层面的融入成本约束

经济融入是新生代农民工城市融入的首要环节和前提基础。对新生代农民工经济融入状况的判断通常是从收入水平、职业稳定性和生活成本负担三个方面进行的。鉴于新生代农民工日益增多的举家迁移行为特征，以及对家庭提升需求的日益强烈，子女教育也逐渐成为新生代农民工城市融入的约束因素。客观而言，上述四个方面的现实状况与新生代农民工的城市融入期望之间存有差距，致使其不得不耗费更多的时间成本和经济成本去打通城市融入的渠道。

（一）人均收入保持增长，但增长速度逐年放缓

收入水平是衡量个体经济能力的首要因素。阿玛蒂亚·森（Amartya Sen）认为："收入的贫困掠夺了人们的各种福利，也限制了个人能力的发挥。"对新生代农民工而言，个人收入能力的提高能够有效增加个体行为的自由度，避免陷入生存危机。在有关农民工市民化的论述中，收入水平的高低及其增长速度始终是国内学者研究的首要关注目标。

自2010年中央"一号文件"明确提出"要采取有针对性的措施，着力解决新生代农民工问题"以来，各地普遍加强了对新生代农民工市民化的支持力度，采取了一系列有针对性的措施积极增加农民工收入，以破解城市融入的困难和障碍。一个最直观的成效是，近年来我国农民工的人均月收入持续增长，由2008年的1340元/月增加至2014年的2864元/月，增幅高达113.73%。从分行业的人均收入来看，农民工相对集中的六大就业领域人均月收入均保持了较为稳定的增长，其中制造业由2537元/月增加至2832元/月，增幅高达11.6%；建筑业由2965元/月增加至3292元/月，增幅高达11%；居民服务业由2297元/月增加至2532元/月，增幅高达10.2%（见表6—1）。

表 6—1 分行业农民工人均月收入及增幅 单位：元，%

	2013 年	2014 年	增长率
合计	2609	2864	9.8
制造业	2537	2832	11.6
建筑业	2965	3292	11.0
批发和零售业	2432	2554	5.0
交通运输、仓储和邮政业	3133	3301	5.3
住宿和餐饮业	2366	2566	8.4
居民服务、修理和其他服务业	2297	2532	10.2

资料来源：国家统计局《2014 年全国农民工监测调查报告》，国家统计局网站，2015 年 4 月 29 日。

从另一个方面来看，随着我国宏观经济步入中高速增长的“新常态”，以及农民工“两难”结构性就业矛盾在一定程度上的强化，近年来农民工工资收入增长呈现出明显的下滑趋势。如图 6—2 所示，自 2009 年以来我国外出农民工人均月收入增长速度均超过 10%，特别是 2011 年达到峰值，同比增长了 21.2%。此后受经济下滑的压力，农民工人均月收入增长速度开始回落，至 2013 年增速降为 13.9%，2014 年则只有 9.8%。在 2015 年 2 月 28 日召开的新闻发布会上，国务院农民工工作领导小组办公室主任、人力资源和社会保障部副部长杨志明指出，农民工从“无限供给”向“有限供给”的模式转变、“两难”结构性矛盾的长期存在，以及农民工接受技能培训的比例总体偏低，成为制约农民工劳动就业和工资收入提升的三大因素，“十三五”时期农民工面临的压力将成为常态。①

（二）就业稳定性差，合法权益得不到有效保障

新生代农民工的就业稳定性是备受关注的社会问题，其不足之处突出表现在三个方面：一是就业促进与服务制度缺失；二是就业保护措施缺乏；三是失业保险制度缺位。究其原因，第一，城乡二元结构导致城市劳动力市场带有显著的分割性特征，被人为划分为首属劳动力市场和次属劳动力市场两个部分。新生代农民工受户籍制度的约束，通常只能在次属劳

① 石睿：《5 年间农民工收入增速首次跌破 10%》，财新网，2015 年 2 月 28 日。

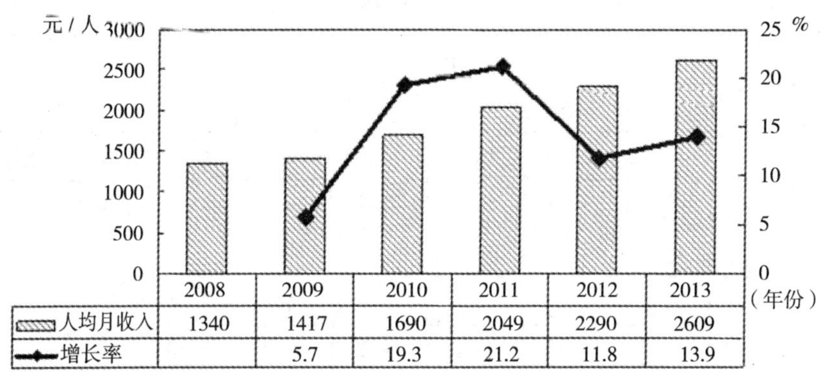

	2008	2009	2010	2011	2012	2013
人均月收入	1340	1417	1690	2049	2290	2609
增长率		5.7	19.3	21.2	11.8	13.9

图 6—2 外出农民工人均月收入和增长率

资料来源：国家统计局《2013 年全国农民工监测调查报告》，国家统计局网站，2014 年 5 月 12 日。

动力市场中寻找工作，而次属劳动力市场本质上是一种非正规市场，难以受到《劳动合同法》和城市就业制度的有效保护，因而普遍存在工作超时、环境恶劣、工资拖欠等侵害农民工合法权益的行为。第二，新生代农民工接受正规职业技能培训的比例整体偏低，大约只有 1/3，因此其就业选择的范围比较狭窄，通常只能从事低端劳动密集型产业，目前主要集中在制造业（31.3%）、建筑业（22.3%）、批发零售业（11.4%）、居民服务业（10.2%）、交通运输业（6.5%）和住宿餐饮业（6%）六大行业领域。在以体力劳动为主的就业领域，新生代农民工的收入水平通常低于农民工整体的工资水平，而且明显低于流入地城市的平均工资水平（即位于城市融入的“收入拐点”之下①）。葛正鹏、王宁、琚向红（2009）指出，收入水平与职业稳定性之间存在着一定的内在逻辑关系。虽然职业不稳定并不代表收入水平就低，但较低的收入水平则通常意味着频繁的工作变动，因此会导致职业的不稳定。简单而言，收入水平低是职业不稳定的充分但不必要条件。表 6—2 的数据论证了上述观点。

① 详见第五章第一节关于市民需求的研究。我们论证了城市融入存在“收入拐点”（阈值 CE）：当新生代农民工的收入水平低于阈值 CE 时，他们以追求收入最大化为目标，此时收入水平的提高无益于市民需求的增强；当新生代农民工的收入水平高于阈值 CE 时，他们以追求效用最大化为目标，此时收入水平的提高能够有效增强市民需求。

表 6—2　新生代农民工年收入与就业稳定性的交叉分布　单位:%；万元

年收入	工作变换次数（次）							合计
	0	1	2	3	4	5	>5	
<1	11.9	17.2	13.3	11.8	16.7	25.0	27.3	14.4
1—2	42.9	39.1	51.7	32.4	66.7	25.0	9.1	41.4
2—3	16.7	17.2	13.3	29.4	16.7	/	18.2	17.5
3—4	17.9	15.6	10.0	11.8	/	/	18.2	14.1
>5	10.7	10.9	11.7	14.7	/	50.0	27.3	12.5
合计	100.0	100.0	100.0	100.0	100.0	100.0	100.0	100.0

资料来源：葛正鹏、王宁、琚向红《农民工就业问题研究——基于浙江省新生代农民工视角》，中国水利水电出版社 2009 年版，第 71 页。

由表 6—2 可知，工作变换 5 次以上的新生代农民工群体之间的收入差距明显扩大，年收入低于 1 万元和高于 5 万元的比例均达到 27.3%。这一方面，说明职业稳定性与收入差距之间存在着明显的正相关关系；另一方面，也说明要在流入地城市获得高收入，则必然要面临职业频繁变换的风险，进而也论证了建立、健全新生代农民工社会保障体系的重要性。

与职业稳定性相对应的另一个重要约束因素，是新生代农民工的“同工不同酬”问题，即其劳动权益无法得到有效保障。近年来，中央政府屡次下令取消就业限制，各地政府也纷纷致力于为新生代农民工创造公平的就业机会和就业环境，但由于制度惯性等原因，城乡二元分割的就业制度在短期内还不会彻底消除，单位内部的“同工不同酬”问题也仍然十分突出。据调查，深圳市新生代农民工的收入水平仅相当于城市正式职工的一半，甚至更少。① 全国总工会也指出：“在同样的岗位上，一个固定工人的工资待遇相当于农民工的 1—3 倍。尤其是劳务派遣工，只拿用人单位给付的市场劳务费用，不享有任何奖金、津贴、福利和保险等其他利益分配。”② 收入分配的严重不公不仅挫伤了新生代农民工的劳动积极性，更严重的后果是：这种不公平为某些单位和雇主恶意克扣、拖欠新生

① 《深圳发布全国首份新生代农民工调查》，腾讯新闻：http：//news.qq.com/a/2010—07—15/000152。

② 刘大兰：《影响农民工与城市社会融合的障碍探析》，《辽宁行政学院学报》2008 年第 3 期。

代农民工工资提供了机制机会，从而导致其就业状况的进一步恶化。

（三）融入成本高昂，居住成为市民化的重大障碍

拉美国家的“城市贫民窟”（City Slums）和法国的“敏感城市地带”（Sensitive City Zone）证明，合理妥善地解决移民在城市的居住问题，是关系到城市化健康发展和社会稳定的重要条件。[①] 在国内有关城市融入成本的研究中，学术界始终存在一个争论的焦点，即“城市居住成本”究竟是以农民工在流入地城市买房为准（获得在流入地城市人均标准住房面积所需支付的房价总额），还是以租房为准（获得在流入地城市人均标准住房面积所需的租金支出）。上述两种观点均有其客观性，但根据国务院印发的《国家人口发展“十二五”规划》，农业转移人口转为城镇居民的条件是“有合法稳定职业并有合法稳定住所（含租赁）”[②]。显然，以房租支出作为居住成本的替代变量是合理可行的。

但是，即便是以房租作为衡量标准，当前新生代农民工在城市生活的成本压力也是很大的。表6—3是外出农民工分地区的月均生活消费和居住支出，从中可以看出，当前农民工居住支出占生活消费支出的比例高达50%左右。2014年的居住支出占比为47.1%，虽然比2013年的50.7%略有下降，但仍然是农民工市民化的巨大经济障碍。

表6—3　　不同地区农民工月均消费和居住支出　　单位：元/人；%

	生活消费支出		其中：居住支出		居住支出占比	
	2013年	2014年	2013年	2014年	2013年	2014年
合计	892	944	453	445	50.7	47.1
东部地区	902	954	454	447	50.3	46.8
中部地区	811	861	441	414	54.3	48.0
西部地区	909	957	443	449	48.7	46.9

资料来源：国家统计局《2014年全国农民工监测调查报告》，国家统计局网站，2015年4月29日。

① 刘建娥：《中国乡—城移民的城市社会融入》，社会科学文献出版社2011年版，第165页。

② 国务院：《国家人口发展“十二五”规划》，中央政府门户网站，2012年4月10日。

从分地区的情况来看，当前中部地区农民工的居住支出压力最大（居住支出占比为48%），西部地区次之（46.9%），东部地区最小（46.8%）。究其原因，主要是因为东部沿海地区经济发展水平相对较高，而且近年来的“民工荒”和“民工回流”现象一定程度上加大了企业的用工缺口，“两难”结构性就业矛盾倒逼企业以多种方式改善农民工的就业环境和生活条件，包括向农民工提供免费集体宿舍、工地工棚等，或给予农民工一定的住房补贴。但是，上述两种渠道目前也开始呈现出收紧的态势，从雇主或单位得到免费住宿的农民工比例和得到住房补贴的农民工比例均出现下降，而且通常流入地城市规模越大，农民工解决居住问题的手段就越倾向于市场化（表6—4）。

表6—4　按城市和居住类型划分的外出农民工人数占比（2013）　单位:%

指标	单位宿舍	工地工棚	生产经营场所	与人合租	独立租赁	自购房	乡外从业回家居住	其他
合计	28.6	11.9	5.8	18.5	18.2	0.9	13.0	3.1
直辖市和省会城市	30.4	14.9	5.9	21.6	20.4	0.7	3.2	3.0
地级市	33.0	10.9	5.8	20.5	19.9	0.9	6.4	2.7
小城镇	23.0	10.4	5.6	13.9	14.9	1.2	27.3	3.8

资料来源：国家统计局《2013年全国农民工监测调查报告》，国家统计局网站，2014年5月12日。

由表6—4可知，2013年租房居住（包括与人合租和独立租赁）的农民工比例为36.7%，比2012年提高了3.5个百分点。在单位宿舍居住的农民工比例为28.6%，比2012年下降了3.7个百分点。同时，2013年从雇主或单位得到免费住宿的农民工比例为46.9%，比2012年下降了2.6个百分点；从雇主或单位得到住房补贴的农民工比例为8.2%，比2012年下降了1个百分点（见图6—3）。

（四）子女教育问题成为城市融入新的阻滞因素

从农民工群体的代际划分来看，目前新生代农民工普遍进入婚育年龄，已经或即将面临子女的受教育问题。因此，与举家迁移特征相适应的，是其对子女受教育需求的日益强烈。近年来，各地政府响应中央号

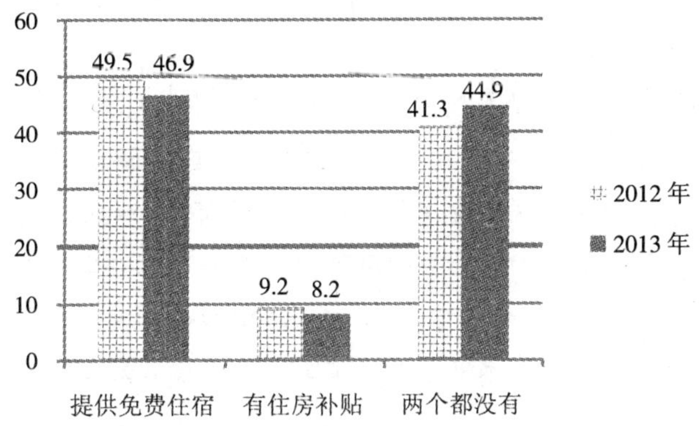

图 6—3　获得免费住宿或补贴的农民工比例（2013）（%）

资料来源：国家统计局《2013 年全国农民工监测调查报告》，国家统计局网站，2014 年 5 月 12 日。

召，普遍加大了财政投入力度，用于兴建农民工子弟学校，或用于消除农民工子女与城市居民子女在义务教育等方面的差别，但客观而言，目前诸如适龄儿童失学、辍学现象、“超龄”上学现象、民工子弟学校的办学质量差、农民工子女受到歧视与排斥等问题仍然十分突出。据全国第六次人口普查结果显示，目前随父母进城的农民工子女大约有 2000 万，其中有近 100 万适龄儿童不能及时入学，失学率高达 9.3%。[①] 从流入地政府的角度来看，一些地方政府缺乏将农民工子女就学纳入到本区域教育事业发展规划当中的内在动力，相关制度不健全、配套措施不完善、政府管理不到位等现象比较突出，致使城市教育资源无法有效覆盖农民工子女。

上述问题除了阻碍新生代农民工市民化的有效实现之外，一个更为严重的后果是会造成贫困的代际传递（Intergenerational Transmission of Poverty），即贫困以及导致贫困的相关条件和因素在家庭内部由父母传递给子女，子女在成年以后则会重复父母的贫困这一境况。简言之，即贫困及其不利因素在父母、子女及后代之间进行传递的“恶性循环链”。[②] 在西方

① 罗义：《农民工子女教育问题初探》，人民网：http：//theory. people. com. cn/GB/40537/3227728. html。

② 张兵：《贫困代际传递理论发展轨迹及其趋向》，《理论学刊》2008 年第 4 期。

有关贫困问题的研究中，奥斯卡·刘易斯（Oscar Lewis，1969）、贝克和托马斯（Becker & Tomes，1986）、科尔曼（Coleman，1990）、米德（Mead，1992）等都强调了人力资本缺失对贫困代际传递的影响，指出“缺乏适当的学校教育，缺少社会活动的参与，或者缺乏除了家庭以外的其他社会资源，构成了贫困文化的一个基本特征——代际传递。”从这个意义上说，农民工子女的受教育问题不仅关系到当下新生代农民工的城市融入状况，而且关系到此后农民工家庭的境况改善和向社会上层流动的可能性，因此应作为成为影响城市融入水平和效度提升的重要变量。

第四节 政治层面的制度屏蔽约束

城市社会的制度性安排（Institutional Arrangement）是影响新生代农民工政治参与的现实基础。从制度的本质特征来看，其主要作用是调节社会关系和进行利益分配，以便在公平的基础上保护、帮助和便利个人，从而缓和不平等的分配结果。[①] 但从制度的产生、发展和执行过程来看，每一项制度的改革都意味着社会规则的改变，意味着相关参与者既得利益的调整。郭开元（2012）指出，目前影响新生代农民工政治参与的最主要社会结构因素是由制度资本造成的，特别是户籍制度对参与权利的影响尤为深远。毕竟，当前城市中与新生代农民工直接相关的社会制度（如就业、住房、教育和社会福利制度等）几乎都是在户籍制度的大框架下制定的，这让他们很难摆脱固有的身份限制，进而形成了事实上的社会等级关系（Hierarchical Relationship）。从这个意义上说，不是某一项社会制度限制和剥夺了新生代农民工的公平权利，而是以户籍制度为核心的一系列制度组成的“制度丛”将新生代农民工束缚在了社会底层，并持续维系着农民工与市民之间的分割状态。在城市贫困问题的研究中，有学者把农民工在城市社会中受到社会发展的先天性制度排斥称为“结构型贫困”（Constructional Poverty）。[②]

---

① 陆益龙：《超越户口——解读中国户籍制度》，中国社会科学出版社2004年版，第9页。

② 朱慧涛：《结构性贫困：流动农民工的弱势处境分析》，《湖北行政学院学报》2005年第2期。

（一）户籍制度与城市落户政策

城乡二元分割的户籍制度及依附于其上的相关社会福利制度（包括就业制度、居住制度、社会保障制度、医疗制度、教育制度等）共同构成了制约新生代农民工城市融入的“双重户籍墙”，理论界对此已经形成了普遍认知。其中，户籍制度作为一种划分农民工与市民的“身份标签”，其最直接的后果就是造成了新生代农民工职业身份与社会角色的分离。换言之，在城市融入的过程中，新生代农民工虽然通过职业非农化完成了从农民到工人的职业转换，但从社会身份上看他们仍然是农民，享受不到与市民同等的待遇和权利。从这个意义上说，破除新生代农民工社会身份的“固化标签”是解决其城市融入困境的首要条件。

党的十八届五中全会作出的《“十三五”规划建议》（以下简称《建议》）在“推动城乡协调发展”的论述中，明确提出“健全城乡发展一体化体制机制，推进城乡要素平等交换、合理配置和基本公共服务均等化”。为实现这一目标，《建议》提出：“推进以人为核心的新型城镇化。深化户籍制度改革，促进有能力在城镇稳定就业和生活的农业转移人口举家进城落户，并与城镇居民享有同等权利和义务。”①同时，《建议》要求“实施居住证制度，努力实现基本公共服务常住人口全覆盖”，这在当前条件下成为深化户籍制度改革的一条现实路径。

浙江省作为国内较早推行居住证制度的试点省份，于2010年10月1日起在全省范围内实施居住证制度，取代了《暂住证》制度，从而使制约人口自由流动与公平发展的制度藩篱得以消除。但在落户方面，该制度采取了较为谨慎和稳妥的“分类推进”实施策略，将《居住证》划分为《浙江省临时居住证》和《浙江省居住证》两种，分别设置了不同的准入条件和持有时间。就“转办常住地户口”而言，该制度的政策规定仍然相对苛刻，而且缺乏具体的操作细则，目前仍是一种导向性的政策。具体来看，该政策的规定主要有以下两个要点：

1.《浙江省居住证》的申领条件：（1）持有《浙江省临时居住证》，连续居住满3年；（2）有固定住所；（3）有稳定工作；（4）具有初中以上文

① 《中共中央关于制定国民经济和社会发展第十三个五年规划的建议》，《人民日报》2015年11月4日。

化程度；(5)已在本市区（县）缴纳社会保险费满3年；(6)无违反计划生育行为；(7)无犯罪记录。[①] 符合以上条件的流动人口可申领《浙江省居住证》。

2. 申请转办常住地户口的条件：持《浙江省居住证》5年以上，并符合有关规定的，可根据本人意愿在居住地落实非农户。

从上述政策规定来看，新生代农民工要实现在流入地城市落户，客观上需要经历两个阶段，首先，是持有《浙江省临时居住证》满3年，然后申领《浙江省居住证》；其次，是持有《浙江省居住证》满5年，然后申请转办居住地非农户口。显然，居住证制度的实施虽然为新生代农民工在流入地城市落户打开了通道，但要实现这一目标，时间下限是8年。再加上发达地区高昂的生活成本，新生代农民工城市融入的进程阻力重重。这也在一定程度上解释了近年来浙江省新生代农民工倾向于向周边中小城市和小城镇进行转移的“郊迁扩散”现象。

（二）政治参与和利益表达机制

合法有效的政治参与（Political Participation）不仅是新生代农民工政治权利得以实现的重要方式和现实途径，同时也反映出新生代农民工在政治领域和社会生活中的地位、作用及权利实现程度。近年来，随着我国民主政治建设、法治建设和“依法治国”方略的深入实施，公民的合法权利得到了有效保障，参与各类事务的机会不断增多，参与渠道也逐步拓宽。对于新生代农民工而言，城市不仅是他们工作和生活的地理空间，同时也是他们参与政治生活、履行公民义务和享受公民权利的重要场所。显然，政治参与和城市融入具有高度的内在一致性。

确保新生代农民工的政治参与权利，是中国实现政治现代化，进而实现真正意义上社会主义现代化的必要条件。[②] 英克尔斯（Alex Inkeles）曾指出：“政治现代化是经济与社会现代化不可缺少的条件，一个国家的人民能够积极参与社会政治生活，常常被看作是现代化的一种特色。无论从

---

① 根据政策规定，以下三类人群可以直接申领《浙江省居住证》：一是荣获居住地县级以上人民政府及市级以上有关部门授予的各种荣誉称号；二是当选为居住地各级人大代表或政协委员；三是经居住地县级以上人民政府规定，属于投资创业或引进人才的流动人口。

② 陈旭峰、田志锋、钱民辉：《“半城市化”的政治边缘人——农民工的社会融入状况对政治参与意愿的影响分析》，《浙江社会科学》2010年第8期。

客观的社会经济地位特征来判断，还是以主观的心理态度来评判，个人在获得现代性后，必定会变成活跃的积极参与国家事务的公民。”① 国内学者也普遍认同农民工政治参与的重要性，指出研究农民工的政治参与意愿，提高农民工政治参与的积极性，对于维护社会稳定和推进我国民主政治建设都具有重要意义②（姜胜洪，2008；郭开元，2012）。

在新生代农民工政治参与的现有研究中，参加政治团体的比例和参与选举的比例是最核心的两大考量因素。由于新生代农民工的政治参与心理呈现出社会转型期的独有特点，城市现代性和农村传统性并存于他们的思想意识之中，因此，其参与行为表现出一定的矛盾性，即一方面表现出相对积极地参与意愿；另一方面却没有足够的动力充分行使自己的参与权利。③ 究其原因，主要在于新生代农民工的参与动机具有一定的狭隘性、功利性和实用性，他们的政治参与大多不是出于维护社会公共利益的目的，而是在自身权益受到侵害或者预期可以获得个体利益时才会发生。换言之，新生代农民工非常重视政治参与的“投入产出比”，与上一代农民工相比，他们的政治参与模式出现了明显的理性化倾向。④

中央综治委预防青少年违法犯罪领导小组办公室（2012）调查发现，目前新生代农民工参加各类政治团体组织的比例非常低。其中，参加过党组织活动的仅占20.4%，参加过团组织活动的占43.2%，参加过工会活动的占36.3%，参加过妇联活动的占12.2%，参加农民工自发形成团体的比例分别为老乡会27.3%和校友会39.4%。⑤ 就参加选举活动而言，可以从农村和城市两个方面来看：在农村，由于人户分离，新生代农民工很少会回到户籍所在地参加当地的村干部选举和人大代表选举；在城市，他们参与较多的是企业和社区的选举活动，但比例也不高，53.1%的新生代农民工表示没有参加过任何选举活动（见图6—5）。

---

① 英克尔斯：《人的现代化》，殷陆君译，四川人民出版社1985年版，第61页。

② 姜胜洪：《和谐社会视野下的农民工政治参与态度探析》，《前沿》2008年第2期。

③ 郭开元：《新生代农民工权益保障研究报告》，中国人民公安大学出版社2012年版，第95—96页。

④ 孙中民：《从非制度化到制度化——农民工政治参与模式的变迁》，《江西社会科学》2007年第4期。

⑤ 英克尔斯：《人的现代化》，殷陆君译，四川人民出版社1985年版，第94页。

表 6—5　新生代农民工在流入地城市参加选举活动的比例　单位:%

	频次	应答百分比	个案百分比
选举员工或职工代表	627	21.6	26.2
选举党支部、团支部成员	486	16.7	20.3
选举社区工作人员	159	5.5	6.6
选举工会负责人和工作人员	363	12.5	15.2
没有参加过任何选举活动	1269	43.7	53.1
合计	2904	100.0	121.5

资料来源：郭开元《新生代农民工权益保障研究报告》，中国人民公安大学出版社 2012 年版，第 95 页。

由表 6—5 可知，在流入地城市参加过选举活动的新生代农民工比例不到 50%。按照参与率的高低，依次为“选举员工或职工代表”（26.2%），“选举党支部、团支部成员”（20.3%），“选举工会负责人和工作人员”（15.2%），“选举社区工作人员”（6.6%）。很显然，当前新生代农民工在流入地城市普遍缺乏对工作和生活的“话语权”，也缺乏对与自身利益相关的社会事务的“表达权”，整体上处于一种集体“失语状态”。

张思博（2009）和邓秀华（2010）指出，政治参与的“失语状态”不仅使新生代农民工对所在地城市社会事务的参与处于“缺席”状态，而且会使他们长期处于利益诉求表达的底层，无法实现对自身权益的争取和保护。[①] 此外，从政治系统的输入和输出关系，以及政府和公民的互动视角来看，新生代农民工政治话语权的缺失会导致流入地政府在制定政策时很少考虑到他们，因而为他们提供公共服务的意愿和动力也相对低下，这将进一步阻碍新生代农民工的政治权益表达，加剧城市社会对他们的权益侵害和人为排斥，进而形成恶性循环。[②] 一个更为严重的后果是，政治参与权的长期缺失会使新生代农民工产生不良的政治参与态度，突出表现为对政治参与的冷漠或极端情绪，这显然是我们不愿看到的。

① 张思博：《农民工参与权的困境》，《内蒙古民族大学学报》2009 年第 5 期。

② 邓秀华：《“新生代”农民工的政治参与问题研究》，《华南师范大学学报》2010 年第 1 期。

（三）社会保障及公共服务体系

健全的社会保障制度和完善的公共服务体系是防止新生代农民工因遭受社会风险而陷入贫困的“社会安全网”，是提高其城市融入效度，加快市民化进程的必要手段。在第三章第三节，我们分析了新生代农民工的权益保护状况和“五险一金”的参保率。总体来看，新《劳动合同法》的颁布实施使新生代农民工的权益保护状况总体趋好，但也不可否认，较为沉重的费用负担以及不合理的制度安排仍然在一定程度上抑制了城市融入进程中各相关主体的参与积极性，使新生代农民工的参保率增速迟缓且难以同等享有基本公共服务。

表 6—6　分地区和分行业农民工“五险一金”参保率的变动情况　单位：%

	工伤	医疗	养老	失业	生育	住房公积金
东部地区	1.0	0.1	0.4	0.7	0.4	0.4
中部地区	1.6	1.2	0.7	1.0	0.7	0.6
西部地区	0.4	0.8	0.7	1.1	0.8	0.7
制造业	1.4	0.4	0.5	0.9	0.5	0.3
建筑业	0.5	0.2	0.2	0.1	0.0	0.0
批发零售业	2.2	0.8	0.9	1.0	0.8	-0.1
交通运输业	2.3	1.8	2.0	2.3	1.6	1.8
住宿餐饮业	0.1	-1.1	-0.6	-1.2	0.1	0.1
社会服务业	0.4	0.5	0.5	0.4	0.4	0.9

资料来源：国家统计局《2014 年全国农民工监测调查报告》，国家统计局网站，2015 年 4 月 29 日。

表 6—6 给出了分地区和分行业农民工“五险一金”参保率的变动情况。可以看出，中西部地区农民工的“五险一金”参保率增长较快，东部地区则相对迟缓。其中，在工伤保险和医疗保险方面，中部地区的参保增长率快于西部地区和东部地区；在养老保险方面，中部地区和西部地区的增长率相同，均为 0.7%；在失业保险、生育保险和住房公积金方面，西部地区的增长率快于中部地区和东部地区。总体来看，当前农民工“五险一金”参保率的增长具有明显的地域差异。

从分行业的情况来看，交通运输业“五险一金”的参保率均表现出明显的增长势头，工伤、医疗、养老、失业、生育和住房公积金分别增长了2.3个、1.8个、2.0个、2.3个、1.6个和1.8个百分点。其中，除了养老保险之外，交通运输业其他险种的增长率均高于另外五个行业。另外，在新生代农民工相对集中的住宿餐饮业和批发零售业，“五险一金”的参保率则表现出明显的下降趋势。其中，住宿餐饮业的医疗、养老和失业保险参保率分别下降1.1个、0.6个和1.2个百分点；批发零售业的养老保险和住房公积金则分别下降0.9个和0.1个百分点。总体来看，与近年来各级政府强化农民工参加城镇社会保险的政策举措相比，当前新生代农民工的参保意愿、参保率及其增长情况并未达到政策预期。究其原因，主要在于缴费负担沉重以及社会保险制度设计上存在缺陷。

一方面，新生代农民工和用人单位的缴费负担比较沉重，降低了参保热情。当前，各地政府对企业足额缴纳“五险一金”均作出了严格规定，新生代农民工参加各项城镇社会保险并不存在制度上的障碍。但从缴费负担来看，企业缴费约占职工工资总额的31%①，个人负担比例达到10%。② 由于社保缴费基数是按照上年度在岗职工平均工资的60%确定的，而新生代农民工的平均工资普遍低于城镇在岗职工平均工资，因此其实际缴费占到了月均工资的12%左右。对企业而言，制造业的工资成本为10%—15%，服务业的工资成本为30%—35%。据国务院发展研究中心（2011）调查，如果缴齐农民工的社会保险，企业成本将增加1.8%—6%。这对利润率普遍在5%左右的中小企业而言，缴费负担还是比较沉重的。在劳资双方都存在避缴意愿的情况下，就很容易达成行动上的一致。③

另一方面，城镇职工社会保险的制度设计存在缺陷，影响了参保积极性。就新生代农民工普遍关注的医疗保险而言，理赔期限过长、赔偿标准偏低和只保大病是广受诟病的三大问题。对于养老保险而言，待遇享受的前提是“累计15年缴费”，这对于流动性较强的新生代农民工而言，很

---

① 其中，养老保险20%、医疗保险8%、失业保险0.5%、生育保险0.7%、工伤保险0.5%—2%。

② 养老保险8%，医疗保险2%。

③ 国务院发展研究中心课题组：《农民工市民化：制度创新与顶层政策设计》，中国发展出版社2011年版，第201页。

难保证参保的连续性和最低累计年限。对于跨省市流动的新生代农民工，还存在因各地政策规定不一致所导致的社会保险转移接续困难等问题。此外，现行社会保障政策在执行中也存在一些问题，例如安监部门会对发生工伤险赔付的企业进行处罚，因此，一些企业抱有隐瞒实情的动机，不愿意参加工伤保险，而是希望通过“私了”解决问题。又如一些地方的保费征收机构要求单位的参保人数“能上不能下”，这对较多使用新生代农民工的企业而言，会考虑到员工的流动性而在一开始就拒绝参保。

第五节　社会层面的资本缺失约束

在现代产业社会，新生代农民工所拥有的资本主要包括人力资本和社会资本两大类。人力资本（Human Capital）主要是指新生代农民工的平均受教育水平，社会资本（Social Captial）是指“实际或潜在的资源集合体，那些资源同某种持久性网络的占有密不可分，而且是一种体制化关系的网络。”[①] 在新生代农民工城市融入研究中，社会资本主要是指新生代农民工借助所占有的社会关系网络，能够获得和掌握的资源、财富、信息与机会。[②] 通常而言，新生代农民工拥有的社会资本越多、异质性越强，其能动员的资源就越丰富，解决问题的能力也就越突出。国内学者普遍认为：新生代农民工拥有的人力资本和社会资本都比较少，在城市融入的过程中，社会资本将发挥比人力资本更为明显和重要的作用。也有学者结合新生代农民工城市融入的“两步转移理论”，对不同阶段中两种资本的作用进行了分解研究。例如，郭开元（2012）指出：“在农村劳动力向城市转移的过程中（即农村退出和城市进入阶段），社会资本起到了决定性作用，人力资本起到了支撑性作用；而在城市融合阶段，人力资本起到了决定性作用，社会资本起到了支撑性作用。”简单理解，新生代农民工的资本拥有量及其使用情况，将在很大程度上决定他们的社会处境以及实现城市融入的可能性。

---

① ［法］布迪厄：《文化资本与社会炼金术》，包亚明译，上海人民出版社 1997 年版，第 202 页。

② 郭开元：《新生代农民工权益保障研究报告》，中国人民公安大学出版社 2012 年版，第 115 页。

（一）文化素质不高和专业技能缺乏

人力资本拥有量决定了新生代农民工的文化技术素质和自我发展能力，是新生代农民工实现城市融入并最终完成向“市民”身份转变的重要条件。通常而言，人力资本状况决定了就业层次和职业稳定性，而且受教育水平和职业阶层之间具有明显的正相关关系：文化程度越高，进入各类公司或企业从事高层次、稳定性工作的比重就越高，从事低层次、临时性工作的比重就越低。表6—7给出了新生代农民工受教育水平与职业阶层的交叉分布，可以看出，高中以下学历的新生代农民工主要集中在各类公司或工厂，从事对文化知识要求不高、技术含量较低的劳动密集型岗位；高中及以上学历的新生代农民工则开始进入自主创业领域，而且进入金融、保险、房地产、卫生、教育、文化和政府部门的比例大大提高。

表6—7　新生代农民工受教育水平与职业类型交叉分布　单位：%

文化程度	从业领域与职业类型									合计
	商饮宾馆	公司工厂	自己开店	租摊经营	个体运输	自办企业	经常变动	暂时失业	其他	
文盲	/	75.0	/	/	/	/	25.0	/	/	100.0
小学	14.3	71.4	/	/	/	/	14.3	/	/	100.0
初中	/	84.2	/	5.3	/	/	5.3	/	5.3	100.0
高中	2.2	62.6	3.3	/	/	1.1	4.4	6.6	19.8	100.0
中专	2.7	62.2	4.1	2.7	/	1.4	2.7	8.1	16.2	100.0
大专	8.8	58.8	/	1.5	1.5	5.9	1.5	4.4	17.6	100.0
本科	/	50.0	/	/	/	/	/	/	50.0	100.0
总体	4.1	63.3	2.2	1.5	0.4	2.2	3.7	5.6	16.9	100.0

资料来源：葛正鹏、王宁、琚向红《农民工就业问题研究——基于浙江省新生代农民工视角》，中国水利水电出版社2009年版，第45页。

由表6—7可知，高中以下学历的新生代农民工所从事的职业具有层次低、流动性大的特点，主要是家政、保洁、餐饮服务和保卫等临时性工作。其中，小学学历的新生代农民工主要集中在工厂（71.4%）、餐饮服务业（14.3%）和经常变动的工种（14.3%）；初中学历的新生代农民工主要集中在工厂（84.2%）、租摊经营（5.3%）和其他部门（5.3%）；

高中学历的新生代农民工主要集中在公司工厂（62.6%），而且暂时失业者开始增多（6.6%）；大专学历的新生代农民工主要集中在各类公司和工厂（58.8%），以及金融、保险、房地产、卫生、教育、文化、政府等其他部门（17.6%），而且自己创办企业的比例大大提高（5.9%）；大学本科学历的新生代农民工（调查样本）则全部进入了各类公司或工厂（50%）以及其他部门（50%），而且相当一部分人进入了企业管理层。

与受教育水平相对应的，是新生代农民工职业技能培训的缺乏。据国家统计局抽样调查，2014 年接受过非农职业技能培训的农民工比例为 32%，其中 20 岁及以下年龄段接受培训的比例为 31.4%，比上年增长了 1.5 个百分点；21—30 岁年龄段接受培训的比例为 37%，比上年增长了 2.4 个百分点。（见图 6—4）从接受技能培训的整体情况来看，近年来新生代农民工接受非农职业技能培训的比例逐年提高，但就接受培训的新生代农民工总量而言，目前仍停留在 1/3 左右的水平，与我国先进制造业、现代服务业和战略性新兴产业对高端劳动力的需求相比还有明显差距。以浙江省为例，截至 2013 年 3 月，浙江省高技能人才总量接近 140 万，但在先进装备制造领域，技师和高级技工缺口率分别达到 66% 和 52.3%，极大地制约了浙江省产业结构优化和经济转型升级。

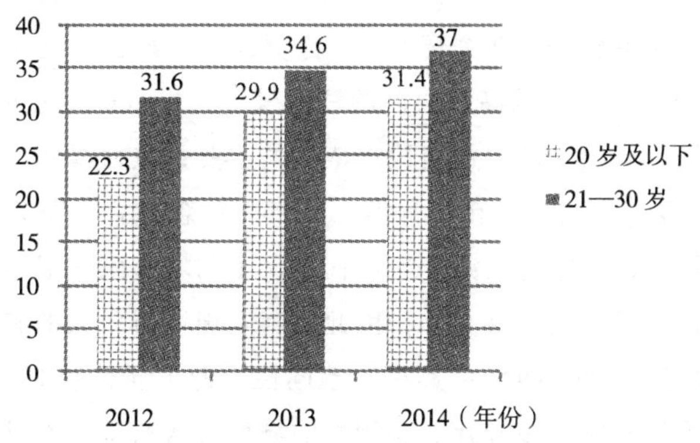

图 6—4　接受非农职业技能培训的农民工比例（%）

资料来源：国家统计局《2014 年全国农民工监测调查报告》，国家统计局网站，2015 年 4 月 29 日。

此外，新生代农民工自身文化素质不高、市民观念淡薄等也是阻碍其市民化进程的重要因素。客观而言，尽管许多新生代农民工已经接受了城市文明的洗礼，从外表上摘去了“农民”这一身份标签，但其思想观念、行为方式和生活习惯等的非农转化却并不明显，还存在着很多与城市现代文明不相融的地方。市民虽然普遍认可新生代农民工对城市发展作出的贡献，但却很反感他们的不良行为和生活方式。课题组在调研中发现，市民反映最强烈的并非是农民工对城市公共资源的占有，而是居住在民房内的农民工扰民事件。由于农民工的作息时间通常与市民不一致，他们经常很晚下班，回来后还肆意活动、大声喧哗，根本不考虑周边居民的感受。此外，许多新生代农民工习惯性地在楼道内随地吐痰、乱扔垃圾、乱涂乱写，或者行为鲁莽、言语粗俗，这些不良现象都导致了市民对他们的歧视和主观排斥行为，进而拉大了两者的社会距离，阻断了融合联结的可能性。

（二）单一的“强关系”初级社会网络

社会交往（Social Contact）按照程度深浅可分为基础交往（Basic Contact）、利益交往（Benefit Contact）和精神交往（Spiritual Contact）三种。其中，基础交往是指一般性的礼貌与客气，利益交往是因工作和生活而在一起打交道，精神交往则上升到了友谊和情感的层面，是一种更为善意和互相欣赏的深层次沟通。就新生代农民工城市融入而言，其与市民的融合过程事实上可被分为两个环节：一个是基础层次的行为融合（Behavior Integration）；另一个是高级层次的情感融合（Emotional Integration）。

在行为融合层面，新生代农民工依托的主要是以血缘和地缘为纽带的“强关系”初级社会网络。在本章第二节，我们论述了“强关系”社会网络的积极作用，即能够有效减少新生代农民工的城市融入成本、缩短工作搜寻时间、提供必要的情感支撑，因此是其实现城市融入的有效手段。但同时，“强关系”社会网络也具有高趋同性、低异质性和高紧密性特征，无法满足新生代农民工多样化、功利性的城市融入需求，而且会固化其生存的亚文化状态，进而阻滞市民化进程。据调查，在对“遇到困难时的求助对象”这一问题进行回答时，61.5%的新生代农民工选择了“亲友”，44.3%的人选择了“老乡”，32.2%的人选择了“工友”，21.7%的人选择了“媒体”，选择“政府”和“市民”的比例分别只有17.6%和8.3%（见图6—5）。显然，新生代农民工虽然能与市民和谐相处，但在社会关系的构建上，他们并不对市民抱有过多的正向期待。换言之，由于缺乏与市民之间深层次的交流、理解和沟通，新生代农民工不得不将“信任票”投给亲友。

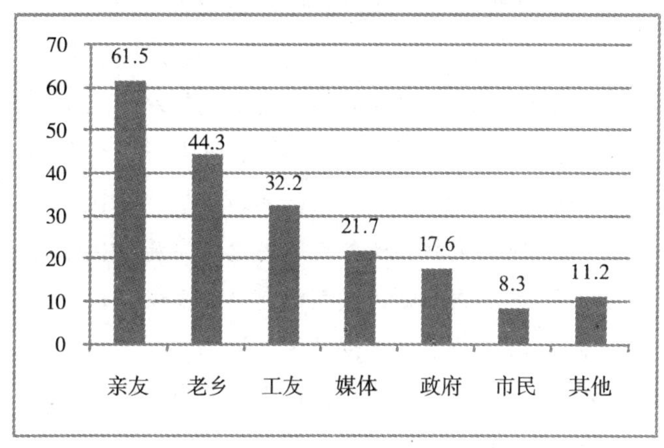

图6—5 新生代农民工遇到困难时的求助对象（%）

在情感融合层面，尽管新生代农民工在身份和待遇上与流入地市民还存有一定的差距，但他们的生活满意度整体较高，市民对新生代农民工的认可程度也比较高，大多数市民并不会主动排斥或恶意歧视新生代农民工。作为影响情感融合的重要变量，情感支持网的宽度（Width）和高度（Height）通常决定了新生代农民工的情感融合状况。研究表明，情感支持网的规模（宽度）越大，新生代农民工遭受社会排斥的可能性就越小；情感支持网的层次（高度）越高，新生代农民工的生活满意度就越高。此外，情感支持（Emotional Support）还会对新生代农民工的城市融入意愿和流向决策等产生重要影响。通常而言，情感支持网的规模越大，新生代农民工越倾向于在流入地城市长期居留；情感支持网的层次越高，新生代农民工越倾向于主动和市民打交道。

最后，从行为融合与情感融合的转换来看，新生代农民工在“农村退出”和“城市进入”阶段较多涉及行为融合，在“城市融入”阶段则较多涉及情感融合。在市民化初期，新生代农民工因为脱离了农村，导致其原有的“强关系”社会网络断裂，从而造成了社会资本的损失。但在市民化中后期，社会资本的积累和形成机制又不健全，导致其“弱关系”

社会网络构建的低效率。在上述两方面因素的共同作用下，新生代农民工普遍陷入社会资本缺失的“真空”地带。

第六节 心理层面的认同危机约束

心理适应（Psychological Adaptation）是新生代农民工城市适应性的最高等级，是其真正融入城市的标志。从类别来看，它分为自我认同（Self－identity）和外部评价（External Evaluation）。其中，自我认同是指新生代农民工对流入地的生活方式、价值理念和主流文化等表示认可，并逐渐将其内化为自己的行为准则，进而对自己的身份定位作出判断。外部评价是指，流入地政府以及市民根据城市生活的主流规范，对新生代农民工的思想观念和行为方式等进行评价，进而对其身份定位作出判断。在城市融入研究中，心理认同主要探讨两个问题：一是新生代农民工的居留意愿和流向决策；二是市民对新生代农民工的接纳和包容程度。

（一）对城市社会和制度性身份缺乏认同感

国内学者普遍认为，新生代农民工存在较为明显的身份认同困惑（Identity Confusion），突出表现在他们中的许多人虽然长期在城市工作和生活，但仍然无法摆脱“外地人”或“农民工”的身份标签，自我认同存在“内卷化”倾向。[①] 在课题组的调查中，29.6%的新生代农民工认为自己是“农民”，33.6%的人认为自己是“城乡边缘人”，只有22.3%的受访者认为自己是“市民”。（见图6—6）在对自身社会地位的判断上，24.2%的新生代农民工感觉比市民“低很多”，36.8%的人感觉“低人一等”，仅11.7%的受访者感觉与市民“无差别”。总体来看，新生代农民工的自我认同与真正意义上的“市民角色”还有差距。

返乡意愿是测度新生代农民工自我认同的另一个重要维度。由于新生代农民工已经接受和适应了城市现代性的生活方式，他们对于乡村的情感和记忆正在逐步消解，与家乡的联结也仅以维系亲情为主。因此，对于“返乡”这一流向决策，大多数新生代农民工都表示排斥和不愿接受。由

① 刘传江、程建林：《第二代农民工市民化：现状分析与进程测度》，《人口研究》2008年第9期。

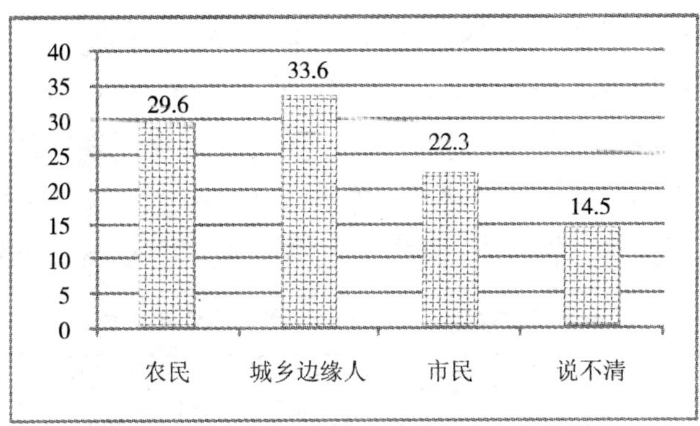

图 6—6　新生代农民工的自我认同（%）

图 6—7 可知，明确表示要“留在城市”的新生代农民工比例为 54.4%，显著高于“返回农村”的比例 16.1%，觉得“无所谓”和“不确定”的新生代农民工比例分别为 8.3% 和 21.2%。显然，与自我认同“内卷化”相对应的，是新生代农民工较为强烈的留城意愿。总体来看，对城市生活的渴望与城市融入困境并存，对市民身份的向往和自我认同“内卷化”并存，两者共同导致新生代农民工的市民化进程不彻底，进而形成了“半城市化”和“失范性融入”的尴尬状态。

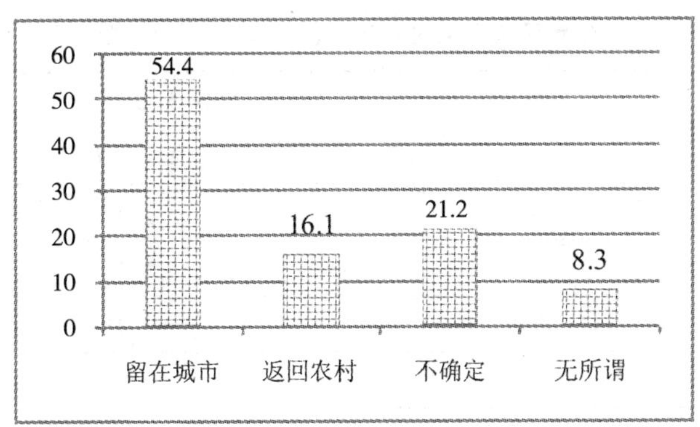

图 6—7　新生代农民工的返乡意愿（%）

一个有趣的现象是，与新生代农民工较为强烈的留城意愿相对应的，是其对于农村承包地和宅基地的保留意愿都十分强烈。据国务院发展研究中心（2011）调查，无论哪个年龄段的农民工，绝大多数都希望保留承包地。其中，16—25 岁年龄段的新生代农民工希望保留承包地的比例高达80.2%，26—30岁年龄段的新生代农民工希望保留承包地的比例为76.1%（见表6—8）。对于农村宅基地的处置意愿，也出现了极为类似的情况。如表6—9所示，26—30岁新生代农民工希望“保留农村宅基地和房产将来备用”的比例为68.8%，选择“有偿转让”、“给城镇户口，有偿放弃”和“置换城里住房”的比例分别只有15.1%、5.4%和10.7%。

表6—8　不同年龄段农民工对农村承包地的处置意愿　单位：%

年龄段	保留承包地自家耕种	保留承包地有偿流转	入股分红	给城镇户口无偿放弃	给城镇户口有偿放弃
16—25岁	50.9	29.3	9.4	2.2	8.2
26—30岁	45.1	31.0	14.2	2.7	7.1
31—40岁	52.8	27.2	11.3	3.1	5.5
41—50岁	49.7	29.1	10.3	4.1	6.8
50岁以上	48.2	33.9	5.4	7.1	5.4
总体	49.5	29.3	11.2	2.8	7.1

资料来源：国务院发展研究中心课题组《农民工市民化：制度创新与顶层政策设计》，中国发展出版社2011年版，第125页。

表6—9　不同年龄段农民工对农村宅基地和房产的处置意愿　单位：%

年龄段	保留，将来备用	有偿转让	给城镇户口有偿放弃	置换城里住房
16—25岁	69.4	13.4	5.0	12.2
26—30岁	68.8	15.1	5.4	10.7
31—40岁	71.0	10.6	5.0	13.4
41—50岁	75.5	9.1	3.0	12.5
50岁以上	75.5	9.1	3.0	7.5
总体	66.7	12.3	4.7	11.4

资料来源：国务院发展研究中心课题组《农民工市民化：制度创新与顶层政策设计》，中国发展出版社2011年版，第125页。

（二）传统观念和认识偏差阻碍了市民包容性

沃思（Wirth）在谈到城市与乡村的区别时指出：“城市与乡村在当

代文明中代表着相互对立的两极。两者之间除了程度差别之外，还存在着性质差别。城市与乡村各有其特有的利益和兴趣、特有的社会组织和特有的人性，他们形成一个既相互对立，又互为补充的世界。"①

由于历史和现实的原因，人们对农民工普遍形成了一种“刻板”印象，加上计划经济时期城乡二元户籍制度规定的农民与市民之间的身份区别，共同造就了流入地政府和市民对农民工的习惯性排斥和观念性偏见。目前来看，绝大多数市民都客观承认农民工对城市发展作出的积极贡献，以及他们遭受的不公平待遇，认为应当包容和善待农民工。但同时也有不少市民仍抱有对农民工的排斥心理和主观偏见，认为农民工代表着“脏、乱、差”，代表着无知、粗俗和低下。

调查发现，相对于物质和生活上的艰苦，新生代农民工最不能忍受的是被人看不起，“农民工”的身份标签和歧视现象的普遍存在直接伤害到了他们的人格与自尊。朱力（2001）把市民对农民工的歧视行为概括为语言轻蔑、有意回避、职业排斥和人格侮辱四种。零点调查公司连续 3 年对京沪汉等地外来人口进行调查，发现 18% 的外来务工经商人员会感觉到当地居民的强烈歧视，45% 的外来务工经商人员感觉“有时会受到歧视”。李强（2004）认为，日常接触中的歧视主要发生在两种场所，一是公众场合；二是居民家庭。但不论是在哪一种场合，市民的歧视行为都会导致农民工对市民的反感和主观疏离。此外，社会文化和生活背景的差异使得农民工在心理上会本能地与市民拉开距离，歧视将进一步导致其远离主流社会，或者与主流社会相断裂，并最终造成社会分隔的问题。

党的十八届五中全会提出“坚持共享发展，着力增进人民福祉”的崇高理念，并从增加公共服务供给、缩小收入差距、完善社会保障制度等八个方面论述了“注重机会公平，保障基本民生，实现全体人民共同迈入全面小康社会”的战略目标和任务要求。在此背景下，新生代农民工城市融入作为各级政府必须面对的重大社会现实问题，必然涉及城市既有利益格局的调整，涉及社会财富在不同社会阶层之间的分配。因此，能否形成一种包容、大气、共享的新型发展理念，将在很大程度上影响新生代农民工市民化的速度和质量。

---

① 李强：《农民工与中国社会分层》，社会科学文献出版社 2004 年版，第 87 页。

近年来，国内各地促进新生代农民工城市融入的政策环境整体趋好，但长期存在的根深蒂固的城乡分治观念，一定程度上仍把农民工排斥在工业化和城市化主流进程之外。对于流入地政府而言，在对有市民化意愿的新生代农民工进行“逆向梯度筛选”时，各大城市事实上已经建立了选择性经济淘汰机制，但相应的补偿性社会支撑机制还未建立。“十二五”时期，各大城市普遍面临外来人口激增、承载压力过大、转型升级紧迫等因素叠加，流入地政府在发展城市经济、填补岗位空缺时会将新生代农民工作为吸纳对象，但在加强就业管理、社会治安综合整治和市容环境整治时，又会将新生代农民工作为管理和干预的对象。在有关新生代农民工犯罪问题的研究中，郭开元（2012）指出：社会融合程度低、明显感觉到不平等是导致新生代农民工犯罪的重要影响因素。他们的犯罪大多是出于一时冲动，具有盲目性特点，侵害对象主要是本地人和外来务工人员。①

课题组认为，平等、包容和共享是新生代农民工实现城市融入的三大核心理念。其中，平等是首要原则。现代文明意义上的平等是指人天生就具有同等的生命权利、发展权利和追求幸福的权利。在社会主义国家，人民是社会的主人，每个人在政治上和人格上都是平等的。温家宝总理在2010年政府工作报告中提出：“我们所做的一切都是要让人民生活得更加幸福、更有尊严，让社会更加公正、更加和谐。”② 包容是城市融入的关键。包容主要是心理包容，指人与人相处时的容纳、包涵、宽容以及忍让的态度，体现的是人与人之间的融洽交往关系。市民应在与新生代农民工交往时尊重他们的见解和认知，不把自己的思想观念和行为方式强加给对方；应经常换位思考，站在新生代农民工的立场上为他们着想，理解他们、体谅他们。共享是发展的最终目标。共享是中国特色社会主义的本质要求，是社会主义制度优越性的集中体现。共享发展旨在通过有效的制度安排，实现发展成果更多更公平地惠及全体人民。③ 流入地政府应坚持把

① 郭开元：《新生代农民工权益保障研究报告》，中国人民公安大学出版社2012年版，第144页。

② 温家宝：《十一届全国人民代表大会第三次会议政府工作报告》，《人民日报》2010年3月5日。

③ 习近平：《中共中央关于制定国民经济和社会发展第十三个五年规划的建议》，《人民日报》2015年11月4日。

普惠发展成果作为共享发展的价值取向，补齐社会事业和民生建设的短板，努力开创全体人民公平公正分享现代化发展成果、共同迈进全面建成小康社会的新时代。

本章小结

本章重点分析新生代农民工城市融入困境的显性表现及其深层次根源。在对城市融入困境引发的经济社会矛盾进行客观论述的基础上，探讨了城乡二元户籍制度、社会资本、社会参与和组织建设四大因素对新生代农民工城市融入的制约作用，进而依托“四维度”分析框架，从经济、政治、社会、心理四个层面分别论述了融入成本、制度屏蔽、资本缺失和认同危机的影响程度及其运作机理。本章研究的主要目的是从学理角度整合前述有关各约束因素的分析，进一步印证相关的研究假设，进而为后文提出相应的解决策略提供支撑和依据。

当前，新生代农民工城市融入困境引发的经济社会矛盾突出表现在三个方面：一是导致空间分异，制约了经济转型和产业结构优化升级；二是产生融入悖论，“半城市化”与“民工回流”现象并存；三是降低政策效果，导致人口调控政策失灵与城市化率虚高。究其原因，主要是城乡二元结构下的户籍制度阻断了新生代农民工向市民转化的通道，社会资本匮乏和同质性过高固化了新生代农民工生存的亚文化状态，社区参与不足和功能缺失压缩了新生代农民工政治参与的可能空间，组织建设滞后和组织化水平低降低了新生代农民工的市场竞争能力、博弈能力和抗风险能力，从而使其整体上处于一种相对劣势的状态。

在“四维度”框架下的分解研究中，首先探讨了经济层面的四个约束因素：一是人均收入保持增长，但增速逐年放缓；二是就业稳定性差，合法权益得不到有效保证；三是城市融入成本高昂，居住成本是最大的现实障碍；四是新生代农民工的子女教育问题成为新的阻滞因素。总体来看，当前新生代农民工在经济融入层面表现出总体向好的趋势和阶段性矛盾并存的局面。经济融入困境除了阻碍市民化的有效实现之外，另一个更为严重的后果是会引起贫困的代际传递，导致持续性、顽固性、伴生性贫困，这应当引起我们足够的重视。

在政治融入层面，户籍制度改革进展迟滞、政治参与和利益表达渠道不畅、社会保障及公共服务体系不健全，是影响新生代农民工政治权利有效实现的三大制度性障碍。制度改革的本质目的是对相关参与者的既得利益进行调整，实现社会福利资源配置的“帕累托改进”。但当前以户籍制度为核心的一系列制度组成了“制度丛”，将新生代农民工束缚在了社会底层，并产生了事实上的城市社会等级关系。“制度丛”的存在固化了新生代农民工与市民的身份差别，给予了流入地政府和企业采取歧视性态度和不平等待遇的理由，降低了其对农民工进行排斥和歧视所产生的心里负罪感，长远来看极不利于和谐社会的构建。

在社会交往层面，人力资本和社会资本是影响新生代农民工城市融入的两大核心要素，而且后者的作用比前者更为明显和重要。当前，新生代农民工的文化素质有了普遍提高，但其专业知识技能仍然十分匮乏，接受职业技能培训的比例明显偏低（只有三分之一左右）。本质上看，新生代农民工仍属于传统低端劳动力，与现代意义上的高端现代化产业工人还有差距。人力资本的匮乏导致新生代农民工的收入水平偏低、职业不稳定，这会降低他们对自我能力提升进行投资的积极性，从而形成恶性循环。从社会资本来看，当前新生代农民工较多依赖基于血缘、地缘关系为基础的“强关系”初级社会网络。该网络能够有效减少新生代农民工的城市融入成本、缩短工作搜寻时间、降低城市融入阻力，但客观而言也具有高趋同性、低异质性和高紧密性特征，无法满足新生代农民工多样化、功利性的城市融入需求，一定程度上抑制了其城市融入效度的提高。

从心理认同来看，当前新生代农民工的城市适应性表现出较为矛盾和复杂的心态。一方面，新生代农民工的自我认同普遍倾向于“市民”身份，他们对“农民”和“农民工”这样的身份标签十分排斥和反感，在流入地城市长期居留的意愿也十分明显。但与此同时，在对农村承包地和宅基地进行处置时，他们的意愿又十分谨慎和保守，绝大多数新生代农民工都倾向于选择“保留”而非“流转”，这说明他们对完全融入流入地城市还存在很多后顾之忧；另一方面，从流入地市民对新生代农民工的评价和接纳态度来看，当前城市的整体氛围是大气和宽容的。但也不可否认，新生代农民工的自身素质和人文修养还存在一定的提升空间，再加上传统观念和认识偏见所造成的“污名化”现象，新生代农民工身上所附着的

“外地人”、“乡下人”等身份标签还未完全摘除，因此其城市融入目前还面临较多的外部阻力。

对此，课题组提出平等、包容、共享三大核心理念，以便为营造社会各阶层和谐共处、共享发展的城市融入良好氛围提供有益支撑。

第七章　促进新生代农民工城市融入的经验借鉴

新生代农民工城市融入作为我国社会转型期农村剩余劳动力向城市转移，并完成从“农民”身份向“市民”身份的过渡，所体现出的一种渐进性、持续性和复杂性的动态演化过程。从新生代农民工的产生背景、转移过程和市民化诉求来看，其城市融入进程既具有国际社会乡城移民社会融合的共性，又带有显著的中国特色，即政府行为推动和经济利益诱致相结合的“两阶段转移”。

第一，农民工市民化问题并不是中国所独有的经济社会问题，而是广大发展中国家在社会转型期普遍存在的共性问题，是世界上任何一个国家在从传统农业经济向现代工业经济转型过程中都会面对的普遍性问题。从这个意义上说，中国的农民工市民化问题就不能跳脱出人类社会发展的共性规律，而应当吸收和借鉴西方发达国家的已有成果和先进经验，审慎鉴别适合我国国情、最能发挥社会主义市场经济体制优势的农民工市民化策略。

第二，我国的农民工市民化是伴随着改革开放而出现的特殊人口流动迁移现象，具有显著不同于西方国家的特殊性：(1)从产生背景来看，我国农村剩余劳动力向城市转移较多受到城乡二元分割户籍制度的禁锢，而且在政府行政指令的调控下，人口流动迁移规模呈现出不断收缩与扩张的多次反复。(2)从转移过程来看，随着制约人口自由流动与公平发展的制度藩篱被逐步清除，我国城乡、区域之间积蓄的巨大的人口流动迁移势能，得以以集中爆发的态势全面释放，流入地政府因此承受了巨大的市民化压力，这在西方国家是较少看到的。(3)从融入诉求来看，我国农民工市民化客观上需要遵循“两步转移理论”，在此过程中新生代农民工的职业身份和社会身份相互分离，其城市融入诉求体现出一定的超前性、功利性和多样性特征，因而市民化的难度也相对较大。

总体而言，我国的新生代农民工市民化进程具有发生节奏快、转换时间短、制度惯性强等特点。与同为亚洲族群的日本相比，我国的农民工问题不仅出现的时间比较晚，而且融入城市的力度和强度都很大。为寻求最适合我国国情的农民工市民化道路，本章先采用文献分析法，搜集和整理了英国、瑞典、法国和美国等发达国家移民社会融合的典型案例，提炼出对我国具有启示意义的经验和做法。进而基于实证调研，对广东、上海、浙江、山东等东部沿海地区人口流动大省的农民工市民化举措进行梳理和分析，对各个地方政府的典型做法、政策创新和探索性实践等进行了系统总结。

在此基础上，课题组结合"十三五"规划提出的"加快农业转移人口落户城镇"的相关要求，提炼出对我国新生代农民工市民化具有参考和借鉴意义的共性经验，进而为构建市民化良性运作模式和柔性调控手段提供了有益补充。

第一节　城市融入的多样性与异质性

一　国际移民社会融合的不同模式

大规模的农村劳动力向城镇转移通常是伴随着工业化和城市化进程出现的。在近代西方社会，工业革命的发生使欧洲各国的社会经济结构发生了根本性改变，规模化生产要求物化资本与人力资本相结合，这就为农村剩余劳动力向城镇转移提供了必要条件。① 同时，由于农业中资本主义生产方式的建立，农业生产者与生产资料相分离，大批农民成为无产者。特别是在机器产品竞争的打击下，农村传统手工业逐渐走向衰落，大量破产的农民和农村手工业者不得不向城市转移以寻求工作，这就为城市第二、三产业的发展提供了充足的劳动力来源。

英国是世界上农村人口向城镇流动开始最早、规模最大、农业人口比例下降最快的国家。在11—12世纪、16—17世纪、18世纪下半叶至19

① 刘建娥：《中国乡城移民的城市社会融入》，社会科学文献出版社2011年版，第48页。

世纪中叶三个阶段，英国出现了三次农村劳动力向城市转移的浪潮。[①] 为满足工业发展对劳动力的大量需求，英国政府颁布和修改了一系列法律制度，以逐步取消限制人口流动的制度性障碍，保证农民的自由迁移权利，进而促使农村劳动力向城市转移。一方面，英国政府对旧有的《济贫法》（1601）和《定居法》（1662）进行了多次修改和完善，放宽了对移民居住范围和救济范围的限制，为人口流动提供了一定的保障；[②] 另一方面，英国政府出台了一系列新的社会政策立法，如《工人住房法》（1868）、《公共卫生法》（1875）和《工人赔偿法》（1897）等，以迎合工业化、城市化背景下移民生活方式和工作环境的变化。[③] 总体来看，英国在漫长的社会变革中逐渐形成了一个在中央政府引导下，有效解决移民问题的宏观政策体系，农村转移劳动力得到了较好的安排与控制。到 19 世纪中叶，英国农业人口已下降至总人口的 25%，进入了高速城市化阶段。[④]

此后，德国、法国、美国、日本等国家也先后经历了城市化背景下农村劳动力大规模向城市迁移的过程。总体来看，在 18 世纪中叶到 20 世纪中叶的两百年时间里，大多数西方国家都基本实现了城市化，形成了多数人在城市聚居的格局。据统计，20 世纪中叶西方国家城市人口占总人口的比例分别为：美国 72%，英国 87%，德国 79%，荷兰 86%，加拿大 77%，澳大利亚 83%。[⑤] 特别是日本，在战后农业劳动力动员政策的积极推动下，政府制订了《国民收入倍增计划》并提出农村劳动力动员计划的三项具体措施，包括促进农地流转、振兴区域经济、推行职业培训制度。到 2003 年，日本农业就业人口只剩下 368.4 万，占总人口的 3% 左右，从而成为真正意义上的现代化国家。[⑥]

从西方国家乡城移民的共性来看，几乎所有发达资本主义国家农村劳动力的转移客观上都源自于工业革命的现实需要，是社会经济结构发生根

---

① 王章辉、黄柯可：《欧美农村劳动力的转移与城市化》，社会科学文献出版社 1999 年版，第 3 页。

② Redford, A. 1964. *Labor Migration in England*: 1880 – 1850. Manchester, p. 108.

③ Jones, C. 1977. *Immigrant and Social Policy in Britain*. London: Tavistock.

④ 柯健：《农民工就业问题对策的国际比较研究》，《软科学》2006 年第 4 期，第 76 页。

⑤ 李强：《当代农民工的社会流动状况》，社会科学文献出版社 2008 年版，第 16 页。

⑥ 刘建娥：《中国乡城移民的城市社会融入》，社会科学文献出版社 2011 年版，第 48 页。

本改变之后，市场引导与政府推动相结合的产物。在向城市转移的过程中，农业低产出和土地被征用形成了强大的“推力”，工业部门的高收入和城市充足的就业机会则形成了“拉力”，两方面因素的共同作用使得农村剩余劳动力源源不断地向城市迁移。在此过程中，西方国家基本都实现了工业化与城镇化的同步推进。[①]

当然，由于每个国家所处的历史发展阶段和基本国情不同，特别是近代西方移民问题带有较多的国际色彩，因此，各国均根据自己的实际情况制定了不同的移民融入政策，并逐渐形成了各具特色的移民模式。例如，二战后德国将合法“移民”（Immigrant）划分为三种类型：一是“公民”（Citizen），即属于德意志民族的被驱逐者和德裔；二是“客籍工人”（Guest Workers），即通过规范化的客籍劳工计划进入德国的移民工人；三是符合德国庇护法的外国“难民”（Refugees）。[②] 针对不同的移民类型，德国分别采取了不同的移民融入政策：对德裔“公民”，采取“促进全面融入”的福利国家政策；对劳工移民及其家庭成员，采取“部分的”社会融合政策；对寻求政治避难者，采取“防止社会融合”的政策。[③] 上述社会政策的差异主要体现在移民准入、居住、国籍和福利政策等方面。

从移民融入模式（Immigrant Integration Model）来看，海克曼（Heckmann）从“国家移民方式”的定义出发，将欧洲国家的移民融入政策划分为三种，即多元文化模式、福利国家模式和共和模式。[④] 其中，除了法国和德国之外，大多数西方国家（如英国、荷兰、瑞典、美国、加拿大、澳大利亚等）都采取了“多元文化模式”（Multicultural Model），只是各国的称谓有所不同。

1. 法国采取了独树一帜的“共和模式”（Republican Model），其核心是在共和、平等、世俗的基础上赋予合法的外来移民以平等的公民资格

---

① 何平、沈迎放：《农民工的社会保险政策》，载游均：《2006—2007 年：中国就业报告——探索素质就业》，中国劳动社会保障出版社 2007 年版，第 369 页。

② 郭开元：《新生代农民工权益保障研究报告》，中国人民公安大学出版社 2011 年版，第 220 页。

③ 宋全成：《论二战后德国的合法移民及社会融入政策》，《厦门大学学报》2008 年第 3 期。

④ 伍慧萍、郑朗：《欧洲各国移民融入政策之比较》，《上海商学院学报》2011 年第 1 期。

(Citizenship)，但是移民必须接受共和国的同化（Assimilation）以成为完全的法国公民，移民原先的族裔、语言和宗教等均不被认可。[①] 在法国政府看来，多种异质文化的存在无助于形成具有很强凝聚力的国家文化，也不利于构建统一的国家认同。因此，"共和模式"鼓励移民学习法国文化，在政治上认同法国，在宗教上采取抑制政策，并鼓励移民加入法国国籍。马珺（2007）指出："在把移民塑造成完全的法国公民的过程中，通过教育和文化熏陶等方式，以法兰西文化的优越性来吸引移民'忘记'自身的民族文化，是'共和模式'的独特性。"[②] 由于法国不接受多元文化的观念，但又无法否认其他族裔社会的客观存在，因此正日益成为"排斥性的国家"。政治评论家杜·阿麦尔（Dua Maier）指出："法国出现了比德国、英国等国家更为严重的贫民窟现象。移民问题将成为未来重大的政治挑战。"

2. 德国的移民融入模式依据差别对待的原则，可分为差异排斥模式、福利国家模式、客籍劳工模式等。其中，"差异排斥模式"承认移民的合法地位，但其地位低于东道国公民的地位。德国政府通过有针对性地选择，以实现对某些移民群体的差异性排斥。"福利国家模式"强调赋予移民充分的经济和社会权利，但在移民的文化独立性和国民身份认同等方面，则采取较为消极甚至排斥的态度。"客籍劳工模式"同样承认移民的合法权利，但针对移民群体所设计的特定融入政策（如语言融入和住房政策等）却处于滞后和效率低下的状态。总体来看，德国在移民问题上长期奉行血统主义原则，始终未摆脱对移民的限制性特征，因此外国移民及其后代很难加入德国国籍并享受充分的公民权利。

3. 英国、荷兰、瑞典、加拿大、澳大利亚和美国采取了较为宽松开放的"多元文化模式"。"多元文化模式"的宗旨是鼓励移民积极融入，切实保护移民享有平等权利，同时保障移民的文化独立性和自我认同感。以较早实施多元文化政策的瑞典为例，瑞典在外国移民政策指导方针中规定了平等原则，以保障移民充分享有社会政策和福利制度。同时，瑞典政

---

① 郭开元：《新生代农民工权益保障研究报告》，中国人民公安大学出版社 2011 年版，第 214 页。

② 马珺：《社会稳定的构建：法国的移民融入与启示》，华东师范大学硕士学位论文，2007 年。

府积极为移民创造条件，使之广泛参与到社会政治经济文化活动中去，以加快移民的社会融合。在2004年和2007年欧盟两次东扩之时，瑞典是唯一一个立刻对新成员国开放劳动力市场的欧盟国家。据瑞典移民局统计，截至2012年底，外来移民占瑞典全国总人口的15%①，瑞典成为真正意义上的现代移民国家。

总体来看，西方国家的移民融入模式具有四个显著特点：一是移民来源的多样性；二是融入政策的差异性；三是转移进程的渐进性；四是公民权利的一致性。由于西方移民既包括本国的乡城转移劳动力，也包括因经济社会发展需要而招募的“工作移民”，以及寻求政治庇护的国际“难民”，因此西方国家在移民问题上均采取了差异化的社会融入政策。除了法国的“共和模式”与德国的“差异排斥模式”之外，绝大多数西方国家都采取了“多元文化模式”，即在充分保障移民经济社会权利的基础上，保证其文化独立性和自我认同感，进而促进移民与本国公民融合。需要注意，尽管各国的移民融入政策存在细节上的差异，但各国都无一例外地强调了移民平等权利的重要性。只要符合东道国的移民认定规则，移民就可以享受到与公民平等的权利，这是具有极为重要的启示意义的。

二　中国乡城劳动力转移的特殊性

农村劳动力向城市转移并实现社会融入是与一国工业化和城市化进程紧密联系的。纵观西方国家的发展史，其工业化、城镇化与农村劳动力非农化、农民市民化是协调推进的。在此过程中，乡城移民的职业转换（Career Transformation）和身份转化（Status Transformation）同步完成，进而实现了与城市社会生活的一体化。简单来看，西方国家乡城移民的“职业非农化”和“身份市民化”是一次性完成的，其社会融入经历了一个渐进但彻底的过程。

我国农村剩余劳动力向城市转移具有集中爆发且不彻底的特征，呈现出先从农民到农民工，再从农民工到市民“两阶段转移”的独特路径。当前，农民工群体在城市遭受到的“经济接纳、社会排斥”在世界工业化和城市化历史中是绝无仅有的，其根源在于我国的城镇化道路选择了一

① 彭玉磊：《外来移民：欧洲的难言之痛》，《广州日报》2013年6月2日。

条城乡分制的体制路径，致使农民工的城市融入形成了一个既有流入又有回流的“双向闭循环”过程。总体来看，我国乡城劳动力转移的特殊性体现在三个方面：一是农村剩余劳动力的“职业非农化”与“身份市民化”相割裂，而且后者进程远慢于前者，造成了其“双重边缘人”的身份；二是农民工的“钟摆式”流动与“流而不迁”现象并存，导致城市化与市民化进程的中断；三是农民工市民化进程中的制度屏蔽作用大于农村推力和城市拉力的共同作用，农民工流向决策的“同期群效应”十分明显。究其原因，主要在于我国的乡城劳动力转移具有特殊的制度背景与实现路径。

（一）城乡二元结构造成了社会政策的“城市倾向性”

发展经济学家刘易斯（Lewis，1954）指出，城乡二元结构在发展中国家普遍存在，是指“现代工业与传统农业并存，比较繁荣的城市与相对落后的农村并存的现象”。我国的城乡二元结构客观上源于计划经济时期，其特殊性不仅体现在城乡差别和工农差别上，还体现在不平等的社会制度安排上。郭书田和刘纯彬（1991）指出，我国计划经济时期的城乡二元制度可归纳为 14 种，分别是：户籍制度、住宅制度、粮食供给制度、副食品和燃料供应制度、生产资料供应制度、教育制度、就业制度、医疗制度、养老保障制度、婚姻制度、劳动保护制度、人才制度、兵役制度、生育制度。[①] 其中，除了生育制度以外，前 13 项制度都体现出明显的“城市偏向”，以维护和保障城市居民的利益为主。据统计，在 1952 年到 1986 年的 34 年时间里，国家通过工农产品价格“剪刀差”和收缴农业税，总计从农业中抽走了 6868.12 亿元，占这些年农业所创造价值的 18.5%（黎鸣，1998）。此外，国家还通过在农村建立人民公社和统购统销、“三级管理”等体制，以保证农业资本向城镇工业强制性转移。上述一系列制度安排直接导致城乡差距的不断扩大，并使此后的户籍制度改革困难重重。

不仅如此，为保障城镇职工及其家庭的基本生活，中央政府在货币工资以外还辅之以生活必需的实物福利和社会性服务，如教育、医疗、住

---

① 刘传江、董延芳：《农民工的代际分化、行为选择与市民化》，科学出版社 2014 年版，第 11 页。

房、托幼等。为防止受惠群体范围的扩大，旨在阻断人口和劳动力资源在城乡间自由流动的户籍制度开始形成。1963 年，我国开始以是否吃“商品粮”为标准，对农业户口和非农业户口进行划分，旨在严格限制农村人口向城市流动的二元户籍管理制度正式形成。1977 年，公安部颁布了一个严格控制“农转非”的户口迁移规定，使国家对乡城人口流动的限制达到了顶峰。[①] 直至 1984 年国务院颁布《关于农民进入集镇落户问题的通知》，我国对乡城人口流动的限制才得以逐渐放松。

改革开放以后，随着市场导向型经济改革的逐步深入，以往的统购统销和人民公社制度等渐次消亡，城乡二元分割的户籍制度以及城市的就业、福利等相关制度安排也开始松动，这就为农村劳动力向城市转移创造了基本条件。受城乡间经济利益差距的驱动，以及传统农业发展中的积弊日益明显（如紧张的人地关系、落后的农业生产方式、低下的农业劳动生产率等），大量农村剩余劳动力开始以集中爆发的态势大规模向城市和发达地区流动，从而实现了乡城劳动力转移的第一步，即“职业的非农化”。对于这一过程，理论界普遍认为当前中国已经基本扫除了障碍，农民工“农村退出”和“城市进入”并不存在困难。

但对于“身份的市民化”而言，农民工目前还面临着许多隐性藩篱的制约。自党的十六大以来，中央政府多次提出“统筹城乡发展”，致力于改变城乡二元结构，促进农村剩余劳动力向城市转移。特别是党的十八届五中全会提出“促进有能力在城镇稳定就业和生活的农业转移人口居家进城落户，并与城镇居民享有同等权利和义务”，使得农民工实现城市融入的政策环境进一步趋好。但遗憾的是，户籍制度改革的迟滞以及“城市偏向”社会福利政策的制度惯性，导致农民工市民化面临着重重阻碍。例如，当前城乡二元分割的劳动力市场状况没有根本改变，农民工通常被约束在次属劳动力市场；城市社会福利体制异化的状况没有根本改变，影响了农民工对城市的归属感和认同感，造成了其自我认同的“内卷化”；城市以行政控制为主的人口管理模式没有根本改变，各地虽然取消了农民工进城的“准入门槛”，但代之以学历和技能等“素质门槛”，

① 刘传江、董延芳：《农民工的代际分化、行为选择与市民化》，科学出版社 2014 年版，第 19 页。

通过选择性经济淘汰机制对有市民化意愿的外来人口进行“逆向梯度筛选”。

总体而言，城乡二元结构以及社会政策的“城市倾向性”共同造成了中国农民工“职业非农化”与“身份市民化”相分离，进而阻滞了其城市融入进程的实现。正如张国胜（2008）指出的，“如果像其他工业化国家一样，中国农民在职业非农化的同时也实现城镇化，变成城镇人口，那么也就没有所谓的农民工，也就不会产生农民工问题。”①

（二）迁移动因与方式的差异形成了两条市民化路径

在计划经济时代，除了少数符合“工业优先、城市偏向”发展战略的计划内转移之外，劳动力的乡城流动基本上是被禁止的。当时，在政府设置的“准入门槛”之下，农村劳动力的转移路径被限制为六种，分别是：继承性的顶职、特殊行业政策性招工、随军随干、教育转移、征兵提干和购买城市户口。② 从迁移动因和流向决策来看，这是一种以政府行为推动为主的“政策型转移”。

改革开放之后，随着我国市场经济改革的逐步深入，以及外围渐进性改革的相继开展，大量农村剩余劳动力开始以“候鸟式”、“钟摆式”流动往返于城乡之间，形成了所谓的“民工潮”。进入 21 世纪以来，随着户籍制度以及相关社会福利制度改革的全面开展，制约人口自由流动与公平发展的制度藩篱被逐步清除，农民工在流入地城市长期居留的意愿十分明显，举家迁移现象更为普遍，“农民工市民化”成为这一时期农村劳动力转移的普遍诉求和期盼。与前一种转移方式相比，这是一种以经济利益诱导为主的“市场型转移”。

1. 政府行为推进的政策型转移

政策型转移（Policy Oriented Transformation）是在特定的历史条件下，中央政府出于发展经济和稳定社会的目的，为有进城需要的农村人口开辟的特殊政策性通道。其中，“继承性的顶职”本质上是一种就业转移，是国家为了缓解 1979—1985 年失业高峰压力所制定的“单位包干”安置办

① 张国胜：《中国农民工市民化：社会成本视角的研究》，人民出版社 2008 年版，第 49 页。

② 刘传江、董延芳：《农民工的代际分化、行为选择与市民化》，科学出版社 2014 年版，第 13 页。

法。1978 年，国发 104 号文件规定“工人退休、退职后有条件的可招收一名符合招工条件的子女参加工作”，这就为城市职工的农村籍成年子女获得城市居民身份提供了一种通道（尽管子女并不能直接继承父母的工作岗位）。改革开放中后期，“顶职”基本完成了历史任务，其功能迅速萎缩，于 1987 年被国家明令废止。

特殊行业的政策性招工是在改革开放初期推行的措施，其主要目的是为了满足经济发展和社会主义现代化建设的需要，对国有企业招工制度进行改革，以保证招工质量、提高工人队伍素质。1986 年，国家颁布了《国营企业招用工人暂行规定》[①]，提出“企业招用工人应当在城镇招收，需要从农村招收工人时，除国家规定以外，必须报经省、自治区、直辖市人民政府批准”。尽管该政策并非以吸纳农村劳动力为目的，但毕竟为农村劳动力进城提供了狭小的通道。当然，公安部对农村人口在城镇落户制定了明确的指标限制，规定“一年入户数不能超过总户数的 2‰”，总体来看农民靠政策性招工进城的道路是艰难的。

随军随干、教育转移和征兵提干虽然转移渠道有所不同，但都是农民子弟成为城里人的重要途径。其中，随军随干是一种“随迁型转移”，非义务教育转移是一种“升学型转移”，征兵提干是一种“晋升型转移”。在改革开放后至 20 世纪末的 30 年时间里，上述三条通道为农村人口进入城市提供了许多契机，特别是“教育转移”是所有农村劳动力转移模式中效果最好、质量最高、最为重要的一种，至今仍为许多农村青年提供了“知识改变命运”的可能。当然，随着时代的发展，上述三条转移渠道也面临着日益增多的考验，例如，高等教育从“精英化”向“大众化”转变降低了学历和文凭的含金量，高校毕业生在劳动力市场上的就业压力十分巨大，“青年失业”现象层出不穷。就征兵提干而言，当前大部分年青人的入伍意愿普遍下降，主要原因有三：一是市场经济条件下适龄青年较多倾向于工作赚钱或读书深造；二是退伍安置的困难进一步降低了入伍意愿；三是核心家庭的增多使子女的入伍意愿得不到父母的支持。

“买户口”型农民身份转换是 20 世纪 80 年代初，部分地方政府为筹集发展经济和弥补财政赤字所需要的巨额资金，向希望“农转非”的农

---

① 该《规定》于 2001 年废止，由新的《中华人民共和国劳动法》取代。

村居民收取各种城市居民附加费用，变相地将城市户口“卖”给农业户籍人口而实现了名义上的居民身份变化。[①] 20 世纪 90 年代末，“买户口”逐渐淡出了人们的视野，但它在当时的历史条件下，一方面，满足了地方政府控制人口流入和推动地方经济发展的目的；另一方面，也反映出广大农民存在对“农转非”的迫切需求，因此具有一定的客观必然性。

“安置型转移”是近年来日益增多的一种农村劳动力转移方式，可分为“城市征地安置”和“工程性移民”两种。前者是在我国城市化加速发展的过程中，地方政府因城市规模扩张而征用近郊农业用地，导致大量失地农民的出现，随后以征地补偿费等方式安置农民“进城”或“上楼”。后者是随着我国中西部开发力度的加大，许多具有战略性开发前景和巨大发掘价值的重点工程渐次上马，导致以失地农民为主的工程性移民加速增长，成为安置型转移的重要来源。

2. 经济利益诱致的市场型转移

市场型转移（Market Oriented Transformation）是改革开放之后，农村剩余劳动力顺应市场经济改革大潮，以经济利益为驱动，在城乡之间进行自发流动的现象。与政策型转移相比，市场型转移具有三个突出特点：一是迁移动因主要受城市预期高收入的影响，以追求个人收入和效用最大化为目标；二是迁移行为本质上是一种理性、逐利的自发行为，易与人口调控政策的效果形成“悖论”；三是流向决策具有多元化特征，存在较为明显的“往返流动”和“流而不迁”等现象。此外，从转移效果来看，政策型转移由于不存在成本分摊问题，因此更为顺畅和彻底，农民向市民的转变是“一步到位”的；市场型转移本质上是农民工自身福利的改善和向社会上层的流动，既涉及对城市既有利益格局的调整，也需要相关参与者共同分担市民化成本，因此是一种“两阶段转移”。

由于市场型转移更加符合农村劳动力的行为理性和主观能动性，因此能够更好地激发其在城市工作和生活的动力。客观来看，农民工市民化除了能够改善其自身的生活状况之外，还具有明显的正外部性，突出表现四个方面：第一，农民工进城能够有效充实城市劳动力市场，为城市制造业

① 刘传江、董延芳：《农民工的代际分化、行为选择与市民化》，科学出版社 2014 年版，第 16 页。

和服务业的发展注入活力；第二，农民工返乡能够带回农村发展所需的资金、技术和信息等生产要素，以及先进的创业思维和管理理念等，有利于实现乡村传统资源与城市现代信息的有效结合；第三，农民工返乡创业能够拓宽当地的就业渠道，为农村劳动力提供容量大、门槛低、易接受的就业渠道，进而提高农业劳动力的资源配置效率；第四，农民工流向多元，其向周边中小城市和小城镇转移不仅有利于扩大县域经济总量，而且能够优化当地的人口结构，增强持续发展的后劲。

但如前所述，市场型转移的弊端主要在于从“农民工”向“市民”转化的第二个阶段目前仍面临着较多的体制性障碍。迄今为止，户籍等相关制度的改革均是一种“碎步前进”式的调整，仅使得原先被体制禁锢的农村劳动力有了转移出农村和农业的自由，有了在城市从事非农职业和暂时居住的权利。但是，依附于户籍制度之上的相关社会福利制度共同构成的“隐性户籍墙”，仍使得农民工在公共服务（产品）享受、基本权利保护、社会经济适应、城市生活融入等方面面临着较多的不平等性和不确定性。[①]

更为重要的是，市场型转移本质上是一种开放性、逐利性、多主体、多流向的转移，其复杂程度和融入难度都远远超过政策型转移。不难理解，由于农村劳动力向城市转移较多遵循行为理性原则和逐利性原则，他们将进城的预期收入和迁移后实际收入的比较作为迁移决策的判断依据，因此，传统以行政手段为主的人口调控政策往往存在滞后效应，或者会产生“政策悖论”。同时，市场型转移不再是农民工与流入地政府一对一的单向博弈，还会牵涉到流入地市民及其他利益相关者，因此，政府在进行相关的政策改革时就必须统筹考虑、全盘规划，以实现社会整体福利水平的提高和社会福利资源的“帕累托改进”为目标，流入地政府进行城市管理和社会治理的难度可想而知。

此外，与政策性转型具有“指标控制”的特点不同，市场型转移虽然也会对农民工落户作出种种规定，但仅限于对农民工“市民身份”获得性的约束，当前条件下对人口流量进行干预往往收效甚微。在此背景

① 张国胜：《中国农民工市民化：社会成本视角的研究》，人民出版社 2008 年版，第 49 页。

下，各大城市的农民工数量和规模与日俱增，这是以往政策型转移所未曾预料的。因此，流入地政府不仅需要考虑农民工、市民和企业等相关参与主体，还需要考虑城市综合承载力、财政支付能力和公共服务供给能力等。从这个意义上说，市场型转移已经脱离了政策型转移的传统意义，而将农村剩余劳动力转移问题带入了一个新的研究领域。

第二节 国外经验借鉴

20 世纪 90 年代以来，伴随着欧盟（EU）推动下的区域一体化发展，西方国家普遍经历了人口流动性增加、社会阶层分化和种族文化多元化等一系列新的社会问题。为构建和维护一个可持续发展的社会，西方各国普遍将社会融合（Social Integration）作为政策设计和制度安排的重要目标。欧洲委员会也明确提出要“提高政治参与和公民参与，减少收入差距，提供更多更好的就业、教育和健康护理的机会”[①]。欧洲各国根据移民社会融合的差异性需求，结合自身实际情况制定了各具特色的移民融入政策，并在实践中逐渐形成了同化（Assimilation）、差异排斥（Polarization Exclusion）和文化多元主义（Multiculturalism）三种主流的移民融合模式。尽管各国社会融合政策的侧重点有所不同，但总体来看他们都遵循一个共同的逻辑思路，即注重提高移民的融入能力、强化社会组织的积极参与、优化人口结构与空间分布。目前来看，西方国家的移民融入政策取得了良好的实施成效，特别是构建社会融入政策体系、确保移民社会权利等方面的相关举措，对正处于社会转型期的我国而言具有较强的参考和借鉴价值。

一 英国的社区发展型社会融合模式

作为联结移民与公民的现实载体，社区发展（Community Development）在促进社会融合、改善社区民生、发展社区经济、增进社区更新、

① Council of Europe. *Concerted Development of Social Cohesion Indicators: Methodological Guide* [M/OL]. Council of Europe Publishing. 2008 - 04 - 01.

完善文化建设、支持可持续发展等方面具有积极作用。① 英国作为欧洲最早宣布建成福利制度的国家，有着依托社区发展实现移民社会融入的长期传统和优势。第二次世界大战后，来自波兰、波罗的海、巴尔干半岛和巴基斯坦等地的外国移民激增，英格兰北部地区的城市社区普遍面临贫困、失业、低教育水平、低健康水平、高犯罪率等一系列社会问题。针对较为严重的社会排斥和间歇发生的市民骚动，布拉德福德（Bradford）从三个方面对以往的社区发展实践进行了改良：一是更加注重本地居民参与相关公共服务计划和决策的制定；二是更加强调特定群体（如黑人、少数族群、同性恋者、残疾人等）的社区利益；三是更加注重以邻里为基础的社区建设。具体来看，Bradford 的社区发展实践主要采取了以下四个方面的举措：②

1. 建立社区中心（Community Center）。为了解决其他族裔群体与本地居民之间的紧张关系，Bradford 将一些社区衰落的教堂改建或扩建成新的社区活动中心，作为社区活动的平台。通过社区工作者的积极协调，使教师、社会工作者等专业人士能够有效参与到社区项目的运作和管理之中，从而为缓和不同群体之间的关系奠定了基础，为社区项目的运作提供了现实载体。

2. 启动心理健康项目（Mental Health Program）。针对黑人和少数族群不能享有正式的健康服务这一问题，Bradford 采用社区发展的原则和方法开展心理健康项目，挑战传统的心理健康服务模式，使精神健康“去神秘化”。为保证心理健康项目的良性运作，Bradford 积极争取初级照顾信托中心（Primary Care Trust Center）的资助，两年来项目资金不断增加。此外，Bradford 还专门成立了 10 个由志愿者组成的心理健康服务组织，以鼓励和帮助人们进行广泛的“自助”。

3. 发展社区服务项目（Community Service Program）。围绕人们对饮食文化的兴趣，Bradford 在征求社区居民想法和建议的基础上，在城市中心附近稍微偏僻的 Hutson 大街开设了餐馆。餐馆由社区群体负责经营，提

① 刘建娥：《中国乡城移民的城市社会融入》，社会科学文献出版社 2011 年版，第 105 页。

② Henderson, P. 2005. *Including the Excluded: From Practice to Policy in European Community Development*. Bristol: Policy Press, pp. 27—31.

供正式的对外服务，通过参与和协作把不同社区的居民联系起来。随着餐馆声望的不断扩大，Bradford积极筹集社会资金和项目资助，致力于将其发展成一个社区公司，业务范围将进一步扩大到健康食品领域，同时给予志愿者参加工作和参与培训的机会。

4. 建立社区论坛（Community Forum）和社区合作伙伴关系（Community Cooperative Partnership）。为了进一步发挥社区的服务支持功能，Bradford当地的社区权威机构建立了社区论坛，为当地的居民、政治家和政府官员等提供一些及时、有用的信息。同时，建立了社区合作伙伴关系，通过开展网络工作为不同群体提供双向咨询服务，从而在社区内部和不同社区之间扮演了调节冲突、化解矛盾的重要角色。例如，“Frizinghall合作伙伴”改变了“自上而下”的组织方法，通过当地居民的参与，将“外显的冲突”转化为“内在的紧张”，有效消除了不同群体之间的“强对抗”状态。“Shipley社区艺术工作网络”作为一个非正式的结构松散型组织，致力于通过推广社区艺术的方法来促进社区参与。[①]

总体来看，Bradford依托社区发展促进不同族群之间的社会融合取得了良好的实施成效。社区作为外来族群融入当地社会、参与社区管理、参加社区活动的重要载体和现实平台，具有其他融入渠道所不具有的先天性亲民优势，能够极其有效地提高外来群体的认同感、责任感和归属感。从Bradford社区发展的实践来看，其成功之处主要体现在三个方面：(1)注重平台建设，为社区活动和项目运作提供有效载体，使社会融合拥有可以依托的现实基础；(2)推进社区活动的项目化运作，根据社区居民较为集中的意见和诉求，以经营性项目的方式进行市场化运作，提高参与的积极性和主动性；(3)优化服务方式，摒弃以往“自上而下”的命令与管控模式，转而采用“自下而上”的协商与合作模式，积极回应社区居民的诉求，着力实现分享信息、学习交流、提供指导三大职能。

二　瑞典以教育为突破口的融合模式

瑞典是欧洲“福利国家”(Welfare State)的典型代表，其高水平、广覆盖的社会保障体系是人类社会致力于消除社会排斥、促进社会融合的有

① 刘建娥：《中国乡城移民的城市社会融入》，社会科学文献出版社2011年版，第106页。

益探索。瑞典原本是一个具有鲜明民族单一性和文化同质性的国家，但两次世界大战之后接纳了人数众多的国际难民，又于20世纪六七十年代从芬兰、西德、荷兰、南斯拉夫和土耳其等国家招募了大量的“客籍劳工”，进而演变成一个多语言、多文化、多宗教并存的多元民族主义国家。与德国的“差异排斥模式”不同，瑞典致力于构建一个不同民族的亚群体能够达成共识性价值目标的合作框架，以便在保留移民自身文化特色的基础上，满足多元文化意识回归和移民亚群体张扬个性的需求。为此，瑞典政府，一方面，依照欧盟《保护外来移民框架公约》，充分保障移民的平等发展权利；另一方面，通过一系列措施积极促进移民教育事业的发展。总体来看，瑞典教育融合模式的成功经验主要体现在四个方面：

1. 树立一体多元的移民教育理念（Education Philosophy）

面对文化多元和个性张扬的新形势，瑞典政府清醒地意识到基于传统的民族单一性对外来移民灌输“大一统”的民族理念是不可行的。为营造多民族和谐共处的局面，维护社会的可持续发展，瑞典政府在实践中逐渐形成了“一体多元”的移民教育理念。一方面，通过制定和实施有利于移民生活稳定、文化繁荣的法律法规，保证其拥有平等的社会地位、工作环境和学习机会；另一方面，给予移民一定的特殊照顾政策，帮助他们在享受与瑞典公民同等待遇的基础上，额外发展自己的民族文化，最终形成各民族文化和谐共处、共同繁荣的局面。① 为此，瑞典政府特别出资资助图书馆购置主要移民群体的外语图书，并规定学校中一定时间的移民母语授课，从而为移民广泛参与社会活动创造了良好条件。②

2. 构建全面立体的社会保障制度（Social Security System）

瑞典作为“福利国家”的代表，其完善的社会保障制度有效涵盖了教育领域。首先，瑞典开发了诸如“21世纪都市政策”（A Metropolitan Policy for the 21st Century）和“南丁格尔工程”（Nightingale Project）等一系列项目，借以整合社会福利资源，改善移民群体的生活状况、就业质量和社会形象。其次，专门构建了一个社区联动、立体多元社会保障制度，

---

① 梁成艾：《瑞典外来移民教育的困惑及启示》，《贵州师范大学学报》2014年第2期，第155页。

② 郭开元：《新生代农民工权益保障研究报告》，中国人民公安大学出版社2011年版，第223页。

用于促进外来移民及其子女有效参与各种教育活动，进而提高其社会地位和文化软实力。最后，从四个方面对移民给予特殊照顾：(1)加强外来移民的师资培训力度；(2)在教育系统内增加外来移民教师的比例；(3)对客籍劳工的就业质量和外籍学生的学业资助等给予特殊照顾；(4)出台了一系列优惠政策鼓励外来移民社区积极参与学校教育。①

3. 创设协同共生的移民教育情境（Immigrant Education Situation）

瑞典传统的教育模式倾向于“同化”政策，即通过多种途径不断消磨外来移民的自身文化，使其认同并融入到瑞典文化之中。“二战”前，瑞典不允许沙俄边界的托讷达伦人（Thones Darren）在学校里使用自己的民族语言，并逐渐将17世纪从比利时南部迁来的瓦隆人（Walloons）同化为瑞典人。② 在新移民时期，瑞典从三个方面进行了教育模式的革新：(1)提高有移民背景学生的教育资源拥有率，扭转其重技术轻学历的传统观念，并帮助他们掌握一些与劳动力市场需求紧密联系的技术和技能，从而降低其被边缘化的风险；(2)尝试将不同民族的文化传统、风情习俗和价值理念等纳入课程内容，从而树立了“共生性”的课程结构观，防止少数族群的文化断层；(3)打破了以往单一的教学评价方法，尝试结合外来移民学生的文化背景制定更有针对性的评价标准，并鼓励不同民族的专业人士开发具有民族特色的教学方案，从而提高学业评价标准的信度和效度。③

4. 建立公正均衡的财政支撑体系（Financial Supporting System）

为了帮助外来移民尽快融入瑞典本民族的生活和文化，瑞典政府于2013年2月规定，“所有12岁以上的未成年外来移民可在瑞典接受教育到18岁”，并且拨付1000万欧元用于支付外来移民在上学的头4个学期每周增加3小时瑞典语学习所需的费用。④ 在具体操作中，瑞典政府主要

① 梁成艾：《瑞典外来移民教育的困惑及启示》，《贵州师范大学学报》2014年第2期，第155页。

② Tomas Hammar. *European Immigration Policy: A Comparative Study*. Cambridge University Press, 1985, pp. 21—22.

③ 梁成艾：《瑞典外来移民教育的困惑及启示》，《贵州师范大学学报》2014年第2期，第156页。

④ 陈慧稚：《欧洲连续恐怖事件暴露“局外人”困境》，《文汇报》2013年5月27日。

进行了3个方面的工作：(1)注重各区域之间的平衡。通过构建一个公正、均衡的新型财政资助体系，保证外来移民学生的平等受教育权，对生存状况欠佳的外来移民学生聚居区，设立特别资助基金以保证其正常发展；(2)注重各级政府之间的合作。在强化地方政府决策自主权的基础上，瑞典中央政府规定了最低程度的预留预算（Minimal Degree of Earmarked Budgeting），同时制定了地方教育支出的相关法律法规，以平衡各级政府之间的权责关系，保留中央在教育拨款机制上的主导权;① (3)注重对少数族群的特殊帮扶政策。在保证移民学生平等享有教育津贴和贷款援助的基础上，瑞典政府还以奖学金等方式给予移民学生继续深造的教育津贴。②

总体来看，瑞典政府面对多民族聚居融合的大趋势，清醒地意识到实施多元文化政策的必要性，并且以外来移民教育为突破口，灵活运用和科学尝试多种教育改革策略，辅之以必要且合理的财政支持体系，最终构建起一个多民族共处、多文化并存的合作框架。尽管瑞典的部分做法带有明显的“福利国家”性质，但其政策举措中的积极成分仍然对我国具有一定的参考和借鉴意义。

三　法国依托城市群发展的融合模式

与其他欧洲国家不同，法国在移民问题上始终坚持独特的法兰西民族特质。尽管法国宪法规定“所有公民不分籍贯、人种和宗教一律平等”，但它也同样规定了“外来移民在语言、文化和宗教等方面的特殊性不得保留”。换言之，合法的外国移民均可被视为平等的法国公民，但他们必须“忘记”自身的民族文化，完全融入法国，这是法国实施移民融入“共和模式”最为显著的特征。尽管法国拒不接受多元文化的观念，但多民族融合的时代趋势毕竟不可抗拒，而且法国深厚的人文素养、绝妙的自然风光和优雅的生活情调吸引着日益增多的国际移民持续进入，法国因此承受了巨大的移民融入压力。据统计，2011年法国巴黎大区人口为

① 杨春燚、薛二勇：《福利国家教育改革中的教育公平发展困境》，《外国中小学教育》2008年第12期。

② 梁成艾：《瑞典外来移民教育的困惑及启示》，《贵州师范大学学报》2014年第2期，第156页。

1200 万，其中市区人口为 220 万，人口密度高达 2 万人/平方公里，远高于同期的纽约（9850 人/平方公里）和东京（13660 人/平方公里）。[①] 因主城区人口过度集聚，巴黎产生了严重的“城市病”，如环境污染、交通拥堵、公共服务短缺等。对此，法国政府采取积极措施调整巴黎大区人口密度、缓解因移民大量进入带来的经济和社会问题，其措施主要包括以下四个方面：

1. 建设卫星城市，降低人口密度

早在 1965 年，巴黎大区规划中就确定了多中心发展的指导原则，提出在巴黎周边 30—50 公里范围内城镇较为密集的区域率先建设卫星城市（Satellite City），从而将巴黎过度集中的人口、工业和服务业等引向外围。在规划方案中，各卫星城都具有自己独特的区位和地形，距巴黎市区大约 30 分钟车程。各卫星城通过空间、人口、经济和社会等多方面资源的平衡，形成了各自的中心效应。在建筑设计上，各卫星城改变了过去单一的“住宅区”或“工业园区”等规划理念，逐渐形成了独具特色的新城格局。在生活条件上，各卫星城具有完善的文化生活设施，新城居民享有与巴黎居民同等的就业机会和生活水平。

2. 强化产业转移，优化空间布局

随着城市发展进入扩张期，交通拥堵、环境恶化、公共设施短缺等问题就会逐渐暴露，这一点在 20 世纪中叶的巴黎表现得尤为明显。为兼顾城市综合承载力，满足可持续发展的需要，巴黎从区域高度统筹协调人口和产业的空间布局，通过产业转移间接引导人口向郊区疏散。一方面，巴黎市政府通过税收和金融优惠政策将大部分制造业和商品零售业迁往郊区新城，主城区重点发展金融、信息、法律、保险、设计、研发等高端服务业；另一方面，实施在城郊购房的优惠政策，吸引人口主动、有序向周边卫星城迁移，从而有效疏解了主城区的人口压力。此外，巴黎市政府还颁布了一系列的法律法规，对一定规模以上的企业和大学的新增项目进行合理控制，以减少主城区规模扩张的压力。

3. 调整行政区域，实行统一规划

为了增强中心城市的极化效应，巴黎早在 1934 年就进行了第一次规

① 国家人口和计划生育委员会：《中国流动人口发展报告 2012》，中国人口出版社 2012 年版，第 111—112 页。

划，提出了设立巴黎大区（即巴黎大都市圈）的计划，以实行统一有效的管理。截至2012年，巴黎共进行了六次规划，目前包括巴黎市、埃松、上塞纳、塞纳马斯、塞纳圣德尼、瓦尔德马恩、维尔德兹和伊夫林等地区[①]，基本形成了“一核多中心”的城市规划格局。为适应制造业外移和居住郊区化的趋势，巴黎加快了地铁、公交、高速公路等的规划和建设，以满足人们为了工作和生活在主城区和卫星城之间往返通勤的需要，从而有效降低了城郊居民的生活成本。

4. 完善公共服务，分散城市功能

在世界各大城市的发展中，一个普遍性的规律是中心城市和主城区往往聚集了较多的优质公共资源，不同城市和区域之间公共资源的差距持续吸引着人口向中心城市和主城区集中，从而造成了人口和资源配置的低效率。鉴于此，巴黎市政府在疏散低端产业的基础上，分批分次疏散了部分公共机构和大学，以提高经济—人口空间分布的一致性。同时，为加快居住郊区化进程，巴黎市政府在主城区外围建造了一批相对廉价的家庭住房，以吸引中心城区的人口（特别是收入水平较低的移民）向郊区转移，从而缓解了主城区人口规模持续扩张的压力。

总体来看，受“共和模式”的影响，法国并没有制定专门针对外来移民的社会福利政策。由于缺乏连续的、有效的、一体化的移民融合模式，法国的移民问题日益呈现出尖锐和对抗的状态，并引发了一系列社会问题。例如，2005年10月下旬，巴黎郊区因移民问题引发了严重的骚乱和冲突，并迅速蔓延至全国。同时，法国“敏感城市地带”中16—24岁的少数族裔人口失业率高达30%—50%[②]，也对法国传统的精英文化构成了挑战。但不可否认，法国政府采取积极措施疏解大城市人口压力、优化城市空间布局等方面的措施，仍然取得了显著的实施成效。特别是建设卫星城和实施产业转移两大策略，目前已成为美国、日本、韩国等发达国家进行现代城市治理的主流方法，这对正处于城市化加速发展时期的我国而言，具有积极的借鉴意义。

---

① 国家人口和计划生育委员会：《中国流动人口发展报告2012》，中国人口出版社2012年版，第113页。

② 郭开元：《新生代农民工权益保障研究报告》，中国人民公安大学出版社2011年版，第216页。

四 美国强化志愿者参与的融合模式

在世界近现代史上，没有哪个国家像美国一样在过去几百年的时间里接受了人数如此众多、来源如此纷繁复杂的外来移民群体。据粗略计算，自殖民地时代以来至2000年，美国共接受各国移民（包括非法移民）8000多万人。[①] 特别是“二战”以后，随着美国移民政策的进一步松动，许多有色种族的移民得以平等地迁入美国，美国的移民规模随之进一步扩大。正如托克维尔（Tocqueville）在《论美国的民主》中所说，“影响美国政治制度最重要的因素是民情，而美国最大的民情是移民社会”。毫不夸张地讲，是移民塑造了美国的特性，也塑造了美国特有的文化理念和社会制度。[②]

为了最大程度上整合社会资源，谋求共同发展，美国将“求同存异、追求梦想、帮扶互助”作为移民社会发展的行为准则和价值基点。早在1986年，美国总统罗纳德·里根（Ronaldo Reagan）就曾提出：“志愿工作是美国特征的一个方面，就像言论、集会和信仰自由一样，对生活具有重大意义。”[③] 此后经过不断地发展，志愿服务逐渐成为美国文化的一部分，并与政府和企业一起成为维持美国社会良性运转的三大关键支柱。就移民的社会融合而言，基于多方力量的自愿参与以及多方受益的运行机制对美国“文化大熔炉”的塑造发挥了重要作用。2002年美国总统乔治·布什（George Bush）曾说：“美国最值得骄傲的并不是国防和经济上的成就，而是志愿服务精神。”[④]

从美国志愿服务的发展历程来看，其先进经验主要体现在三个方面：

1. 更新志愿服务的运营方式

志愿服务的有效运作通常来源于两个方面的支撑：一是志愿者基于归属感和认同感激发自我价值实现的需要，从而增强参与的积极性和主

① 梁茂信：《美国移民与融合问题》，《求是学刊》2007年第1期，第122页。

② 王君：《美国移民社会与政治文化的融合——制度认同》，《中国商界》2010年第6期，第270页。

③ 李雪红：《基于城市移民和社会融合的美国志愿文化历史与现状》，《青年探索》2013年第3期，第50页。

④ 同上书，第49页。

动性；二是不断完善志愿服务的法律法规及相关制度，营造政府、社会和志愿者多方受益的良好格局。为此，美国相当数量的志愿组织按照非盈利模式运行，志愿者根据年工作时间可分为专职、半专职和兼职等多种类型，其中专职志愿者每年工作10个月至1年，可获得1.2万美元的津贴和额外的医疗福利，以及5500美元的学业资助经费。① 此外，美国政府通过一系列规范化和法治化的举措，将志愿服务扩大为一种由政府主导或私人社团举办的广泛性的社会服务，其重心不仅在于改善被救助者的生活状况，而且致力于协调整个社会的结构与关系，从而促进社会融合。

2. 丰富志愿服务的活动内容

美国的志愿服务在形成和演进过程中客观上经历了萌芽、发展和成熟三个阶段，目前志愿服务的涵盖内容十分广泛，既包括基于社会需求的就业、教育、健康和弱势群体关注等，也包括基于国家利益的国际志愿行为，如美国红十字会、国际志愿者联盟（IAVE）和地图集团队（ATLAS CORPS）等开展的国际性交流合作活动。从美国志愿服务的构成来看，目前它由国家和社区服务部（CNCS）总负责，下设美国志愿服务队（AmeriCorps）和老年志愿队（Senior Corps）两大分支。其中，美国志愿服务队作为参加者最多的分支，包含国家城市社区服务队（NCCC）、美国志愿服务项目（VISTA）和美国志愿大区服务项目（State National）三个主要项目，为全美社区提供教育、公共安全、民众需要、环境保护四大志愿服务中的至少一种。② 据统计，1993—2007年间约有10万名美国青年参加了NCCC项目，而且近年来该项目的参加人数呈递增趋势。③

3. 构筑志愿服务的互助精神

面对移民众多、分布广泛、需求多样、信仰各异的复杂局面，美国政府一方面，树立了“一体多元”的移民融入理念，切实保障移民享有平

① 李雪红：《基于城市移民和社会融合的美国志愿文化历史与现状》，《青年探索》2013年第3期，第52页。

② 同上书，第51页。

③ 高嵘：《美国志愿服务发展历史及其借鉴价值》，《中国青年研究》2010年第4期，第108页。

等的发展权利；另一方面，依托社会力量处理和解决因快速、多元化移民所带来的各种社会问题，从而凝聚出城市新居民融合的向心力。由于形成了广泛的社会动员机制和良性的协同运作模式，美国志愿服务已经脱离了初级阶段的社会经济类志愿行动，而是以协调整个社会的结构和关系为目标，致力于在陌生人社会塑造不同于政府和市场的公共精神和社会文化。目前来看，志愿服务促进了全美社会人与人之间的和谐互助关系，缓解了群体分化带来的矛盾和冲突，增进了人们彼此之间的信任和了解，最终形成了美国社会强大的凝聚力和向心力。

尽管中国国情与美国相比具有很大的不同，而且移民的来源、范围和融入方式等呈现出独特的“中国路径”，但美国基于福利多元主义所衍生出的积极广泛的社会参与，对化解社会融入阻力、减轻政府压力等具有积极意义。考察美国开展志愿服务和培育志愿精神的有关做法，我们可提炼出社会服务和城市精细化管理的先进经验，进而为当前流动人口管理和城市社会融入提供有益的参考。

第三节 国内经验借鉴

与西方国家不同，我国乡城移民社会融入是在城市化高速发展的背景下，因城乡二元结构下的户籍制度松动，导致人口流动迁移势能的集中释放。它客观上遵循“两阶段转移理论”，更具有特殊性和复杂性。自改革开放以来，国内各地出台了一系列旨在促进农村剩余劳动力转移的政策举措，但实施效果相对微弱，农民工市民化普遍呈现出“双低”困境。国内有关乡城移民社会融入的争论，从农民工角度来看主要集中在三个方面：一是城乡二元户籍制度改革迟滞，各地的准入门槛高低有别、难易相殊；二是社会保障制度标准不统一且缺乏区域衔接，无法有效体现公平性和一致性；三是城市内部的福利待遇差距客观存在，导致农民工成为事实上的“二等公民”和身份认同的“内卷化”倾向。从流入地政府的角度来看，情况也不容乐观：一是流动人口规模持续膨胀导致城市综合承载压力过大，地方政府推进农民工市民化的难度和阻力更甚以往；二是流动人口结构与空间分布与地方经济社会发展和产业结构调整的需求不匹配，导致人力资源配置的低效率；三是各地的人口调控政策普遍存在“失灵”现象，外来人口机械增长与城市融入效度偏低的“两难”困境长期无法改变。

在第六章有关城市融入约束因素的分析中，我们论证了一系列纷繁复杂的因素及其影响作用，并将其归结为经济、政治、社会、心理四个维度。更进一步，从乡城移民和流入地政府两大主体来看，当前困境的破解思路无外乎两种可能：一种是加快流入地户籍制度及相关社会福利制度的改革，即“赋权”；另一种是提高农业转移人口的素质和禀赋，即“增能”。两方面因素相结合，可有效提高农民工城市融入的进程和效度。对此，国内一些经济发达省市先行先试，积极探索加快农民工市民化的政策举措，并取得了良好的实施成效，其中蕴含着一系列具有普适价值和可推广意义的做法，可供其他地区参考和借鉴。

一　广东省“积分入户制”——设置准入门槛、打开落户通道

人口从落后地区向发达地区转移，从农业大省向制造业大省流动，是一国经济社会发展过程中的普遍现象和客观规律。广东省得益于改革开放的先机，成为我国人口流入最多的省份。截至 2013 年底，广东省常住人口为 1.06 亿，其中外来人口占 26%。2000—2010 年间，跨省流入广东的人口占其新增常住人口总量的 47.7%，远高于同期国内其他地区。由于流动人口数量过多，广东省部分地区甚至出现了人口“倒挂”现象，例如东莞市 2012 年常住人口为 831.66 万人，非户籍人口占 77%；深圳市 2013 年常住人口为 1062.89 万人，非户籍人口占 70%。不仅如此，据深圳市人大 2013 年披露的一份报告，截至 2012 年底深圳市流动人口实际上已经达到了 1532.8 万人，是户籍人口的 5 倍之多。①

为贯彻落实中央关于加快农民工入户城镇的工作部署，兼顾农民工城市融入的强烈诉求与城市可持续发展的现实需要，广东省于 2010 年 6 月 23 日颁布实施了《关于开展农民工积分制入户城镇工作的指导意见》

① 《21 世纪经济报道》：《流动人口调查：安徽流出人口最多，广东流入最多》，搜狐财经网，http：//business. sohu. com/20150411/n411123429. shtml。

（粤府办〔2010〕32号），在广州、深圳、珠海、佛山、东莞、中山6个城市实施积分入户政策，让外来务工人员得以加入当地户籍，享受公共服务（当年仅限农村户籍劳动力）。[①] 2015年7月6日，广东省政府发布了《广东省人民政府关于进一步推进户籍制度改革的实施意见》（粤府办〔2015〕63号），对原有的积分入户政策进行了调整，提出“在珠海、佛山、东莞、中山市合法稳定就业满5年并有合法稳定住所，参加社会保险满5年的人员，本人及其共同居住生活的配偶、未成年子女、父母等，可以在当地申请登记常住户口”[②]。目前来看，广东省“积分入户制”在5年的推行过程中不断调整和完善，逐步形成了一个相对成熟稳定的政策框架，相关做法对国内其他地区有序推进农业转移人口市民化具有积极的借鉴意义。

（一）积分入户制的指标体系

积分入户制是指通过科学设置和确定积分指标体系，对农民工入户城镇的条件进行指标量化，并对每项指标赋予一定的分值。当指标累计积分达到规定分值时，农民工即可申请入户城镇，其配偶和未成年子女可以随迁。[③] 该制度适用于在广东省务工的农业户籍劳动力[④]，且申请者需满足三个条件：一是已办理《广东省居住证》；二是纳入就业登记；三是缴纳社会保险。广东省积分入户制的指标体系由省统一指标和地方自定指标两部分构成。其中，省统一指标为硬约束指标，主要包括个人素质、参保情况、社会贡献、减分指标四个部分；地方自定指标由各市根据当地产业发展和人才引进政策，自行选择和设定分值，通常包括就业、居住、投资纳税等基本情况（见表7—1）。

---

① 广东省人民政府办公厅：《关于开展农民工积分入户城镇工作的指导意见》，广东省人民政府网站，2010年6月23日。http://zwgk.gd.gov.cn/006939748/201007/t20100705_12024.html。

② 广东省人民政府：《广东省人民政府关于进一步推进户籍制度改革的实施意见》，广东省人民政府网站，2015年6月24日。http://zwgk.gd.gov.cn/006939748/201507/t20150707_589735.html。

③ 广东省人民政府办公厅：《关于开展农民工积分入户城镇工作的指导意见》，广东省人民政府网站，2010年6月23日。http://zwgk.gd.gov.cn/006939748/201007/t20100705_12024.html。

④ 2011年积分入户适用对象的范围扩大至“所有在粤务工城乡劳动者”。

表 7—1　　　　广东省 2014 年积分制入户指标及分值

序号	指标	指标内容及分值		说明
1	文化程度	本科	60 分	只计最高分，不累计加分。本科及以上学历计 60 分，高中以下学历不计分。
		大专或高职	40 分	
		中技、中职或高中	20 分	
2	技术能力	中级职称	60 分	只计最高分，不累计加分。中级职称及以上计 60 分，初级职称及以下职业技能不计分。
		高级工 事业单位工勤技术岗位三级	40 分	
		中级工 事业单位工勤技术岗位四级	20 分	
3	职业资格/职业工种	符合各市积分职业资格及职业工种目录	20 分	申请人提交职业资格证书工种必须与市公布的目录完全一致。
4	社会服务	无偿献血	2 分/次	只计算近五个年度内的无偿献血次数。一年内最高计 2 分，五年内最高计 10 分。
		义工、青年志愿者服务	2 分/50 小时	只计算近五个年度内的义工和志愿服务次数。一年内最高计 2 分，五年内最高计 10 分。
5	纳税	本市依法缴纳个人所得税净入库税额累计达到 10 万元	20 分	申请当年的上三个纳税年度。

资料来源：《广东省 2014 年积分入户操作指引办法》，百度文库，2014 年 7 月 29 日。

原则上，农民工积满 60 分即可申请入户，但具体入户分值由各市根据当年入户计划和农民工积分排名情况自行确定。此外，符合《广东省流动人口服务管理条例》第 27 条规定条件①，符合《关于做好优秀农民

① “居住证持证人在同一居住地连续居住并依法缴纳社会保险费满七年、有固定住所、稳定就业、符合计划生育政策、依法纳税并无犯罪记录。”

工入户城镇工作的意见》（粤劳社发〔2008〕13号）规定条件，以及其他入户政策规定的农民工，可直接申请入户。总体来看，积分入户制是以广东省政府为指导的地方自主行为，各地级以上市人民政府拥有相对充足的自行决策权。

（二）积分入户制的配套措施

1. 解决农民工子女的教育问题。为保证城市新增居民的受教育权利、促进义务教育均衡优质标准化发展，各地应将解决农民工子女义务教育问题纳入当地的城镇建设发展规划和义务教育总体规划。鼓励社会力量举办农民工子弟学校，并由政府在用地、贷款和师资培训等方面给予政策扶持。完善服务机制和经费保障机制，建立多元投入机制，探索农民工子女凭积分入读公办学校的制度。

2. 加快完善城镇住房保障制度。各地应将农民工居住问题纳入城镇住房保障建设规划，加大保障性住房建设力度，加快公共租赁住房建设。对用人单位自行安排农民工居住的，由政府给予一定的租金补贴。对召用农民工较多的单位，可在符合城乡规划并依法取得的企业用地范围内，按照有关规定建设农民工集体宿舍。允许有条件的地方探索在农民工聚居区建设农民工小区。

3. 探索完善农村土地产权制度。2010年，积分入户制提出“探索以农村土地承包经营权、宅基地使用权置换城镇户籍的办法”，采用了与重庆和成都类似的“以物易物”式户籍制度改革。2015年提出：“坚持依法、自愿、有偿的原则，完善农村产权制度，引导农业转移人口有序流转土地承包经营权。不得以退出土地承包经营权、宅基地使用权、集体收益分配权作为农民进城落户的条件。”

4. 落实城乡社会保险制度衔接。农民工入户城镇后，按照国家规定办理农村养老保险与城镇职工养老保险关系的衔接。要求农民工退出新农合，按规定参加城镇职工（或城镇居民）基本医疗保险和生育保险。对按农民工政策参加失业保险的，要求转按城镇职工政策参保。2015年进一步提出完善以低保制度为核心的社会救助体系，以实现城乡社会救助统筹发展。

（三）落户县城和中心镇的优惠政策

为统筹考虑广东省的经济社会发展和城市综合承载能力，积分入户制尝试实施差别化的户籍政策，引导农民工落户县城和中心镇，并承诺给予积分优惠和社会保险优惠：一方面，按照不超过个人实际总积分的50%给予积分奖励；另一方面，对在入户地参加社会保险的，由当地政府给予一定期限的社会保险补贴。具体标准和操作办法由县级以上人民政府自行制定。

（四）健全完善居住证积分管理制度

居住证是积分入户制的实施载体，也是探索建立“梯度累进”公共服务供给机制的有效手段。2010年，积分入户制规定对符合条件的农民工给予《城市居民居住证制度》，有效期最长为3年，除可以享受《广东省居住证》的相关权益之外，还可以享受子女义务教育、创业补贴、廉租房（或公租房）、社会救助、就业援助、乘车优待等多方面的权益。2015年，进一步提出以居住证为载体，完善积分入户政策，建立、健全与居住年限、参加社会保险年限等条件相挂钩的基本公共服务供给机制。按照这一思路，居住证持有人可根据积分情况阶梯式享有8个方面的公共服务，具体包括：基本公共教育、基本医疗卫生、就业扶持、住房保障、社会福利、社会救助、公共文化和计划生育。此外，广东省还提出积极拓展居住证的社会应用功能，不断扩大向居住证持有人提供公共服务的范围。①

总体来看，“积分入户制”作为广东省针对国内户籍制度改革迟滞所进行的有益探索，自实施以来取得了显著成效。截至2014年11月，广东省通过积分入户制实现迁移入户的异地务工人员累计达到63.2万人②，有效促进了常住人口有序实现市民化，稳步推进了城镇基本公共服务常住人口全覆盖。尽管该制度在实施中还存在一些问题（如东莞市和中山市2011年出现的“指标空缺”现象），但总体来看它对于合理引导农业转移人口落户城镇，逐步实现城乡人口管理一体化、城乡公共服务均等化、城乡经济发展均衡化等具有积极意义；对国内其他地区贯彻落实《国务院

---

① 广东省人民政府：《广东省人民政府关于进一步推进户籍制度改革的实施意见》，广东省人民政府网站，2015年6月24日。http：//zwgk.gd.gov.cn/006939748/201507/t20150707_589735.html。

② 卢鉴：《广东积分入户政策已惠及63.2万人》，新华网，2015年1月6日。http：//www.gd.xinhuanet.com/newscenter/2015—01/06/c_1113894964.htm。

关于进一步推进户籍制度改革的意见》提出的“促进有能力在城镇稳定就业和生活的常住人口有序实现市民化，稳步推进城镇基本公共服务常住人口全覆盖”这一政策目标，也具有极为重要的参考和借鉴价值。

二 上海市“素质培训工程”——提高文明素质、促进全面发展

上海市作为我国东部沿海地区的经济发达城市，是长三角地区人口流入的典型代表。据全国第六次人口普查数据显示，上海市共有外来常住人口900多万。截至2011年底，上海市农民工总数为600万，其中新生代农民工约为360万—400万，占农民工总数的60%左右。[①] 新生代农民工因年龄较轻，知识结构更加合理，因此更加具有城市融入的有利条件，在上海市的经济社会发展中起着极为重要的作用。“农民工基本素质教育培训”（以下简称“素质培训工程”）是由上海市总工会于2009年牵头提出的，其最初目的是为了迎合世博会的召开，对农民工进行世博知识和文明行为规范的培训，以提高农民工的文明素质，进一步发挥其在世博会和上海经济社会发展中的生力军作用。[②] 根据培训目标，上海市要在两年时间内（2009—2010年）完成200万农民工的培训，内容涉及世博知识、城市文明、劳动权益、生命安全、生活服务五大方面。[③] 为引导广大农民工更好地融入世博、融入城市，上海市“素质培训工程”重点采取了四个方面的措施：

（一）强化组织建设，形成领导合力

农民工素质培训涉及内容广泛，需要各地区、各系统通力合作。为有效整合社会资源，最大程度上发挥领导合力，上海市专门成立了由市总工会牵头、各职能部门积极参与的“一体多元”组织机制。具体来看，上海市总工会负责牵头实施和协调联络；市总工会、市文明办、远程教育集

① 王世官：《上海市新生代农民工培训的特点与规律研究》，《农民科技培训》2012年第12期，第6页。

② 首届农民工素质培训工程于2009年8月17日正式启动。第二批素质培训工程由上海市黄浦区于2011年8月6日启动，以职业技能培训为主，主要目的是为了提高农民工的就业竞争力。

③ 上海市总工会：《关于组织开展迎世博上海农民工基本素质教育培训工作的实施意见》，上海市总工会网站，2009年6月8日。

团负责培训工作的日常运作；市总工会、市文明办、世博局、市教委、市人保局、市法宣办等10个单位负责主办，共同成立“上海市农民工基本素质教育培训联席会议”，下设领导小组和办公室，负责制定、指导和部署具体的培训工作。同时，把培训工作纳入《迎世博600天行动计划》，同构明确分工、加强协作，共同推进培训工作的顺利开展。

（二）拓宽培训途径，规范操作流程

针对农民工文化素质不高、业余时间较少、作息时间不规律等实际情况，上海市制定了种类多样、方式灵活、标准统一的培训机制，对农民工进行免费培训。一方面，依托农民工业余学校、电大各分校和企业培训中心等基本培训阵地，广泛吸纳教师、专业工作者、企业管理人员和大学生志愿者等基本师资，采用集中面授、电视教学、网上课堂等多种方式开展培训，以满足不同类型农民工的培训需求；另一方面，根据各行各业特点，采用贴近企业生产实际、群众喜闻乐见的方式进行全方位、多途径培训，并按照“四个统一”① 的要求开展考核，对合格者进行评选表彰，以提高农民工参加培训的积极性和主动性。

（三）整合教育资源，注重项目衔接

传统教育培训领域的资源分散、重复建设和供需脱节是制约农民工培训成效的重要因素。为降低培训成本、增强培训成效，上海市总工会依托各系统已经开展的农民工培训项目，通过整合现有的教育培训资源，形成了系统化的培训操作机制。具体来看，上海市并未设置独立的素质培训课程，而是把农民工素质培训与市安监局的“农民工安全生产培训”、市人保局的“农民工职业技能培训”、市建交委的“农民工上岗培训”、市质监局的“农民工特种技术人员培训”等七大类培训项目有机结合起来，将农民工素质培训工程纳入各系统的培训计划，形成了目标一致、团结协作、优势互补的培训机制，圆满完成了培训任务。

（四）落实经费保障，增强培训实效

为减轻农民工和用人单位的培训成本，上海市素质培训工程采取“农民工免费、培训单位适当投入、主办单位各自列支”的原则，构建了平衡稳固的经费保障机制。从经费来源看，除了各主办单位自己的工作经

① “四个统一”即“统一要求、统一教材、统一培训、统一考核”。

费列支以外，《上海农民工基本素质教育培训工作实施意见》明确要求市总工会、市文明办、市教委、市法宣办等七个部门提供培训经费资助，（见表7—2）以确保按时保质地完成预定培训目标。培训读本按照“配送为主、适当购买”的原则，由主办单位根据各培训单位的需要进行配送，农民工免费参加培训。同时，对优秀组织单位由主办单位适时进行评选表彰，以激励其组织开展农民工素质培训的积极性。

表7—2　　上海市素质培训工程的组织结构与职责分工

主办单位	工作职责	提供培训经费	培训指标
市总工会	组织协调，开展宣传、交流、总结、表彰等工作	√	40万人
市文明办	指导和协调培训工作，整合社会资源，制定政策措施	√	—
世博局	提供世博相关宣传材料，提供培训指导和培训师资	—	—
市教委	提供政策支持和培训场所	√	—
市建交委	提供培训场所、相关资源和培训师资	—	20万人
市安监局	提供培训场所、相关资源和培训师资	—	50万人
市人保局	提供培训场所、相关资源和培训师资	√	20万人
市质监局	提供培训场所、相关资源和培训师资	√	10万人
市法宣办	提供相关法律宣传资料和培训师资	√	—
远程教育集团	全程参与，负责教学资源开发、师资培训和培训管理等	√	20万人
其他	各窗口服务行业、产业局等相关单位参与	—	40万人

资料来源：根据上海市总工会发布的《关于组织开展迎世博上海农民工基本素质教育培训工作的实施意见（沪工总宣〔2009〕135号）》整理绘制。

从实施效果来看，上海市农民工素质培训工程对于提高农民工文明素质、促进农民工全面发展起到了积极的促进作用。特别是在世博会召开期间，广大农民工群体积极参与世博、奉献世博、共享世博，成为上海世博会成功举办的一支重要力量。此外，素质培训工程还积极引导农民工遵守文明规范、了解法律法规、保障生命安全、掌握生活常识，有利于促进农民工群体市民素质的提高和城市文明程度的提升。总体来看，素质培训工程不仅造就了一支适应上海经济社会发展需要的生力军，也培养了一批满足各行业发展需要的劳动者队伍，这对其他地区提升农民工素质、加快实现城市融入具有积极的启示和借鉴意义。

三 山东省“再温暖工程”——提升职业技能、增强稳定就业

山东省与广东、上海、浙江同为东部沿海地区的人口流入大省，农民工城市融入始终是其经济社会发展中的重大现实问题。据统计，截至2014年6月，山东省共有农民工2381万，占全省人口总数的24%，占全国农民工总数近10%，每年转移就业的农村劳动力增量约为100万人。[①]如果将农民工的家庭也考虑在内，则山东省农民工群体将涉及6000万人。[②]从行业分布来看，近六成农民工集中在制造业和服务业等传统领域，因此提高农民工的技能水平和整体素质，对山东省推进农民工稳定就业、加快城市融入具有重要意义。2014年10月8日，山东省住房和城乡建设厅颁布实施了《山东省建筑业农民工再温暖工程职业技能提升3年行动实施方案》（以下简称《行动方案》），大力推进建筑业农民工的标准化、制度化和信息化培训，计划在3年时间内（2015—2017年）每年培训农民工高技能人才（技师）2000人，多岗位农民工10万人[③]，以缓解加工制造企业的用工缺口。总体来看，山东省主要从四个方面落实了项目的实施：

（一）明确培训内容

“再温暖工程”最大的特点是脱离了笼统的农民工素质培训，明确以“促进农民工在建筑业长期稳定就业”为目标，注重提高建筑业农民工的技能水平和整体素质。根据目标分解的原则，“再温暖工程”下设“高技

---

① 杨凡、李瑞平：《山东农民工总量超2300万人，约九成选择省内就业》，齐鲁网，2014年6月18日。

② 佚名：《山东农民工总量达2330万人，占全省总人口24%》，《济南时报》2013年9月18日。

③ 山东省住房和城乡建设厅：《山东省建筑业农民工再温暖工程职业技能提升3年行动实施方案》，山东省住房和城乡建设厅网站，2014年10月8日。http://www.sdjs.gov.cn/art/2014/10/28/art_5_43591.html。

能人才（技师）培训”和“多岗位技能培训”两个项目，分别依托建筑工地农民工业余学校和建筑业职业技能培训机构开展，考试合格者可获得相应等级的《职业资格证书》和《建设职业技能岗位证书》。从培训内容来看：(1)高技能人才（技师）培训重点进行焊工、电工、管道工等市场较为紧缺工种的培训，培训时间不少于210个课时。(2)多岗位技能培训包括理论和实际操作两部分，培训时间不低于15天。其中理论培训以务工常识、职业道德和维权知识等为主，培训5天；实际操作培训强调实用性，结合施工现场施工技术交底进行，培训10天。①

（二）严格培训标准

为了将“再温暖工程”打造成行业认可、农民工受益的惠民工程，《行动方案》明确提出“培训合格率达到90%以上，就业率达到90%以上”的双重任务目标，并依据国家职业资格（人力资源社会保障部制定）和职业技能鉴定标准（住房城乡建设部制定），严格制定和实施“再温暖工程”系列培训项目。在师资储备上，重点选派农民工业余学校的专（兼）职教师或相关建筑培训机构的师资人员，优先选派既懂理论、又懂操作的“双师型”教师。在具体操作中，山东省各地结合自身实际，制定和出台了一系列具有新意的管理考核标准，如日照市提出“落实五项制度”，即第一节课制度、台账管理制度、培训工作月报制度、培训合同制度、督促核实检查验收制度，以增强培训的效果和质量。②

（三）创新培训方式

山东省“再温暖工程”最大的亮点是改变了以往“一刀切”的培训方式，从培训主体、培训对象和培训方法三个方面进行创新，有效增强了培训的针对性和实效性。首先，明确农民工技能培训的责任主体是建筑施工总承包企业，要求企业根据项目用工实际和需求，依托农民工业余学校，制订详细的培训方案并加大资金投入力度，积极探索建立与岗位工资挂钩的工人技能分级管理机制。其次，通过“预设标准、分类实施”的

① 山东省住房和城乡建设厅：《山东省建筑业农民工再温暖工程职业技能提升3年行动实施方案》，山东省住房和城乡建设厅网站，2014年10月8日。http://www.sdjs.gov.cn/art/2014/10/28/art_5_43591.html。

② 山东省住房和城乡建设厅：《日照市“温暖工程”工作全面启动》，山东省住房和城乡建设厅网站，2007年10月19日。

方法，建立了科学、高效的培训机制：对高技能人才（技师）培训设定“符合技师申报条件”这一准入门槛，对多岗位农民工培训则按照工作资历，分为“初次进入人员”和“已持证上岗人员”两种，分别进行不同等级的职业技能培训。总体来看，培训的重点对象有三个：施工现场关键岗位技术工种、转岗升级以及青年农民工培训。

（四）完善保证措施

为确保“再温暖工程”的顺利开展，《行动方案》从三个方面强化了培训工作的组织实施。首先，按照目标分解、分级管理的原则，建立全省17市目标责任制，由省住建厅每年下达各市年度工作目标计划，各市住建部门签订目标责任书，之后将年度工作目标和任务逐层分解到下属各建筑企业、项目部和有关培训机构。其次，指定省建筑职工考核鉴定办公室负责制订全省工作的实施方案，定期检查、监督各市的目标分解和任务落实情况，并对各市的经费统筹、专项补贴等给予指导。最后，按照“五个统一”的标准对项目实施单位进行抽查和重点督导，要求各市住建部门每季度末填报《项目结业验收表》并上报省建筑职工考核鉴定办公室。此外，《行动方案》还制订了相关的奖励和惩处措施，以提高培训认识、严肃培训态度、规范培训行为。

总体来看，“再温暖工程”是山东省针对建筑行业农民工开展的专门性职业技能培训活动，它以增强农民工技能水平、促进长期稳定就业为目标，是切实关爱农民工的实事工程、民心工程。从培训方式来看，“再温暖工程”的最大亮点在于强化了企业的主体责任，要求建筑施工总承包企业制订培训方案、实施培训计划、负责劳务管理、确保资金投入，从而实现了政府角色由公共服务的供给者向规范者转变。从培训效果来看，“再温暖工程”促进了建筑业农民工从低素质体力劳动者向高端现代产业工人转变，有利于缓解企业的用工缺口，降低高技能人才的求人倍率，对山东省优化劳动力结构、深入挖掘人口红利、增强经济可持续发展的后劲等也起到了极为积极的作用。

四　浙江省“邻里社区”——强化社区支撑、促进身份转变

（一）产生背景

浙江省素来是流动人口大省，长期面临着人口流向多元、城市融入诉

求多样的复杂局面。截至 2014 年 6 月 30 日，浙江省登记在册的流动人口总数为 2260 万人，占全国流动人口总数的 8.4%。[①] 持续、大规模的人口流入为浙江省经济社会发展提供了充足的劳动力，但同时也加大了流入地政府的管理难度和城市承载压力。特别是 2010 年底以来，随着“机器换人”战略的深入实施，浙江省产业转型升级的步伐明显加快，以往存在的外来人口机械增长与城市融入效度偏低的“两难”困境越发明显。

为进一步促进农民工社会融合，浙江省人民政府办公厅于 2015 年 7 月 13 日发布了《关于进一步做好为农民工服务工作的实施意见》（浙政办发〔2015〕83 号），提出要“丰富农民工精神文化生活，把农民工文化建设纳入现代公共文化服务体系，着力推进‘农民工文化家园’建设”，同时提出“要营造关爱农民工的社会氛围，努力实现农民工本人融入企业、子女融入学校、家庭融入社区、群体融入城镇”[②] 的“四融入”方针，从而将切实维护农民工权益、有序推进农民工市民化提高到了政策设计的新高度。

从浙江省加快农民工市民化的实践来看，杭州市经济技术开发区（下沙）白杨街道的“邻里社区”是最具代表性和可推广价值的案例。该社区成立于 2006 年 3 月，是目前浙江省内唯一一个居住人数最多、专门为外来务工者提供社区化管理服务的新型社区。社区总建筑面积 10 万平方米，建有 1 栋综合服务楼和 13 栋住宅楼，共有 1500 多套居室，入驻了来自全国 28 个地区的 9200 多名外来务工人员。[③] 他们的年龄大多在 28 周岁以下，其中青年团员占到了 90%。

邻里社区高度重视青年农民工的城市融入工作，将“引导青年、教育青年、成就青年”作为社区可持续发展的目标之一，为全省流动人口服务管理工作提供了良好示范。2006 年 7 月 19 日，时任浙江省委书记习近平同志在杭州下沙调研时，高度评价了“邻里社区”的青年农民工服

---

① 罗道旺：《温州总人口浙江全省第一，民工兄弟安徽人最多》，《钱江晚报》2015 年 10 月22 日。

② 浙江省人民政府办公厅：《浙江省人民政府办公厅关于进一步做好为农民工服务工作的实施意见（浙政办发〔2015〕83 号）》，义乌市劳动监察大队网站，2015 年 8 月 7 日。

③ 接栋正：《浙江杭州：下沙邻里社区》，中国城市网，2014 年 8 月 28 日。http://www.urbanchina.org -/n/2014/0828/c369544—25558317.html。

务管理模式和经验，提出："应把邻里社区确定为外来人口管理优秀示范基地，继续为外来务工者提供全面的服务，在管理上继续总结探索好的经验，为全省提供良好的示范。"①

（二）主要做法

1. 创新模式，打造品牌

经过多年的实践和发展，邻里社区逐渐打造出了"青春邻里、人文邻里、温馨邻里"三大品牌，创造出一个和谐安定的生活环境。为增强管理的针对性和有效性，合理界定相关参与者的职责分工，邻里社区创新了服务管理模式，构建了"1+2+X"管理共同体，即以1个社区支部为核心，以2个产权单位和承租企业为支撑，以若干个"网组片"工作平台为基础，鼓励有关各方协作互助、责任共担，从而改变了以往由社区进行独家管理的种种弊端。此外，针对新生代农民工生活负担较重的现实，邻里社区采取"政府补贴、企业承租"的运作模式，青年农民工每月只需花费40元，即可享受到公寓式服务和社区化管理。

2. 完善配套，提高品质

要实现新生代农民工向市民身份的有效转变，高品质、现代化的生活设施不可或缺。以往农民工小区普遍以流动摊贩等低形态生活供给方式为主，存在较多的食品安全隐患和环境卫生问题。对此，2011年邻里社区从两个方面进行了规范和整治：一是引进美食广场和便利店等生活性服务业，完善了餐饮、购物、休闲、通信为一体的新型社区业态；二是与30多家承租企业开展双向互动，建立了"何老师聊天室"和"知心姐姐热线"等心理危机干预载体，从而实现了对青年农民工"工时内外"的无缝管理、有效衔接和全面覆盖。

3. 组织活动，强化认同

针对新生代农民工认同感较低、流动性较强的问题，邻里社区充分发挥青年务工人员中团员较多的优势，成立了社区团委和10个楼道团支部，同时成立了以青年团员为主的蓝翎艺术团和文学社等社团组织，以及篮球队和舞蹈队等文体小分队，每年组织开展40余场活动，为青年农民工提

---

① 接栋正：《浙江杭州：下沙邻里社区》，中国城市网，2014年8月28日。http://www.urbanchina.org-/n/2014/0828/c369544—25558317.html。

供了展现才华、增进交流的平台和机会。同时，社区还建成了市民学校、外语培训基地、模拟法庭、图书阅览室、群众体育健身点等文化体育活动设施，开展“蓝领成才工程”，为一大批有志向的青年农民工提供了培训学习的体会，从而增强了其知识和技能。

总体来看，“邻里社区”通过创新性服务和规范化管理，有效化解了新生代农民工城市融入过程中的职责不清和利益不均等问题，其积极意义突出体现在四个方面：一是通过增强外来务工人员的归属感、责任感和认同感，积极推动新生代农民工实现“三自”新局面；二是有效降低了青年农民工的流动性，减少了企业用工成本，化解了企业“用人留人”的后顾之忧；三是通过多方参与和市场化运作，减轻了政府的管理难度和工作压力，加快推动向服务型政府转变；四是创新了社区管理模式，通过打造集服务、活动、教育、生活等为一体的新型集约化社区，为新生代农民工依托社区平台实现城市融入提供了可资借鉴的样板。

第四节　区域经验的比较与启示

从宏观上看，农村劳动力从落后地区向发达地区流动、从农村向城市转移是人类经济社会发展中的共性规律。从微观上看，乡城移民社会融入具有阶段性、动态性和具体性特征，在不同国家的不同历史发展阶段，乡城移民城市融入面临的问题和阻力各不相同。从这个意义上说，我们既可以从发达国家促进移民社会融合的实践中提取具有普适价值的共性经验，也应当结合我国国情和城市化发展的实际，制定具有中国特色的农民工城市融入政策体系。

一　西方国家促进移民社会融合的经验启示

健全的社会保障制度、均等的公共服务供给机制、合理的人口结构与空间分布、先进的文化理念和较高的人口素质，是制约移民社会融合的四大核心要素。从现代西方国家的实践来看，各国促进移民社会融合的政策设计，其出发点和侧重点各有不同，但一个共同的逻辑是促进机会与权利的平等、增强经济社会可持续发展的内在动力。具体来看，各国的实践及其特色如下：

1. 英国：英国客观上采取了“社区发展型”的移民融合模式。以英格兰北部的 Bradford 为例，通过强化基础设施建设、开展社区活动项目、构建合作伙伴关系等方法，为移民参与当地管理、参加社区活动提供了操作平台和现实载体。总体而言，社区融合模式的最大亮点在于采取“自下而上”的协商与合作模式，积极回应移民的社会融入诉求，有效增强了其归属感和责任感。

2. 瑞典：瑞典是欧洲“福利国家”的典型代表，其高水平、广覆盖的社会保障体系使移民社会融合具备了坚实基础。通过采取多元文化的“教育融合模式”，瑞典构建一个不同民族亚群体能够达成共识性价值目标的合作框架，有效满足了多元文化意识回归和移民群体张扬个性的独特需求。

3. 法国：具有深厚文化底蕴和优雅生活情调的法国向来是人口流入大国。迫于外来移民持续流入的巨大压力，法国采取了独树一帜的“共和模式”，客观上拒绝多元文化理念。其移民社会融合政策的重点是依托城市群发展战略，调整和控制大都市区的人口流向与规模，优化人口结构和空间分布，从而缓解因人口密度过大所导致的“城市病”。在实际操作中，法国主要采取了建设卫星城、强化产业转移、调整行政区划、完善公共服务等措施。

4. 美国：倡导“一体多元”理念的美国高度重视政府、市场与社会之间的关系，特别强调社会资源的有效整合以及社会相关利益者的广泛参与。在移民社会融合的过程中，美国充分有效地发挥了志愿者服务的积极促进作用，通过培养志愿精神、更新服务方式、丰富活动内容，美国逐渐将志愿者服务发展成为与政府和企业共同支撑社会良性运转的“三大支柱”。

由上述分析可知，现代西方国家促进移民社会融合的模式与政策体现出人类社会发展的先进智慧，凝聚了西方国家社会变革的思想精华，对处于城市化高速发展时期的我国而言具有积极的启示意义，主要体现在三个方面：

1. 由单一特质向多元文化转变。综观西方各国的移民融入政策，尽管设计理念和具体措施千差万别，但均以尊重多民族融合、多文化共存的时代背景为前提，力求在维持本民族主流文化的基础上，保证移民亚群体的自身文化特质。例如，瑞典在第二次世界大战以前是一个具有鲜明民族单一性和文化同质性的国家，两次世界大战中的难民和20世纪六七十年代招募的“客籍劳工”大量融入，使瑞典逐渐演变成为一个多文化、多民族、多信仰共存的多元民族主义国家。对此，瑞典政府适时调整移民融入政策，采取了与德国“差异排斥模式”截然不同的“多元文化模式”，有效促进了移民亚群体的社会融合。

2. 由行政调控向经济引导转变。面对外来移民群体的大量涌入和城市综合承载压力的日益加大，西方各国在工业化、城市化进程中均不约而同地采取了以行政控制为主的管理模式。但遗憾的是，行政调控政策仅能约束外来移民群体的数量增长，对已有人口存量的疏解作用却并不显著。以法国为例，20世纪六七十年代西方各国出于经济高速发展的需要，普遍从比利时、荷兰、土耳其等国招收了大量“客籍劳工”（工作移民），但随着欧洲经济增速的下滑以及人口老龄化的加剧，客籍劳工制度逐渐走向终结。但是，与法国政府遣返相关劳务人员的政策意图相悖，大量的国际工作移民不仅不愿意离开法国，还迫切希望他们的家属能够进入法国与之相聚。对此，法国政府，一方面，大力发展城市群，逐步分解核心城市的服务功能；另一方面，通过产业郊迁扩散，将传统的加工制造业和低端服务业等引向周边的卫星城，从而疏解了主城区人口过度聚集的压力。

3. 由被动融合向主动融入转变。从社会公平正义的角度来看，西方各国外来移民群体的发展权利和福利待遇等均有了显著提高，这是西方国家迎合多元文化需求、维护社会稳定的必然之举。在当代欧洲，除了法国和德国之外，其他国家基本上都采取了“多元文化模式”，以促进移民亚群体积极主动地融入当地社会。其中，英国作为欧洲最早宣布建成“福利国家”的代表，充分发挥了社区发展的传统和优势，通过社区中心建设、社区项目运作、合作伙伴关系建立等手段，充分保障移民亚群体和少数族群（如黑人、少数族群、同性恋者、残疾人等）的社区利益，同时确保其有效参与相关公共服务计划和决策的制定。美国以志愿服务为主导，通过更新志愿服务的运营方式、丰富志愿服务的活动内容、构筑志愿服务的互助精神，树立起了“求同存异、追求梦想、帮扶互助”的移民融合理念，进而化解了移民亚群体的社会融合阻力，减轻了政府的管理难度和治理压力，充分体现出现代城市精细化管理的先进经验。

二　国内各地促进农民工城市融入的政策启示

当前，我国乡城移民社会融入与西方国家的不同主要体现在三个方面：

1. 移民的背景和来源不同。西方移民是一个相对广义和宽泛的概念，既包括从农村进入城市的农业转移劳动力，也包括因各种政治和经济原因流入别国的国际移民。我国目前讨论较多的主要是前一个概念，即因城乡二元体制松动和市场导向型经济改革深入所释放出的大量农村剩余劳动力。

2. 移民城市融入的进程不同。我国农民工市民化客观上需要经历从农民到农民工，再从农民工到市民的“两阶段转移”。在此过程中，农民工的职业身份与制度身份相分离，农民工事实上成为游离于城市和农村主流生活之外的“双重边缘人”。而在现代西方国家的工业化和城市化进程中，乡城移民向市民（或公民）转变是一次性、彻底性完成的，不存在所谓的“过渡性群体”。

3. 移民融入的方式和强度不同。在西方国家，移民亚群体与流入地主流文化之间相互碰撞、不断摩擦，最终形成同化、差异排斥和多元文化三种主流的融合模式。而在我国，人口流动迁移客观上被划分为计划经济时代的“政府行为推进的政策型转移”和市场经济时期的“经济利益诱致的市场型转移”。在前一个时期，严苛的城乡二元户籍制度使得人口流动相对平稳与缓和，城乡居民各自生活在相对独立的空间地域，彼此间缺乏沟通和交流。而在后一个时期，随着户籍制度改革的逐步深入，以往制约人口自由流动与公平发展的制度藩篱被逐步清除，城乡、区域之间积蓄的巨大的人口流动迁移势能以集中爆发的态势全面释放，这在人类近代工业化和城市化进程中都是绝无仅有的。从另一个侧面来看，这也恰恰印证了当前我国农民工市民化的巨大阻力和压力。

面对城市融入诉求高涨和城市融入效度偏低的“两难”困境，中央政府出台了一系列旨在加快城乡统筹、促进农民工市民化的政策举措，各地也针对户籍制度改革进行了积极的探索，其中，(1)广东省制定和实施了“积分入户制”，通过积分指标体系的构建和相关配套措施的实施，为农民工城市融入打开了通道，提供了可能。(2)上海市以“提高文明素质、促进全面发展”为目标，开展了“农民工基本素质教育培训”工程，通过强化组织建设、拓展培训途径、整合教育资源和落实经费保障，培养和造就了一支适应上海经济社会发展需要和各行业用工需求的劳动者队伍。(3)山东省针对建筑业农民工占绝大多数的现实，明确提出以“提升职业技能、增强稳定就业”为目标的“再温暖工程”，注重提高建筑业农民工的技能水平和整体素质，以促进其有效实现城市融入。同时，也为促进农民工由低端劳动力向高端产业工人转变，缓解企业高技能人才用工缺口作出了积极贡献。(4)浙江省“邻里社区”针对新生代农民工城市融入愿望迫切、利益诉求多样、社会交往缺乏等一系列问题，以创新社区管理模式和服务方式为抓手，构建了“1+2+X”社区管理共同体。同时，通过完善配套措施、组织开展活动等方式，有效增强了新生代农民工对流入地城市的认同感、归属感和责任感，对构建外来务工人员“三自”新局面也具有积极意义。

从以上促进农民工城市融入的案例来看，一个共同的逻辑思路是“分类实施、分批推进”，其中具有启示意义的做法主要体现在四个方面：

1. 依托居住证制度，构建“梯度累进”的公共服务供给机制

居住证制度的全面实施是“十三五”时期加快户籍制度改革的明确要求，是统筹兼顾流入地各方利益的现实抓手，其最大的优点在于改变了“条件准入”式的门槛设定，通过指标量化的方法为外来人口提供了城市融入的可能、打开了落户城镇的通道。广东省以居住证制度为依据，制定了“梯度累进”的公共服务供给机制，积分达到一定数值的农民工即可阶梯式享受公共服务，从而改变了以往“一刀切”的做法，有效兼顾了农民工与城市综合承载力的需要。

2. 进行郊迁扩散，加快中心城市的核心功能向周边地区转移

优质公共资源配置不均衡是吸引流动人口持续、大规模向中心城市和主城区转移的重要原因。为改变经济—人口空间分布的不一致，降低人口过度集聚带来的资源配置低效率，广东省在“积分入户制”中特别规定了对广州、深圳两个特大城市的人口规模进行严格控制，同时规定了农民工落户县城和中心镇的优惠措施，如积分奖励政策和社会保险补贴。通过差别化的户籍制度，有效平衡了公共福利资源在不同区域和城市之间的配

置，从而引导了人口有序流动。

3. 坚持“赋权”与“增能”相结合，双向互动促进城市融入

农民工城市融入客观上分为障碍消除、机制完善和文化培育三个阶段。目前国内各地通过制定符合区域发展实际的政策规定，已经卓有成效地消除了农民工城市融入的制度性障碍。但在结构性障碍方面，新生代农民工因人力资本有限、社会资本缺失，其城市融入效度长期难以提升。对此，可借鉴上海市“素质培训工程”和山东省“再温暖工程”的做法，以提高农民工文明素质和技能水平为抓手，加快实现其职业角色与社会身份相统一，进而促进城市融入。

4. 强化企业的主体责任，形成“多元参与”的社会融合机制

不论是福利经济学的福利多元组合理论，还是近现代西方国家的社会改良实践，都充分证明了构建多方参与社会融合机制的必要性。基于“利益共享、责任共担”的原则，山东省“再温暖工程”明确要求建筑施工总承包企业制订培训方案、实施培训计划、负责劳务管理、确保资金投入，从而有效担负起了农民工培训实施主体的责任。要注意，强化企业主体责任并不意味着加重其负担，而是要构建更加和谐稳定的劳资关系，促进政府角色由福利服务的供给者向购买者转变，通过有关各方职责范围的调整，促进社会整体福利水平的提高。

本章小结

农村剩余劳动力向城市转移是一国工业化、城市化进程中的必然现象，具有阶段性、动态性和持续性特征。发展经济学对人口流动迁移的内在动因进行了深入探讨，揭示了乡城移民城市融入的普遍规律，但从世界各国移民的流动趋向及融合背景来看，通常会受到一国经济水平、政治体制和文化理念等因素的制约，因而又呈现出一定的多样性和异质性特征，突出表现在西方国家促进移民社会融合的模式和政策种类各异。其中，除了法国和德国采取了相对保守的“共和模式”与“差异排斥模式”之外，其他西方国家大多采取了“多元文化模式”，即在维持本民族传统主流文化的基础上，保持移民自身文化的相对独立性，从而逐步构建一个多民族能够达成共识性价值目标的合作框架。

英国基于社区发展的传统优势，采用了“社区发展融合模式”；法国坚守“共和模式”，采取了“城市群发展战略”以优化人口空间分布；瑞典实施了以教育为突破口的融合模式，以增强外来移民的融入能力；美国积极培育志愿精神，将志愿者服务与政府和企业一起塑造成为维持社会良性运作的“三大支柱”。总体来看，西方国家促进移民社会融合的实践遵循一个共同的逻辑思路，即保证移民的平等发展权利、采用经济引导的间接调控手段、构建多元参与的合作机制，以最终实现整合社会资源、促进社会融合的目的。

我国乡城移民社会融入的特殊性主要体现在移民的来源和背景、城市融入的过程、城市融入的方式与强度三个方面。以改革开放为分水岭，我国城乡、区域之间的人口流动迁移客观上被划分为两个阶段，即计划经济时期的“政府行为推动的政策型转移”和市场经济时期的“经济利益诱致的市场型转移”。随着我国经济发展和体制改革的逐步深入，当前第一个阶段的转移渠道大多已不再具有现实意义。就后一个阶段而言，农民工市民化目前已成为我国人口流动迁移的最显著特征和城市化发展的主旋律。党的十八届五中全会明确提出，要“促进有能力在城镇稳定就业和生活的农业转移人口居家进城落户”，鉴于此，农民工市民化将继续成为“十三五”时期各级政府的重点工作内容。

我国东部沿海地区经济水平较高、思想观念开放、社会氛围包容，具备先行先试积极探索农民工市民化新路径的良好基础。其中，广东省的“积分入户制”是目前理论界认可度最高、实施成效最显著的农民工市民化模式，其核心内容是“设置准入门槛、打开落户通道”，最大的亮点在于依托居住证制度的实施，制定“梯度累进”的公共服务供给机制，从而有效化解了日益高涨的市民化诉求与城市综合承载能力之间的紧张关系。上海市的“素质培训工程”和山东省的“再温暖工程”分别以提高农民工的文明素质和技术水平为宗旨，通过强化组织领导、创新培训项目、完善配套措施等手段，构建了社会各方“广泛参与、责任共担”的新型合作机制。浙江省的“邻里社区”针对新生代农民工数量多、组织水平低、融入意愿强烈的现状，构建了“1+2+X”的社区管理共同体，同时实行“政府补贴、企业承租”的新型运作方式。其最大的亮点在于充分发挥社区作为外来人口城市融入组织平台和现实载体的作用，通过构建和谐稳定的劳资关系和积极参与的文化氛围，有效形成了青年农民工“三自”新局面。

总体来看，上述案例是各个地方政府结合自身实际，针对我国户籍制度改革迟滞所进行的有益探索，对其他地区加快农民工市民化、促进社会融合具有积极的参考和借鉴价值。课题组将上述各案例的核心内容归结为：广东省“积分入户制”——设置准入门槛，打开落户通道；上海市“素质培训工程”——提高文明素质，促进全面发展；山东省“再温暖工程”——提升职业技能，增强稳定就业；浙江省“邻里社区”——强化社区支撑，促进身份转变。

此外，一个值得关注和深入研究的现象是：许多地方政府开始注重激发社会力量的广泛参与，通过合理界定有关各方的职责范围和行为边界，不断强化企业的主体责任，加快促进政府角色由福利资源的供给者和生产者，向社会服务的购买者和规范者转变。可以预见，变政策推动为经济引导、变政府规制为多方协同、变“一刀切”为阶梯式享受（公共服务），将成为“十三五”时期我国加快推进新生代农民工城市融入的创新路径。

第八章　加快新生代农民工城市融入的政策建议

“十三五”时期是我国全面建成小康社会的决胜阶段。党的十八届五中全会提出创新、协调、绿色、开放、共享五大发展理念，对下一阶段我国经济社会发展具有方向性指导意义。其中，共享发展作为五大发展理念的着眼点和归宿，是中国特色社会主义的本质要求，充分体现了社会主义制度的核心价值观和优越性。为实现共享发展的目标，“十三五”规划《建议》明确指出：“必须坚持发展为了人民、发展依靠人民、发展成果由人民共享，作出更有效的制度安排，使全体人民在共建共享中有更多获得感。”① 照此要求，加快城乡统筹发展、加快公共服务均等化建设、加快农民工市民化进程，是“十三五”时期我国各级政府的工作重点，也是各地提高城镇化质量、构建共享发展新格局的必然要求。

从农民工市民化的内涵来看，它不仅包括农村转移劳动力在职业角色上实现由农业从业者向现代产业工人的转变，也包括在就业、居住、教育、养老和医疗等方面获得与城市居民同等的权利和待遇，进而向“新市民”身份转变并逐步融入城市社会生活的过程。如前所述，新生代农民工具有与上一代农民工明显不同的特征，其外出动机明确、融入意愿强烈、利益诉求多样，因而传统以行政管制为主的人口调控政策往往收效甚微。同时，户籍制度改革迟滞、“隐性户籍墙”的长期存在，也都在很大程度上制约了新生代农民工市民化的水平和效度。从上述两方面因素来看，我国新生代农民工城市融入将是一个长期、渐进的过程，既不可能一

① 《中共中央关于制定国民经济和社会发展第十三个五年规划的建议》，《人民日报》2015年11月4日。

蹴而就，也不可能一劳永逸，必须通过制定更加合理有效的政策框架与制度安排，确保农民工群体平等参与现代化进程、公平分享经济社会发展成果，进而营造社会各阶层和谐共处、共建共享的全面小康社会新局面。

本章基于前述各章的研究结论，尝试从两个方面对新生代农民工城市融入问题进行创新性研究。首先，在明确新生代农民工城市融入总体目标的基础上，从结构性约束和非结构性约束两个层面，归纳和梳理城市融入进程与效度的相关约束因素，进而以“赋权”和“增能”为核心，提出构建新生代农民工与城市居民身份统一、地位平等、权利一致的政策体系框架。其次，在参考和借鉴国内外加快移民社会融入成功经验的基础上，结合我国国情和农民工市民化的阶段性目标，从创新管理模式、完善公共服务、加快素质培训、降低融入成本、强化社区支撑、优化空间布局等六大层面，提出有针对性和可操作性的政策建议。

本章研究的主要目的有两个：一是消解新生代农民工市民化的相关约束因素；二是构建多方参与的新生代农民工城市融入“自致路径”。进而为“十三五”时期构建社会各阶层共建共享的发展新格局提供有益支撑。

第一节　总体目标、思路与原则

一　加快新生代农民工城市融入的总体目标

新生代农民工城市融入客观上包含两个层次：一个是新生代农民工的职业角色应当畅通、无阻碍地实现从农业劳动者向非农产业工人转变；另一个是新生代农民工的社会身份应当顺利、彻底地实现从“城乡边缘人”向城市居民转变。上述两方面共同决定了新生代农民工城市融入的总体目标，即在从传统乡村文明向现代城市文明的整体转型过程中，新生代农民工不仅要完成在职业角色上的转换，同时还要实现在社会身份上的转变，最终达成与城市居民在劳动就业、发展权利和福利待遇等方面的身份统一、地位平等和权利一致。

从新生代农民工城市融入的过程来看，客观上需要经历农村退出、城市进入和城市融入三个环节。针对当前各环节的融入状况及其现实障碍，可进一步将新生代农民工城市融入的总体目标具体分解为六个子目标：一是加快推进城乡二元户籍制度改革，确保农村剩余劳动力的自由迁徙和有序流动；二是加快完善农村土地制度改革，增强农村劳动力向城市转移的经济资本；三是加快城乡统一劳动力市场的构建，确保劳动力资源公平竞争和有效配置；四是深化社会保障制度改革，构建梯度累进的公共服务供给机制；五是多渠道合力提升新生代农民工素质，加快实现由低端体力劳动者向高端产业工人转变；六是构建多元复合主体的财政分担机制，加快城市融入成本的有效消解。

后文有关促进新生代农民工城市融入的逻辑思路与对策建议，主要是围绕上述六个层面的子目标逐步展开的。

二　促进新生代农民工城市融入的逻辑思路

新生代农民工城市融入是一项复杂的系统工程。从宏观上看，它应当包括经济收入、政治参与、社会交往和心理认同四个维度。从微观上看，它应当包括户籍制度改革、公共服务体系、素质教育培训、财政分担机制、社区发展支撑、空间梯度转移六个层面。理论界目前基于“四维度”分析框架的对策探讨，通常选取某一测量维度下的若干个代表性指标进行论述，虽然具有较强的系统性，但难以针对某一具体领域提出详细的改革路径。基于微观层面的对策探讨虽然更为专业和具体，但受新生代农民工数量规模大、利益诉求多样、区域发展不平衡、政府财政负担沉重等现实因素的制约，往往也难以提炼出一个更为系统和具有横向可比性的政策框架。鉴于此，课题组尝试将上述两方面的因素相结合，基于对新生代农民工城市融入约束因素的类型划分，从结构性约束和非结构性约束两大层面，构建“双向闭循环”的城市融入政策体系框架（见图8—1）。

上述模型基于结构性约束和非结构约束两大维度，对新生代农民工的市民化障碍进行了分解，并尝试从正式制度层面和非正式制度层面提出相应的解决策略。其中，正式制度层面以“赋权”为目标，侧重对现行的政策体制进行改革，以消除新生代农民工城市融入的制度屏蔽，主要涉及户籍制度、住房制度、就业制度和社会保障制度等；非正式制度层面以“增能”为目标，主要侧重社会环境的培育，以提高新生代农民工的城市融入能力，主要包括舆论引导、社区参与、志愿服务和素质提升等。从政策体系框架的逻辑结构上看，正式制度层面与非正式制度层面紧密结合、互为支撑。前者为后者提供有效的政策保障，后者则为前者奠定良好的现

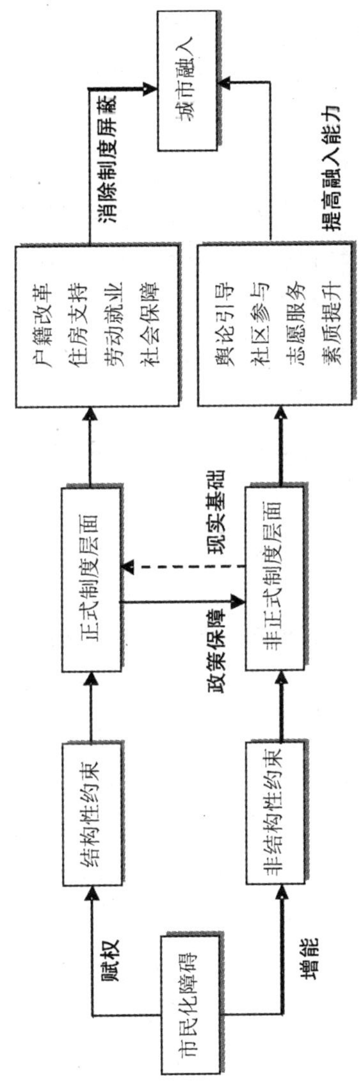

图 8—1　新生代农民工城市融入“双向闭循环”政策体系框架

实基础，从而共同营造出一个公平有效的城市融入管理服务模式。

（一）正式制度层面

应充分发挥政府的主导作用，通过有效的制度改革和政策安排，消除制约新生代农民工城市融入的结构性因素，逐步清除市民化进程中的制度性障碍。第一，应继续深化户籍制度改革，全面实施以居住证为依据的户籍准入政策。第二，应加快推进城镇保障性住房体制改革，降低新生代农民工的市民化成本。第三，应着力构建城乡统一的劳动力市场，推动新生代农民工就业层次升级。第四，应健全完善社会保障体系，探索建立梯度累进的公共服务供给机制。

（二）非正式制度层面

应充分发挥社区的载体作用，通过社区管理模式和服务方式的创新，逐步落实新生代农民工城市融入的行动策略，加快促进其与市民的深度融合。第一，应加强社区工作者的专业知识和技能培训，促进社区服务专业化水平的提高。第二，应开展多种类型的社区文化活动，丰富新生代农民工的精神需求，增强其归属感和认同感。第三，应系统开发具有针对性和实用性的技能培训项目，提高新生代农民工的就业竞争能力。第四，应强化社会组织和志愿服务的积极参与，减少政府对基层事务的直接干预，构建具有广泛社会基础的多元协作机制。

三 加快新生代农民工城市融入应遵循的原则

新生代农民工城市融入具有阶段性、复杂性和异质性特征，既需要兼顾城市融入意愿与融入能力，也需要兼顾政府财政压力和城市综合承载力。从公平正义的角度看，新生代农民工城市融入应坚持以“共享发展”理念为引领，切实保障农村转移劳动力平等参与现代化进程、公平分享现代化成果。从提高城镇化质量的角度看，流入地政府应统筹考虑、渐次推进，通过构建不同社会阶层和谐共处、共建共享的良性运作机制，增强城市可持续发展的内在动力。为实现该目标，各地应在推进新生代农民工市民化的过程中，关注和处理好三个方面的关系：

（一）合理兼顾市民化诉求与城市综合承载力

2014 年，我国常住人口城镇化率已达到 55%，进入快速城镇化阶段。2.74 亿农民工在为城市发展作出巨大贡献的同时，也客观上加大了流入地城市的人口承载压力。尽管自 2010 年以来我国农民工总量增速持续回落，但从人口流向与地区分布来看，大城市因人口过度集聚所导致的资源配置低效率问题仍然十分突出。“十三五”时期要深入推进以人为核心的新型城镇化，必然要求提高城市的规划、建设和管理水平，通过优化公共产品与福利资源的均衡配置，合理兼顾和有效满足日益高涨的农民工市民化诉求与城市综合承载力之间的矛盾。

（二）综合运用行政调控政策与产业引导手段

传统以行政干预为主的人口管理政策多基于被动视角，将流动人口视为结构性约束下的受动客体，忽视了其融入城市的比较优势和主观能动性，通常存在执行成本高、推广难度大、政策效果差等问题。[①] 以产业转移为主导的人口间接调控模式，是政府治理能力现代化的一项重要体现，对于引导人口有序流动、优化人口结构与空间分布具有积极意义。将“行政干预”与“产业引导”相结合，有利于构建以权利为中心、符合人口流动内在规律的柔性管理机制，对大城市流动人口的“增量限入”和“存量疏解”具有十分明显的效果。

（三）妥善处理准入门槛设置与城市融入成本

以“积分入户制”为代表的“逆向梯度筛选”模式是针对户籍制度改革迟滞所进行的有益探索，其核心理念是“设置准入门槛、打开落户通道”。对流入地政府而言，“逆向梯度筛选”事实上是一种选择性经济淘汰机制，可以将符合经济发展需要的高素质人才留为己用，而将不符合产业转型需求的低端劳动力排斥在外。但因城市相应的补偿性社会支撑机制还未建立，新生代农民工面临着一系列城市融入成本的制约，普遍陷入“半城市化”的窘境。对此，应合理设置城市准入门槛，科学构建成本分担机制，加快城市融入成本的有效消解。

第二节 加快新生代农民工城市融入的对策建议

“引导人口有序流动，促进人口合理分布”是《国家人口发展“十二五”规划》明确的主要任务，也是加快新生代农民工市民化的内在要义。党的十八届五中全会提出“共享发展”理念，要求“推进以人为核心的新型城镇化”，对“十三五”时期加快新生代农民工城市融入提出了更高的目标要求。当前，新生代农民工城市融入的困境突出表现在外部制度屏蔽和内在能力约束两个方面，市民化水平和效度具有“双低”特征。依据“赋权”和“增能”两条逻辑主线，课题组拟定了“深化改革清除制

① 许光：《新型城镇化背景下浙江省人口调控的模式转换与经验研究》，《中共浙江省委党校学报》2015 年第 3 期，第 41 页。

度屏蔽、加强培训实现能力提升”的整体性破解思路，并将其细化为六个层面的对策建议，具体包括户籍制度、公共服务体系、素质技能培训、成本分担机制、强化社区支撑、实施梯度转移。

本部分的可能创新之处有两点：一是基于城市融入成本的视角，探讨新生代农民工行为理性与城市融入效度之间的双向关系，从而增强研究结论的针对性和有效性；二是基于新型城镇化的视角，从政策设计和政府操作层面提出促进人口有序流动与合理分布的对策建议，进而增强研究结论的系统性和可操作性。本部分研究的主要目的是为“十三五”时期加快新生代农民工市民化进程、提高城市融入水平与效度提供有效支撑和决策参考。

一 创新管理模式，消除制度屏蔽

积极稳妥推进户籍制度改革，还原户籍的人口登记功能，逐步剥离与户籍相挂钩的社会福利制度，是加快新生代农民工城市融入的首要前提。综观国内各地深化户籍制度改革的实践，主要有两种模式：一种是以重庆和成都为代表的“就地市民化”模式，政策重点在于农村土地产权制度改革，要求农村转移劳动力以“双放弃”[①] 作为获取城镇户口的先决条件；另一种以广东省的“积分入户制”为代表，政策重点在于城市落户门槛的设定，要求农民工用劳动贡献换取入户积分。[②] 上述两种模式有助于农民工进城落户并逐步获得与市民同等的待遇和权利，但也具有“以物易物”和“公共权力优先于公民权利”的明显特征，在降低城镇户籍含金量、剥离户籍的福利功能等方面的作用相对有限。

鉴于此，课题组建议以城乡统一的户籍管理制度改革为目标，以居住证制度的全面实施为抓手，统筹推进与农民工有关的劳动就业制度改革、工资增长机制建设、工资支付保障机制建设、合法权益保护机制建设等方面的工作，从而为加快新生代农民工城市融入创造良好的制度环境。

（一）积极稳妥推进城乡统一的户籍管理制度改革

城乡二元分割的户籍制度是新生代农民工城市融入困境的体制根源。

---

① “双放弃”是指放弃承包地使用经营权、放弃宅基地用益物权。

② 许光：《新型城镇化背景下浙江省人口调控的模式转换与经验研究》，《中共浙江省委党校学报》2015 年第 3 期，第 43 页。

深化户籍制度改革的核心目标是消除城乡之间在就业、居住、教育、医疗、社保、财政、金融和税收等方面的不平等，加快实现资金、技术、物资、人才、信息和劳动力等生产要素在城乡之间的自由流动与合理配置，进而为构建城乡一体化发展体制机制和加快新生代农民工城市融入创造良好的制度环境。

首先，应继续深化农村土地制度改革，加快建立全国统一的农地登记管理体系，维护进城农民工的土地承包权、宅基地使用权和集体收益分配权。鼓励新生代农民工在平等协商、自愿有偿的原则下，通过转包、出租、转让等多种形式，加快承包地、宅基地和集体资产股权的流转，消除退出农村的体制障碍。

其次，应根据主体功能区规划和城市功能定位，进一步提升重点开发区域特别是东部沿海地区大中城市的人口承载能力，通过建立城乡统一的户籍登记管理制度，优先将有能力在城镇稳定就业和生活的农业转移人口转化为市民，通过确保其与城市居民享有同等的权利和待遇，消除二者事实上的身份差别。

再次，应加快发展特色县域经济，着力将中小城市和小城镇培育成为吸纳新生代农民工就业的重要节点。通过完善城镇的综合服务功能，增强其产业集聚和人口吸纳能力，进而将其培育成为疏解和分流大城市人口压力的“缓冲带”。

最后，应尽快落实以居住年限和社保缴纳情况为依据的城市户籍准入制度，消除带有身份歧视和附加条件的落户指标。在实际操作中，可参考广东省“积分入户制”的做法，取消学历、房产、务工企业类型、表彰奖励和捐款等指标，增加文化程度、技术能力、职业资格或职业工种、社会服务、纳税等指标，加快完善以融入能力为标准的落户门槛设定。①

（二）加快建立城乡统一的劳动力市场和就业制度

构建城乡一体化劳动力市场和平等的就业制度，是促进新生代农民工在城镇稳定就业、增强其经济融入能力的必要条件。为此，应根据“十三五”规划《建议》提出的“打破城乡、区域、行业分割和身份、性别歧视”的指导思想，加快对城乡二元分割劳动管理体制的改革，逐步清

① 施军云：《广东省2014年积分入户操作指引办法》，百度文库，2014年7月29日。

除和取消针对农民工就业的各种不合理限制（如行政审批、收费项目和其他歧视性规定），以确保新生代农民工不分城乡和户籍均可享有平等的劳动就业机会。同时，应以推动城乡协调发展为目标，大力发展乡镇企业和特色县域经济。通过统筹规划、合理引导，加大新生代农民工就地就近转移就业的比重，逐步形成“促进输出”与“返乡创业”良性互动的局面；通过增强农村发展的内生动力，加快形成产业分工协作、人口均衡分布、城乡共同进步的协调发展格局。此外，还应以“十三五”规划《建议》提出的“维护劳动者平等就业权利”为目标，继续强化劳动合同制度，制定和推行劳动合同范本，以在平等就业的基础上构建规范有序、公正合理、互利共赢、和谐稳定的新型劳资关系。在与劳动就业有关的各项社会保障和公共服务方面，应加快构建劳动者与企业平等协商的沟通和谈判机制，确保新生代农民工与城市居民同工同酬、同工同权，进而改变就业领域矛盾多发的局面。

（三）加快建立工资正常增长机制和支付保障机制

统筹协调国家、企业和劳动者之间的利益关系，优化企业收入分配格局，既是改善新生代农民工经济融入状况的现实抓手，也是实现“十三五”规划“坚持共享发展，增进人民福祉”伟大目标的必然要求。为此，首先，应进一步完善市场评价要素贡献并按贡献分配的机制，通过健全科学的企业工资水平决定机制，改变传统发展方式下企业过度追求经济利润、忽视劳动者权益的状况。其次，应加快建设企业劳资对话机制，推进农民工工资正常增长和支付保障机制的建立，从而确保劳动者收入与企业效益共同增长。在具体实践中，可推广浙江省宁波市“和谐企业创建工作”的有关做法，由市总工会牵头，制定出台涵盖企业发展、劳动关系、环境关系、社会关系和企业文化五个方面 37 项指标在内的“和谐企业（社会责任）评价指标体系”①。同时，通过建立多层次、重实效的企业激励约束机制，将企业切实培育成为尊重劳动者权益、承担社会责任、维护社会稳定的市场经济主体。此外，建议增补工资管理的相关政策，明确规定最低工资实际增速不低于劳动生产率实际增速，从而稳定新生代农民工

① 宁波市总工会：《创建和谐企业，助推经济社会和谐发展的宁波探索》，内部资料（调研获得），2012 年。

的收入增长预期。

（四）完善劳动权益保护机制和企业违法监督机制

党的十八届五中全会将“维护职工合法权益”作为“促进就业创业”的一项重要内容。当前新生代农民工劳动权益保护存在的突出问题有两个：一是法律制度不完善；二是执法监督不严格。对此，首先，建议出台专门的《农民工权益保护法》，对农民工权益保护的内涵及操作范围进行明确规定。各地可先结合自身实际制定《农民工权益保护条例》，针对本地劳资关系中的难点问题制定相应的劳动保障监察法规，从而有效维护农民工的劳动就业权。其次，针对当前新生代农民工工资主要由基本工资和加班费两部分构成，建议尽快出台工资管理的相关规定，将加班费及时足额发放作为劳动监察的重点内容，切实保障农民工的超时工作收益。① 最后，应加强劳动保障监察执法队伍建设、强化监察执法力度，严格执行《劳动合同法》及相关的法律法规，对恶意欠薪等严重侵害新生代农民工权益的行为给予严厉处罚。对此，可探索建立企业诚信及社会责任信息系统，试行黑名单制度，对存在恶意侵害农民工权益行为的企业在项目贷款和行政审批等方面给予限制，从而有效规范和约束企业的违法行为。

二　完善公共服务，提高供给效率

增加公共服务供给，实现公共服务均等化是推进新生代农民工城市融入的关键要素，也是衡量其市民化程度的重要标准。当前我国公共服务提供具有城乡“二元化”和区域“碎片化”的特征，农民工与城市居民享受的公共服务事实上存在很大差距，不同城市和不同地区之间的制度也不衔接，总体来看尚不适应“以人为核心”新型城镇化发展的内在要求。党的十八届五中全会提出“提高公共服务共建能力和共享水平”的总目标，以及“普惠性、保基本、均等化、可持续”的基本原则，各地应当照此要求，结合自身实际，加快建立有效覆盖新生代农民工的公共服务体系，确保新生代农民工与市民在公共服务享受方面拥有平等地位和同等权利，进而促使社会各阶层在共建共享发展中有更多获得感。

---

① 国务院发展研究中心：《农民工市民化：制度创新与顶层政策设计》，中国发展出版社2011年版，第139页。

(一)推广建立“梯度累进”的公共服务供给机制

随着我国城市化进程的加快和流动人口权利意识的提高，新生代农民工对城市公共服务的需求日益强烈。要提高城市融入的水平和效度，应统筹考虑新生代农民工的市民化诉求与流入地政府的财政支撑能力，逐步建立“体系完整、重点突出、覆盖广泛、水平适度、制度对接”的城乡一体化公共服务体系。对此，首先，应建立健全新生代农民工的利益诉求表达机制，重视市民化过程中新生代农民工的参与权和决策权，满足其对城市公共服务的多样化和异质性需求，从而提高公共政策的可行性，降低社会政策的执行成本。其次，应以居住证制度的实施为依据，探索建立“梯度累进”的公共服务供给机制，化解常住人口规模扩大给当地政府带来的公共服务供给压力。在具体实践中，可推广广东省的做法，以居住证为载体完善积分入户政策，建立与居住年限、参加社会保险年限等条件相挂钩的基本公共服务供给机制。居住证持有人可根据积分情况，“阶梯式”享有公共教育、医疗卫生、就业扶持、住房保障、社会福利、社会救助、公共文化和计划生育等八个方面的公共服务。2015年6月，广东省进一步提出拓展居住证的社会应用功能，不断扩大向居住证持有人提供公共服务的范围。①

(二)建立覆盖新生代农民工的城镇住房保障体系

高昂的城市居住成本是制约新生代农民工城市融入效度提升的核心要素。从新生代农民工的市民化意愿和当前的居住情况来看，加快城镇保障性住房体制改革，逐步将新生代农民工纳入城镇住房保障体系是最为现实可行的路径，对消除空间分异和心理隔离等现象具有积极意义。根据《国家人口发展“十二五”规划》提出的“多渠道多形式改善农民工居住条件，鼓励采取多种方式将符合条件的农民工纳入城镇住房保障体系”②，各地应进一步强化政府主导作用，落实企业社会责任，发挥市场调节功能，不断完善农民工住房保障体系和政策支持体系建设。首先，应积极探索建立多层次的住房供应体系，多渠道满足新生代农民工的居住需求。国

---

① 广东省人民政府：《广东省人民政府关于进一步推进户籍制度改革的实施意见》，广东省人民政府网站，2015年6月24日。http://zwgk.gd.gov.cn/006939748/201507/t20150707_589735.html。

② 国务院：《国家人口发展“十二五”规划》，中央人民政府网站，2011年11月23日。

务院发展研究中心（2011）指出，目前条件下适用于农民工的多层次住房供应体系主要由四个部分组成，分别是保障性住房体系、标准化的职工宿舍、规范有序的房屋租赁市场、农民工能承受的商品房市场（见表8—1）。其次，应加快完善农民工的住房支持政策，重点做好农民工住房补贴制度和城市公共住房专项资金的试点工作，尽快制定契税优惠、税收减免和低息贷款等方面的操作细则，逐步构建“住房公积金制度、住房补贴制度、财税支持制度、金融服务制度、土地供应制度、规划保障制度相结合”的农民工住房政策体系。①

表8—1　农民工多层次住房供应体系的基本框架

供应体系	市场特性	住房类型	目标对象	说明
市场提供	一级市场 二级市场	新建和二手商品房	进城时间较长，有一定支付能力的少数农民工家庭	完全竞争市场
	租赁市场	出租屋	在城市务工、无住房的一般农民工	
企业提供	集体宿舍	具有基本生活条件的集体宿舍	在工厂或服务业工作的农民工	政府政策支持企业自行建造
政府支持	保障性住房	公共租赁房	收入较低没有住房的农民工家庭	设置准入条件
		廉租房	贫困农民工家庭	只租不售
		经济适用房	中低收入农民工家庭	封闭运行
		限价房	有一定支付能力的中低收入家庭	出售限制

资料来源：国务院发展研究中心《农民工市民化：制度创新与顶层政策设计》，中国发展出版社2011年版，第51—52页。

（三）实现农民工子女义务教育与职业教育相融合

鉴于新生代农民工日益增多的举家迁移行为，以及对家庭提升需求的日渐强烈，子女教育问题逐渐成为影响新生代农民工城市融入的重要因

① 国务院发展研究中心：《农民工市民化：制度创新与顶层政策设计》，中国发展出版社2011年版，第53页。

素。党的十八届五中全会在“提高教育质量”的论述中，明确提出“推动义务教育均衡发展”的目标要求，为下一阶段各级政府切实解决好农民工子女教育问题，减少农民工城市融入的后顾之忧指明了方向。照此要求，首先，应以促进教育公平为导向，坚持“两为主”①、完善“两纳入”②，着力解决农民工随迁子女的入学问题。在具体实践中，可推广武汉市的做法，通过统一管理、统一编班、统一教学、统一安排活动等措施，保障农民工子女拥有平等的受教育权。其次，应以推动义务教育均衡发展为目标，加大教育资源的统筹和协调力度。流入地政府在大力推动公办学校教育资源均等化的同时，也可适度发展民办教育作为必要补充。最后，应以融合教育为重点，强化农民工子女义务教育和职业教育相衔接，鼓励和支持流入地政府探索“两后生”③ 直接进入中等职业学校继续学习的机制，并结合当地实际逐步分类推进中等职业教育学杂费全免。在此过程中，需要进一步完善财政转移支付制度，提高中央财政在义务教育投资中的比重，减轻流入地政府的财政负担；同时尝试建立全国联网的中小学学籍管理信息系统，合理调配招生指标，创造条件允许跨省、市流动的农民工子女在流入地参加中高考。④

（四）建立健全更加公平和可持续的社会保障体系

社会保障具有保基本、兜底线、促公平的安全网作用⑤，是影响新生代农民工城市融入的核心要素。当前新生代农民工具有参保率低、退保率高的特点，主要原因在于缴费能力不足、政府补贴缺失和异地转移接续不畅。按照党的十八届五中全会提出的“强化政策衔接，推进制度整合”的要求，“十三五”时期应以建立更加公平可持续的社会保障体系为目标，探索打通城保和农保的有效管理措施，搭建五险统一管理的大社保平台。

---

① 是指“以流入地政府为主、以公办学校为主”。

② 是指“将包含农民工子女在内的常住人口纳入区域教育发展规划，将农民工随迁子女教育纳入财政保障范畴”。

③ “两后生”是指初、高中毕业后未能继续升学的贫困家庭中的富余劳动力。

④ 国务院发展研究中心：《农民工市民化：制度创新与顶层政策设计》，中国发展出版社2011年版，第141页。

⑤ 《李克强谈社会保障安全网：保基本、兜底线、促公平》，新华网，2014年3月13日。

首先，应着力实现农民工工伤保险全覆盖。各地政府应当严格按照《社会保险法》的有关要求，强制高危行业用人单位为员工办理工伤保险，并按时足额缴纳工伤保险费，保障遭受工伤或患职业病的农民工获得与城镇职工一样的医疗救助和经济补偿。

其次，应进一步健全农民工医疗保障制度。可根据农民工的外出类型和从业时间，允许其自由选择参加城镇职工基本医疗保险、城镇居民基本医疗保险或新型农村合作医疗保险。重点做好各项医疗保险制度之间的衔接，推广“跨区直补”等方式尽快建立异地就医费用结算制度。①

最后，应按照“低门槛进入、低标准享受”的原则，加快完善农民工养老保险管理办法。可根据新生代农民工的职业稳定性，将稳定就业的“新市民”纳入城镇职工基本养老保险，将常年外出务工但流动性较强的“准市民”纳入过渡性养老保险。② 同时，应着力简化农民工续保手续，探索农民工返乡后凭参保缴费证明即可续保的机制，减轻农民工参保续保的成本负担。

三　加强技能培训，提升融入能力

加强对新生代农民工的职业教育和技能培训，是增强其就业稳定性、提高经济收入水平的必然要求，对企业技术创新、经济转型升级和产业竞争力提升等也具有重要意义。近年来，随着我国宏观经济发展步入“新常态”，就业市场的“两难”结构性矛盾进一步凸显，突出表现为符合产业发展需要的高技能人才总量短缺、增速迟缓、结构失衡。究其原因，除了新生代农民工自身的专业素质和技能水平有待提升之外，现有高技能人才的培养和使用机制也不合理，极大地制约了新生代农民工的上升渠道和发展空间。“十三五”规划明确提出“实施新生代农民工职业技能提升计划”，各地政府应以“提总量、扩增量、调结构”为目标，加快构建培

---

① 国务院发展研究中心：《农民工市民化：制度创新与顶层政策设计》，中国发展出版社 2011 年版，第 139—140 页。

② 过渡性养老保险的核心是适当降低农民工与用人单位的缴费标准，具体政策可由各流入地政府自行制定。其基本原则是“低费率（或低费基）、广覆盖、可转移”，采用个人账户为主、社会统筹为辅的储蓄积累制模式。在后续发展中可逐步提高缴费基数和费率，增加缴费中计入社会统筹账户的比例，从而达到与城镇职工基本养老保险的接轨。

养、引进、使用、评价、激励“五位一体”的高技能人才培养开发机制，通过促进新生代农民工由低端体力劳动者向高端产业工人转型，增强其融入城市的能力。在具体实践中，可尝试从以下四个方面入手：

（一）搭建公共信息平台，提高政府服务效能

在职业技能培训中，政府承担过多的事务性工作是增加自身负担、助长企业依赖心理，导致人才培养效率低下的一个重要原因。为厘清政府行为边界，建议各地组织部门牵头，人力资源和社会保障部门具体负责，教育、财政、工伤、工会等部门密切配合，形成新生代农民工职业技能培训的合力机制。各级政府应尽可能减少对基层事务的直接干预，重点抓好政策制定、市场监管、资源调配和公共平台建设等工作。同时，建议各地依托当地的人力资源网站，打造集企业需求信息上报、培训课程发布、政府活动公告与劳动者择业需求为一体的综合性公共信息服务平台，加强政府指导与企业需求的有效对接，减少信息交互成本。

此外，为弥补高技能人才的储备性不足，满足企业对紧缺职业（工种）高技能人才的迫切需求，建议推广广州市“人才柔性引进机制”的做法，在“内源培养”的基础上强化“外源引进”的成效。具体而言，应鼓励和支持企业通过岗位聘用、任务聘用和人才租用等方式，灵活引进符合企业发展需要的高素质农民工。为增强高技能人才的长期居留意愿和归属感，建议推广杭州市人才引进“绿色通道”的做法，对符合高新技术产业和战略性产业发展规划的新生代农民工，放宽落户条件，并在住房、培训和随迁子女入学等方面给予特殊优待。

（二）整合教育培训资源，提升培养基础能力

企业是高技能人才培养的责任主体，但其对新生代农民工进行职业技能培训的积极性长期无法提振，一个重要原因是现行的政策缺乏有效的激励机制，高技能人才培养的投入产出比不合理。以浙江省《高技能人才培养资助办法》为例，企业每培养和输送培养一名高级工、技师和高级技师，可奖励的奖励额度分别只有200元、400元和600元，而参与培训的相关培训机构所能获得的奖励则只有一半。对此，建议各地人力资源和社会保障部门结合当地经济发展实际，及时修订和增补原有职业技能培训政策的奖励标准，适时出台《高技能人才（农民工）培养补贴和奖励办法》，重点明确补贴奖励的范围、标准和实施细则，同时逐步提高补贴额

度，着力简化补贴的申领手续。

针对当前职业技能培训中普遍存在的课程老旧、项目雷同、重复建设、资源分散等问题，建议推广广州市总工会的做法，打破行政主导和部门分割，对现有的教育培训资源进行统筹整合，变“输送式”培养为“订单式”服务，鼓励新生代农民工以弹性学制或学分制等不脱产形式开展中长期培训，通过灵活便捷的培训方式消除企业“培训会影响生产”的顾虑。在实践操作中，建议利用上海自贸区在社会服务领域开放教育培训的先机，充分发挥长三角的区位经济优势，允许高端装备制造业先行先试，逐步放开民间资本和外资进入，构建多渠道的新生代农民工职业技能培训筹资和投入机制。

（三）健全岗位使用机制，完善补贴奖励政策

合理的薪酬体系和有效的激励机制是确保企业“用好留住”新生代农民工的两个关键，也是下一阶段我国高技能人才培养的突破口。党的十八届五中全会提出“完善市场评价要素贡献并按贡献分配的机制”，在这方面，浙江省余姚市的经验值得推广。该市舜宇集团公司根据行业通行准则，结合企业实际制定了《人才评价办法》及实施细则，用于企业内部人才评价，使具备精湛专业技能、能解决生产操作难题的一线工人可以突破年龄、资历和身份等的限制得到晋升，并在薪酬体系中使技术技能和岗位贡献作为收入分配要素得以实现。同时，为弥补以往一次性、直接经济奖励的不足，该公司积极探索股权、期权等常态化、长效性激励方式，每年对有特殊贡献和处于特殊岗位的高技能人才，用该公司已上市发行的股份进行奖励，而且数额巨大①。在此基础上，该公司投资了 4000 多万元建造了 4 幢公寓楼和 4 栋员工宿舍，使引进的大批高技能人才“空降兵”实现平稳“着陆”。鉴于目前鼓励企业根据自身生产实际为新生代农民工建造集体宿舍和租赁住房的做法已经上升至政策层面，社会上也普遍呼吁将优秀高技能人才纳入流入地专项住房和公共租赁房的覆盖范围，对此各地可积极开展试点，通过降低高素质优秀农民工的安家落户成本，增强其在当地的归属感和融入感。

① 课题组调研发现，该公司的股份奖励由第三方机构负责执行。2010 年奖励股份占已发行股份的 10%。

（四）构建多元认证体系，拓宽人才发展空间

当前，社会化职业技能鉴定是新生代农民工技能培训的考核认定主渠道，职业资格认证、企业直接认定和破格（越级）鉴定相结合的多元化评价体系尚未建立，导致紧缺职业（工种）的优秀新生代农民工缺乏向高技能人才转化的通道。对此，建议推广广州市“特殊认证评价体系”的有关做法，鼓励行业中具备较强实力、人力资源管理较为规范的大型企业发挥龙头骨干和示范引领作用，在国家职业标准的统一框架内，结合企业生产实践和行业标准拟定人才直接认定的操作办法，报送当地人力资源和社会保障部门备案后，可自行开展高技能人才评价工作。同时，针对当前新生代农民工职业技能培训仍以委托培训机构培养和岗位培训等传统途径为主，建议强化校企合作、技能竞赛和项目研修等新型培养方式。在实际操作中，为进一步发挥职业技能竞赛对高技能人才培养的引导作用，建议各地人力资源和社会保障部门细化职业技能竞赛的奖励标准和补贴范围，适当扩大补贴受益面，对承办单位给予相应的赛前培训补贴，从而有效激发企业和新生代农民工的参与热情。在企业内部，应注重教育培训资源由管理人员向一线职工倾斜，逐步扩大技术人员参加培训的机会和比例。对企业不按规定足额提取职工教育经费，或将其挪为他用的现象，建议推广广州市总工会的做法，建立“职工教育经费使用监督制度”，要求企业把职工教育经费的提取和使用情况作为厂务公开的重要内容，同时将其列入平等协商集体合同的重要条款。

四　构建分担机制，消解融入成本

城市融入本质上是新生代农民工自身福利的改善和向社会上层的流动，他们为此支付一定的经济代价是无可厚非的。但相对于其较低的收入水平而言，完全由新生代农民工自身来承担这部分成本既不合理也不现实。一方面，新生代农民工城市融入所需的资金“无论是自身劳动创造的社会财富，还是其拥有的农村土地流转收益，都是直接或间接由农民工所创造和拥有的”①；另一方面，我国全面建成小康社会的一个应有之义是“确保全体社会成员公平公正分享经济社会发展成果”，新生代农民工

① 訾凤鸣：《我国农民工市民化问题研究》，河南农业大学硕士学位论文，2010 年。

城市融入作为区域发展中的重大现实问题，其成本理应由各级政府合理分摊。国家发改委秘书长杨伟民（2011）指出："农民工市民化成本需要由中央政府、地方政府和市场共同分担。"① 照此思路，"十二五"时期应当着力构建中央政府、地方政府、企业和新生代农民工"四位一体"的财政分担机制，加快城市融入成本的有效消解。

（一）中央政府层面：加大财政转移支付，承担制度改革成本

国内学者普遍认为，新生代农民工城市融入本质上受户籍制度及"隐形户籍墙"的双重影响，要改变其"半城市化"和"失范性融入"的特征，就必须以户籍制度改革为前提，逐步剥离依附于户籍制度之上的相关社会福利制度。由于我国区域经济发展不平衡，各地政府的财政支撑能力和面临的城市融入阻力各不相同，完全由流入地政府来负担制度改革的成本不仅会打压地方政府的积极性，而且会间接削弱城市居民的福利。因此，就需要中央政府通过转移支付等方式，合理分摊制度改革引发的成本。首先，由于社会保障支出具有公共性特征，许多地方政府尤其是基层政府在不同程度上都需要依靠上级政府的转移支付为当地居民提供公共产品和服务。强化中央政府在社保支出等方面的转移支付可以充分调动地方政府的积极性，减轻新生代农民工城市融入的经济阻力。其次，城乡教育投入的差别是导致新生代农民工受教育不足和技能低下的重要原因，这也是我国传统城乡二元分割体制下的产物。要强化新生代农民工的人力资本，确保其获得与城镇居民同等的劳动技能和就业能力，也需要中央政府加大在教育培训等方面的转移支付力度，减少新生代农民工受教育的先天不足。

（二）地方政府层面：完善公共产品供给，减少城市融入阻力

城市融入具有正外部性，流入地政府在农民工市民化过程中通常较多地享受到人口红利带来的好处，例如地区经济发展水平的提高、人口结构的优化和劳动力素质的提升，因此有责任承担起由于历史积累所产生的公共产品和服务的供给不足问题。首先，居住成本目前已成为阻碍城市融入效度提升的核心要素，各流入地政府应当加快推进保障性住房

① 杨伟民：《农民工市民化成本要由政府和市场共同分担》，《人民日报》2011年3月31日。

制度改革，逐步扩大经济适用房和廉租房等的政策覆盖面，有条件的地区可尝试适度负担新生代农民工市民化后的城镇住房支出。其次，针对新生代农民工在基本养老、失业、医疗和工伤等社会保障支出方面的能力不足，建议地方政府结合中央政府的转移支付和农村土地流转收益等予以共同负担，从而强化新生代农民工在城镇的就业生活能力和抗风险能力。最后，流出地政府应在充分尊重农民工土地权益的前提下，积极探索农地产权流转制度创新，通过盘活农村土地的多种方式，加快推进农用地的适度规模化经营和农村建设用地的有效流转，进而强化新生代农民工的城市融入经济资本。

（三）企业层面：保障员工合法权益，实施同酬同权待遇

企业是连接新生代农民工与城市社会的现实载体，当前新生代农民工城市融入过程中存在的诸多问题，很大程度上都与企业的用工环境和用人理念有关。企业作为市场经济运行的主体，其经营目标首先是利润最大化，这本无可厚非。但随意提高劳动额度和随意延长劳动时间等做法却严重忽视和侵害了劳动者的合法权益。事实证明，企业通过压榨劳动者权益所营造的低成本优势是无法持久的，这一点已由近年来反复出现的“民工荒”等现象予以证实。需要说明的是，建议由企业分担一部分新生代农民工的城市融入成本，并非要增加其负担，而是要求企业改变传统的用工理念、重视劳动者权益、关注劳动者发展，逐渐营造一种“互惠双赢”的企业用工氛围。要实现这一目标，首先，企业应当充分尊重新生代农民工的劳动价值，根据当地的经济发展水平、物价水平和市场开放水平等，适时调整和提高新生代农民工的工资待遇，减轻其在城市的生活压力。其次，企业应当严格按照城镇社会一般水平的标准为新生代农民工办理各种社会保险，特别是急需的工伤和医疗保险，从而为其城市融入提供必要的支撑和保障。最后，企业应从新生代农民工的实际需求出发，制订方式灵活的培养方案，开展内容丰富、有针对性的培训项目，切实承担起农民工职业技能培训的主体责任。

（四）新生代农民工层面：调整消费支出结构，强化人力资本投资

由新生代农民工承担一部分城市融入成本是学术界的共识，但究竟由其承担哪一部分以及承担多少，则是一个见仁见智的问题。国内学者普遍认为，与城市居住和生活等直接相关的成本应由新生代农民工自身承担，

而社会保障等带有公共支出特征的成本则应由流入地政府承担。这一论断有其客观性，但新生代农民工毕竟与上一代农民工不同，他们的外出动机已由“生存型”向“发展型”转变，而且随着我国制度改革的不断深入，以往制约人口自由流动与公平发展的制度藩篱渐趋松动，在此情况下过多地将城市融入成本推向流入地政府，不仅无益于提高社会的整体福利水平，而且会给流入地政府带来不良的政策预期。调查发现，与上一代农民工吃苦耐劳的精神相比，新生代农民工的享乐主义倾向十分明显；与增强自身素质技能的教育培训支出相比，他们更倾向于进行弥补心理落差和消除“农民工”固化身份标签的炫耀性消费。针对当前新生代农民工消费支出结构不甚合理的现实，建议有关部门和社会组织加大宣传引导力度，呼吁新生代农民工树立健康、向上的消费理念，逐步营造出一种勤俭、崇学的社会氛围。

五　强化社区支撑，提高组织水平

社区是新生代农民工城市融入的现实平台和组织载体。党的十八届五中全会在关于“加强和创新社会治理”的论述中，明确提出“增强社区服务功能、实现政府治理和社会调节、居民自治良性互动”的要求，为“十三五”时期创新社会管理体制，营造有利于新生代农民工城市融入的良性社会氛围奠定了基础。针对当前新生代农民工组织化水平较低、政治参与能力弱、民主权利相对有限等情况，城市社区管理模式和服务方式应当加快创新，按照“党委领导、政府负责、社会协同、公众参与”的总体要求，逐步健全新生代农民工的利益表达机制和政治参与机制。进而，以营造新生代农民工“三自”[①] 新局面为核心，将城市社区切实打造成为外来务工人员和城市居民共建、共管、共享的社会生活共同体。

（一）创新社区管理模式和服务方式

社区管理模式是由社区发展动力、利益主体、权力结构、运行机制和

① “三自”即自我管理、自我教育、自我服务。

监督机制等多种因素共同组成的综合性、系统性管理框架。[①] 近年来，将城市社区打造成开放型、多功能的综合性服务管理平台，已成为学术界的共识。国内各地结合自身实际，也纷纷推进社区管理模式和服务方式的创新，从而切实保障农民工的社区活动、社区决策和社区管理的平等权利。其中，尤以浙江省“邻里社区”的实践最为成功和典型，其经验主要有三点：一是组建了“1+2+X”的社区管理共同体，推动了企业和谐劳资关系的形成；二是采取了“政府补贴、企业承租”的新型运作方式，有效减轻了新生代农民工的生活负担；三是充分发挥新生代农民工中团员较多的优势，成立了社区团委和10个团支部，并成立了一系列社团组织和文体小分队，有效提高了新生代农民工的组织化水平。

下一阶段，新生代农民工数量规模大、组织水平低、融入意愿强烈等突出特点在短期内不会发生根本改变，各地应以加强和改善社区服务管理工作为重点，切实做好三个方面的工作：一是着力培育新生代农民工对社区事务的参与意识和主动精神，切实保障其知情权、参与权和监督权；二是以丰富新生代农民工的精神文化生活为目标，开展方式多样、贴近生活、喜闻乐见的文体娱乐活动，增强其归属感和认同感；三是合理增加社区工作投入，强化社区公共服务和基础文化设施建设，重点提升社区的就业和技能培训等服务功能，从而增强新生代农民工的资本积累。在此过程中，应允许各地结合自身实际，积极探索建立社区工作的经费保障机制，加强与非营利组织和社会志愿者等的合作，通过实现社会服务主体的多元化和广泛参与，逐步形成社会管理和服务的合力。

（二）积极发展农民工社区自治组织

城市社区是一个“生活共同体”。新生代农民工生活在社区之中，必然要与之发生联系，但这并不意味着社区天然就具有吸引力和凝聚力。当前，新生代农民工普遍存在“过客心理”，自我认同具有明显的“内卷化”倾向，其中一个非常重要的原因就是缺乏有效的组织接纳和集体归属感。刘庆（2011）指出：“社区社会资本的培育有利于强化新生代农民

① 刘庆：《新生代农民工的城市融入策略初探》，《北京青年政治学院学报》2011年第1期，第66页。

工的归属感和认同感，有利于培养社区共同体意识。”① 鉴于此，“十三五”时期应在“积极引导、有效规范”的前提下，鼓励各地探索建立各种类型的新生代农民工自有组织，如各类社会团体、非营利组织和基金会等，重点发挥其在农民工权益维护、法律援助、咨询培训和社会交往等方面的积极作用。而要实现这一目标，首先，应加快完善我国有关社会组织的立法，对农民工自有组织的性质、经费来源、人员构成和活动内容等予以明确规定，同时制定出台相应的税收优惠等扶持性措施，引导其健康有序发展。其次，在建立农民工自有组织条件有限的地区，应充分发挥现有的工会、共青团、妇联等社团组织的作用，提高新生代农民工的入会率。最后，建议由各级工会牵头，动员和整合各种社会资源，重点鼓励慈善捐助、志愿服务和社会援助等活动的积极参与，最终形成对新生代农民工具有人文关怀的社会范围。②

（三）完善社区的社会保障延伸功能

“提高家庭发展能力，促进家庭幸福和谐”是《国家人口发展“十二五”规划》的重要论述，也是“十三五”时期缩小居民收入差距、全面建成小康社会的必然要求。针对新生代农民工参保率低、流动性强、中断社保情况普遍的现象，无论是将其“跨越式”地纳入城镇职工社会保险体系，还是建立“过渡性”的农民工专用社会保险体系，都存在对政策效果的不良预期和心理上的抗拒情绪。拓展城市社区的保障功能是近年来学术界提出的一个探索性思路，是指以国家的社会保障制度为基础，以社区为落脚点，以社区居民为保障对象，由社区负责承担或实施相应的社会保障工作，如社会救助的审查和发放、失业保险和再就业介绍等。③ 在具体实践中，建议各地采取“分类实施、分批推进”的稳妥型策略，以社区为依托，先将新生代农民工纳入社会救助体系和再就业体系，使其基本生活得到有效保障。进而，可根据当地的经济发展水平，为新生代

---

① 刘庆：《新生代农民工的城市融入策略初探》，《北京青年政治学院学报》2011 年第 1 期，第 67 页。

② 国务院发展研究中心：《农民工市民化：制度创新与顶层政策设计》，中国发展出版社 2011 年版，第 290 页。

③ 刘庆：《新生代农民工的城市融入策略初探》，《北京青年政治学院学报》2011 年第 1 期，第 67—68 页。

农民工申请公共援助计划，按照不低于当地城市居民的最低生活标准，向暂时失业或收入低于城市最低生活标准的新生代农民工提供现金等形式的援助。

六　实施梯度转移，优化空间布局

城市化进程中的人口规模与城市承载力存在“二律背反”（Antinomies），流动人口的数量、素质、结构与分布是影响城乡区域协调发展、影响城市化进程与质量的四大核心要素。当前，以新生代农民工为主体的流动人口空间分布与流入地经济布局不协调，与资源环境承载力不适应，是导致资源短缺、环境污染、交通拥堵和房价高企等“城市病”的原因之一。根据《国家人口发展“十二五”规划》提出的“引导人口有序流动，促进人口合理分布”的目标任务，各地在积极稳妥推进城镇化的过程中，应从调整空间布局、优化产业结构和强化公共服务等方面入手，引导人口自愿、平稳、有序转移，加快形成合理的人口分布格局，最终实现社会整体福利的“帕累托改进”。

（一）转变人口调控理念，变“限入”为“疏导”

为合理控制流动人口规模，国内各地普遍实施了“条件准入”式的户籍制度改革，并建立了选择性经济淘汰机制，以对新生代农民工进行“逆向梯度筛选”。事实上，户籍制度的原始功能是人口登记，其主要作用是控制户籍人口的过快机械增长，而非控制外来人口的规模（彭小浑、史清华，2013）。据国务院发展研究中心统计，目前我国进城就业农民工实现迁移落户的只有1.7%①，因此依托“条件准入”式的户籍制度改革来控制流动人口规模，其政策效应是值得商榷的。近年来，国内各大城市的经济—人口协调偏离度指数（HD）逐年升高，表明流动人口的空间分布与流入地城市的经济布局不协调。对此，要加快改变流动人口分布与城市功能的非对称性，将人口发展作为城市区域规划、产业发展规划和城市建设规划的重点，坚持市场引导与政策调控相结合，加快实施大城市产业转移和服务功能分散战略，促进大城市人口向中小城市和小城镇扩散、加速中心区人口向郊区和新建城区疏散，进而避免因人口过度聚集所导致的

① 徐伟：《“九成自有住房率”？两亿农民工住哪里》，时代在线，2012年5月17日。

资源配置低效率。

（二）调整和优化产业结构，间接引导人口流动

在第五章第二节，我们论证了城市综合承载力五大子系统的作用，指出自然资源和生态环境子系统是城市融入的“短板”，而经济子系统则是人口承载力最强的潜在增长空间，是今后大城市人口规模调控的关键。为充分激发经济子系统的人口承载潜力，建议各地在保持经济适度稳定增长的基础上，进一步提高第三产业比重，大力发展现代服务业和战略性新兴产业，以引导人口流动与产业需求相匹配、人口规模、结构、质量与产业发展相匹配。在这一方面，浙江省自2010年底以来实施的“机器换人”战略具有较强的借鉴意义，有效降低了区域经济增长对低端劳动力的过度依赖，加快推动了“技术红利”替代“人口红利”。据统计，2011—2012年浙江省常住人口增速由1.76%下降到0.26%，企业低端人员减少，外省劳动力回流明显，极大缓解了城市人口规模膨胀的压力。

（三）强化公共服务职能，提高公共产品供给效率

更高的经济收入和更好的公共服务是诱使新生代农民工持续向大城市和主城区集聚的两大核心要素（陆自荣，2013）。为改善新生代农民工的“半城市化”状态，各地在形成对低端劳动力“选择性淘汰”经济机制的同时，着力构建确保社会各阶层平等参与现代化进程的社会支撑机制。鉴于社会子系统与经济子系统同为人口承载力提升的潜在空间，各地政府应以构建“服务型政府”为目标，合理界定政府行为边界；通过购买服务实现“自我松绑”，重点做好政策制定、市场监管和公共服务三方面的工作；通过公共资源配置效率的提高，减少区域间的福利差距，进而避免流动人口增量向发达城市和主城区过度集中。

当然，新生代农民工城市融入是一个复杂的系统工程，既不可能一蹴而就，也不可能一劳永逸。党的十八届五中全会明确提出“推进以人为核心的新型城镇化，促进有能力在城镇稳定就业和生活的农业转移人口举家进城落户，并与城镇居民享有同等权利和义务”，这为“十三五”时期我国加快推进新生代农民工城市融入指明了方向。各级政府应以“实现发展成果更多更公平惠及全体人民”为目标，进一步深化共享发展理念，

着力在化解矛盾、补齐“短板”上下功夫，通过构建更加符合新型城镇化要求、更加符合社会发展规律、更能反映人民诉求的良性社会机制，构建各阶层人民共建共享、共同繁荣的全面小康社会新局面。

对此，我们有理由保持审慎的乐观！

附录1　新生代农民工生存现状及城市融入调查问卷

问卷编号：__________

尊敬的先生/女士：

您好！本问卷是为了了解您在浙江省的生活和工作情况，进而对我省加快社会融合和促进城市融入的政策调整提供决策依据。本问卷采用不记名形式，所有问题的回答都是一种主观判断，没有“对”与“错”之分。我们郑重承诺，本调查的所有数据仅为研究分析之用，对于您的回答和个人意见我们将严格保密。感谢您的热心参与！

“新生代农民工城市融入”课题组

2013 年 6 月

填表说明

①问卷大部分是单选题（即只有一个答案），多选题会在题目后面注明。

②凡符合您的情况和想法的项目，请在相应的选项上划“√”。请认真填写每一道题目，不要遗漏。

③如有题目未能列出适合您的选项，请在题目后面的空白处填写您的具体情况或想法。

一　受访者基本信息

1. 您的性别：

A. 男　　　　B. 女

2. 您的年龄：

A. 25岁以下 B. 26—35岁 C. 36—45岁
D. 46—55岁 E. 56岁以上

3. 您的婚姻状况：
A. 已婚 B. 未婚 C. 其他

4. 您的身份：
A. 学生 B. 农民工 C. 公务员
D. 城市工人 E. 其他

5. 您的学历：
A. 初中以下 B. 初中 C. 高中及中专
D. 大专 E. 本科及以上

6. 您目前拥有：
A. 城市户籍 B. 农村户籍 C. 临时居住证

7. 您的就业行业类型是：
A. 农业 B. 工业、建筑业
C. 服务业 D. 其他

8. 您的月收入大概是：
A. 1000元以下 B. 1000—3000元
C. 3000—5000元 D. 5000元以上

二 就业与经济收入状况

1. 您进城打工的目的是：（可多选）
A. 家庭生活困难，挣钱养家
B. 到城里见见世面，开开眼界
C. 换个环境，更好地发挥自己的才干
D. 到城里学点本事，回家乡好发展
E. 跟家乡其他人一起出来，没什么目的
F. 其他________________

2. 您所在的单位性质是：
A. 国有企业 B. 外资企业 C. 私营企业
D. 个体商户 E. 其他

3. 您每天的工作时间为：

A. 8 小时以下　　B. 8—10 小时

C. 10—12 小时　　D. 12 小时以上

4. 您是通过下列哪种方式获得当前工作的？

A. 单位招工应聘　　B. 父母、亲戚帮助联系

C. 老乡、朋友帮助联系　　D. 公共就业服务机构

E. 职业中介机构介绍　　F. 其他______

5. 您对目前的工资收入水平是否满意？

A. 非常满意　　B. 比较满意　　C. 一般

D. 不满意　　E. 非常不满意

6. 除了基本开支以外，您的收入主要用于：（可多选）

A. 电话费、上网费　　B. 日用品开支

C. 寄回老家　　D. 房租水电费

E. 参加培训和教育　　F. 交通费用

G. 朋友交往　　H. 存入银行

I. 医疗费用　　J. 其他______

7. 你是否接受过就业培训？

A. 是　　B. 否

三　维权与政治参与状况

1. 您是否签订了劳动合同？（如选否，跳至第三题）

A. 是　　B. 否

2. 您的劳动合同期限是：

A. 2 年以下　　B. 3—5 年

C. 5 年以上　　D. 无固定期限

3. 您是否参加了社会保险？

A. 是　　B. 否

4. 你是否有政治参与的愿望？（比如当选人大代表、拥有投票权等）

A. 是　　B. 否

5. 您遭遇过下列哪种侵权行为？（可多选）

A. 随意加班加点　　B. 加班后很少或从来不给报酬

C. 不能提供基本的劳动保护条件

D. 提供的吃住条件太差

E. 拖欠工资或变相克扣工资，甚至拖欠工资

F. 业余时间不准外出

G. 因工受伤但用工单位不出钱医疗

H. 单位不准外来工参加学习培训

I. 聘用时限定婚姻状况

J. 其他__________________

6. 如果遇到不公正的待遇，您的处理方式是：（可多选）

A. 去政府相关部门投诉　　B. 找机会报复（公开或暗地）

C. 忍耐　　D. 辞职，去别的单位

E. 其他__________________

四　幸福感及社会交往状况

1. 您现在的住房属于：

A. 租房　　B. 自建房　　C. 商品房

D. 工棚　　E. 职工宿舍　　F. 其他

2. 您觉得现在的生活：

A. 很幸福　　B. 还算幸福　　C. 一般

D. 不太幸福　　E. 很不幸福

3. 您的朋友圈子基本以什么人为主？

A. 老乡　　B. 同事　　C. 网友

D. 当地市民　　E. 其他________

4. 您是否愿意在城市里新结交一些朋友？

A. 愿意　　B. 不愿意　　C. 不好说

5. 您在城市结交朋友的目的主要是：

A. 打发时间，排除寂寞　　B. 寻找志同道合的人一起娱乐

C. 寻求对自己有帮助的机会　　D. 没什么明确目的，随缘吧

6. 您在单位与领导和同事们的关系如何？

A. 非常融洽　　B. 比较融洽　　C. 一般

D. 比较差　　E. 非常差

五　归属感与自我认同状况

1. 您是否有过务农经历？

A. 是　　B. 否

2. 您认为自己现在的身份是：

A. 城市人　　B. 外来人　　C. 说不清

3. 对于返回家乡您的态度是？

A. 目前不回去，不知道以后会不会回去

B. 暂时不回去，以后肯定回去

C. 永远都不打算回去　　D. 不好说，看情况再定

4. 赚到一定的钱或学到一定的技术后，您打算：

A. 参加培训或上学　　B. 自己创业

C. 接家人来城市　　D. 享受生活

E. 回老家谋求发展　　F. 暂时没什么想法

G. 其他________________

5. 您是否考虑过取得城市居民户口？

A. 考虑过，但难度太大没法实现

B. 考虑过，正在想办法实现

C. 还没考虑过，看情况再说　　D. 不会考虑

6. 您是否感觉自己已经成功地融入到城市生活当中？

A. 已经融入　　B. 正在融入

C. 尚未融入　　D. 不清楚

问卷调查到此结束，衷心感谢您的支持与配合！

附录2　新生代农民工参与社区活动的个案访谈提纲

一　访谈主要目的

通过社区走访和实地考察，深入了解新生代农民工的居住环境、生活状况、社区管理模式及存在的问题等。通过搜集相关信息，了解新生代农民工聚居区的社区参与现状、存在的问题及社区融入诉求。结合社区管理者和服务人员对新生代农民工的态度、认知及现有的管理服务政策，探究以社区发展为平台促进新生代农民工城市融入的可行路径。

二　访谈主要内容

（一）受访者基本信息

1. 个人信息：姓名、年龄、籍贯、户籍所在地、民族、文化程度、婚姻状况、职业类型、收入水平、生活满意度，等等。

2. 家庭信息：家庭总人口、子女数量、家庭成员文化程度及工作状况等。

（二）社区参与状况

1. 居住环境：房屋类型、面积、家具、电器、人均面积、对居住环境的满意度等。

2. 就业状况：打工时间、地点、工作性质、外出动机、外出途径、就业途径、职业稳定性、遇到的困难和问题、对就业的诉求，等等。

3. 工作条件：工作环境、工作强度、休息时间、劳动合同签订情况、参加社会保险情况、接受培训情况、对工作的满意度，等等。

4. 生活负担：收入水平、有无工资拖欠现象、配偶收入状况、消费支出结构等。

5. 婚姻状况：有无配偶/朋友、交往/相处情况、双方家庭情况、婚恋满意度等。

6. 子女状况：有无子女、子女所在地、受教育情况、看护情况、对政府的期待等。

7. 就医情况：个人及家庭成员的身体状况、生病后的应对方式、所从事职业对身体的影响、医疗保险办理情况、医疗负担、遇到的最主要问题，等等。

8. 休闲娱乐：业余时间的多少、时间分配、兴趣爱好、满意度等。

9. 社会交往：交往对象（类型与数量）、交往频率、交往目的、交往方式、遇到困难时的求助对象、是否感受到被排斥、与家乡的联系、与市民的交往情况、是否与市民有过冲突、遇到的最主要问题，等等。

10. 社区参与：社区管理情况、社区服务情况、组织活动安排、社区融洽度、是否参加过社区活动、是否参加过社区管理、是否与居委会有过接触、对社区的总体满意度、遇到的最主要问题、最迫切的希望，等等。

11. 自我认同：身份定位、居留意愿、对城市生活的整体满意度、对工作的总体满意度、对未来的打算，最迫切的愿望，等等。

附录3 近年来与农民工有关的政策、法规和规定

一 行政法规（2006—2014）

序号	发布机构	文件名称	发布时间
1	国务院	《国家新型城镇化规划（2014—2020）》	2014. 03. 16
2	国务院	《关于建立统一的城乡居民基本养老保险制度的意见》	2014. 02. 12
3	国务院办公厅	《关于成立国务院农民工工作领导小组的通知》	2013. 07. 18
4	国务院办公厅	《关于积极稳妥推进户籍管理制度改革的通知》	2012. 02. 24
5	国务院办公厅	《社区服务体系建设规划（2011—2015）》	2011. 12. 20
6	国务院办公厅	《关于切实做好当前农民工工作的通知》	2008. 12. 20
7	国务院	《职工带薪年休假条例》	2007. 12. 14
8	国务院	《关于同意建立农民工工作联席会议制度的批复》	2006. 03. 31
9	国务院	《关于解决农民工问题的若干意见》	2006. 01. 31

二 司法解释（2004—2006年）

序号	发布机构	文件名称	发布时间
1	最高人民法院	《关于进一步清理拖欠工程款和农民工工资案件的通知》	2006. 07. 24
2	最高人民法院	《关于集中清理拖欠工程款和农民工工资案件的紧急通知》	2004. 12. 21

三　部门规章（2007—2013 年）

序号	发布机构	文件名称	发布时间
1	住建部	《关于做好 2013 年城镇保障性住房性安居工作的通知》	2013. 04. 03
2	人社部	《工伤认定办法》	2010. 12. 31
3	人社部	《非法用工单位伤亡人员一次性赔偿办法》	2010. 12. 31
4	教育部	《关于切实做好返乡农民工职业教育和培训等工作的通知》	2009. 02. 20
5	安监局	《关于进一步加强农民工安全生产工作的指导意见》	2009. 02. 11
6	人口计生委	《关于贯彻落实国务院办公厅切实做好当前农民工工作的实施意见》	2008. 12. 30
7	人社部	《关于全国优秀农民工在就业地落户的通知》	2008. 11. 05
8	住建部	《关于开展建筑业“千万农民工同上一堂课”安全培训活动的通知》	2008. 09. 28
9	人社部	《关于农民工“平安计划”实施情况和下一步工作安排的通知》	2008. 07. 21
10	人社部	《关于进一步做好抗震救灾期间农民工工作的通知》	2008. 05. 20
11	人社部办公厅	《关于开展春暖行动提高农民工劳动合同签订率的通知》	2008. 04. 16
12	人社部办公厅	《关于印发人力资源和社会保障部 2008 年农民工工作要点的通知》	2008. 03. 28
13	水利部	《关于印发水利系统防止拖欠工程款和农民工工资的若干意见》	2008. 03. 14
14	建设部等	《关于印发〈关于改善农民工居住条件的指导意见〉的通知》	2007. 12. 05
15	劳社部	《关于开展农民工工资支付情况专项检查活动的通知》	2007. 10. 11

续表

序号	发布机构	文件名称	发布时间
16	劳社部	《关于开展城镇居民和农民工劳动保障基本情况调查的通知》	2007.08.31
17	劳社部	《关于印发国务院农民工工作联席会议2007年工作要点的通知》	2007.04.03
18	建设部等	《关于在建筑工地创建农民工业余学校的通知》	2007.03.20
19	建设部等	《关于切实做好春节期间交通建设项目农民工工资支付工作的通知》	2007.02.07
20	人口计生委	《流动人口（农民工）计划生育工作协调小组2007年工作要点》	2007.01.31
21	人口计生委	《关于印发〈流动人口、农民工计划生育便民维权措施〉的通知》	2007.01.04

四　团体规定、行业规定及其他（2006—2009年）

序号	发布机构	文件名称	发布时间
1	全国总工会	《关于切实做好农民工会员会籍管理的紧急通知》	2009.02.09
2	全国总工会	《关于进一步做好农民工返乡工作的紧急通知》	2009.01.16
3	全国总工会	《关于深入扎实做好当前维护农民工合法权益工作的通知》	2009.01.09
4	全国总工会	《关于积极协助政府解决因雨雪冰冻灾害无法返乡过年农民工生产生活问题的紧急通知》	2008.01.31
5	全国总工会	《关于深入开展“向农民工送文化行动”的通知》	2006.06.08
6	个体劳动者协会	《关于贯彻落实〈国务院关于解决农民工问题的若干意见〉的通知》	2006.06.02
7	全国总工会等	《关于开展“关爱农民工生命安全与健康特别行动”的通知》	2006.04.29
8	个体劳动者协会	《关于做好农民工预防艾滋病宣传教育工作的通知》	2006.04.05

参考文献

[1] Agneessens F, Waege H, Lievens J. Diversity in social support by role relations: A typology [J]. Social Networks, 2006, (28): 427—441.

[2] Alwin D F, Converse P E, Martin S S. Living arrangements and social integration [J]. Journal of Marriage and the Family, 1985, 47 (2): 319—334.

[3] Alcock, P. 2006. Understanding Poverty. Basingstoke: Palgrave Macmillan.

[4] Algan Y, Dustmann C, Glitz A, et al. 2009. The Economic Situation of First and Second Generation immigrants in France, Germany and the United Kingdom. CEP Discussion Papers.

[5] Barr, Alan. 2005. The Contribution of Research to Community Development. Community Development Journal, Vol. 40 (4), pp. 453—458.

[6] Barry, B. 2002. Social Exclusion, Social Isolation and the Distribution of Income. In: J. Hills et al. (eds.), Understanding Social Exclusion. Oxford: Oxford University.

[7] Battu H, McDonald M, Zenou Y. 2007. Oppositional Identities and the Labor Market. Journal Population Economics, 20 (3): 643—667.

[8] Belzil C, Poinas F. 2010. Educaiton and Early Carrer Outcomes of Second - generation Immigrants in France. Labour Economics, 17 (1): 101—110.

[9] Berger - Schimitt, R. Social cohesion as an aspect of the quality of societies: concept and measurement. Eureporting Working Paper, 2000.

[10] Bian Y. Bringing strong ties back in: Indirect connection, bridge,

and job search in China [J]. American Sociological Review, 1997, (62): 266—285.

[11] Boulding K E. 1978. Ecodynamics: A New Theory of Societal Evolution. Beverly Hills: Sage Publications: f 206.

[12] British Council Brussels. European Civic Citizenship and Inclusion Index [EB/OL]. http://www.britishcounci.lorg/brussels - europe - inclusion - index.htm, 2005.

[13] Burchardt, T. Le, Grand, J., and Piachaud, D. 2002. Degrees of Exclusion: Developing a Dynamic, Muti - dimensional Measure. In: J. Hills. (eds.), Understanding Social Policy. Oxford: Oxford Universty Press.

[14] Campbell, Mike. 2000. Labor Market Exclusion and Inclusion. In: Percy Smith Janie (eds.), Policy Responses to Social Exclusion towards Inclusion. Buckingham: Open University Press, pp. 27—28.

[15] Duncan G J, Hoffman S D. 1981. The Incidence and Wage Effects of Overeducation. Economics of Education Review, 1 (1): 75—86.

[16] Durkheim E. Suicide: A Study in sociology. Translated by John A. Spaulding and George Simpson Free Press, 1966.

[17] European Commission. Portfolio of overarching indicators and streamlined social inclusion, pensions and health [EB/OL]. http://ec.europa.eu/employment - social/spsi/docs/social - inclu.

[18] Grannovetter M. The strength of weak ties [J]. The American Journal of Sociology, 1973, 78 (6): 1360—1380.

[19] Groot W, Maassen van den Brink H. 2000. Overeducation in the Labor Market: a meta - analysis. Economics of Education Review, 19 (2): 149—158.

[20] Hammarstedt M. 2009. Intergenerational Mobility and the Earings Position of First - , Second - , and Third - generation Immigrants. Kyklos, 62 (2): 275—292.

[21] Harris, J. and Todaro, M. P. 1970. Migration, Unemployment and Development: A Two - Sector Analysis. The American Economic Review, Vol. 60 (1): 1326—142.

[22] Henderson, P. 2005. Including the Excluded: From Practice to Policy in European Community Development. Bristol: Policy Press.

[23] Jones, C. 1977. Immigrant and Social Policy in Britain. London: Tavistock.

[24] Jones, P. N. 1990. Recent Ethic German Migration from Easter Europe to the Federal Republic. Geography, July, pp. 249—252.

[25] Jordan, Bill. 1996. A Theory of Poverty and Social Exclusion. Polity Press.

[26] Koopmans R, Statham P, Giugni M, et al. 2005. Contested Citizenship: Immigration and Cultural Diversity in Europe. Minneapolis: University of Minnesota Press.

[27] Li, Bingqin. 2004. Urban Social Exclusion in Transitional China, CASE Paper 82, London: LSE.

[28] Li, Bingqin. 2006. Floating Population or Urban Citizens? Status, Social Provision and Circumstances of Rural - Urban Migrants in China. Social Policy and Administration, Vol. 40 (2): 174—195.

[29] Landecker W S. Types of integration and their measurement [J]. The American Journal of Sociology, 1951, 56 (4): 332—340.

[30] Mason P L. 2004 Annual Income, Hourly Wages, and Identity Among Mexican - Americans and Other Latinos. Industrial Relations, 43 (4): 817—834.

[31] McNabb R, Psacharopoulos G. 1981. Further Evidence of the Relevance of the Dual Labor Market Hypothesis for the U. K. The Journal of Human Resources, 16 (3): 442—448.

[32] Monica, Dowling. 1999. Social Exclusion, Inequality and Social Work. Social Policy and Administration, Vol. 33 (3): 245—261.

[33] Myers S. M. 1999. Childhood migration and social integration in adulthood. Journal of Marriage and the Family, Vol. 61 (3): 774—789.

[34] Nekby L, Rodin M. 2007. Acculturation Identity and Labor Market Outcomes. IZA Discussion Papers, No. 2826.

[35] Parker, J. 2008. The Social Work Process: Assessment, Planning,

Intervention and Review. In: M. Davies (ed.), The Black Companion to Social Work. Oxford: Blackwell, pp. 94—101.

[36] Payne, M. 2005. Social Work Change and Continuity. Basingstoke: Palgrave Macmillan, p. 209.

[37] Portes, Alejandro. 1988. Social Capital: the Origins and Application in Modern Sociology. Annual Review of Sociology, Vol. 24, pp. 1—24.

[38] Portes A, DeWind J. 2008. Rethinking Migration: New Theoretical and Empirical Perspective. New York: Berghahn Books.

[39] Portes A, Fernandez - Kelly P, Haller W. 2009. The Adaptation of the Immigrant Second Generation in America: a Theoretical overview and Recent Evidence. Journal of Ethnic and Migration Studies, 35 (7): 1077—1104.

[40] Powell M. (ed.) 1999. New Labor, New Welfare States? The "Third Way" in British Social Policy. The Policy Press.

[41] Powell, M. (ed.) 2002. Evaluating New Labor's Welfare Reforms. The Policy Press.

[42] Robins, D. et al. 1994. Observatory on National Policies to Combat Social Exclusion. Third Annual Report, EC.

[43] Schierup C U, Hansen P, Castles S. 2006. Migration, Citizenship, and the European Welfare State: A European Dilemma. Oxford: Oxford University Press.

[44] Schwarzweller H. K. 1964. Parental Family Ties and Social Integration of Rural to Urban Migrants. Journal of Marriage and the Family, Vol. 26 (4): 410—416.

[45] Scott R A. 1976. Deviance, Sanctions, and Social Integration in Small - scale Societies. Social Forces, Vol. 54 (3): 604—620.

[46] Sicherman N. 1991. Overeducation in the Labor Market. Journal of Labor Economics, 9 (2): 101—122.

[47] The Editors of Salem Press. 2011. Sociology Reference Guide: Defining Class. Pasadena and Hackensack: Salem Press: 6.

[48] Thompson, N. 2006. Power and Empowerment. Lyme Regis: Russell House.

[49] Thompson, N. 2008. Anti - Discriminatory Pratice. In: Martin Davies (ed.), The Black Companion to Social Work. Oxford: Blackwell, pp. 102—109.

[50] Todaro, M. P. 1969. A Model of Labor Migration and Urban Unemployment in Less Development Countries. American Ecomomic Review, Vol. 59 (1): 138—148.

[51] Todaro, M. P. 1976. Internal Migration in Developing Countries: A Review of Theory, Evidence, Methodology and Research Priorities. Geneva: International Labor Office, p. 76.

[52] Townsend, P. 1979. Poverty in The United Kingdom. Harmondsworth: Penguin, p. 32.

[53] Van del Poel MGM. 2006. Delineating personal support network. Social Forces, 1993, (15): 49—70 - sion/2006/indicatorsen. pdf.

[54] Walker, R. 1997. Poverty and Social Exclusion in Europe. In: A. Walker and C. Walker (eds), Britain Divided. London: Child Poverty Action Group.

[55] Wang W W, Fan C C. 2006. Success of Failure: Selectivity and Reasons of Return Migration in Sichuan and Anhui, China. Environment and Planning, 38 (5): 939—958.

[56] Zhao Y. 2002. Causes and Consequences of Return Migration: Recent Evidence from China. Journal of Comparative Economics, 30 (2): 376—394.

[57] Zimmermann L, Zimmermann K F, Constant A. 2007. Ethic Self - identification of First - generation Immigrants. The International Migration Review, 42 (3): 769—781.

[58] 白南生:《回乡，还是外出?》,《社会学研究》2002 年第 3 期。

[59] 边燕杰:《城市居民社会资本的来源及作用: 网络观点与调查发展》,《中国社会科学》2004 年第 3 期。

[60] 边燕杰、张文宏:《经济体制、社会网络与职业流动》,《中国社会科学》2001 年第 2 期。

[61] 蔡昉:《劳动力迁移和流动的经济学分析》,《中国社会科学》

1996 年第 3 期。

［62］蔡昉：《刘易斯转折点与公共政策方向的转变》，《中国社会科学》2010 年第 6 期。

［63］蔡禾等：《利益受损农民工的利益抗争行为研究》，《社会学研究》2009 年第 1 期。

［64］陈广桂：《房价、农民工市民化成本与中国城市化》，《中国农村经济》2004 年第 3 期。

［65］陈广桂、孟令杰：《市民化中的农民与政府行为分析》，《农业经济问题》2008 年第 10 期。

［66］陈素琼、张广胜：《中国新生代农民工市民化的研究综述》，《农业经济》2011 年第 5 期。

［67］陈占江、李长健：《新生代农民工的发展困境及其解决机制》，《求实》2006 年第 10 期。

［68］陈钊、陆铭：《谁进入了高收入行业》，《经济研究》2009 年第 10 期。

［69］崔传义：《农民进城就业与市民化的制度》，山西经济出版社 2008 年版。

［70］陈旭峰、田志锋、钱民辉：《“半城市化”的政治边缘人——农民工的社会融入状况对政治参与意愿的影响分析》，《浙江社会科学》2010 年第 8 期。

［71］邓大松：《农民打工：动机与行为逻辑——劳动力社会化的动机—行为分析框架》，《社会科学战线》2008 年第 9 期。

［72］邓大松：《流动、剥夺、排斥与融合：社会融合与保障权获得》，《中国人口科学》2007 年第 6 期。

［73］董延芳、刘传江、胡铭：《农民工的身份定位与流向决策——基于同期群效应模型的分析》，《中国人口科学》2010 年第 6 期。

［74］杜志雄：《包容性增长理论的脉络、要义与政策内涵》，《社会科学管理与评论》2010 年第 12 期。

［75］董章琳、张鹏：《城市农民工社会融合的影响因素分析——基于重庆市 1032 名农民工的调查》，《重庆理工大学学报》2011 年第 2 期。

［76］豆小红：《城市阻力、制度性机会与“新形态农民工”的市民

化》，湖南师范大学学位论文，2007 年。

［77］董振国等：《一个城市户籍：捆绑了多少利益》，《经济参考报》2010 年 1 月 27 日。

［78］邓秀华：《新生代农民工问题及其市民化路径选择》，《求索》2010 年第 8 期。

［79］丁宪浩：《打破新二元社会结构促进农民工社会融入》，《农业现代化研究》2007 年第 9 期。

［80］费杰：《新生代农民工市民化的现实困境及对策——以吉林省为例》，《行政与法》2010 年第 3 期。

［81］范丽娟：《决定农民工城市融合的支持因素》，《中共合肥市委党校学报》2006 年第 1 期。

［82］范红忠：《我国农村劳动力转移过程的成本分析》，《农村经济》2006 年第 3 期。

［83］关信平：《农民工参与城镇社会保障问题：需要、制度及社会基础》，《教学与研究》2008 年第 1 期。

［84］桂勇、黄荣贵：《社区社会资本测量：一项基于经验数据的研究》，《社会学研究》2008 年第 3 期。

［85］国家统计局：《2014 年全国农民工监测调查报告》，中华人民共和国国家统计局网站，2015 年 4 月 29 日。

［86］国家统计局：《2013 年全国农民工监测调查报告》，中华人民共和国国家统计局网站，2013 年 5 月 12 日。

［87］国家统计局课题组：《中国农民工生活质量指数评价研究》，《统计研究》2007 年第 2 期。

［88］国家卫生和计划生育委员会流动人口司：《中国流动人口发展报告 2014》，中国人口出版社 2014 年版。

［89］国家人口和计划生育委员会流动人口服务管理司：《中国流动人口发展报告 2012》，中国人口出版社 2012 年版。

［90］国家人口和计划生育委员会：《中国流动人口发展报告 2011》，北京：中国人口出版社 2011 年版。

［91］国务院发展研究中心：《农民工市民化：制度创新与顶层政策设计》，中国发展出版社 2011 年版。

［92］国务院发展研究中心课题组：《农民工市民化对扩大内需和经济增长的影响》，《经济研究》2010 年第 6 期。

［93］高华：《新生代农民工市民化进程中工会的职责作用研究》，《中国劳动关系学院学报》2011 年第 2 期。

［94］郭开元：《新生代农民工权益保障研究报告》，中国人民公安大学出版社 2012 年版。

［95］郭继强：《中国城市次级劳动力市场中民工劳动供给分析》，《中国社会科学》2005 年第 5 期。

［96］葛正鹏：《农民工就业问题研究——基于浙江省新生代农民工视角》，中国水利水电出版社 2009 年版。

［97］何宇鹏：《实现户口转换分享公共服务的思考——湖北省推进农民工市民化的调查与思考》，《发展研究》2011 年第 2 期。

［98］何美金、郑英隆：《农民工的形态演变：基于中国工业化进程长期性的研究》，《学术研究》2007 年第 11 期。

［99］黄祖辉、毛迎春：《浙江农民工市民化——农村居民进城决策及进城农民境况研究》，《浙江社会科学》2004 年第 1 期。

［100］黄祖辉、钱文荣、毛迎春：《进城农民在城镇生活的稳定性及市民化意愿》，《中国人口科学》2004 年第 2 期。

［101］黄祖辉、刘雅萍：《农民工就业代际差异研究——基于杭州市浙江籍农民工就业状况调查》，《农业经济问题》2008 年第 4 期。

［102］黄陵东：《结构性制约下新生代农民工城市融入自致路径》，《福建行政学院学报》2011 年第 1 期。

［103］黄锟：《农村土地制度对新生代农民工市民化的影响与制度创新》，《农业现代化》2010 年第 3 期。

［104］黄匡时、嘎日达：《“农民工城市融合度”评价指标体系研究——对欧盟社会融合指标和移民整合指数的借鉴》，《西部论坛》2010 年第 5 期。

［105］洪小良、嘎日达、尹德挺：《城市流动人口“移民度”指标体系初探——以北京市为例》，《北京行政学院学报》2009 年第 4 期。

［106］胡杰成：《新生代农民工市民化的现状、障碍与促进对策》，《中国经贸导刊》2011 年第 4 期。

[107] 姬志阔：《新生代农民工市民化过程中的障碍及路径》，《内蒙古农业大学学报》2011 年第 1 期。

[108] 简新华：《新生代农民工融入城市的障碍与对策》，《求是学刊》2011 年第 1 期。

[109] 项继权：《农民工的社会融合及其制度基础》，《襄樊学院学报》2007 年第 12 期。

[110] 季文、应瑞瑶：《农民工流动、社会资本与人力资本》，《江汉论坛》2006 年第 4 期。

[111] 蒋乃华：《人力资本、社会资本与农户工资性收入》，《农业经济问题》2006 年第 11 期。

[112] 陆学艺：《当代中国社会阶层研究报告》，社会科学文献出版社 2002 年版。

[113] 李培林：《另一只看不见的手：社会结构转型》，社会科学文献出版社 2005 年版。

[114] 李培林：《流动民工的社会网络与社会地位》，《社会学研究》1996 年第 4 期。

[115] 李伟东：《从社会距离看农民工的社会融入》，《北京社会科学》2007 年第 6 期。

[116] 刘传江、董延芳：《农民工的代际分化、行为选择与市民化》，科学出版社 2014 年版。

[117] 刘传江、程建林：《双重“户籍墙”对农民工市民化的影响》，《经济学家》2009 年第 10 期。

[118] 刘传江、程建林：《第二代农民工市民化：现状分析与进程测度》，《人口研究》2008 年第 9 期。

[119] 刘传江、程建林：《养老保险“便携性损失”与农民工养老保障制度研究》，《中国人口科学》2008 年第 4 期。

[120] 刘传江、徐建玲：《中国农民工市民化进程研究》，人民出版社 2008 年版。

[121] 刘传江、徐建玲：《“民工潮”与“民工荒”——农民工劳动供给行为视角的经济学分析》，《财经问题研究》2006 年第 5 期。

[122] 刘传江：《农民工生存状态的边缘化与市民化》，《人口与计划

生育》2004 年第 11 期。

［123］刘传江：《城乡统筹发展视角下的农民工市民化》，《人口研究》2005 年第 4 期。

［124］陆自荣：《农民工城市社区融合的因子结构及影响因素分析》，《中共浙江省委党校学报》2013 年第 4 期。

［125］罗源昆：《大城市的人口只能主要靠行政手段调控吗?》，《人口与经济》2013 年第 1 期。

［126］刘建娥：《中国乡—城移民的城市社会融入》，北京：社会科学文献出版社 2011 年版。

［127］刘建娥：《乡—城移民社会融入的实践策略研究——社区融入的视角》，《社会》2010 年第 1 期。

［128］赖德胜：《2011 中国劳动力市场报告——包容性增长背景下的就业质量》，北京：北京师范大学出版社 2011 年版。

［129］李波平、田艳平：《两轮“民工荒”的比较分析与启示》，《农业经济问题》2011 年第 1 期。

［130］李建民：《中国劳动力市场多重分割及其对劳动力供求的影响》，《中国人口科学》2002 年第 2 期。

［131］李强：《影响中国乡城流动人口的推力与拉力因素分析》，《中国社会科学》2003 年第 1 期。

［132］李强：《关于城市农民工的情绪倾向及社会冲突问题》，《社会学研究》1995 年第 4 期。

［133］李强：《农民工与中国社会分层》，北京：社会科学文献出版社 2004 年版。

［134］李强、龙文进：《农民工留城与返乡意愿的影响因素分析》，《中国农村经济》2009 年第 2 期。

［135］李树茁、任义科、靳小怡、费尔德曼：《中国农民工的社会融合及其影响因素研究——基于社会支持网络的分析》，《人口与经济》2008 年第 2 期。

［136］廉思：《蚁族：大学毕业生聚居村实录》，桂林：广西师范大学出版社 2009 年版。

［137］罗兆慈：《有关中国工业化与农民工关系研究的文献述评》，

《南方经济》2008 年第 7 期。

［138］刘大兰：《影响农民工与城市社会融合的障碍探析》，《辽宁行政学院学报》2008 年第 3 期。

［139］刘崇俊、王超、隋树霞：《农民工的城市融合：一个重要的和谐元素——宏观社会资本视域的透视》，《中国矿业大学学报》2007 年第 1 期。

［140］刘程：《第二代农民工的市民化：从适应到融入》，《当代青年研究》2010 年第 12 期。

［141］刘程程：《成人教育：我国城市农民工社会融合的助推器》，《江苏技术师范学院学报》2008 年第 9 期。

［142］林迪：《城镇农民工社会融入问题实证研究——以台州泽国镇为例》，《商场现代化》2010 年第 9 期。

［143］林建永、张同林：《推进大都市农民工市民化路径中的第三个选择探索——基于上海市农民工状况调查的研究》，《南方农村》2009 年第 3 期。

［144］李根寿：《新生代农民工市民化的制约因素及对策探析》，《内蒙古煤炭经济》2008 年第 2 期。

［145］李海峥：《中国人力资本测度与指数构建》，《经济研究》2010 年第 8 期。

［146］栾云云、张广胜：《市民化进程中新生代农民工生活方式和价值观念分析——基于沈阳市新生代农民工的抽样调查》，《农业经济》2010 年第 8 期。

［147］孟颖颖、邓大松：《农民工城市融合中的“收入悖论”——以湖北省武汉市为例》，《经济学家》2010 年第 3 期。

［148］潘家华、魏后凯：《中国城市发展报告》，社会科学文献出版社 2014 年版。

［149］彭小浑：《城乡二元户籍的历史沿革、改革路径与启示》，《现代经济探讨》2013 年第 8 期。

［150］钱文荣、张忠明：《农民工在城市社会的融合度问题》，《浙江大学学报》2006 年第 7 期。

［151］戚迪明、张广胜：《农民工流动与城市定居意愿分析——基于

沈阳市农民工的调查》,《农业技术经济》2012 年第 4 期。

[152] 全国总工会新生代农民工问题课题组:《2010 年企业新生代农民工状况调查及对策建议》,《工人日报》2011 年 2 月 21 日。

[153] 任远、乔楠:《城市流动人口社会融合的过程、测量及影响因素》,《人口研究》2010 年第 2 期。

[154] 任远、邬民乐:《城市流动人口的社会融合:文献述评》,《人口研究》2006 年第 3 期。

[155] 任纪虎:《论中国构建和谐社会的必要性及其实现路径——从迪尔凯姆的社会团结理论谈起》,《西安欧亚学院学报》2010 年第 1 期。

[156] 邵彩玲:《教育政策视角下农民工子女社会融入的困境与对策》,《河北农业大学学报》2008 年第 9 期。

[157] 盛来运、王冉、闫芳:《国际金融危机对农民工流动就业的影响》,《中国农村经济》2009 年第 9 期。

[158] 舒泰峰:《广东"积分入户"得失》,财经网,2011 年 4 月 6 日,http://magazine.caijing.com.cn/2011-04-06/110684359.html。

[159] 孙立平:《转型与断裂:改革以来中国社会结构的变迁》,北京:清华大学出版社 2004 年版。

[160] 唐灿、冯小双:《"河南村"流动农民的分化》,《社会学研究》2000 年第 4 期。

[161] 唐踔:《我国新生代农民工市民化的制约因素与对策建议》,《内蒙古农业大学学报》2010 年第 4 期。

[162] 童星、冯西恒:《"敦睦他者"与"化整为零"——城市新移民的社区融合》,《社会科学研究》2008 年第 1 期。

[163] 王春光:《新生代农村流动人口的社会认同与城乡融合的关系》,《社会学研究》2001 年第 3 期。

[164] 王春光:《农民工:一个正在崛起的新工人阶层》,《学习与探索》2005 年第 1 期。

[165] 王桂新、沈建法、刘建波:《中国城市农民工市民化研究》,《人口与发展》2008 年第 1 期。

[166] 王桂新、陈冠春、刘建波:《中国城市农民工市民化研究——以上海市为例》,《人口与发展》2010 年第 2 期。

[167] 王炜、刘志强：《农民工“市民化”，成本有多高》，《人民日报》2011 年 3 月 31 日。

[168] 吴红宇、谢国强：《新生代农民工的特征、利益诉求及角色变迁》，《南方人口》2006 年第 2 期。

[169] 王佃利：《包容性发展中的农民工城市融入：问题界定与路径审视》，《东岳论丛》2012 年第 3 期。

[170] 王小广：《让农民工市民化》，《南风窗》2010 年第 18 期。

[171] 汪建华：《在制度化与激进化之间：中国新生代农民工的组织化趋势》，《中国改革论坛》2015 年 9 月 8 日。

[172] 汪汇、陈钊、陆铭：《户籍、社会分割与信任——来自上海的实证研究》，《世界经济》2009 年第 10 期。

[173] 许光：《福利转型：城市贫困的治理实践与范式创新》，浙江大学出版社 2014 年版。

[174] 许光：《完善和创新“新杭州人”市民化融入机制与路径研究》，《当代社科视野》2014 年第 10 期。

[175] 许光：《现代化视域下浙江省“民生净福利”指标体系构建及评价研究》，《中共杭州市委党校学报》2014 年第 6 期。

[176] 许光：《城市承载力、适度人口规模与农民工城市融入——基于浙江的实证数据》，《桂海论丛》2014 年第 6 期。

[177] 许光：《马寅初人口思想与流动人口城市融入的政策取向》，《当代人口》2014 年第 4 期。

[178] 许光：《新生代农民工失范性融入的路径审视与政策创新——以包容性视角下浙江的社会实践为例》，《中共南京市委党校学报》2014 年第 2 期。

[179] 许光：《新生代农民工城市融入的成本测度及分担机制构建——基于私人成本支出的视角》，《中共浙江省委党校学报》2014 年第 1 期。

[180] 许光：《城市适度人口规模与人口合理分布研究——以浙江省为例》，《当代人口》2014 年第 1 期。

[181] 许光：《加快社会融入步伐，推动城市包容性发展》，载《浙江省党校系统优秀调研报告集 2012》，浙江人民出版社 2013 年版。

[182] 许光：《新生代农民工城市融入进程测度及路径创新研究》，《现代商贸工业》2012 年第 22 期。

[183] 许光：《从“适度普惠”逐步走向“全面普惠”——共产党领导下的中国社会福利改革回顾与展望》，《桂海论丛》2011 年第 6 期。

[184] 许光：《浙江省流动人口居住证制度的实施现状与绩效评价》，载《浙江民生报告（六）》，光明日报出版社 2011 年版。

[185] 许光：《制度变迁与利益分配：福利三角模型在我国的应用与拓展》，《中共浙江省委党校学报》2010 年第 3 期。

[186] 许光：《社会排斥下的城市新贫困群体福利改善研究》，《中共浙江省委党校学报》2009 年第 1 期。

[187] 许光：《从福利主义到非福利主义的转折》，《生产力研究》2007 年第 23 期。

[188] 许光：《欧洲“第三条道路”的福利国家改革对我国社会保障制度建设的启示》，《经济纵横》2007 年第 12 期。

[189] 许传新：《新生代农民工与城市居民社会距离实证研究》，《人口研究》2007 年第 5 期。

[190] 许丽明：《基于多层次分析框架的农民工城市融合文献综述》，《安徽农业科学》2010 年第 32 期。

[191] 肖周燕：《人口承载力视野的政策应用与调控区间》，《改革》2010 年第 11 期。

[192] 夏显力、张华：《新生代农民工市民化意愿及其影响因素分析》，《西北人口》2011 年第 2 期。

[193] 夏怡然：《低工资水平下城市农民工的劳动供给模型》，《中国人口科学》2010 年第 3 期。

[194] 夏怡然：《农民工定居地选择意愿及其影响因素分析》，《中国农村经济》2010 年第 3 期。

[195] 邢克鑫：《促进新生代农民工市民化的若干思考》，《河南科技学院学报》2010 年第 5 期。

[196] 徐文婷、张广胜：《人力资本对农民工工资性收入决定的影响：代际差异的视角》，《农业经济》2011 年第 8 期。

[197] 徐建玲、刘传江：《中间选民理论在农民工市民化政策制定中

的运用》,《管理世界》2007 年第 4 期。

[198] 杨琦、李玲玲:《新生代农民工的劳动供给与经济增长方式的转变》,《中国人口科学》2011 年第 1 期。

[199] 杨建华:《改革开放三十年浙江民生建设经验与启示》,《中共浙江省委党校学报》2008 年第 6 期。

[200] 杨建华:《浙江农民工群体生活状况调查》,《观察与思考》2010 年第 4 期。

[201] 杨瑾:《和谐社会建构中的农民工社会融入问题与幸福指数研究》,《福建省社会主义学院学报》2008 年第 4 期。

[202] 杨鹏、张广胜:《农民工性别工资差异的实证分析——基于改进的 Brown 分解方法》,《广东商学院学报》2012 年第 4 期。

[203] 杨思远:《中国农民工的政治经济学考察》,中央民族大学博士学位论文,2005 年。

[204] 杨肖丽:《城市化进程中农民工城市迁入与永久迁移研究》,沈阳农业大学学位论文,2009 年。

[205] 杨肖丽、张广胜、杨欣:《农民工城市间流动的影响因素及流动后果研究——对沈阳市农民工的实证调查》,《沈阳农业大学学报》2010 年第 4 期。

[206] 颜维琦:《千方百计保民生》,《光明日报》(第 4 版) 2009 年 8 月 5 日。

[207] 于建嵘:《中国农民工的依法维权》,《云南财经大学学报》2008 年第 6 期。

[208] 于水、李煜玘:《农民工群体性事件的影响因素——对苏南地区农民工的调查》,《华南农业大学学报》2010 年第 4 期。

[209] 袁靖华:《大众传媒的符号救济与新生代农民工的城市融入——基于符号资本的视角》,《新闻与传播研究》2011 年第 1 期。

[210] 张文宏、雷开春:《城市新移民社会融合的结构、现状与影响因素分析》,《社会学研究》2008 年第 5 期。

[211] 张翼:《农民工社会保障政策执行中存在的若干问题》,《中国社会科学院院报》2005 年 9 月 27 日。

[212] 张友庭:《污名化情境及其应对策略——流动人口的城市适应

及其社区变迁的个案研究》，《社会》2008 年第 4 期。

［213］郑功成、黄黎若莲：《中国农民工问题与社会保护》，人民出版社 2007 年版。

［214］郑功成：《农民工的权益与社会保障》，《中国党政干部论坛》2002 年第 8 期。

［215］郑英隆：《中国农民工弱信息能力初探》，《经济学家》2005 年第 5 期。

［216］赵延东、罗家德：《如何测量社会资本：一个经验研究综述》，《国外社会科学》2005 年第 2 期。

［217］张广胜、周密：《新生代农民工市民化进程的测度及其决定机制》，经济科学出版社 2013 年版。

［218］张广胜、王征：《农民工市民化的城市住房政策研究：基于国别经验的比较》，《中国软科学》2007 年第 12 期。

［219］张祝平：《新生代农民工的生存状态、社会认同与社会融入：浙江两市调查》，《重庆社会科学》2011 年第 2 期。

［220］张国胜、谭鑫：《第二代农民工市民化的社会成本、总体思路与政策组合》，《改革》2008 年第 9 期。

［221］张国胜：《中国农民工市民化：社会成本视角的研究》，人民出版社 2008 年版。

［222］张国胜：《基于社会成本考虑的农民工市民化：一个转轨中发展大国的视角与政策选择》，《中国软科学》2009 年第 4 期。

［223］张铁军：《新生代农民工城市融入的困境与解决路径》，《珠海行政学院学报》2010 年第 3 期。

［224］张利华：《城市人口承载力的理论与实证研究》，《管理评论》2008 年第 5 期。

［225］张江龙、章晓：《农民工城市融合理论述评》，《长春理工大学学报》2008 年第 7 期。

［226］张延平、熊巍俊：《城市农民工市民化适度规模研究》，《全国商情》2006 年第 11 期。

［227］张燕：《城市人口承载力的研究进展与理论前沿》，《国际城市规划》2013 年第 1 期。

[228] 张遇哲：《走样的积分入户更像是“变相门槛”》，http：//focus. cnhubei. com/original/—201011/t1521927. shtml，2010 年 11 月 14 日。

[229]《中国农民工工作“十二五”发展规划纲要研究》课题组：《中国农民工问题总体趋势：观测“十二五”》，《改革》2010 年第 8 期。

[230]《中国农民工战略问题研究》课题组：《中国农民工现状及其发展趋势总报告》，《改革》2009 年第 2 期。

[231] 周密、张广胜：《村级迁移率与村内农户间收入差距》，《世界经济文汇》2010 年第 4 期。

[232] 周密、张广胜、黄利：《新生代农民工市民化程度的测度》，《农业技术经济》2012 年第 1 期。

[233] 朱力：《论农民工阶层的城市适应》，《江海学刊》2002 年第 6 期。

[234] 朱力：《农民工阶层的特征与社会地位》，《南京大学学报》2003 年第 6 期。

[235] 朱宇：《新生代农民工：特征、问题与对策》，《人口研究》2010 年第 3 期。

[236] 朱永安：《新生代农民工研究》，南京师范大学硕士学位论文，2005 年。

[237] 朱晓霞：《农民工城市融合的制度创新研究》，《思想战线》2009 年第 5 期。

[238] 周宁宁、沈颖溢：《浙江城市外来人口市民化趋势调查与政策建议——以台州市为例》，《科技咨询》2008 年第 22 期。

[239] 章元、陆铭：《社会网络是否有利于提高农民工的工资水平》，《管理世界》2009 年第 3 期。

[240] 郑风田：《新生代农民工群体的十大关键性问题判断》，《工会博览》2010 年第 7 期。